Manual de

COMÉRCIO EXTERIOR E NEGÓCIOS INTERNACIONAIS

www.editorasaraiva.com.br

ORGANIZADORES

Miguel Lima
Simão Davi Silber
Marco Antonio Sandoval de Vasconcellos

Manual de Comércio Exterior e Negócios Internacionais

Amaury Patrick Gremaud • Antonio Evaristo Teixeira Lanzana
Carlos Cesar Borromeu de Andrade
Edson Peterli Guimarães • Julio Eduardo da Silva Menezes
Leane Cornet Naidin • Márcio Bobik Braga
Marco Antonio Sandoval de Vasconcellos
Miguel Lima • Rômulo Francisco Vera Del Carpio
Simão Davi Silber

saraiva uni

Av. das Nações Unidas, 7221, 1º Andar, Setor B
Pinheiros – São Paulo – SP – CEP: 05425-902

SAC
0800-0117875
De 2ª a 6ª, das 8h às 18h
www.editorasaraiva.com.br/contato

Presidente Eduardo Mufarej
Vice-presidente Claudio Lensing
Diretora editorial Flávia Alves Bravin
Gerente editorial Rogério Eduardo Alves
Planejamento editorial Rita de Cássia S. Puoço
Aquisições Fernando Alves
Julia D'Allevo
Editores Ana Laura Valerio
Lígia Maria Marques
Patricia Quero
Thiago Fraga
Produtoras editoriais Alline Garcia Bullara
Amanda M. Loyola
Daniela Nogueira Secondo
Suporte editorial Juliana Bojczuk Fermino

Revisão Paula Hercy Cardoso Craveiro
Angélica Beatriz Halcsik
Diagramação LGB Publicações
Capa LGB Publicações
Impressão e acabamento Bartira

ISBN 978-85-472-1846-1

DADOS INTERNACIONAIS DE CATALOGAÇÃO NA PUBLICAÇÃO (CIP)
BIBLIOTECÁRIA RESPONSÁVEL: ALINE GRAZIELE BENITEZ CRB-1/3129

V448m Vasconcellos, Marco Antonio Sandoval de
1.ed.

Manual de comércio exterior e negócios internacionais / Marco Antonio Sandoval de Vasconcellos, Miguel Lima, Simão Davi Silber. – 1.ed. – São Paulo: Saraiva, 2017.

Inclui bibliografia.
ISBN 978-85-472-1846-1

1. Comércio exterior. 2. Mercado internacional. 3. Logística internacional. 4. Importação e exportação. I. Lima, Miguel. II. Silber, Simão Davi. III. Título

CDD 343.087
CDU 339.5

Índices para catálogo sistemático:
1. Comércio exterior: mercado internacional 343.087

1ª edição

Este livro é uma edição revista e atualizada do conteúdo da obra *Manual de Economia e Negócios Internacionais*.

EDITAR 15920 CL 651107 CAE 620421

Sobre os autores

Amaury Patrick Gremaud

Economista, mestre e doutor pela Universidade de São Paulo (USP). Professor e coordenador do curso de Economia da Universidade de São Paulo (FEARP-USP); coordenador do MBE – USP de Economia Brasileira para Negócios e professor do Programa de Pós-graduação em Integração da América Latina (Prolam)/USP. Ex-diretor da Escola Fazendária do Ministério da Fazenda (ESAF) e do Instituto Nacional de Estudos e Pesquisas Educacionais Anísio Teixeira do Ministério da Educação (INEP/MEC). É também coautor do livro *Manual de Economia*, 7ª ed., Equipe de Professores da USP, da Editora Saraiva, e de vários artigos acadêmicos.

Antonio Evaristo Teixeira Lanzana

Doutor e mestre em Economia pela Universidade de São Paulo (USP). É professor aposentado do Departamento de Economia da Faculdade de Economia, Administração e Contabilidade (FEA-USP), dos programas de MBA da Fundação Instituto de Pesquisas Econômicas (Fipe-USP) e da Fundação Instituto de Administração (FIA-USP), sendo também professor e palestrante da Fundação Dom Cabral. É presidente do Conselho de Estudos da Conjuntura da Federação do Comércio do Estado de São Paulo e membro do Comitê de Avaliação de Conjuntura da Associação Comercial de São Paulo. Foi economista-chefe, assessor econômico da Federação das Indústrias do Estado de São Paulo (Fiesp) e consultor de várias entidades ligadas ao setor empresarial.

Carlos Cesar Borromeu de Andrade

Mestre em Sistemas de Controle de Gestão pela Universidade Federal Fluminense (UFF) e pós-graduado em Comércio Exterior e Finanças Internacionais pela Fundação Getulio Vargas do Rio de Janeiro (FGV-RJ) e em Docência Superior (UCAM). É professor universitário, conferencista convidado e articulista, tendo ministrado aulas e palestras em cursos de graduação e pós-graduação de diversas instituições, entre elas Fundação Getulio Vargas, IBMEC, UFRJ e Clube do Petróleo. Experiência de mais de 30 anos como advogado na área empresarial, de energia e de solução de controvérsias e arbitragem. Em empresas do Sistema Petrobras desempenhou diversas funções, inclusive gerente do Jurídico Internacional e coordenador de Projetos Especiais de Direito Internacional. É também membro da Association of International Petroleum Negotiators (AIPN), tendo integrado sua Diretoria. Integrante de comitês de arbitragem de instituições como a International

Chamber of Commerce e a American Arbitration Association. Coautor das obras coletivas *Arbitragem Comercial e Internacional: Estudos em Homenagem ao prof. Teophilo Azeredo, Gestão de Contratos Internacionais e International Commercial Arbitration: 21st Century Perspectives.*

Edson Peterli Guimarães

Doutor em Economia pela Universidade Federal do Rio de Janeiro (UFRJ). Mestre pelo Programa Integrado de Mestrado em Economia e Sociologia (Pimes) da Universidade Federal de Pernambuco (UFPE). Professor do Instituto de Economia da UFRJ e coordenador da pós-graduação em COMEX e GNI da UFRJ. Prestou várias consultorias sob temas específicos nas áreas de Comércio e Relações Internacionais para as Nações Unidas e o CNPq, dentre outros. É autor de vários artigos.

Julio Eduardo da Silva Menezes

Doutor em Engenharia de Produção pelo Instituto Alberto Luiz Coimbra de Pós-Graduação e pesquisa de engenharia da Universidade Federal do Rio de Janeiro (Coppe-UFRJ), mestre em Administração pela Naval Postgraduate School (Califórnia, Estados Unidos), com especialização em Logística (*Logistic Management Program*), e graduado como oficial intendente pela Academia da Força Aérea. Como oficial, exerceu diversas funções na área de Logística no Comando da Aeronáutica, destacando sua participação no Programa AM-X, fiscalizando o projeto na Embraer, e na Companhia Eletromecânica Celma. É professor do Departamento de Administração da Universidade Federal do Tocantins (UFT) e atua como professor convidado no MBA em Gestão de Comércio Exterior e Negócios Internacionais, da FGV-RJ, além de lecionar Logística Empresarial e Logística Internacional em vários cursos de pós-graduação. É consultor e pesquisador na área de Logística, tendo atuado em projetos no governo, na indústria aeronáutica, em empresas prestadoras de serviço de infraestrutura e em instituições de pesquisa.

Leane Cornet Naidin

É doutora em Economia pela Faculdade de Economia da UFRJ. É professora adjunta do Departamento de Relações Internacionais da PUC/RJ e do curso de MBA de Comércio Exterior da FGV/RJ. É pesquisadora do Núcleo de Desenvolvimento, Comércio, Finanças e Investimentos do Centro de Estudos e Pesquisas dos países BRICS - BRICS Policy Center, pesquisadora associada do CINDES, RJ. É consultora econômica em comércio internacional e, em sua experiência profissional na área de comércio e negociações internacionais, desde 1986, destacam-se: painelista em procedimentos de solução de controvérsias na OMC, referentes à aplicação de medidas *antidumping*; foi coordenadora geral do DECOM/SECEX/MDIC; foi representante da Secretaria de Comércio Exterior do Brasil em negociações nos foros internacionais da OMC e ALCA; foi coordenadora Nacional do Comitê de Defesa Comercial e Salvaguardas do MERCOSUL.

Márcio Bobik Braga

Livre-docente, doutor e mestre em Economia pela Universidade de São Paulo (FEA-USP). É professor de Contabilidade Social e Macroeconomia da FEA-USP no *campus* de Ribeirão Preto e do Programa de Pós-Graduação em Integração da América Latina (PROLAM/USP). Tem pesquisado sobre os processos de integração econômica regional na América Latina, com destaque para o Mercosul. É autor e coautor de livros, entre eles *A Nova Contabilidade Social*, 4ª ed., da Editora Saraiva, e de inúmeros artigos nas áreas de economia brasileira e economia internacional. Foi diretor da Fundação para o Desenvolvimento da Administração, Contabilidade e Economia.

Marco Antonio Sandoval de Vasconcellos

Doutor, mestre e bacharel em Economia pela Universidade de São Paulo (USP), é professor do Departamento de Economia da Faculdade de Economia (FEA-USP), ex-presidente do Conselho Regional de Economia de São Paulo (Corecon-SP), gestão 2015, e coordenador de projetos, pesquisas e cursos da Fundação Instituto de Pesquisas Econômicas (Fipe-USP). É autor, coautor e organizador de vários livros na área de Economia, incluindo *Fundamentos de economia*, 5ª ed., em coautoria com Manuel Enriquez Garcia; e organizador, juntamente com Diva Benevides Pinho e Rudinei Toneto Jr, do *Manual de Economia*, 7ª ed., Equipe de professores da USP, ambos pela Editora Saraiva.

Miguel Lima

Doutor em Comunicação Empresarial pela Universidade Federal do Rio de Janeiro (UFRJ), mestre em Administração pela Universidade Federal Fluminense (UFF), pós-graduado em Relações Internacionais pela Universidade do Estado do Rio de Janeiro (UERJ). É professor do Departamento de Administração da Universidade Federal Fluminense (UFF) e professor convidado da Fundação Getúlio Vargas, da Universidade de São Paulo (USP) e da Universidade Federal do Rio de Janeiro (UFRJ). É também coordenador de cursos de pós-graduação. Foi gerente de exportação e importação da Petrobras Internacional S.A. (Braspetro) e do Grupo Irwin Industrial e Redley.

Rômulo Francisco Vera Del Carpio

Mestre em Economia e Política Internacional pela Universidade Estácio de Sá (UNESA). É professor do curso de MBA em Comércio Exterior e Negócios Internacionais da Fundação Getulio Vargas e do curso de MBA de Economia e Comércio Internacional da USP/FIPE. É diretor da Del Carpio Comércio Exterior e consultor da Fundação Centro de Estudos de Comércio Exterior (Funcex). Autor de oito livros especializados em assuntos relacionados a pagamentos internacionais e câmbio.

Simão Davi Silber

Ph.D. pela Universidade de Yale (Estados Unidos) e mestre em Economia pela Fundação Getulio Vargas do Rio de Janeiro (FGV-RJ). É ex-presidente da Fundação Instituto de Pesquisas Econômicas (Fipe-USP) e professor sênior dos cursos de graduação da FEA-USP. É pesquisador da Fipe. Coautor dos livros *O Brasil no Século XXI* e *O Estado da Arte em Economia*, ambos publicados pela Editora Saraiva, e de vários artigos acadêmicos.

Prefácio

O livro *Manual de Comércio Exterior e Negócios Internacionais* chega ao grande público no momento em que o Brasil passa por forte recessão econômica e o comércio internacional apresenta-se como a única alternativa para as empresas compensarem a redução de suas atividades.

Paralelamente, com a eleição do presidente norte-americano Donald Trump, o mercado internacional também passou a viver momentos de incertezas, riscos de rupturas e de ações protecionistas, assim como de dificuldades econômicas e de impasses políticos.

Nesse sentido, esta obra, escrita por renomados profissionais com larga experiência no segmento externo, constitui-se em fundamental ferramenta para entender as mudanças que estão ocorrendo no mundo e se preparar, de forma adequada, para enfrentar o futuro, sem perder oportunidades.

A globalização dos mercados foi uma das principais mudanças que marcou o comércio internacional nos últimos anos. Novas fronteiras surgiram e o comércio mundial, envolvendo mercadorias, serviços e investimentos, expandiu-se, dando início a novos conceitos, regulações e regras, criando novos desafios para empresários e gestores de comércio exterior.

Decorridos 11 anos da publicação da primeira versão deste livro, com prefácio do Dr. Benedicto Fonseca Moreira, constata-se que o comércio exterior brasileiro continua apresentando os mesmos problemas de sempre: elevado Custo-Brasil, concentração das exportações em *commodities*, poucas empresas exportadoras e importadoras, ausência de política de exportação integrada e competitiva, vulnerabilidade estrutural na composição das exportações, fragilidade dos superávits comerciais, crônicos déficits nas contas de serviços e renda no balanço de transações correntes, fortes oscilações da taxa de câmbio, apenas para relacionar os principais.

Este conjunto de entraves e/ou dificuldades mostra como é desafiante para um país manter um padrão de crescimento diante de uma economia tão instável, dependendo principalmente do mercado doméstico, por não dispor de forte atuação no comércio exterior.

Também precisa ser destacado que o Brasil paga um preço alto por não ter estabelecido uma política comercial adequada para sua economia na última década, que deveria ser planejada e executada de forma complementar a programas de ampliação da competitividade.

Mesmo sendo a 9ª economia mundial, o Brasil ainda é considerado um dos países mais fechados no mundo do comércio internacional. Sua baixa penetração no mercado internacional, aliada à incipiente internacionalização das empresas brasileiras, gera como consequência um país desconectado das cadeias globais de produção em setores de alto valor agregado. Tal cenário mostra que há necessidade de uma nova governança para enfrentar a questão da competitividade, cuja agenda envolve vários atores e interesses.

Lamentavelmente, no Brasil, os negócios internacionais sempre foram relegados à segundo plano. Assim, torna-se necessário um esforço, com a participação de todos os atores envolvidos, para que os negócios nacionais e internacionais passem a fazer parte de um mesmo todo, objetivando constituir um mercado global forte, fundamental à garantia de expansão da produção, e que ofereça saltos de qualidade, redução de custos, maximização da produtividade e geração de empregos, ou seja, que garanta um desenvolvimento econômico sustentável.

Nesse sentido, este livro, coordenado pelos professores Miguel Lima, Simão Silber e Marco Antonio Sandoval de Vasconcellos, possui todas as condições para propiciar aos profissionais atuantes no comércio exterior, ou que querem atuar, e também a estudantes, o entendimento e a absorção dos conhecimentos adquiridos por estes especialistas com larga experiência no mercado internacional.

Também deve ser destacada a criteriosa escolha por este time de gabaritados profissionais de 11 temas que se integram e proporcionam uma clara visão global do comércio internacional. Utilizando uma linguagem simples, prática e didática são apresentados e analisados os temas *Globalização de mercados*; *Teorias do comércio internacional*; *Regulação do comércio internacional*; *Macroeconomia do setor externo*; *Crises cambiais e a experiência latino-americana*; *Setor externo da economia brasileira*; *Contratos internacionais*; *Marketing internacional*; *Logística internacional*, e *Câmbio e créditos documentários*, proporcionando uma visão abrangente sobre comércio exterior.

Para que o Brasil possa participar efetivamente das cadeias globais de valor e ter produtos competitivos, é preciso que mais pessoas pensem o comércio exterior de forma moderna, com formulação de análises corretas das informações, conhecimentos aprofundados, visão de abrangência, capacidade de organização e efetivo poder de ação. Isso se torna indispensável para que o comércio exterior possa proporcionar sustentabilidade ao crescimento econômico brasileiro, em um mundo cada vez mais globalizado e normatizado.

Manual de Comércio Exterior e Negócios Internacionais é uma obra muito oportuna, pois além de proporcionar amplo conhecimento, contribui também na abordagem de temas que podem auxiliar a elaboração de estratégias em modelos de negócios mais modernos, que permitam entender, por exemplo, as diferenças culturais de novos parceiros e mercados.

Enfim, trata-se de um conteúdo que contribuirá para a natural criação e solidificação de uma cultura exportadora no Brasil, assim como para o reconhecimento da exportação como vetor de geração de renda e de emprego, passos importantes para consolidar a presença brasileira no mercado internacional e assegurar ao país os benefícios tangíveis e intangíveis decorrentes da ativa participação no comércio exterior.

José Augusto de Castro
Presidente da Associação de Comércio Exterior do Brasil (AEB)
Presidente da Procex Técnica Internacional
Graduado em Administração de Empresas pela FGV-EAESP
Escola de Administração de Empresas de São Paulo
Autor de 12 livros sobre comércio exterior

Sumário

1

A Globalização dos Mercados

Simão Davi Silber

A economia mundial está presenciando um período de transformações radicais; em particular, houve uma dramática internacionalização (globalização) da atividade econômica nas últimas décadas com profundas consequências econômicas, políticas e sociais. Um conjunto de forças poderosas comanda o processo de globalização. De um lado, existem as políticas governamentais de abertura econômica, e, de outro, um conjunto de forças independentes comandadas pelo progresso tecnológico, particularmente nas áreas de transporte e comunicações. Os benefícios de tal processo não estão distribuídos universalmente por todos os países, embora um número crescente de nações venha desfrutando a prosperidade econômica associada à globalização. O grande desafio brasileiro é fazer parte desse grupo de países integrados competitivamente na economia mundial.

Com a globalização, as decisões de produção e comércio internacional ficaram intimamente interligadas: a internacionalização de empresas espalhou-se pelo mundo, e a maior parte dos novos produtos que chegam ao mercado é transacionável internacionalmente (*traded goods*) ou depende pesadamente de componentes transacionáveis. Enquanto a produção mundial cresceu seis vezes nos últimos 40 anos, os fluxos comerciais cresceram 12 vezes. A Tabela 1.1 apresenta o crescimento da produção (Produto Interno Bruto – PIB) e do comércio internacional.

Tabela 1.1 Crescimento do PIB e do volume do comércio mundial

(% ao ano)

	1953/1973	1973/1980	1980/1985	1986/1990	1991/2000	2001/2008	2009	2010/2015
Comércio mundial	7,8	4,6	2,6	7,4	7,2	6,2	-11,7	3,2
PIB mundial	4,8	3,3	2,6	3,8	3,2	4,0	-0,7	2,5

Fonte: FMI.

Como se pode observar, sistematicamente, o comércio internacional tem apresentado um dinamismo mais forte que o da produção mundial. Os mercados estão ficando cada vez mais integrados e cada país depende, de modo crescente de compras e vendas externas. Aumentou a divisão internacional do trabalho: há meio século, para se produzir uma unidade de PIB no mundo, era necessária a importação de 12% de seu valor; hoje em dia, essa porcentagem é de 30% (em 2015), como pode ser constatado no Gráfico 1.1.

Gráfico 1.1 Participação das exportações de bens e serviços no PIB mundial (%)

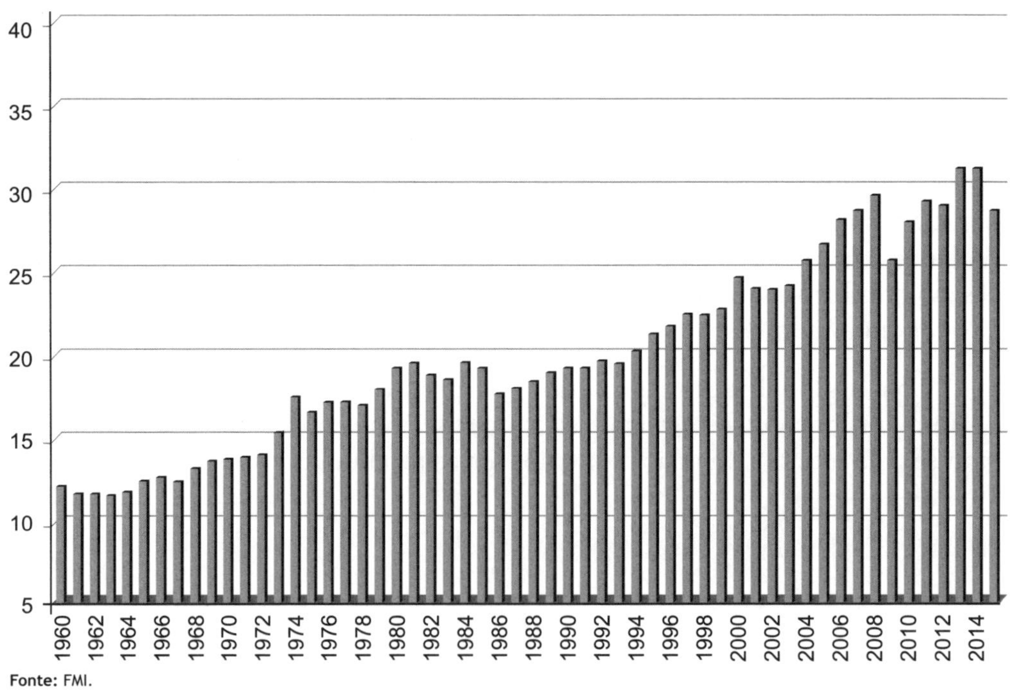

Fonte: FMI.

No período pós-Segunda Guerra Mundial, em função da liberalização comercial multilateral e regional, houve uma expansão sem precedentes do comércio mundial, ultrapassando o crescimento do PIB mundial. Os países em desenvolvimento aumentaram sua participação no mercado global de 30,1%, em 1953, para 44,6%, em 2015. Durante esse período, a participação das exportações de manufaturados desses países no total de suas exportações passou de 47 para 74%. Uma parcela significativa do comércio mundial é intrafirma, comandada pelo investimento externo, na medida em que as empresas procuram aumentar suas escalas de operação, reduzir custos e ampliar suas participações nos mercados nacionais e internacionais. Esse fenômeno da "desverticalização" da atividade produtiva está no âmago da estratégia das empresas transnacionais, que procuram distribuir suas atividades produtivas em escala mundial, selecionando os países de acordo com as vantagens comparativas em relação a determinados segmentos da produção.

A tendência de uma crescente abertura comercial mundial tem sido acompanhada por uma dramática mudança do volume e natureza do fluxo de capitais para os países em desenvolvimento, com os capitais privados assumindo o papel anteriormente ocupado pelos financiamentos oficiais. O crescimento espetacular do investimento direto externo (IDE), acompanhado pela expansão dos investimentos em carteira, constitui hoje em dia quase a totalidade dos fluxos de capital para os países em desenvolvimento. Entre 1983 e 2014, o ingresso líquido de capital quadruplicou como proporção do PIB desses países, representando atualmente 4,7% do PIB. Deve-se destacar, no entanto, que o ingresso de capital esteve concentrado em poucos países com elevadas taxas de crescimento do PIB: na última década, 2/3 do IDE teve como destino oito países em desenvolvimento. O IDE contribui de inúmeras maneiras para acelerar o crescimento econômico dos países receptores: aumenta a produtividade da mão de obra, possibilita escalas de produção compatíveis aos padrões internacionais e aumenta a concorrência e a difusão de tecnologia no mercado interno. A próxima informação estatística mostra a mudança no padrão de investimento internacional das grandes corporações mundiais nos últimos 45 anos. É apresentado o valor dos investimentos diretos estrangeiros – total mundial, indicando um rápido crescimento desses investimentos, principalmente a partir dos anos 1990. Uma característica importante do investimento direto estrangeiro é que a parcela dominante do capital investido no estrangeiro materializa-se por meio de fusões e aquisições. Segundo a UNCTAD,[1] em 2015, aproximadamente 41% dos investimentos estrangeiros das empresas transacionais era feito por meio de aquisições de empresas já estabelecidas no país hospedeiro.

[1] Conferência das Nações Unidas para Comércio e Desenvolvimento. Esse escritório das Nações Unidas publica o principal relatório sobre investimento direto mundial. Veja Referências ao final do capítulo.

Gráfico 1.2 Fluxos de Investimento Direto Estrangeiro (IDE) Mundial (em trilhões de US$)

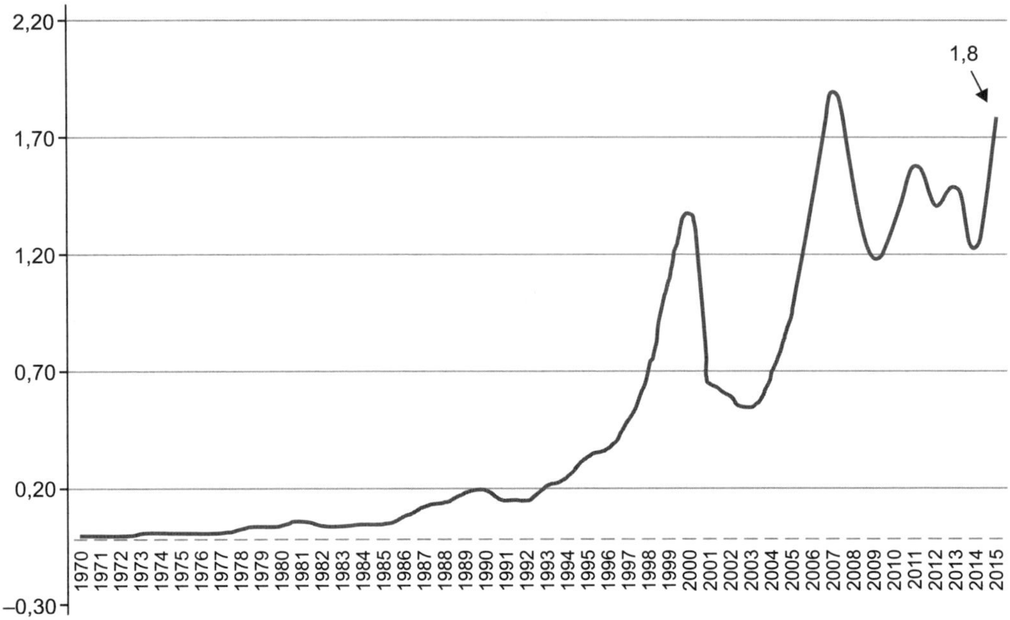

Fonte: UNCTAD.

A expansão do investimento direto externo e a do comércio internacional são dois grandes motores da globalização. Eles facilitam a divisão internacional do trabalho; são as formas mais eficientes de difusão de conhecimento tecnológico, de capital e de criação de riqueza, e podem possibilitar a incorporação da capacidade produtiva potencial dos países no processo de desenvolvimento econômico, além de abrir novos mercados para produtos e serviços de alto valor adicionado e possibilitar oportunidades de empregos mais bem remunerados.

Os avanços na área dos transportes e telecomunicações também foram decisivos para a globalização, na medida em que reduziram drasticamente os custos das transações. O custo de uma chamada telefônica caiu um fator de 60 vezes desde 1930, e o coeficiente passageiros/quilômetro *per capita* de viagens internacionais cresceu 15 vezes nos últimos 20 anos. O advento das redes globais de computadores também contribuiu decisivamente para aquilo que hoje é denominado “o fim da geografia”. Isso foi fundamental para a globalização financeira. Hoje em dia, o principal mercado internacional é o financeiro, na esteira da revolução tecnológica, da desregulamentação e do desenvolvimento de novos produtos financeiros (particularmente o de derivativos financeiros). Algumas informações estatísticas sobre esse fenômeno são apresentadas a seguir.

Tabela 1.2 Custo do transporte aéreo, chamadas telefônicas internacionais e deflator de preços de computadores (em US$ de 1990)

Ano	Receita média por passageiro/km no transporte aéreo	Custo de uma chamada telefônica de 3 minutos entre Nova York/Londres	Deflator de preço de computadores do Depto. de Comércio dos EUA (1990 = 1000)
1930	0,68	244,65	
1940	0,46	188,51	
1950	0,30	053,20	
1960	0,24	045,86	125.000
1970	0,16	031,58	019.474
1980	0,10	004,80	003.620
1990	0,11	003,32	001.000
1999	0,09	000,12	000.150

Fonte: FMI (1997/1999), *World Economic Outlook*, maio.

O crescimento da mobilidade internacional do capital financeiro trouxe profundas alterações na política macroeconômica mundial a partir dos anos 1970. Com grande mobilidade de capital financeiro, tornou-se cada vez mais difícil manter o regime de câmbio vigorante na economia mundial desde o início do século XIX. A política cambial mundial moderna foi a de câmbio fixo: ela começou na Inglaterra, em 1819, com a adoção do Padrão-Ouro, transformou-se no sistema dominante mundial a partir de 1870 e foi abandonada em 1933, no auge da Grande Depressão. O regime de câmbio fixo foi retomado ao final da Segunda Guerra Mundial (Sistema de Bretton Woods) e sobreviveu até o ano de 1973, quando um ataque especulativo contra o dólar americano ocorrido na Alemanha levou ao abandono do sistema de câmbio fixo entre as principais moedas do mundo. Hoje em dia, aproximadamente 80 países optaram pelo regime de câmbio flutuante no mundo.

Um regime de câmbio fixo não está bem aparelhado para conviver com grande mobilidade de capital financeiro. O regime de câmbio fixo depende – para sua sobrevivência – de intervenções frequentes do Banco Central para manter a taxa de câmbio fixo. Isso é mais fácil de ser administrado com pequena mobilidade de capital financeiro. Com grande mobilidade de capital, o Banco Central perde o controle sobre a política monetária, já que está preso a uma regra rígida de intervenção no mercado cambial. É como se o Banco Central estivesse em um "piloto automático": a) toda vez que há escassez de moeda estrangeira no mercado cambial, o Banco Central vende suas reservas para manter a taxa de câmbio fixa e, consequentemente, reduz a oferta monetária; e b) toda vez que há excesso de moeda estrangeira no mercado, o Banco Central compra moeda estrangeira para manter o cambio fixo e, consequentemente, aumenta a oferta de moeda. Ou seja, o Banco Central não tem uma política monetária, ele tem uma política cambial. O perfil da flutuação cambial das últimas décadas pode ser constatado pelo Gráfico 1.3, em que são apresentadas as duas principais taxas de câmbio do mundo.[2]

Gráfico 1.3 Perfil da flutuação cambial entre as principais moedas do mundo

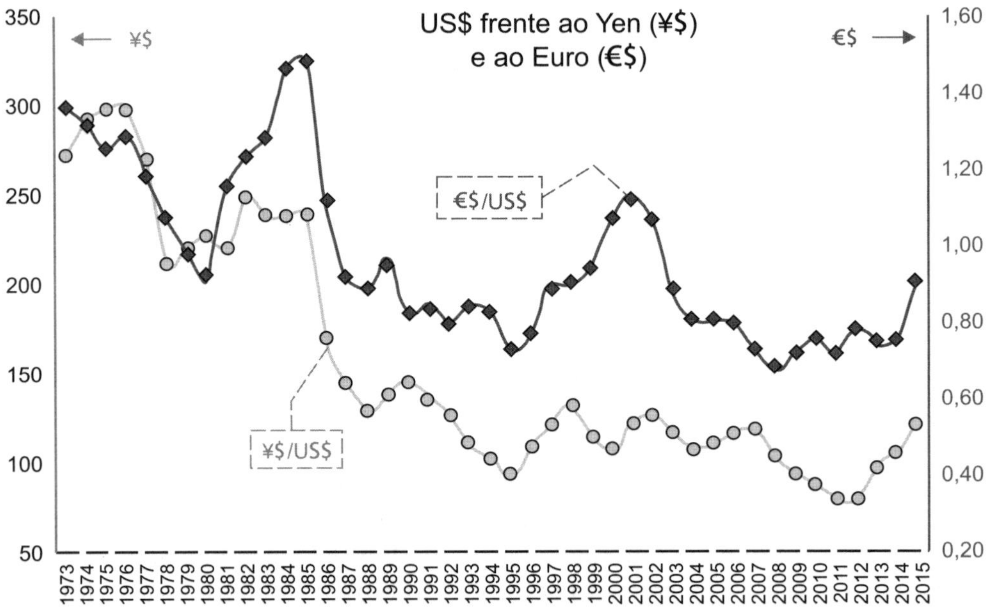

Fonte: FMI.

A adoção da política de câmbio flutuante deu uma enorme autonomia para o Banco Central, e essa é a segunda grande transformação da política econômica decorrente da globalização financeira. Ao se liberar do compromisso cambial, o Banco Central ganha grande independência para executar a política monetária. Em outras palavras, o que aconteceu a partir de 1973 foi o seguinte: até essa data, os principais países do mundo haviam optado pela âncora cambial para controlar a inflação. Quando um país adota um regime de câmbio fixo, a inflação deve ser pequena e semelhante à

[2] O euro, como moeda de referência, passou a existir a partir de 1999 e, como papel-moeda, a partir de 2002. Para períodos anteriores, utilizou-se como "proxy" ao euro uma cesta de 16 moedas europeias.

de seus parceiros comerciais; caso contrário, esse país perderá competitividade internacional, entrará em uma crise de Balanço de Pagamentos e eventualmente terminará em uma moratória de pagamentos internacionais. Com a flutuação cambial, perde-se uma âncora anti-inflacionária importante, que é a taxa de câmbio. É necessária a escolha de uma nova âncora para o sistema, que passa a ser a taxa de juros. Portanto, a globalização leva a uma mudança importante na política macroeconômica: há uma troca de âncora anti-inflacionária da taxa de câmbio para a taxa de juros. Tal mudança foi bem-sucedida e foi possível trazer a inflação para patamares inferiores nas três últimas décadas. Para se ter uma ideia do aumento do poder discricionário do Banco Central, é apresentada a trajetória da taxa de juros nominal nas principais regiões do mundo: pode-se observar que há mudanças significativas de taxas de juros e esses são períodos nos quais a inflação aumentou (Gráfico 1.4). Para se ter uma ideia do sucesso da política monetária contemporânea, basta indicar que, nos países desenvolvidos, a inflação estava no patamar de 13% ao ano, após o segundo choque do petróleo (final dos anos 1970) e, atualmente, situa-se em 1,8% ao ano.

Gráfico 1.4 Trajetória da taxa de juros nominal a partir de 1977

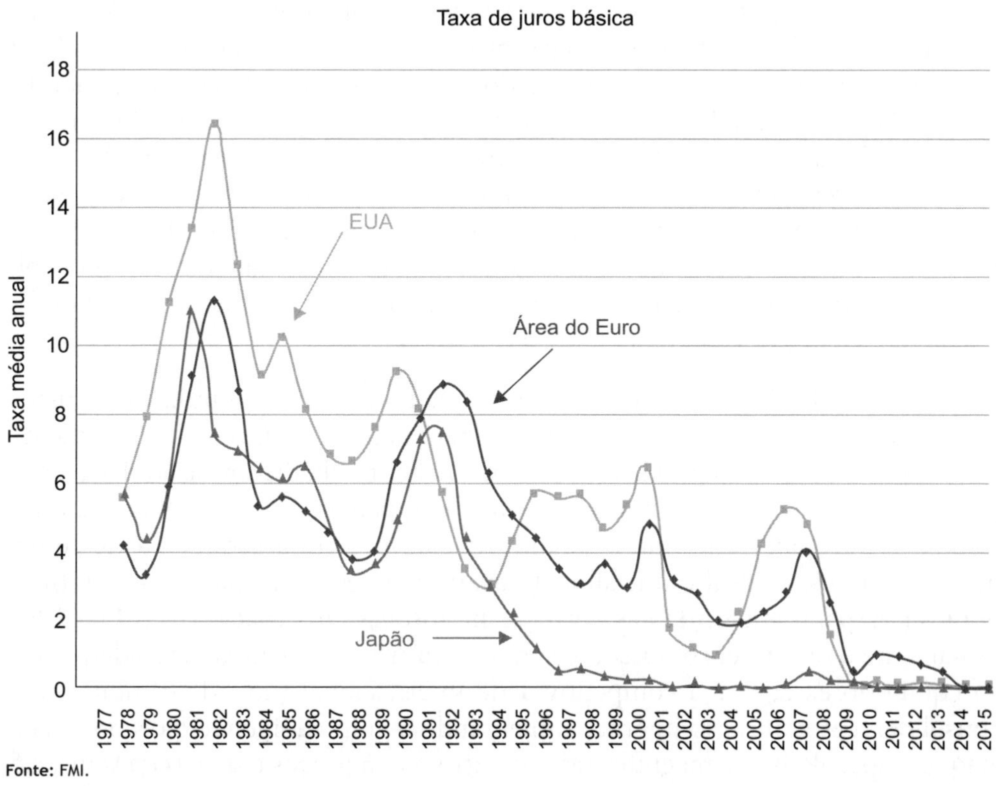

Fonte: FMI.

1.1 As principais características e consequências da globalização

Em função do crescente impacto da integração econômica global, é fundamental discutir as suas principais características e consequências.

Em primeiro lugar, a globalização não pode ser retardada nem ignorada. As poderosas forças que comandam a globalização – ligadas aos avanços tecnológicos em transporte e comunicações – têm vida própria e são independentes dos governos. Portanto, participar ou não da globalização não é uma opção, dadas às mudanças irreversíveis no ambiente internacional. Na era da tecnologia da informação, é impossível que um país se isole do mercado mundial, a não ser a um custo social muito elevado, já que ele se marginalizaria da prosperidade material aberta a um número crescente de nações.

Em segundo lugar, a globalização implica que algumas das antigas distinções entre políticas domésticas tornem-se crescentemente irrelevantes. Inseridos cada vez mais no mercado mundial, os países necessitam ter políticas consistentes para garantir a confiança do mercado financeiro internacional e o influxo de IDE. Por outro lado, existe uma margem pequena para o governo implementar políticas que ignorem as restrições externas e a concorrência mundial. Um exemplo típico é o da política tributária: em uma economia globalizada, não existe lugar para um sistema tributário anacrônico e anticompetitivo como o brasileiro que, ao penalizar a atividade produtiva doméstica, em uma era em que a mobilidade de fatores é elevada, reduz (e pode marginalizar) a participação do País das decisões relevantes de investimento produtivo no mundo. Outro exemplo que o Brasil está vivenciando decorre da crescente inserção do País no mercado financeiro internacional: dada à volatilidade desse mercado, são necessárias políticas fiscais e cambiais consistentes com a capacidade de financiamento externo, sob pena de o País ter de enfrentar ataques especulativos recorrentes contra sua moeda, o qual tem efeitos devastadores sobre a economia.

Em terceiro lugar, a integração crescente na economia mundial tem custos econômicos e sociais na etapa de transição bem definidos, devido à exposição de setores protegidos à concorrência internacional e, também, em razão das necessidades das empresas se adaptarem a escalas compatíveis com o mercado aberto. Isso se torna mais importante quando o país inverte a sequência de reformas estruturais: o ideal é inicialmente avançar na estabilização e nas reformas domésticas para, então, depois, avançar na inserção internacional; o Brasil fez exatamente o oposto e, com isso, teve que utilizar instrumentos mais adequados ao equilíbrio externo e à competitividade internacional (taxa de câmbio) para consolidar a estabilização interna, aumentando a vulnerabilidade da economia a ataques especulativos e magnificando os custos econômicos e sociais da transição para uma economia mais inserida na economia mundial. Mesmo em condições ideais, existe um período de transição em que alguns setores reduzem sua importância na economia, antes que outros setores mais competitivos se desenvolvam, mais do que compensando as perdas iniciais. Porém, no curto prazo, sempre existirão ganhadores e perdedores. A globalização expõe as disparidades entre aqueles que têm condições de crescer em um ambiente dinâmico, competitivo e aberto e aqueles que só sobreviveriam em uma economia fechada e protegida. Rodrik (1997)[3] argumenta que a economia mundial defronta-se com um grande desafio de assegurar que a integração econômica mundial não aumente a desintegração social interna. Em termos sociais, o governo deve ter o objetivo de conduzir a abertura minimizando os efeitos distributivos da transição. Para isso, são necessárias políticas governamentais, como: coordenação na fusão de empresas domésticas para que elas ganhem escala e competitividade, programas de treinamento de mão de obra, assistência técnica para a difusão de tecnologia e linhas de crédito preferencial para facilitar o ajuste. Deve ser enfatizado que essa preocupação se difere marcadamente dos argumentos falaciosos daqueles que advogam medidas protecionistas para evitar os custos associados à globalização. O protecionismo não é a resposta adequada, como mostra a recente experiência brasileira e internacional, criando tensões sociais ainda maiores devido à marginalização do progresso material mundial e à polarização do conflito distributivo. A abertura econômica não é um jogo de soma zero, e o crescimento da renda *per capita* no longo prazo depende basicamente do crescimento da produtividade da mão de obra – o que só será atingido em um ambiente econômico aberto.

Finalmente, o ambiente econômico mundial oferece grandes oportunidades de integração, mas cada país tem que aproveitá-las. Uma participação crescente na economia internacional possibilita inúmeros benefícios: permite a melhor alocação dos recursos em direção aos setores em que o país tenha vantagens competitivas, aumenta a eficiência por meio da concorrência entre as empresas e favorece a difusão tecnológica e do conhecimento. Com isso, deverá aumentar a convergência de renda entre as nações, na medida em que os países em desenvolvimento terão taxas de crescimento superiores às observadas nos países ricos. No caso brasileiro, algumas indicações dos custos decorrentes de uma acanhada participação na economia mundial são apresentadas na Tabela 1.3. O País teve, durante as duas últimas décadas, uma taxa de crescimento do PIB abaixo da média mundial e significativamente inferior à dos países em desenvolvimento, mesmo quando comparado com a América Latina. O mesmo se pode dizer do pequeno dinamismo das exportações brasileiras, refletindo a redução da competitividade do produto brasileiro no mercado mundial, quer pelo isolamento crescente de nossa economia do cenário mundial durante os anos 1980, quer

[3] RODRIK, D. Trade, social insurance, and the limits to globalization. *National Bureau of Economic Research*, Working Paper, n. 5.905, 1997.

por políticas macroeconômicas pouco favoráveis à expansão das exportações. Talvez essa seja a grande herança negativa que o País herdou do período de grande exclusão mundial, e seu maior desafio atual é aumentar, diversificar e sofisticar as exportações para poder acelerar sua taxa de crescimento sem se transformar em refém do mercado financeiro internacional. Não se deve esquecer, no entanto, que as exportações brasileiras (como a de outros países em desenvolvimento) enfrentam importantes barreiras tarifárias e não tarifárias no mercado mundial. Quotas, direitos compensatórios, restrições voluntárias às exportações, normas fitossanitárias, normas técnicas, processos *antidumping* e de salvaguarda têm sido utilizados com grande frequência contra as exportações brasileiras, reduzindo as possibilidades de expansão de nossas vendas externas.

Tabela 1.3 Relações comerciais de países selecionados

Países	Grau de abertura da economia (1)					
	1980	1990	2000	2008	2012	2014
Alemanha	28,7	30,8	33,2	43,5	46,7	42,5
Argentina	8,0	7,5	11,1	22,5	18,6	15,5
Austrália	17,4	17,1	22,3	22,0	21,1	20,3
Brasil	10,0	6,8	11,1	14,0	13,3	13,3
Canadá	27,4	25,4	42,9	36,0	31,0	32,0
Chile	21,0	32,7	31,7	40,0	33,4	32,8
China	n.d.	15,7	24,7	31,5	25,9	23,2
Coreia do Sul	37,6	30,1	43,6	53,5	52,2	44,4
Estados Unidos	10,4	10,4	12,9	13,5	15,2	14,8
França	22,1	22,5	28,0	27,5	28,5	30,3
Índia	8,3	8,4	11,9	27,0	27,0	25,5
Indonésia	26,1	26,3	34,6	29,5	25,0	23,9
Itália	21,9	18,8	27,8	29,5	29,4	27,7
Japão	15,3	10,3	10,1	13,5	15,7	20,2
México	13,0	16,1	32,3	29,0	33,1	33,4
Reino Unido	26,1	25,5	28,1	27,5	32,4	29,0
Rússia	n.d.	n.d.	28,7	28,0	25,8	26,6
Tailândia	27,2	37,7	62,2	72,0	65,3	65,8

Fonte: Banco Mundial (1) GAE = {[Export. + Import]}/2 / PIB.

A inserção do Brasil na economia mundial ainda é pequena, e alguns indicadores podem dar uma ideia da trajetória que o País terá ainda que percorrer para participar mais ativamente da globalização. Quanto mais um país está integrado na economia mundial, maior é a exposição à concorrência internacional, maior a absorção de tecnologias modernas, maiores as opções para os consumidores finais e de obter recursos financeiros a custos menores no mercado mundial – tudo isso contribuindo para melhorar a alocação de recursos e atingir padrões mundiais de eficiência. Existem várias formas para expressar o grau de integração de um país na economia mundial e aqui são utilizados o grau de abertura da economia e a estabilidade da política de importações como indicadores da exposição do país à concorrência mundial e a participação dos manufaturados no total das exportações, como uma medida da capacidade do país em produzir dentro dos padrões mundiais e absorver níveis mais sofisticados de tecnologia. O Brasil ainda tem um dos menores graus de exposição à concorrência internacional, embora, a partir de 1990, tenha havido uma reversão do fechamento exagerado do País que se estendeu por toda a década de 1980. Mesmo assim, a política de abertura não é linear e consistente; os retrocessos têm sido frequentes, particularmente depois do Plano Real, introduzindo uma grande instabilidade nas regras de importação e nos preços relativos e dificultando o planejamento de longo prazo das empresas. Restrições às importações são importantes barreiras à difusão de tecnologia e ao aumento da produtividade total dos fatores de produção, além de introduzirem distorções na alocação dos fatores de produção e no padrão de concorrência.

O que essas informações estatísticas indicam é que a reaproximação do Brasil à economia mundial ainda está em uma etapa inicial e que uma maior participação do País na globalização dos mercados ainda tem um longo caminho a ser trilhado. O isolamento radical do País do cenário mundial durante os anos 1980, com a consequente perda de dinamismo da economia brasileira, representa um grande obstáculo e um grande desafio para a sociedade brasileira, que começou a ser enfrentado durante os anos 1990. A grande tarefa à frente é a de conseguir aumentar a inserção internacional do Brasil na economia mundial, para que isso se transforme em um motor do desenvolvimento econômico nacional.

1.2 Oportunidades e desafios da globalização para o Brasil

As quatro últimas décadas presenciaram uma radical transformação na divisão do trabalho em escala mundial, sendo que uma dezena de países em desenvolvimento aproveitou esse fenômeno para acelerar o seu ritmo de crescimento econômico e se aproximar dos padrões de opulência dos países afluentes. Isso foi possível em função da grande integração desses países na economia mundial, da ausência de distorções relevantes que afetavam as decisões de investimento e da estabilidade macroeconômica. Crescimento econômico e participação crescente na economia mundial são forças que se complementam, e a grande oportunidade que o Brasil tem à frente é a de reverter seu isolamento da economia mundial e aproveitar as oportunidades oferecidas pela globalização para acelerar seu crescimento econômico. A globalização oferece grandes chances de aumentar a capacidade produtiva doméstica por meio do investimento direto estrangeiro e pela sua capacidade de ampliar o acesso ao mercado externo em produtos nos quais o Brasil tem vantagens comparativas, dada à alta propensão exportadora das empresas multinacionais. Considerado um dos grandes mercados "emergentes" do mundo (juntamente com China, Índia, Rússia e Indonésia), o Brasil enfrenta hoje o grande desafio de manter um conjunto de políticas econômicas coerentes para que o País possa aproveitar as oportunidades que a globalização dos mercados lhe oferece e retornar ao seu padrão histórico de crescimento acelerado interrompido no final dos anos 1970. Para isso, é necessário que o País mantenha políticas macroeconômicas estáveis, crie condições favoráveis aos investimentos em capital físico e humano e amplie a abertura ao exterior.

Referências

Cartas de Conjuntura – publicação trimestral.

Conferência das Nações Unidas para Comércio e Desenvolvimento, UNCTAD. Disponível em: <http://www.unctad.org>.

Fundo Monetário Internacional, FMI. Disponível em: <http://www.imf.org>.

GLOBAL FINANCIAL STABILITY REPORT – publicação semestral; abr. 2016.

INTERNATIONAL TRADE STATISTICS – publicação anual; vários números.

Instituto de Pesquisas Econômicas Aplicadas, IPEA. Disponível em: <http://www.ipea.gov.br>.

IPEADATA – Banco de Dados do IPEA.

Organização Mundial do Comércio, OMC. Disponível em: <http://www.wto.org>.

WORLD ECONOMIC OUTLOOK – publicação semestral; vários anos.

WORLD INVESTMENT REPORT – anual.

WORLD TRADE REPORT – anual.

2

Teorias do Comércio Internacional

Simão Davi Silber

2.1 Introdução

O economista, há muito tempo, tem se preocupado em explicar o porquê da especialização internacional das nações e as suas consequências. Por que um país como o Brasil é um grande exportador de soja, açúcar, café, carne, aviões e tantos outros produtos e é um importador de produtos de telecomunicações, informática, máquinas e equipamentos? Essa é uma das várias questões que a teoria moderna do comércio internacional procura responder. Este capítulo apresenta os instrumentos teóricos desenvolvidos para explicar porque os países comercializam entre si, porque alguns países produzem alguns bens enquanto outros países se especializam em outros e quais as consequências do comércio internacional sobre a distribuição de renda e o nível de bem-estar material dos países.

O comércio internacional começou a ganhar as características modernas a partir da Revolução Industrial e tem se efetivado pela gradual abertura das economias nacionais às transações comerciais internacionais. São mais de dois séculos de crescimento do comércio internacional e, no início do século XXI, os países estão muito mais integrados em termos de comércio de bens e serviços, fluxos financeiros e investimento direto. Esse é o fenômeno denominado hoje de "globalização dos mercados". O estudo do comércio internacional tem conquistado uma importância crescente, à medida que os países ficaram mais interdependentes.

Após a Segunda Guerra Mundial, o comércio internacional voltou a ser um "motor do desenvolvimento econômico" mundial. A redução das barreiras tarifárias, patrocinadas no âmbito do *General Agreement on Tariffs and Trade* (GATT, Acordo Geral de Tarifas e Comércio, em português), foi capaz de reduzir a tarifa média de importação nos países industrializados de 35 para 6%. Esta liberalização comercial concentrou-se basicamente no setor industrial, sendo que só recentemente (com a Rodada do Uruguai, encerrada em 1994), a agricultura e os serviços foram incorporados nas negociações para a abertura do mercado mundial desses setores. Além disso, o tratamento multilateral e não discriminatório das regras de comércio possibilitou o crescimento do comércio internacional a taxas bem superiores às do crescimento do PIB mundial (PIB, Produto Interno Bruto – medida da produção total de um país).

De 1950 a 1973, para um crescimento do PIB mundial de 4,8% ao ano, o comércio cresceu 7,8%. São também importantes para a obtenção desse resultado a vigência de taxas de câmbio fixas, os pequenos movimentos especulativos de capital e a harmonia de políticas macroeconômicas implícita no sistema de Bretton Woods. Essa reorganização da economia mundial representou uma reação institucional contra os efeitos da escalada protecionista e de desvalorizações cambiais competitivas, observadas nos anos 1930, e que haviam se mostrado extremamente danosas ao comércio e ao crescimento mundial.

A partir de meados dos anos 1970, inicia-se uma nova fase da evolução da economia mundial. Os choques do petróleo e das taxas de juros, a ruptura do sistema de taxas de câmbio fixo, a maior mobilidade de capital e o aparecimento dos países de industrialização recente (emergentes) como importantes competidores no mercado mundial são fatores que contribuem para o aparecimento de uma nova forma de protecionismo, nos países desenvolvidos, contra a concorrência externa: as restrições não tarifárias (RNT).

As RNT assumiram diversas formas: ações *antidumping*, direitos compensatórios, quotas, subsídios, acordos voluntários de restrição às exportações, direitos alfandegários variáveis, licenças não automáticas de importação etc. e atuaram como amortecedores ao crescimento do comércio internacional.

Após as turbulências dos anos 1970 e início dos anos 1980 (choques do petróleo, juros reais elevados e crise da dívida externa dos países em desenvolvimento), que comprometeram o crescimento das transações internacionais, observa-se a retomada do crescimento do comércio mundial a partir de meados dos anos 1980. Atualmente, o comércio internacional cresce a uma taxa de 3,2% ao ano, acima do crescimento do PIB mundial, que se situa em 2,5% ao ano.

Deve-se destacar, no entanto, que, para o período mais recente, o dinamismo do comércio mundial está muito mais vinculado a arranjos regionais de comércio e com uma nova característica: os principais atores do regionalismo são os países desenvolvidos. Estima-se que, atualmente, 50% do comércio mundial se realizam dentro de blocos regionais. Em particular, o principal defensor do multilateralismo no passado, os Estados Unidos, também caminhou na direção da formação de um bloco regional de comércio, fazendo com que o mundo desenvolvido viesse a ser dividido em três grandes blocos. As informações estatísticas apresentadas a seguir procuram ilustrar essas mudanças ocorridas no período pós-guerra no padrão do comércio internacional. No Gráfico 2.1 são apresentados os índices da evolução da produção (PIB) mundial e do volume do comércio internacional. Na tendência de longo prazo, o comércio internacional tem crescido a uma taxa superior ao crescimento da produção mundial, fazendo com que o grau de abertura médio da economia mundial venha se expandindo gradualmente. Nos últimos 65 anos, o crescimento médio do PIB mundial foi de 3,6% ao ano, enquanto o volume exportado mundial cresceu a 5,8% ao ano. Nesse período, o PIB mundial foi multiplicado por seis vezes, enquanto o comércio internacional ficou 12 vezes maior do que no início do período.

Gráfico 2.1 Crescimento do comércio e do PIB mundial (2005 = 100)

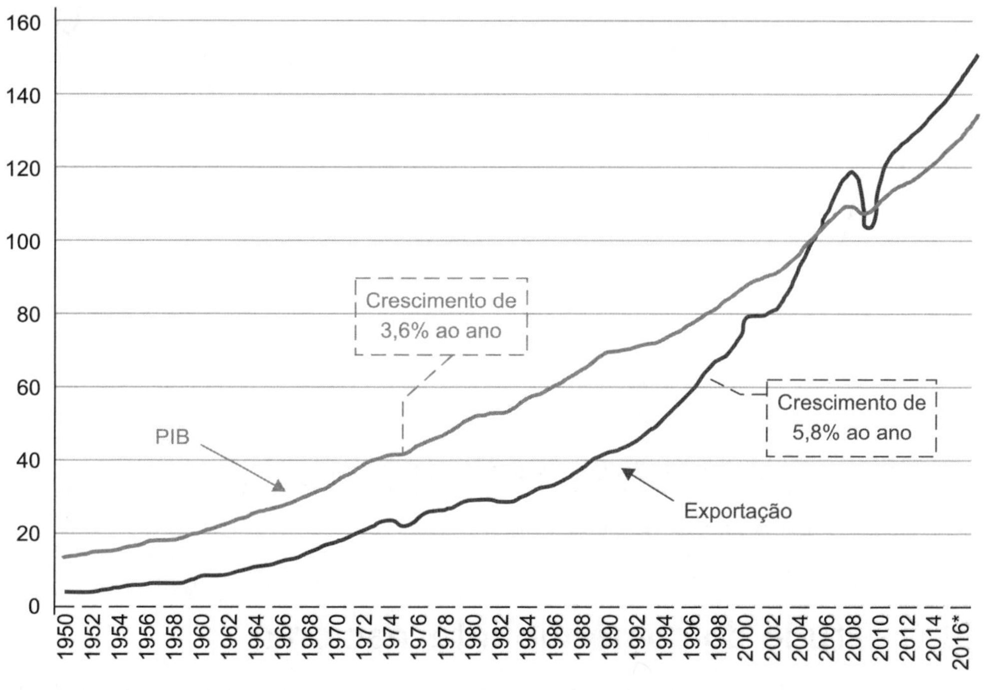

* Dados previstos para o período.

Fonte: OMC.

Desde o final dos anos 1980, seguindo a tendência mundial, o Brasil passou a adotar uma política de abertura comercial ao exterior, reduzindo drasticamente o grau de proteção às atividades produtivas domésticas. Foram reduzidos as tarifas e os controles administrativos sobre as importações: o imposto médio de importação caiu de uma taxa *ad valorem* de 45%, praticada em 1988, para 12,2% em 2014, e foi eliminada a exigência de licenciamento prévio na importação. Com essas medidas, o País está caminhando em direção ao padrão médio mundial de exportar e importar mais como proporção do PIB. Para se ter uma ideia das mudanças que ocorreram no setor externo brasileiro, pode-se ressaltar que, no final dos anos 1980, as importações de bens e serviços representavam 6% do PIB, e, em 2008, passaram para 14% do PIB. Fenômeno semelhante aconteceu com as exportações, que aumentaram de 7 para 14% do PIB. Isso pode ser constatado pelo Gráfico 2.2.

Gráfico 2.2 Exportações e importações no Brasil (como % do PIB)

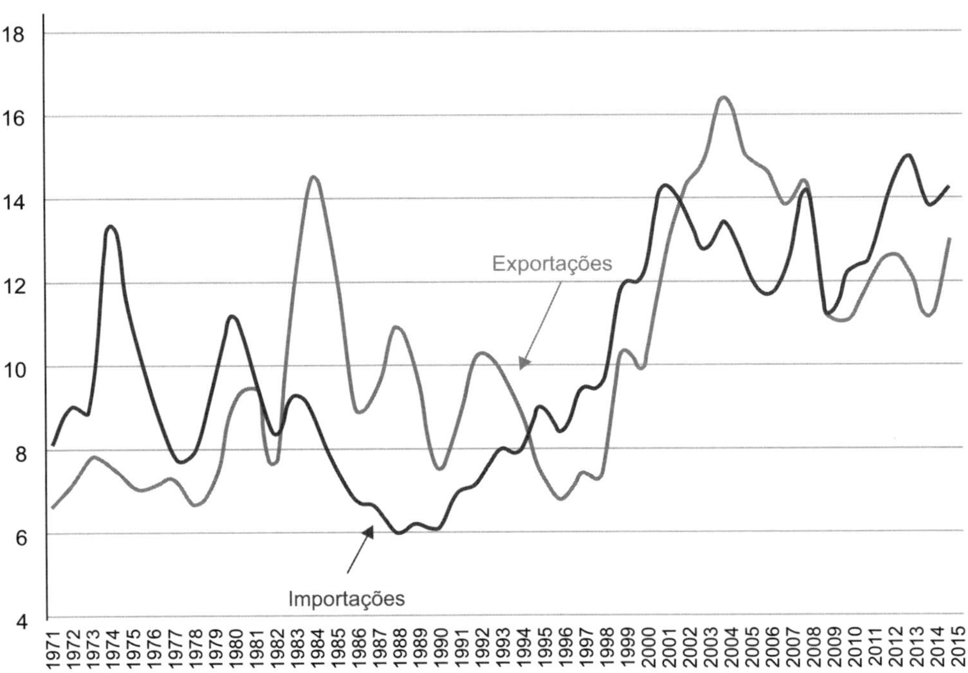

Fonte: Ministério do Desenvolvimento Indústria e Comércio – MDIC.

2.2 O estudo do comércio internacional

As teorias de comércio internacional procuram responder a perguntas da seguinte natureza:

- Qual a vantagem de importar um produto que pode ser produzido domesticamente, gerando renda e emprego para a população do país?
- Quais produtos o país exportará e quais importará?
- Como são determinados os preços de equilíbrio no mercado mundial?
- É possível que todos os países se beneficiem do comércio internacional?
- Quais os impactos sobre a distribuição de renda decorrentes do comércio internacional?

Não existe uma única teoria para responder a essas questões. Ao longo do tempo, foram desenvolvidas teorias que hoje em dia se complementam para explicar o complexo fenômeno do comércio internacional, particularmente o de produtos manufaturados: recursos naturais, diferenças de produtividade da mão de obra, diferenças na dotação de fatores de produção, similaridade de demanda, progresso tecnológico, economias de escala e política comercial estratégica estão incorporadas na moderna teoria do comércio internacional para explicar as vantagens competitivas das nações.

2.3 A teoria clássica do comércio internacional

Uma primeira resposta às perguntas anteriores foi dada no século XIX por David Ricardo, que desenvolveu um modelo de comércio internacional baseado no princípio das vantagens comparativas. Apresentado pela primeira vez por Ricardo, o conceito de vantagens comparativas é o elemento teórico central da moderna teoria do comércio internacional. Para utilizá-lo, é necessário antes definir custo de oportunidade. Suponha que um país produza somente dois bens: alimentos, que iremos representar pela letra (A), e um produto industrial, que será representado por (T).

O custo de oportunidade de produzir uma unidade a mais de alimentos (A) é a quantidade de produto industrial (T) que terá que ser sacrificado para produzir esta unidade adicional de A.

Um país tem vantagens comparativas na produção de um bem se o seu custo de oportunidade em produzir tal bem (em termos do outro bem) é menor neste país do que no resto do mundo.

*O princípio das **vantagens comparativas** prevê que uma nação exportará os produtos com custos de oportunidade relativamente menores e importará os produtos nos quais tenha custos de oportunidade relativamente maiores.*

O modelo de Ricardo postula que a principal causa do comércio internacional é a diferença de produtividade setorial da mão de obra entre as nações. Ou seja, os países têm diferenças tecnológicas que se refletem na produtividade da mão de obra e nas vantagens comparativas. Em termos da teoria econômica moderna, o modelo clássico enfatiza as diferenças de funções de produção entre os países como determinantes das vantagens comparativas e do fluxo do comércio internacional.

O modelo de Ricardo é baseado em um conjunto de hipóteses simplificadoras, a seguir especificadas:

a) Existem dois países, que serão denominados Brasil (B) e Resto do Mundo (RDM).
b) Cada país produz dois bens: alimentos (A) e um produto industrial, tecido (T).
c) O único fator de produção que recebe remuneração (tem custo) é a mão de obra, denominado L.
d) A mão de obra é homogênea e está em disponibilidade fixa em cada país.
e) Há mobilidade total de mão de obra dentro do país, mas não existe a possibilidade de imigração (imobilidade internacional da mão de obra).
f) A produtividade da mão de obra, em cada bem, é fixa.
g) Existe concorrência perfeita em todos os mercados; não existem impostos de importação nem custo de transporte.

As conclusões que serão obtidas desta teoria são bastante simples, sendo possível antecipá-las antes mesmo de apresentar formalmente o modelo. Em primeiro lugar, a teoria de Ricardo postula que duas nações terão relações comerciais quando apresentarem custos relativos de mão de obra diferentes. Em segundo lugar, conclui que uma nação exportará sempre o produto que fabricar com custos de mão de obra relativamente menores do que o de outra. E, finalmente, com base nesses resultados, indica que o comércio entre dois países é vantajoso para ambas.

Para a apresentação da teoria, será utilizada a matriz de opções de produção disponíveis para o Brasil e o RDM, apresentada na Tabela 2.1.

Tabela 2.1 Necessidades de mão de obra por unidade de produto (horas)

	Alimento	Tecido
Brasil	100	120
Resto do Mundo	90	80

O exemplo anterior serve para explicitar outro elemento importante na discussão moderna sobre comércio internacional: a diferença entre vantagens absolutas e vantagens comparativas (relativas). A primeira é irrelevante para o comércio internacional e a segunda está no centro da explicação dos determinantes do comércio internacional.

Um país tem uma vantagem absoluta na produção de todos os bens se ele tiver o menor custo unitário de mão de obra do que o resto do mundo, em todos os bens.

No nosso exemplo, o RDM tem vantagem absoluta na produção de todos os bens, já que a necessidade de mão de obra por unidade de produto é menor no RDM, tanto para alimento quanto para tecido (90 horas < 100 horas e 80 horas < 120 horas). Mas isso não representa nenhum impedimento ao comércio internacional, uma vez que o conceito relevante é o de vantagens comparativas (relativas).

Como se pode constatar, o Brasil tem um custo de oportunidade relativamente menor na produção de alimento, e o RDM, em tecido. Isso pode ser visto de duas maneiras a partir das informações da Tabela 2.1: podemos comparar o custo relativo de mão de obra para cada produto (olhando cada coluna da tabela) ou o custo de oportunidade de transformar alimento em tecido (olhando cada linha da tabela). Pelo primeiro critério, o Brasil usa 1,11 vez mais mão de obra que o RDM (100/90, ou 11% a mais) na produção de alimento e 1,5 vez mais mão de obra que o RDM (120/80, ou 50% a mais). Portanto, em termos relativos, o custo na produção de alimentos é menor no Brasil. Esse mesmo resultado pode ser obtido utilizando-se o conceito de custo de oportunidade.

Vamos admitir que, tanto Brasil quanto RDM desejam produzir uma unidade a mais de tecido, sacrificando (custo de oportunidade) certa quantidade de alimentos. Para obter uma unidade a mais de tecido, o Brasil terá que sacrificar 1,2 unidade de alimento e o RDM, somente 0,89 unidade de alimento. Portanto, o custo de oportunidade de obter tecidos no Brasil é maior que no RDM. Ou seja, o Brasil tem vantagens comparativas em alimento e o RDM, em tecidos. Se os países têm vantagens comparativas em determinado bem, é irracional do ponto de vista econômico não participar do comércio internacional, pois isso trará aumento do bem-estar material de todos os países. Esse é o elemento-chave da teoria: o comércio internacional é um jogo de soma positiva e não de soma nula (todos podem ganhar e não o que um ganha é o que o outro perde). Esse é o teorema central de bem-estar para a economia aberta: algum comércio é sempre superior à autarquia (isolamento). Colocada em uma linguagem bem simples: nenhum país consegue ser eficiente em tudo, e vale a pena algum tipo de especialização internacional.

A teoria do comércio internacional indica que a disponibilidade de bens no mundo será maior no caso em que os países se especializam de acordo com sua vantagem comparativa. Essa conclusão pode ser vista a partir das informações apresentadas na Tabela 2.2, em que são apresentados os custos de oportunidade para cada um dos bens decorrentes da decisão de produzir uma unidade a mais de produto domesticamente. Os números são apresentados com o sinal negativo, indicando quantas unidades deverão ser sacrificadas do outro bem para obter uma unidade adicional desse bem. Por exemplo, na primeira linha, para o Brasil, aparece –1,2 na opção de produção de alimento; essa é a quantidade de tecido sacrificada para obter uma unidade a mais de alimento.

Tabela 2.2 Custo de oportunidade de uma unidade adicional de produto

	Alimento	Tecido
Brasil	-1,2	-0,83
Resto do Mundo	-1,125	-0,89

Tanto brasileiros como estrangeiros querem consumir um pouco de cada bem, mas ter vantagem comparativa em um dos dois bens. Como obter mais do outro bem? Existem duas possibilidades: cada país pode produzir mais do outro bem internamente ou pode obtê-lo no comércio internacional. Para avaliar qual a melhor opção (os ganhos do comércio internacional), é necessário definir preços relativos para a economia fechada e aberta.

O preço relativo do tecido é a quantidade de alimento que deve ser trocada para obter uma unidade a mais de tecido.

Em uma economia fechada, o preço relativo do tecido é o custo de oportunidade do tecido, já que a única possibilidade de obter mais tecidos é sacrificando uma parte da produção de alimentos. Portanto, o preço relativo do tecido no Brasil é 1,2 e no RDM é 0,89. Do ponto de vista do Brasil, para obter uma unidade a mais de tecido, o País terá que sacrificar 1,2 unidade de alimento. Um raciocínio semelhante indicaria que o RDM teria que sacrificar 1,125 unidade de tecido para obter uma unidade adicional de alimento.

Na economia aberta, o preço internacional deverá estar entre os dois preços de autarquia.[1] Vamos admitir que o preço relativo do tecido P_M seja igual a 1, com comércio internacional (P_M = 1). Nessas condições, será mais vantajoso para cada país obter o outro bem por meio do comércio internacional do que produzi-lo domesticamente. Vejamos inicialmente o Brasil: ele precisa usar 120 trabalhadores para produzir uma unidade a mais de tecido. Ele pode obter essa mesma quantidade de tecido produzindo uma unidade de alimento e trocando com o resto do mundo na proporção 1:1. Portanto, via comércio internacional, o Brasil pode obter tecido, economizando 20% de mão de obra. Em vez de utilizar 120 trabalhadores para produzir diretamente tecido, ele pode obter "indiretamente" uma unidade de tecido por meio do comércio internacional, exportando alimento, que usa 100 trabalhadores, em troca de tecido. Esse seria o ganho do comércio internacional.

Existe uma forma alternativa de representar os ganhos do comércio internacional. Se um país não participa do comércio internacional, os preços relativos de autarquia são dados pelo custo de oportunidade. Como os custos de oportunidade diferem entre países, devido às diferenças de produtividade da mão

1 Na economia aberta, o preço relativo do tecido é determinado pela demanda e oferta relativa de tecidos no mundo. Existirá um preço relativo de equilíbrio, no qual o que um país deseja exportar de tecido coincide com o que o outro país deseja importar.

de obra, o comércio internacional possibilitará acesso a trocas de bens que não estão disponíveis em uma economia fechada. Para mostrar esse resultado vamos introduzir dois novos conceitos:

A curva de possibilidades de produção de uma economia mostra a produção máxima de alimento que pode ser obtida, fixada a quantidade de tecido.

A curva de possibilidades de consumo mostra o máximo de consumo de alimento que um país atinge, fixada a quantidade de tecido.

Em uma economia fechada, as duas curvas são idênticas, ou seja, as oportunidades de consumo são iguais às oportunidades de produção. Isso não acontece em uma economia aberta, já que o preço mundial difere dos preços de autarquia, ampliando as opções de consumo da sociedade e aumentando o nível de bem-estar material. O Gráfico 2.3 ilustra esse resultado. As linhas retas PC representam a curva de possibilidades de produção (CPP) das duas economias. Elas têm declividades diferentes pelo fato de a produtividade da mão de obra diferir entre países. Por hipótese, o Brasil tem vantagem comparativa na produção de alimento, e isto é representado geometricamente por uma maior declividade da CPP.[2] Graficamente, a hipótese de os países terem custos de oportunidade diferentes reflete-se nas diferenças de declividades das curvas de possibilidades de produção. Assim sendo, o gráfico indica que o Brasil tem um preço relativo maior de tecido e o RDM tem um preço relativo de tecido menor.

Com o comércio internacional, haverá a equalização de preço dos bens e isso é representado pelas linhas CC no gráfico. A área abaixo dessa linha é maior que a contida na curva de possibilidades de produção, CP, ou seja, as oportunidades de consumo são maiores com comércio do que sem comércio. Portanto, seria irracional não ter acesso a essas cestas superiores de consumo, sendo que o problema econômico básico de qualquer sociedade é a escassez de bens diante dos desejos dos consumidores e investidores.

Gráfico 2.3 Possibilidade de produção e consumo com comércio

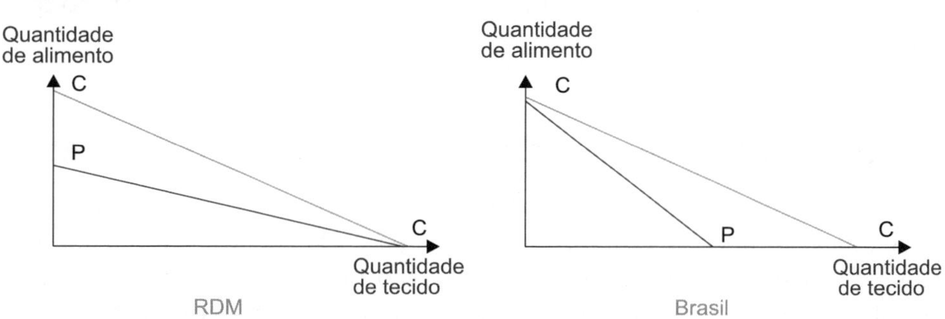

2 O valor absoluto da declividade da curva de possibilidades de produção é o custo de oportunidade de se obter uma unidade a mais de tecido, ou seja, a quantidade de alimentos que deve ser sacrificada para obter essa unidade adicional de tecido.

O que esses exemplos mostram é que os países diferem significativamente nas condições de produção. O Brasil tem condições naturais favoráveis à produção de alimentos. Portanto, o País precisa sacrificar poucos fatores de produção para produzir mais alimentos. O mesmo raciocínio vale para o RDM: se ele quiser produzir mais alimentos terá que desviar muita mão de obra da produção do outro bem, e os resultados seriam modestos em termos de acréscimo da produção, pois os custos seriam muito elevados.

Baseados nesse tipo de raciocínio, ou seja, na teoria das vantagens comparativas, os economistas concluem que é vantajoso para todos os países se especializarem na produção dos bens em que tenham vantagem comparativa. Como os países diferem entre si, eles apresentam custos de produção diferentes. É evidente que no mundo real não existe livre comércio, embora esteja em andamento uma gradual abertura comercial no mundo, desde o final da Segunda Guerra Mundial. Porém, isso não invalida as teorias, mas, sim, indica que os países deverão continuar negociando a redução do protecionismo. Se cada país produzisse de acordo com suas vantagens comparativas, o bem-estar de todas as nações aumentaria, ampliando a oferta de bens e serviços à disposição das nações para satisfazer uma quantidade maior de necessidades de seus cidadãos.

Apesar de sua simplicidade, a teoria de Ricardo representa uma contribuição importante para a explicação dos fluxos de comércio internacional no mundo real. Testes empíricos dessa teoria confirmam que diferenças de produtividade relativa da mão de obra são uma causa importante das vantagens comparativas.[3] Particularmente para setores nos quais as diferenças internacionais de funções de produção se refletem em diferenças de produtividade de mão de obra, a teoria clássica é uma importante explicação para os determinantes da especialização internacional. A grande limitação do modelo de Ricardo é a adoção da hipótese de um único fator de produção. Isto impossibilita discutir os impactos sobre a distribuição de renda decorrentes da abertura de um país ao comércio internacional e razões para demandas protecionistas por parte de fatores de produção que venham a ser prejudicados pelo livre comércio.

2.4 A teoria neoclássica do comércio internacional

A teoria de comércio internacional apresentada anteriormente não constitui a única explicação para as vantagens comparativas das nações. Existem outros modelos, entre os quais se destaca o neoclássico ou o modelo de Heckscher-Ohlin-Samuelson. Esse modelo, desenvolvido por dois economistas suecos,

[3] Um importante trabalho empírico sobre a validade da teoria de Ricardo é o de MACDOUGALL, G. D. A. British and American Exports: A Study Suggested by the Theory of Comparative Costs. *Economic Journal*, n. 61, p. 697-724, dez. 1951.

Eli Heckscher e Bertil Ohlin, teve sua formalização desenvolvida por Paul Samuelson. Enquanto o modelo clássico enfatizava a diferença entre a produtividade relativa da mão de obra entre os países para explicar as vantagens comparativas – ou seja, o país que tivesse uma indústria com produtividade relativa maior da mão de obra exportaria o produto desta indústria –, o modelo neoclássico coloca no centro da explicação para a existência do comércio internacional a diferença relativa de dotação de fatores de produção (capital e trabalho) entre os países e a diferença de uso dos fatores de produção entre as indústrias do país.

As hipóteses centrais deste modelo são as seguintes:

a) Existem dois países: Brasil e RDM.

b) Cada país produz dois bens: alimento e tecido.

c) Existem dois fatores de produção: capital (K) e trabalho (L).

d) Os países têm dotações relativas diferentes de capital e trabalho; o Brasil é relativamente abundante em mão de obra e o RDM, relativamente abundante em capital.

e) O conhecimento tecnológico está disponível livremente no mundo, ou seja, as funções de produção não diferem entre países.

f) Um dos produtos, o tecido, usa intensivamente capital, e o outro produto, o alimento, usa intensivamente mão de obra. Em outras palavras, qualquer que seja o custo da mão de obra e do capital, o setor de tecidos sempre usará mais capital físico por trabalhador (K/L) do que o de alimentos.

g) Concorrência perfeita em todos os mercados, ausência de custo de transporte e impedimentos artificiais ao comércio internacional, como o imposto de importação.

Nessas condições, é possível obter outra explicação para o comércio internacional: o RDM, que tem abundância relativa de capital, tenderia a exportar o produto que usa intensivamente capital (tecido), enquanto o Brasil, com abundância relativa de mão de obra, exportaria o produto mão de obra intensivo (alimento). Por que isso? A explicação é simples: no país rico (RDM), onde existe abundância de capital, a taxa de retorno do capital é menor, fazendo com que o produto capital intensivo tenha custo relativo menor; no país pobre (Brasil), entretanto, onde existe abundância de mão de obra, o salário é baixo, tornando o custo relativo do produto mão de obra intensivo menor. Nessas condições, a previsão do modelo é a seguinte: o país rico tenderia a exportar o produto capital intensivo (tecido), ao passo que o país mais pobre exportaria o produto mão de obra intensivo (alimentos). Essa também é uma teoria que enfatiza as vantagens do livre comércio, já que os países poderiam atingir um nível de bem-estar material superior nesta situação do que recorrendo ao protecionismo.

A apresentação geométrica do modelo é feita no Gráfico 2.4, em que estão as curvas de transformação de dois países: Brasil e RDM, na hipótese de que sejam produzidos dois bens (tecidos e alimentos). Por hipótese, o Brasil é o país mão de obra abundante e o RDM, o país capital abundante – enquanto a produção de tecido usa intensivamente capital, o alimento usa intensivamente mão de obra.

Gráfico 2.4 Curvas de possibilidades de produção

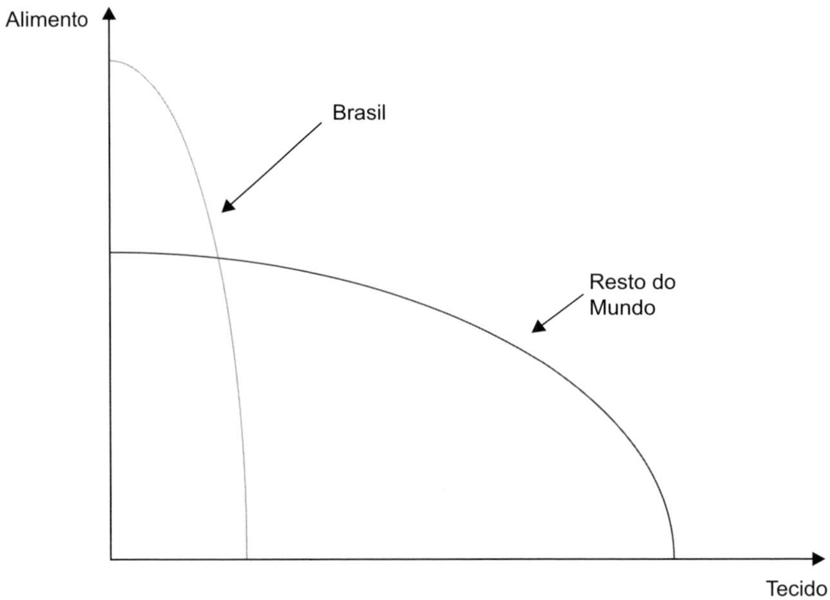

As curvas de possibilidades de produção diferem entre os países basicamente porque cada um tem uma dotação relativa maior de um dos fatores de produção, indicando que o Brasil tem um viés para produzir mais alimentos, enquanto o Resto do Mundo tem uma tendência para produzir mais tecido. Visto de outra forma, o Gráfico 2.4 apresenta curvas de transformação com declividades diferentes, e, como essas inclinações representam o custo de oportunidade de cada país em transformar alimentos em tecidos, pode-se concluir que tal custo é maior no Brasil do que no RDM. Por essa razão, o Brasil tenderia a se especializar em alimentos e o RDM, em tecido, ou seja, cada país exportaria os bens que usam intensivamente o fator abundante de suas economias.

Deve-se destacar uma diferença importante entre essas curvas de possibilidades de produção e as apresentadas no modelo anterior, que eram lineares. No modelo de Ricardo, com um único fator de produção e produtividade constante da mão de obra, a curva de possibilidades de produção exibirá custos de oportunidade constante, ou seja, uma linha reta. Agora a curva de possibilidades de produção é côncava, indicando que, para aumentar a produção de um dos bens, o custo de oportunidade será crescente. Isso se deve à diferença no uso de fatores entre os setores: para aumentar a produção de tecidos, é necessário reduzir a produção de alimentos; a produção de alimentos libera muita mão de obra e pouco capital, pois é um setor de mão de obra intensivo, ao passo que o setor de tecidos necessita de muito capital e pouca mão de obra. A única forma de acomodar essa realocação de fatores de produção é por meio da redução da remuneração do trabalho e do aumento da remuneração do capital. Assim, haverá um incentivo para contratar mais mão de obra e economizar capital.

Esse último ponto leva a uma das conclusões mais importantes do modelo neoclássico: os impactos do comércio internacional sobre a distribuição de renda interna. Com o comércio internacional, as forças de mercado determinarão um preço relativo mundial de tecidos. De forma idêntica, semelhante à do modelo de Ricardo, o preço mundial do tecido não será tão elevado como o que vigorava no Brasil antes do comércio internacional, nem será tão baixo como o que existia em autarquia no RDM. A queda do preço do tecido no Brasil levará o país a produzir mais alimentos, e o aumento de preço no RDM incentivará o aumento da produção de tecido. No Brasil, como a produção de alimento necessita de muita mão de obra, aumentarão os salários em relação à remuneração do capital. No RDM, o aumento da produção de tecidos favorecerá a renda do capital.

A previsão é clara: o comércio internacional favorece o fator de produção abundante do país e penaliza o fator de produção escasso. Esse resultado é conhecido como o Teorema de Stolper-Samuelson.

Os testes empíricos do modelo neoclássico não confirmam as previsões do modelo. Um teste famoso feito por W. Leontief[4] para a economia dos Estados Unidos concluiu que o país mais rico do mundo era um exportador de produtos mão de obra intensivos e importador de produtos capital intensivos – exatamente o oposto do que a teoria previa. Inúmeros testes foram feitos e este resultado ainda persiste: o país mais abundante de capital do planeta é um exportador de produtos mão de obra intensivos. Este resultado ficou conhecido como "paradoxo de Leontief".

A evolução do comércio internacional nos últimos 50 anos não seguiu as previsões dos modelos apresentados anteriormente. Esses modelos previam que o comércio seria predominantemente interindustrial, como aquele apresentado no exemplo anterior: o Brasil exportando alimento e o RDM, tecidos. Mas o que se observou no mundo real foi uma presença significativa de comércio intraindustrial, ou seja, exportações e importações dentro do mesmo ramo industrial. Nessas condições, era necessário o desenvolvimento de novas teorias que pudessem explicar por que um país poderia exportar um tipo de tecido ou de automóvel

4 LEONTIEF, W. Domestic production and foreign trade: The American capital position re-examined. *Proceedings of the American Philosophical Society*, Pennsylvania, n. 97, p. 331-349, 1953.

e importar outras variedades de tecidos e automóveis. Em outras palavras, uma parcela importante do comércio internacional ocorre com produtos diferenciados. Além disso, os economistas constataram a importância de economias de escala e de estruturas de mercado imperfeitas influenciando os fluxos comerciais mundiais. As novas teorias procuraram incorporar esses aspectos do comércio internacional e isso será apresentado na próxima seção.

2.5 As novas teorias do comércio internacional

Um dos precursores das novas teorias do comércio internacional é o economista sueco S. B. Linder,[5] que, no começo dos anos 1960, apresentou uma explicação para a crescente importância do comércio entre os países ricos (comércio norte-norte) em contraposição às teorias tradicionais que previam uma intensificação do comércio entre países ricos e os em desenvolvimento (comércio norte-sul). Segundo esse autor, a concentração do comércio de manufaturas entre os países ricos era explicada fundamentalmente pela semelhança de seus níveis de renda *per capita*. Com padrões de demanda semelhantes, esses países tinham estruturas produtivas parecidas, e com produtos diferenciados. Com isso, haveria espaço para um comércio intenso de produtos diferenciados, já que o potencial de comércio seria máximo entre países semelhantes e de alta renda.

Em seguida, surgiu a teoria do "ciclo de vida do produto", de R. Vernon,[6] que procurava explicar o comércio internacional a partir do progresso tecnológico e das várias etapas da vida de um produto. Segundo essa teoria, novos produtos e processos produtivos tenderiam a surgir nos países ricos devido à demanda por produtos sofisticados e pela existência de capacidade empresarial e de mão de obra altamente especializada para trabalhar em pesquisa e desenvolvimento. As inovações tecnológicas surgidas nos países desenvolvidos dão a esses países o monopólio transitório da produção e exportação de novos produtos. À medida que esses produtos eram padronizados, poderiam ser produzidos em outros locais e tenderiam a se transferir para os países em desenvolvimento, atraídos por menores custos de produção, particularmente o de mão de obra. Assim, os padrões do comércio mundial seriam explicados pelas várias etapas da vida de um produto: no nascimento, as vantagens comparativas estariam nos países desenvolvidos; na maturidade, nos países em desenvolvimento.

5 LINDER, S. B. *An essay on trade and transformation*. New York: John Wiley and Sons, 1961.

6 VERNON, R. The product life cycle and international trade. *Quarterly Journal of Economics*, London, 1966.

No final dos anos 1970 e começo dos anos 1980, presenciou-se a incorporação de mercados imperfeitos, economias de escala e diferenciação dos produtos em modelos formais de comércio internacional. Existem aqui duas variantes principais: a que usa o modelo de concorrência monopolística e a que usa as teorias de oligopólio para explicar algumas das características do comércio internacional atual. No modelo de concorrência monopolística, é possível incorporar economias de escala e diferenciação do produto para explicar a existência do importante comércio intraindústria. Basicamente, o que esse modelo admite é a existência de um número grande de empresas produzindo produtos diferenciados em diferentes países. Como existem economias de escala, nenhum país produzirá todas as variedades dos bens e, quando esses países forem expostos ao livre comércio, ocorrerá o comércio intraindústria, com aumento do bem-estar, já que aumentará a variedade de bens disponíveis para o consumidor e haverá redução de seus preços. Estima-se que, atualmente, cerca de 25% do comércio mundial é intraindústria. O Gráfico 2.5 sumariza o impacto do comércio internacional, quando existe concorrência monopolística nos setores envolvidos.

Gráfico 2.5 Concorrência monopolística e comércio internacional

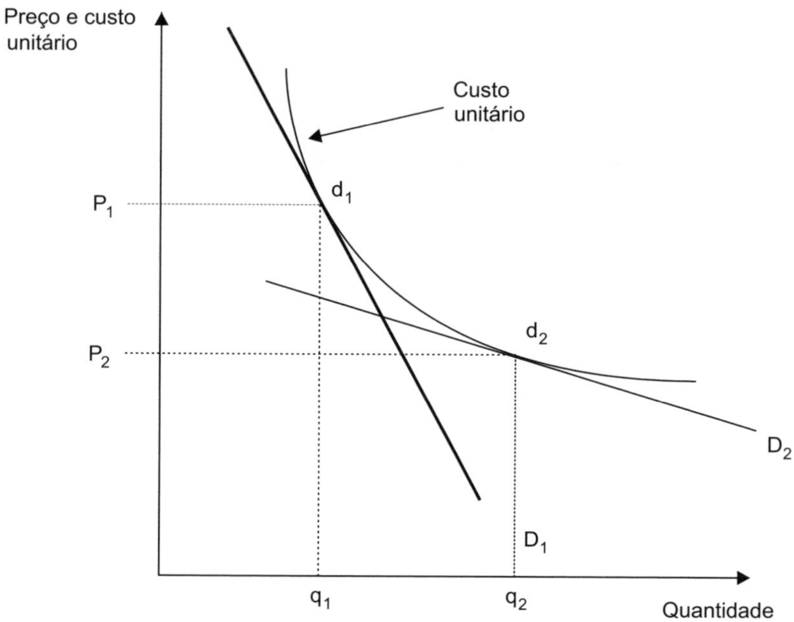

Antes do livre comércio (em economia fechada), uma situação típica de equilíbrio para uma empresa seria representada pelo ponto d_1, tendo como quantidade transacionada q_1 e preço igual a p_1. Não existem lucros extraordinários, porque há livre ingresso de novas empresas. Com o livre comércio, haveria um aumento da variedade de produtos desta indústria e a elasticidade preço da demanda tenderia a crescer pelo aumento do número de produtos substitutos.

Com isso, o equilíbrio de longo prazo seria obtido em um ponto como d_2, no qual a quantidade produzida aumentaria e o preço se reduziria. Portanto, o consumidor ganharia duplamente com o livre comércio: os preços cairiam e as variedades disponíveis aumentariam.

Os modelos de oligopólio e comércio internacional serão apenas mencionados, já que se revestem de grande sofisticação formal, e uma explicação verbal poderá fornecer os principais ingredientes desses modelos. Normalmente, são modelos de duopólio, em que se especifica se os produtos são homogêneos ou diferenciados e se existem efeitos dinâmicos sobre os custos, derivados de pesquisa e desenvolvimento e efeitos de aprendizagem (*learning by doing*). Nessas condições, é possível mostrar que se um país adotar uma política industrial ativa, suas empresas poderão se transformar em empresas vencedoras no mercado mundial. Mesmo os economistas que elaboraram essas teorias são cautelosos em sugerir tal tipo de política, dadas às incertezas do resultado final, e acabam prescrevendo livre comércio como a política ideal a ser atingida no longo prazo.

Referências

BAUMANN, R., Canuto, O., Gonçalves, R. *Economia Internacional*: teoria e experiência brasileira. Rio de Janeiro: Editora Campus, 2015.

CARBAUGH, R. J. *Economia Internacional*. São Paulo: Editora Thompson, 2004.

CAVES, R. E., Frankel, J. A.; Jones, R. W. *Economia Internacional*. Editora Saraiva, 2001.

KENEN, P. *Economia Internacional*: teoria e política. Rio de Janeiro: Editora Campus, 1998.

KRUGMAN, P. R.; OBSTFELD, M.; MELITZ, M. J. International Economics. 10th ed. Boston: Pearson Addison Wesley, 10. ed., 2014.

3

A Macroeconomia do Setor Externo: Uma Introdução

Amaury Patrick Gremaud
Márcio Bobik Braga
Marco Antonio Sandoval de Vasconcellos

3.1 Introdução

Pode-se definir o fenômeno da globalização como a intensificação das relações internacionais entre os países. Tais relações manifestam-se a partir do comércio de bens, de investimentos diretos realizados pelas denominadas empresas transnacionais, de fluxos financeiros – seja crédito bancário, mercado de títulos e ações, sejam acordos de relações preferenciais que têm dado origem aos blocos econômicos regionais. Todo esse complexo de relações faz que o desempenho econômico de um país dependa não apenas do que acontece internamente, mas também dos acontecimentos externos. As crises financeiras das últimas décadas servem para exemplificar esses fatos: aquelas ocorridas no México, em 1994; nos países asiáticos, em 1997; e na Rússia, em 1998, tiveram fortes impactos sobre a economia mundial, particularmente sobre as economias ditas emergentes, entre as quais está a brasileira. O mesmo aconteceu em 2008, com o fim da bolha imobiliária nos Estados Unidos e a grande crise do início do século XXI.

Sob o ponto de vista econômico, comumente divide-se o estudo das relações econômicas internacionais em dois grandes blocos: as teorias de comércio e a macroeconomia aberta. Nas teorias de comércio, estuda-se o padrão de comércio entre os países: quem exporta o que e para quem. Estão presentes nessa abordagem a ideia de vantagens comparativas e política comercial, entre outros aspectos. Já na macroeconomia aberta, as análises estão voltadas para a determinação da taxa de câmbio e o significado do Balanço de Pagamentos, além de outras questões macroeconômicas que serão tratadas neste capítulo.

3.2 Taxa de câmbio e política cambial

3.2.1 O conceito

Quando falamos de comércio entre países, devemos levar em conta que apesar do internacionalismo das trocas, temos o nacionalismo dos intermediários das trocas, pois em cada país, em geral, existem moedas diferentes. Surge, então, a necessidade de uma medida ou taxa de conversão entre as moedas nacionais. Essa medida nos remete ao conceito de *taxa de câmbio*. A taxa de câmbio expressa o valor de uma moeda nacional em termos de outra moeda, de outro país. Podemos considerar assim a *taxa de câmbio* como um *preço*. Assim, por exemplo, se pudermos comprar "US$ 1,00 por R$ 3,00", então diremos que a taxa de câmbio é de R$ 3,00 por US$ 1,00.

3.2.2 A taxa de câmbio e o mercado cambial

A vantagem de considerar a taxa de câmbio como um preço é imediata: se buscamos entender o comportamento desse *preço*, devemos buscar então compreender os determinantes das condições de oferta e demanda por "*dólar*" no mercado cambial doméstico. Assim, existe um mercado cambial, um mercado no qual as moedas dos diferentes países são trocadas por outras moedas. Esse mercado tem outros ofertantes e demandantes e, normalmente, é bastante concorrencial, transparente e tem um produto considerado homogêneo, uma moeda estrangeira.

Deve-se notar que nesse mercado, digamos o mercado de dólar no Brasil, os demandantes por dólar são também ofertantes de reais, assim como os ofertantes de dólar são demandantes de reais. Temos o que chamamos de um mercado de dupla face. Ou seja, se dizemos que no mercado o preço de um dólar (US$ 1,00) vale R$ 4,00, também dizemos que um real (R$ 1,00) vale US$ 0,25.

Se a demanda por dólar nessa economia aumentar (por exemplo, porque seus agentes querem fazer mais viagens internacionais) e não houver um aumento da oferta, o preço do dólar (a taxa de câmbio) pode aumentar, passando, por exemplo, a R$ 5,00 (US$ 1,00 = R$ 5,00). Note que, neste caso, o que também aconteceu é que a oferta de reais no mercado aumentou (existem mais pessoas dispostas a oferecer reais em troca dos dólares justamente para viajar ao exterior). Assim, o preço do real diminuiu e passou a valer 20 centavos de dólar (R$ 1,00 = US$ 0,20). Agora, o mercado está equilibrado em US$ 1,00 = R$ 5,00 ou R$ 1,00 = US$ 0,20, que é o mesmo preço ou a mesma taxa de câmbio.

Uma possível dificuldade é com os conceitos de *valorização e desvalorização cambial*. No exemplo anterior, em que a taxa de câmbio passou de US$ 1,00 = R$ 4,00 para US$ 1,00 para R$ 5,00, o que ocorreu para a moeda brasileira foi uma desvalorização do real. No caso da moeda norte-americana, o dólar se valorizou. Mesmo definindo a taxa de câmbio como tendo passado de R$ 1,00 = US$ 0,25 para R$ 1,00 = US$ 0,20, ainda assim o real se desvalorizou e o dólar se valorizou. No Brasil, estamos acostumados a definir a taxa de câmbio como sendo 1 dólar = reais. Assim, sempre o que o X aumenta, ocorre uma desvalorização do real e quando o X diminui, o real se valoriza.

Assim, a taxa de câmbio é um preço formado no mercado de câmbio. Neste mercado agem ofertantes e demandantes da moeda estrangeira, cuja contrapartida é o de serem demandantes e ofertantes da moeda nacional. Quem são esses ofertantes e demandantes? Os ofertantes da moeda estrangeira são aqueles que adentram ao território nacional com moeda estrangeira, ou seja, aqueles que trazem moeda estrangeira. Os exportadores são, portanto, ofertantes de dólar no Brasil, assim como aqueles aplicadores estrangeiros em títulos de renda fixa no Brasil ou os turistas que vêm para o Brasil etc. Se esses são ofertantes de dólares (e também demandantes de reais), os demandantes de dólares (ou ofertantes de reais) são, por exemplo, aqueles que saem do Brasil para adquirir coisas no exterior, como os importadores e turistas brasileiros no exterior, além de residentes no Brasil que querem fazer aplicações no exterior ou precisam fazer pagamentos no (ou remessas para o) mercado internacional.

Se, por um lado, a determinação taxa de câmbio está relacionada às exportações e importações, por outro, essa taxa também influencia as exportações e importações. Uma desvalorização da moeda nacional, por exemplo, tende a estimular as exportações, pois os exportadores passarão a receber mais reais pela mesma quantidade de divisas derivadas das exportações; em consequência, haverá maior oferta de divisas. Por exemplo, suponhamos uma taxa de câmbio de R$/US$ 2,00 e que um exportador vendia 1.000 unidades de seu produto a US$ 50,00 cada. Seu faturamento era de US$ 50.000,00 ou R$ 100.000,00. Se a taxa passar para R$/US$ 2,50, o exportador receberá os mesmos US$ 50.000,00, só que valendo agora R$ 125.000,00. Isso estimulará o exportador a vender mais, aumentando a oferta de divisas.

Do lado das importações, a situação inverte-se, pois, se os preços dos produtos importados se elevam em moeda nacional (os importadores pagarão mais reais pelos mesmos dólares pagos antes nas importações), haverá um desestímulo às importações e uma queda na demanda por divisas. Nesse sentido, movimentos nas taxas de câmbio tendem a ter impactos reais sobre o comércio internacional. Mas as implicações de uma desvalorização ou valorização cambial vão muito além do comércio. Elas podem ter impactos sobre a inflação.

Quando ocorre uma valorização da moeda nacional (ou valorização cambial), o preço dos bens importados tende a cair. Além disso, os residentes do país passam a importar mais, aumentando, assim, a competição dos produtos importados com os produtos nacionais, cujos preços precisam ser mantidos em níveis competitivos, desestimulando os empresários a elevar os preços de seus produtos. Ou seja, a valorização cambial permite "ancorar" os preços internos e reduzir a taxa de inflação. Essa prática pode ser denominada âncora cambial. De fato, a valorização cambial foi um instrumento bem-sucedido aplicado no Brasil para o controle da inflação após a implantação do Plano Real em 1994.

Outro efeito positivo da valorização cambial é a possibilidade de elevação dos índices de produtividade, devido ao incentivo à modernização do parque produtivo nacional, proporcionado pelas importações de bens de capital, levando à redução de custos de produção e, consequentemente, de preços, beneficiando os consumidores (produtos de melhor qualidade a preços relativamente mais baixos).

No entanto, a política de valorização cambial pode apresentar algumas desvantagens. Os setores nacionais que estiverem despreparados para a competição externa podem sofrer grande queda em suas vendas com o consequente aumento do desemprego nesses setores. Os exportadores também são prejudicados, porque, com a moeda nacional valorizada, nossos produtos ficam relativamente mais caros para o comprador estrangeiro. Com as importações apresentando crescimento maior que as exportações, surge a tendência de déficit na balança comercial, com a consequente saída de divisas do país. Para manter suas reservas cambiais, o país vê-se na contingência de buscar recursos no exterior, aumentando sua dependência ou vulnerabilidade externa.

Já a desvalorização da moeda nacional (ou desvalorização cambial) tem o efeito contrário: os produtos importados ficam mais caros, em termos de reais. Evidentemente, as importações de muitos produtos diminuirão, mas os essenciais, como petróleo e trigo (que o Brasil importa muito, por exemplo), terão seus preços aumentados (em reais), provocando elevação no preço final de inúmeros bens ou um aumento dos custos de produção, que serão repassados aos preços dos produtos finais.

3.2.3 Regimes cambiais

A determinação da taxa de câmbio no mercado cambial pode ocorrer de diferentes modos: ou pelo funcionamento do mercado, no qual as taxas flutuam automaticamente, em decorrência das pressões de oferta e demanda por divisas estrangeiras (*taxas flutuantes ou flexíveis*). Neste caso, temos aumentos ou diminuições das taxas conforme existem alterações nas demandas e ofertas de moeda estrangeira. Outra possibilidade se dá quando ocorre a fixação pelas autoridades econômicas das taxas de câmbio (*taxas fixas de câmbio*). Neste caso, as autoridades definem uma determinada taxa que pode estar fora do equilíbrio, ou seja, àquela taxa podemos ter mais ou menos ofertantes que demandantes da moeda estrangeira. Se assim for, as autoridades deverão comprar (ou vender) moeda estrangeira para garantir esta taxa fixa.

Se o mercado de câmbio funciona mais próximo das taxas flutuantes ou das taxas fixas, isso diz respeito ao que chamamos de *regime cambial*. Entende-se por regime cambial o conjunto de regras e instituições que regulam o funcionamento do mercado cambial. Existem dois conjuntos básicos de regras: i) as regras quanto à conversibilidade de (ou a acessibilidade) uma moeda em outra e ii) as regras referentes os mecanismos pelos quais a taxa (ou o preço) se forma.

Assim, existem diferentes regimes cambiais conforme o Quadro 3.1.

Quadro 3.1 Regimes cambiais: diferentes possibilidades

		Quanto à conversibilidade	
		c) Restrita	d) Plena
Quanto à formação de preços	a) Fixo	1	2
	b) Flutuante	3	4

O primeiro conjunto de regras é menos comentado, mas são regras importantes que definem a possibilidade do acesso de residentes de um país às moedas, títulos e ações de outros países, ou o inverso, a possibilidade de residentes de outros países acessarem nossos mercados, sejam financeiros, comerciais, imobiliários etc. Ou seja, esse conjunto de regras define até que ponto ou em quais situações se pode ou não converter uma moeda em outra ou trocar uma moeda por outra. Nesse sentido, a total abertura do mercado cambial (com conversibilidade plena, situações 2 e 4) e a livre transação entre moedas se contrapõem a um sistema que impõe fortes limites às transações de residentes com a moeda de outros países (onde existem restrições à conversibilidade, situações 1 e 3).

Por exemplo, houve períodos no Brasil em que se uma pessoa quisesse viajar ao exterior só lhe era permitido trocar reais por dólar até um limite máximo de US$ 1.000,00. Em outra situação, pode não se permitir que não residentes adquiram a moeda nacional para fazer aplicações em títulos de renda fixa ou para se operar na Bolsa de Valores de determinado país. Temos situações ainda que um não residente pode aplicar recursos no mercado financeiro de um país qualquer, mas, para a realização desta aplicação, os recursos devem ficar por um tempo em quarentena, isto é, a conversão da moeda estrangeira em moeda nacional não é imediata, mas leva alguns dias, o que obviamente reduz a rentabilidade da operação já que os recursos ficam "parados" por algum tempo.

Em vários países latino-americanos (mas não apenas nestes), as restrições ao funcionamento do mercado cambial foram muito usadas (situações 1 e 3) a ponto de forçar o aparecimento de mercados cambiais paralelos (também conhecido como mercado negro). Em alguns casos, as restrições se manifestam a partir da existência dos denominados mercados múltiplos de câmbio: a existência de diferentes taxas em diferentes mercados. No período recente, especialmente na década de 1990, a maior parte dos países latino-americanos, dentro dos programas de reformas implementadas, promoveram "aberturas financeiras", diminuindo em muito as restrições de acesso ao mercado cambial, acabando, inclusive, em alguns casos com os mercados paralelos de câmbio (de plena conversibilidade). Por outro lado, essa mesma abertura expôs esses países à volatilidade dos mercados financeiros internacionais, que se expandiram sobremaneira em termos internacionais, com consequências positivas e negativas amplamente discutidas.

Outro conjunto de regras diz respeito à formação de preços no mercado cambial. Há dois grandes extremos de regimes cambiais, que diferem quanto à formação do preço (ou seja, da taxa de câmbio) no mercado de câmbio: a) o de taxas fixas (situações 1 e 2) e b) o de taxas flexíveis (situações 3 e 4). No entanto, a situação 3 é bem diferente da situação 4: em ambas, o mercado cambial define as taxas de câmbio pela interação entre oferta e demanda (câmbio flutuante b). Porém, na situação 3 existem muitas restrições ao aparecimento seja de demandantes, seja de ofertantes, pois existem restrições à conversibilidade da moeda (conversibilidade restrita c), por exemplo, os turistas podem estar limitados a adquirir um volume pequeno de divisas antes de viajar, ou certas aplicações financeiras podem não ser acessíveis a não residentes. Na situação 4, estas restrições não ocorrem (conversibilidade plena d) e, temos assim, um número maior de possibilidades de converter a moeda estrangeira em nacional e vice-versa. O mercado cambial é mais completo. A mesma diferença ocorre entre as situações 1 e 2. No entanto, em ambas, o governo define as taxas de câmbio, na 2 com um mercado cambial sem restrições e, na 1, com um volume grande de restrições.

Mesmo separando as possibilidades dos regimes cambiais quanto à formação de preços, entre (a) câmbio fixo e (b) flutuante, estamos restringindo as opções. Dadas as experiências no mundo contemporâneo, há, na verdade, uma grande variedade de opções neste regime cambial (e não apenas fixo x flutuante). Assim, pode-se observar um grande leque de possibilidades:

- **Associado a modelos de câmbio fixo, pode-se ter:**
  - uma regra cambial que implica na determinação do governo em intervir no mercado, de modo a deixar o câmbio estável por um prazo indefinido;
  - o *currency board*, que institucionaliza tal regra e associa formalmente a política monetária ao regime cambial;
  - uma política de fixação de câmbio, mas com reajustes sistemáticos, os quais podem ser feitos com regras previamente definidas ou de maneira discricionária, que no Brasil recebeu o nome de minidesvalorizações (*crawling peg*).

  Mesmo quando falamos em termos de câmbio fixo, a pergunta é: devemos fixar o valor da moeda nacional em relação a qual moeda? Ao dólar? Para alguns países, o melhor talvez seja fixar em relação ao euro ou ao yen. Pode-se ainda, de modo um pouco mais complicado, fixar em relação à uma cesta de moedas.

- **Dentro de um regime de câmbio flexível é possível:**
  - um mercado totalmente livre de intervenções do Governo;
  - um mercado parcialmente administrado – com a chamada flutuação suja (*dirty floating*) –, em que o Governo interfere de forma não antecipada nesse mercado quando os níveis da taxa de câmbio passam a comprometer determinadas metas de política econômica;
  - um mercado de câmbio com forte intervenção governamental, porém essa intervenção pode seguir uma lógica anunciada, por exemplo, em um regime de meta de inflação, no qual teoricamente o governo intervém apenas com o fim de manter uma taxa de câmbio compatível com determinadas metas inflacionárias.

Dentre as possibilidades do chamado regime de câmbio sujo ou administrado, o sentido da intervenção do governo também pode variar. Essa intervenção pode se dar por diferentes motivos, por exemplo:

- evitar grandes desvalorizações (ou promover valorizações) para evitar (ou conter) problemas inflacionários;

- promover desvalorizações como intuito de promover as exportações e o crescimento, o que alguns denominam mercantilismo moderno;
- impedir grandes flutuações cambiais de modo a prevenir desordens no mercado e obter certa estabilidade macroeconômica.

- Ainda são possíveis esquemas intermediários, como:
  - um sistema de bandas simétricas. Neste sistema a taxa de câmbio, dentro de determinados limites, comporta-se como em um mercado livre, porém não pode ultrapassar esses limites. Assim, os limites impõem uma espécie de taxa fixa;
  - bandas assimétricas, em que só existe um dos limites, o máximo ou o mínimo.

  As bandas podem ser muito amplas ou muito curtas. No primeiro caso, estamos quase em regime de câmbio flutuante e, no segundo, nos aproximamos do regime de câmbio fixo. Além disso, essas bandas podem ser fixas ou móveis (*crawling bands*) ao longo do tempo. Essa mobilidade, por sua vez, também pode ser pré-anunciada ou feita a partir de regras conhecidas ou totalmente discricionárias.

  Finalmente, resta a opção de simplesmente abrir mão da própria política cambial, ou seja, abrir mão de ter uma moeda nacional.

- Nesse caso, temos:
  - a adoção de outra moeda como moeda local (a dolarização da economia, por exemplo);
  - a união monetária com outros países, promovendo uma administração monetária e cambial conjunta.

Assim, além da definição se o regime de câmbio é flutuante ou fixo, em termos de formação da taxa de câmbio, existe um grande leque de possibilidades e o mesmo ocorre do ponto de vista das regras de acessibilidade. Podemos ter uma ausência de regras, ou seja, uma abertura completa sem restrições ou limites a toda e qualquer operação, ou, ao contrário, termos um grande número de restrições.

Tais restrições podem ser tanto para evitar a saída de moeda estrangeira (limitando os demandantes de moeda estrangeira) ou para dificultar a entrada (limitando os ofertantes). Essas limitações podem se dar sobre operações financeiras ou sobre operações comerciais; tais limitações podem ser quantitativas – do tipo limites de dólares a serem adquiridos – ou podem ser feitas por imposição de custos sobre operações, como a imposição de impostos sobre determinadas operações cambiais, ou ainda as quarentenas comentadas anteriormente. Assim, também do ponto de vista da acessibilidade, os regimes cambiais podem assumir uma grande diversidade de formatos.

3.2.4 Taxa de câmbio, fatores financeiros e política econômica

Nas seções anteriores, quando analisamos o mercado de câmbio flutuante, destacamos o fato de a oferta e a demanda por divisas serem determinadas por exportadores, importadores e todos aqueles que trazem ou necessitam de divisas para realizar suas operações econômicas com o resto do mundo. Nos dias atuais, destacam-se as chamadas aberturas e globalização financeiras. Nesse sentido, dentro do conjunto de atividades que se incluem sob o termo "operações econômicas", podemos destacar que atualmente as "financeiras" se ampliaram fortemente: muitos dos recursos que entram ou saem do país decorrem de operações estritamente financeiras, as quais se manifestam em grande medida pela compra e venda de títulos. Desse modo, as taxas de juros domésticas, isto é, aquelas que remuneram os títulos nacionais, constituem-se em importantes determinantes da taxa de câmbio. Assim, por exemplo, se os juros internos sobem, existirá uma tendência de entrada de dólares no país para a compra de títulos nacionais. Mais dólares no mercado cambial doméstico forçará uma queda no preço do dólar ou na taxa de câmbio. Ou seja, um aumento dos juros internos tende a provocar uma valorização da moeda nacional (ou uma desvalorização da moeda estrangeira, aqui representada pelo dólar).

Entretanto, não apenas os juros domésticos são relevantes nesta análise. Considerando que os capitais financeiros podem se movimentar entre os países (aliás, essa é uma das principais características do que se pode denominar globalização financeira), os juros internacionais também podem determinar o fluxo de entrada e saída de divisas no mercado doméstico. Considere, por exemplo, que os Estados Unidos aumentem os juros dos títulos emitidos pelo seu governo. Mais vantajosos, esses títulos atrairão capitais financeiros de outras partes do mundo. Nesse contexto, haverá uma "tendência" de saída de dólares do mercado doméstico em direção ao mercado financeiro norte-americano. Se essa tendência se manifestar, teremos como resultado uma desvalorização da moeda doméstica (ou um aumento da taxa de câmbio). Essa importante conjectura nos leva a concluir que não apenas as taxas de juros domésticas são importantes, mas também os juros internacionais; na verdade, devemos considerar o diferencial de juros doméstico e internacional (aqui representado pelos juros dos títulos norte-americanos).

Existe ainda outra variável que devemos considerar neste contexto: a expectativa de desvalorização cambial. Suponhamos que um investidor norte-americano possua US$ 1 milhão para aplicar no Brasil, entre os períodos 1 e 2, à taxa de 20%. Como a aplicação no Brasil é feita em moeda local, isto é, o real, o investidor deverá converter seus dólares em reais no período 1. Consideremos, a título de simplificação, que a taxa de câmbio no período 1 será de R$ 1,00 por US$ 1,00. O investidor recebe, então, R$ 1 milhão e aplica no mercado financeiro nacional. No final do período 2, ele terá um total de R$ 1,2 milhão. Consideremos, entretanto, o período 2, que é o momento em que o investidor norte-americano vai reaver seus dólares a partir dos ganhos em reais, no qual a taxa de câmbio é de R$ 2,00 por dólar. Com essa taxa de câmbio, o investidor somente reaverá US$ 600 mil (1.200.000/2,00). Ou seja, o investidor, apesar de ter obtido ganhos financeiros em moeda nacional, uma vez que aplicou no mercado brasileiro à taxa de 20% no período, obteve grandes perdas em sua moeda (o dólar) em decorrência da mudança cambial. Essa ideia sugere que, para fazer o investimento, o investidor vai querer não apenas a remuneração proporcionada pela taxa de juros, mas também algo a mais que compense uma eventual desvalorização cambial; ou seja, a expectativa ou o risco de desvalorização cambial. Nesse exemplo, se o investidor tem a expectativa da mudança cambial de 1 para 2, qual seria a taxa de juros que ele deveria receber para não ter as perdas verificadas?

Resumindo, no contexto dos fatores financeiros como determinantes, podemos destacar pelo menos três variáveis: a taxa de juros doméstica, as taxas de juros internacionais e a expectativa de desvalorização cambial. Um resultado interessante desse modelo é a influência direta da taxa de juros sobre a taxa de câmbio. Uma vez que a taxa de juros pode ser alterada por instrumentos de política econômica, particularmente a política monetária, podemos estabelecer uma relação entre política econômica e taxa de câmbio (Quadro 3.2).

Quadro 3.2 Taxa de câmbio: fatores financeiros

Fator	Implicação: têndencia de
Elevação dos juros domésticos	queda na taxa de câmbio (valorização da moeda doméstica ou desvalorização da moeda estrangeira)
Elevação dos juros internacionais	elevação na taxa de câmbio
Expectativa de desvalorização cambial	elevação na taxa de câmbio

Consideremos que o Banco Central deseja implementar uma política monetária contracionista (que implica redução da liquidez na economia) com o objetivo, por exemplo, de controlar a inflação. Essa política terá como resultado uma elevação das taxas de juros (menos moeda e menos crédito na economia). Uma elevação na taxa de juros vai provocar um fluxo positivo de moeda estrangeira para o país. Mais moeda estrangeira no mercado interno significa menor preço da moeda estrangeira nesse mercado ou, em outras palavras, uma valorização da moeda nacional ou uma desvalorização da moeda estrangeira. Moral da história: alterações na política monetária exercem impactos diretos sobre a taxa de câmbio.

Suponhamos uma situação um pouco mais complexa: que o regime de câmbio seja fixo, conjugado a uma política monetária contracionista. Como já foi visto, essa política terá como resultado uma queda na taxa de câmbio. Dado que o regime é de câmbio fixo, o Banco Central deverá intervir comprando moeda estrangeira para não alterar a taxa de câmbio. Mas a compra de moeda estrangeira significa uma elevação de liquidez (compra-se dólares com reais) e essa elevação significa uma política monetária expansionista. E, aqui, temos uma contradição: se o regime de câmbio é fixo, uma política monetária contracionista, por gerar pressões sobre a taxa de câmbio via taxa de juros, requer uma política monetária expansionista (compra de moeda estrangeira para evitar uma queda na taxa de câmbio). Na verdade, essa contradição pode ser explicada pela impossibilidade de se utilizar a política monetária em um regime de câmbio fixo. Entretanto, se o regime de câmbio é flutuante, não existem restrições sobre a utilização da política monetária.

Enfim, uma melhor compreensão sobre o comportamento da taxa de câmbio ou mesmo da política econômica em uma economia aberta requer não apenas considerações sobre os fatores comerciais (exportações e importações), mas também sobre os fatores financeiros. Essa é uma conclusão particularmente importante em um mundo no qual existe grande liberdade no fluxo financeiro entre as nações.

3.3 A estrutura do Balanço de Pagamentos

O Balanço de Pagamentos é o registro contábil de todas as transações econômicas realizadas entre os residentes e não residentes do país em um determinado período de tempo. Consideram-se residentes as pessoas e empresas sediadas no Brasil (brasileiras ou não). São registrados no Balanço de Pagamentos inúmeros tipos de transações, como as exportações e importações do período, o pagamento de fretes e seguros, os empréstimos obtidos no exterior, os investimentos financeiros etc. Registram-se as transações que ocorreram naquele período de tempo, naquele ano ou mês. A seguir, apresentamos no Quadro 3.3 a estrutura básica do Balanço de Pagamentos, a partir da metodologia adotada no Brasil de acordo com o *Manual de Balanço de Pagamentos e Posição de Investimento Internacional* (BPM6) do FMI.

Quadro 3.3 Balanço de Pagamentos – versão simplificada

I. Balança de Transações Correntes

- **Ia. Balança Comercial (saldo Ia = Ia.1 - Ia.2)**
  - Ia.1 exportações
  - Ia.2 importações
- **Ib. Serviços**
  - Ib.1 transportes (fretes, seguros etc.)
  - Ib.2 viagens internacionais
  - Ib.3 seguros
  - Ib.4 serviços financeiros
  - Ib.5 serviços de propriedade intelectual
  - Ib.6 serviços governamentais (embaixadas e consulados)
  - Ib.7 outros serviços
- **Ic. Renda Primária**
  - Ic.1 juros
  - Ic.2 lucros
  - Ic.3 serviços diversos (*royalties*, assistência técnica etc.)
  - Ic.4 remunerações de trabalhadores
  - Ic.5 outras rendas
- **Id. Renda Secundária**

Saldo I (= Ia + Ib + Ic + Id)

II. Conta Capital

III. Conta Financeira

- III.1 investimento direto no exterior
- III.2 investimento direto no país
- III.3 investimento em carteira - ativo
- III.4 investimento em carteira - passivo
- III.5 derivativos - ativos
- III.6 derivativos - passivo
- III.7 outros investimentos - ativos*
- III.8 outros investimentos - passivo*
- III.9 ativos de reserva

Saldo de III = (III.1 - III.2 + III.3 - III.4 + III.5 - III.6 + III.7 - III.8 + III.9)

IV. Erros e Omissões

* Inclui empréstimos, créditos comerciais e demais operações que não se enquadram nas outras contas.

O Balanço de Pagamentos compreende quatro grandes contas: I) a Conta de Transações Correntes; II) a Conta Capital; III) a Conta Financeira e IV) a Conta de Erros e Omissões. A Conta de Transações Correntes, por sua vez, é subdividida em quatro contas: a) de bens ou a balança comercial; b) a conta de serviços; c) a conta de rendas primárias; d) a conta de rendas secundárias. Vejamos com mais detalhes cada uma dessas contas que compõem o Balanço de Pagamentos.

- **Balança comercial.** Essa conta compreende essencialmente o comércio de mercadorias. Inclui as exportações, no conceito *Free On Board* (FOB), isto é, isentas de fretes e seguros, e também as importações FOB. Se as exportações superam as importações, há um superávit no balanço comercial; caso contrário, existe um déficit.

- **Serviços.** Registram-se todos os serviços pagos e/ou recebidos pelo Brasil, que envolvem: fretes, despesas de transportes, viagens internacionais (turismo), seguros, serviços financeiros, serviços de propriedade intelectual, serviços culturais, serviços governamentais etc.

- **Renda Primária.** Representa a antiga conta-renda e inclui: remuneração de trabalhadores, remessas de lucros e dividendos, pagamentos (ou recebimentos) de juros e outras rendas decorrentes de diferentes tipos de investimentos etc.

- **Renda Secundária.** Apresenta a renda gerada em outro país e distribuída internamente (exceto aquelas constantes na renda primária). As transferências pessoais constituem o item mais importante desta conta. São exemplos dessa transferência o envio de recursos por parte de imigrantes brasileiros em outros países para residentes no Brasil. Trata-se das antigas transferências unilaterais.

- **Balança de Transações Correntes.** O somatório dos saldos da balança comercial, de serviços e das rendas primárias e secundárias. Esta soma representa o total de bens e serviços que foram comercializados pelo país com o exterior acrescido do saldo das rendas e pagamentos recebidos x pagos. Um déficit nesta conta representa que o país "comprou" mais bens e serviços no exterior do que "vendeu", ou seja, gerou menos divisas do que usou e, para isto, deverá de alguma forma ser financiado.

- **Conta Capital.** São registradas transações envolvendo compra e venda de ativos não financeiros e transferências de capital.

- **Conta Financeira.** Na conta financeira, aparecem as transações que produzem variações no ativo e no passivo externo do país e que modificam a sua posição devedora ou credora perante o resto do mundo. Ou seja, são transações que geram obrigações ou direitos a serem exercidos em algum momento posterior. A conta é composta por ampliação (ou diminuição) de ativos de investimento direto ou em carteira no exterior, ou seja, aplicações (ou desaplicações) feitas no exterior por parte de residentes, por exemplo, em ações, assim como passivos de investimento direto e em carteira, que vêm a ser, ao inverso, aplicações, por exemplo, em ações no mercado doméstico feito por não residentes. Estão inscritas nesta conta outros investimentos como aplicações em derivativos e investimentos que incluem empréstimos, créditos comerciais e outras operações financeiras. Essa conta é a principal conta a representar a entrada de poupança externa no país e assim financiar um possível desequilíbrio na balança de transações correntes ou, ao contrário, representar a saída de poupança doméstica para o exterior. Um item importante dessa conta são os **ativos de reserva** que, na verdade, representam a variação das reservas internacionais que o país possui.

- Erros e Omissões. Trata-se da diferença entre a conta de transações corrente e as contas capital e financeira, decorrentes de erros de apuração.

A montagem e a operacionalização de um Balanço de Pagamento podem ser feitas acompanhando um exemplo hipotético, supondo as transações econômicas (a seguir) de um país com exterior ao longo de um ano (os valores estão em unidades monetárias):

I. Exportação de soja no valor de 50.000, pago à vista.

II. Importação de trigo no valor de 10.000, pago à vista.

III. Empréstimo de uma empresa brasileira em um banco norte-americano no valor de 25.000.

IV. Exportação de minério de ferro no valor de 100.000 financiada pelo Banco do Brasil.

V. Importação financiada de máquinas no valor de 130.000.

VI. Remessa de lucro de multinacional estrangeira no Brasil para matriz no valor de 10.000.

VII. Recebimento dos dekasseguis no valor de 5.000.

VIII. Pagamentos de juros da dívida no valor total de 50.000, sendo 30.000 à vista e 20.000 por meio de emissão de novos títulos.

IX. Pagamento do principal dos títulos da dívida externa brasileira no valor de 10.000.

Vejamos as contas envolvidas nestas transações; note que a operacionalização se faz com base no método das partidas dobradas, ou seja, lançamentos em determinadas contas devem ter por contrapartida lançamentos correspondentes em outras contas.

- Operação I
  - Existe um lançamento na conta **Exportação** de 50.000, que tem por contrapartida a entrada de 50.000 na conta de **Ativos de reservas**, ou seja, existe um aumento das reservas do país de 50.000 decorrentes dessa exportação.
- Operação II
  - Existe um lançamento na conta **Importação** de 10.000, que tem por contrapartida a saída de 10.000 da conta **Ativos de reservas**, ou seja, existe uma diminuição das reservas do país em 10.000.
- Operação III
  - Existe um lançamento na conta **Outros Investimentos (Passivo)** de 25.000 (nesta conta estão incluídos os empréstimos recebidos por empresas de residentes); como isto significou o ingresso de recurso no país, a contrapartida desta operação é o aumento dos **Ativos de reserva** em 25.000.
- Operação IV
  - Existe novamente um lançamento na conta de **Exportação** de 100.000. Porém, como não houve ingresso de recursos, a contrapartida não é a conta de ativo de reservas. Essas exportações foram financiadas, ou seja, os compradores tomaram um recurso emprestado no Brasil para fazer o pagamento, assim a contrapartida é a conta **Outros Investimentos (Ativo)** no montante de 100.000. Note que a conta **Outros Investimentos (Ativo)** são empréstimos efetuados por residentes (no caso, o Banco do Brasil) para os não residentes (no caso, os importadores).
- Operação V
  - Existe o lançamento na conta **Importação** de 130.000 e a contrapartida é a conta **Outros Investimentos (Passivo)** em 130.000, pois essa importação foi financiada pelos residentes junto a alguma instituição fora do país.
- Operação VI
  - Existe o lançamento na conta **Remessa de Lucro** do montante remetido, 10.000. A rigor, essa conta **Lucros** tem duas subcontas – uma de receitas e outra de despesas. A conta em que se deve fazer o lançamento é a conta **Lucro (despesas)**, que significa o pagamento ou o envio de lucros ao exterior. No Balanço, essa conta **Lucros** representa o saldo entre as contas **Lucro Receita** e **Lucro Despesa**. Assim, se só existir essa transação que

envolve a conta **Lucros**, esta aparecerá no balanço com sinal negativo. A contrapartida da conta é a conta **Ativos de reservas**, pois houve uma saída de capital. Esta conta, portanto, será diminuída em 10.000.

- Operação VII
  - O lançamento desta operação se faz na conta **Renda secundária** em 5.000 e a contrapartida, dado que a operação representa um ingresso de recursos, será efetuada na conta **Ativos de Reserva**, que se elevará em 5.000.
- Operação VIII
  - O lançamento inicial desta operação será na conta **Juros**. Esta conta tem as mesmas características da conta **Lucros**, assim esse pagamento de juros de 50.000 deverá ser lançado na conta **Juros (despesa)**. Na conta **Juros**, que representa o saldo das receitas e despesas, portanto, este lançamento aparecerá como negativo. A contrapartida desta operação será dividida em dois lançamentos, uma na conta **Ativos de reserva** com uma saída de 30.000, representando a parte dos juros que foram pagos em espécie e que significam uma saída de recursos do país e um outro lançamento na **conta Investimento em Carteira (Passivo)** dos demais 20.000. A **conta Investimento em Carteira (Passivo)** representa títulos emitidos por residentes que foram comprados por não residentes, ou seja, representa um aumento da "dívida" que os residentes no Brasil têm no exterior.
- Operação IX
  - O lançamento inicial desta operação se dará na conta **Investimento em Carteira (Passivo)**. Note, no entanto, que na verdade houve uma diminuição da dívida que os residentes têm no exterior, pois os residentes pagaram parte do principal dessa dívida. Neste sentido, o lançamento entra com sinal negativo: – 10.000. A contrapartida é a conta **Ativos de Reserva**, que é reduzida em 10.000, pois existe uma saída de recursos do Brasil para saldar uma parte do principal da dívida.

Os resultados estão transportados para o Balanço de Pagamentos conforme o Quadro 3.4. Na apresentação do Balanço, a maior parte dos lançamentos é apresentada com sinal positivo. Assim, as exportações e importações, receitas e despesas de renda, receita e despesas de transferências e aumento em ativos e passivos são lançados com o sinal positivo (+). Importante destacar também que algumas contas representam saldos e contemplam as diferenças entre receitas e despesas ou ativos e passivos. Logo, podem ter sinais negativos ou positivos (como o exemplo das operações VI e VIII).

Quadro 3.4 Balanço de Pagamentos hipotético para um ano

I. Balança de Transações Correntes: -45.000

Ia. Balança Comercial = 10.000

Ia.1 exportações: 50.000 + 100.000 = 150.000

Ia.2 importações: 10.000 + 130.000 = 140.000

Ib. Serviços: 0

Ic. Renda Primária

Ic.1 juros: (despesas): -50.000

Ic.2 lucros: (despesas): -10.000

Id. Renda Secundária: 5.000

II. Conta Capital: 0

III. Conta Financeira: -45.000

III.1 investimento direto no exterior: 0

III.2 investimento direto no país: 0

III.3 investimento em carteira - ativo : 0

III.4 investimento em carteira - passivo: 20.000 - 10.000 = 10.000

III.7 outros investimentos - ativos: 100.000

III.8 outros investimentos - passivo: 25.000 + 130.000 = 155.000

III.9 ativos de reserva: 50.000 - 10.000 + 25.000 - 10.000 + 5.000 - 30.000 - 10.000 = 20.000

IV. Erros e Omissões: 0

Existem algumas exceções das regras de sinais anteriores. Elas ocorrem para indicar renda negativa ou perda de renda e a redução de ativos ou passivos (como o exemplo da operação IX). Outros exemplos demonstram a regra e a exceção:

a) Um residente adquire títulos do tesouro americano no valor de US$ 100.000.
Lançamento: investimento em carteira (ativo): + 100.000.

b) Um não residente aplica em fundos de renda fixa no país um total de US$ 200.000.
Lançamento: investimento em carteira (passivo): + 200.000.

c) Um brasileiro vende seus títulos do tesouro americano no valor de US$ 20.000, retornando seu capital financeiro para o Brasil.
Lançamento: investimento em carteira (ativo): – 20.000.

Voltando ao nosso Balanço de Pagamentos hipotético, podemos notar que esse país no ano em questão absorveu uma captação de recursos de US$ 175.000, sendo que também foram emprestados US$ 100.000 de recursos domésticos para o exterior e US$ 10.000 serviram para abater a dívida preexistente, ou seja, acessou-se liquidamente a US$ 65.000 de poupança externa. Com isto, permitiu-se tanto um acúmulo de US$ 20.000 em reservas internacionais e o pagamento de gastos acima das receitas no balanço de transações correntes de US$ 45.000. Estes gastos foram relativos ao pagamento de juros (US$ 50.000), remessas de lucros (US$ 10.000) e importações (US$ 140.000), sendo que também foram recebidos recursos de exportações (US$ 150.000) e de rendas secundárias (US$ 5.000).

Referências

CARVALHO, M. A.; SILVA, C. R. L. *Economia Internacional*. 5. ed. São Paulo: Saraiva, 2017.

KRUGMAN, P. R.; OBSTFELD, M.; MELITZ, M. J. *Economia Internacional*. 10. ed. São Paulo: Pearson Brasil, 2014.

MARKUSEN, J. *et al*. *International trade:* theory and evidence. Boston: McGraw-Hill, 1995.

SILBER, S. D. *Contabilidade Nacional e o Balanço de Pagamentos*. Apostila MBA – Análise Econômica, FIPE, março e abril de 2016.

WILLIAMSON, J. *A economia aberta e a economia mundial*: um texto de economia internacional. Rio de Janeiro: Campus, 1996.

4

Um Quarto de Século de Regimes Cambiais na América Latina

Amaury Patrick Gremaud
Márcio Bobik Braga

4.1 Introdução

Ao longo dos últimos 25 anos, da última década do século XX aos dias de hoje, várias experiências com políticas cambiais foram observadas em diversos países da América Latina. Tais experiências, além de servirem como referência para estudos sobre o comportamento da taxa de câmbio, colocaram em destaque pelo menos duas questões: i) as opções de políticas de estabilização, as chamadas "âncoras cambiais", e ii) a capacidade dos países em adotarem os possíveis regimes cambiais. Por outro lado, o debate sobre a experiência cambial na América Latina reacende a discussão sobre as dificuldades de se escolher entre diferentes regimes cambiais em ambientes de grande instabilidade financeira.

Se tomarmos a classificação dos regimes cambiais dos países latino-americanos feita pelo Fundo Monetário Internacional (FMI), em 2014, mesmo que se possa divergir sobre a classificação adotada pelo FMI, vemos grande diversidade de experiências (Quadro 4.1).

Quadro 4.1 Regimes cambiais dos países latino-americanos em 2014

Regime cambial	Países
Não existência de moeda nacional (dolarização)	Panamá, Equador, El Salvador
Câmbio fixo – *Currency Board*	Antigua, Dominica
Câmbio fixo ou semelhante	Venezuela, Bahamas, Guiana, Bolívia, Costa Rica, Belize
Crawling Pegged ou semelhante	Argentina, Nicarágua, Honduras, Jamaica, Haiti, Guatemala, República Dominicana
Flutuação com metas de agregados monetários	Uruguai
Flutuação suja com metas de inflação	Brasil, Colômbia, Peru, Paraguai
Flutuação livre com metas de inflação	Chile e México

Fonte: FMI (2014).

Ao longo dos últimos anos existiram mudanças importantes: alguns regimes desapareceram – como o de bandas cambiais –, outros diminuíram de importância – os de câmbio fixo – e alguns aumentaram de importância, como foi o caso dos regimes de flutuação.

O presente capítulo tem por objetivo sintetizar essa alternância de regimes cambiais utilizados nos países latino-americanos, bem como as suas consequências e implicações.

4.2 Os regimes cambiais e a abertura financeira

Como visto no capítulo anterior, entende-se por regime cambial o conjunto de regras e instituições que regulam o funcionamento do mercado cambial. Dentre essas regras, um conjunto delas define a forma como os preços (as taxas de câmbio) se formam, outro conjunto estabelece qual a possibilidade de acesso de residentes de um país às moedas, títulos e ações de outros países.

Neste último sentido, a total abertura do mercado cambial e a livre transação entre moedas se contrapõem a um sistema que impõe limites às transações de residentes de um país com a moeda de outros países. O Quadro 4.2 apresenta as opções entre um sistema com conversibilidade restrita ou plena conversibilidade.

Quadro 4.2 Regimes cambiais: diferentes possibilidades

		Quanto à conversibilidade	
		c) Restrita	d) Plena
Quanto à formação de preços	a) Fixo	1	2
	b) Flutuante	3	4

Podemos dizer que, no final do século passado, boa parte dos países latino-americanos transitaram de regimes, cuja conversibilidade era restrita para situações menos restritivas com a liberalização financeira (ou cambial) ocorrida na transição entre o século XX e o XXI. O debate sobre a volta de restrições ao mercado cambial (com o retorno de algumas medidas fechando financeiramente as economias) foi experimentado nos últimos anos, mas, comparado com a década de 1980, a maior parte dos países se encontra atualmente em regimes de conversibilidade mais próxima da "plena" do que da "restrita". A América Latina passou da situação 1 no Quadro 4.2 para a posição 4.

Obviamente existem importantes exceções à tendência apresentada, tanto de países onde o grau de restrição na década de 1980 era menor, como de países que na década atual mantêm fortes restrições à conversibilidade e à utilização de mercados múltiplos de câmbio, como são os casos da Venezuela e de Cuba; mesmo que neste último caso tenha ocorrido também uma abertura, fortes restrições perduram, tanto que temos mercados paralelos nestes países.

Em vários países latino-americanos, as restrições ao funcionamento do mercado cambial foram muito usadas nos anos 1980, a ponto de forçar o aparecimento de mercados cambiais paralelos (também conhecido como mercado negro), ou seja, vivia-se, nestes países, em regimes cambiais com conversibilidade restrita das moedas nacionais em estrangeiras. Essa situação ocorreu muito em função da assim chamada crise da dívida externa vivida por estes países no início daquela década. São exemplos dessas limitações as proibições ao envio de recursos ao exterior acima de determinados limites ou mesmo fortes empecilhos na obtenção destes recursos até para fazer viagens ao exterior, além de limitações para remessas de lucros e pagamentos de juros e dividendos. Normalmente, na década de 1980, estabeleceram-se principalmente limites à saída de recursos. Em alguns casos, as restrições se manifestam a partir da existência dos denominados mercados múltiplos de câmbio: a existência de diferentes taxas em diferentes mercados.

Já na década de 1990, a maior parte dos países latino-americanos, dentro dos programas de reformas liberais, promoveu "aberturas financeiras" ou "liberalizações financeiras", diminuindo as restrições de acesso ao mercado cambial, acabando inclusive com os mercados paralelos de câmbio. Os então existentes limites aos agentes nacionais em adquirirem moeda estrangeira se viram fortemente diminuídos e muitas restrições à aquisição de divisas foram retiradas. Interessante notar também que, dentro desse movimento de abertura financeira, o acesso dos ofertantes de moeda estrangeira nos mercados nacionais também foi facilitado ou mesmo promovido. Assim, restrições tanto às remessas posteriores de lucros, juros e dividendos obtidos por estrangeiros nos mercados financeiros latino-americanos foram facilitadas, quanto o próprio ingresso foi franqueado em áreas em que, dependendo do país, antes era proibido a não residentes, como mercado de renda fixa, bolsas de valores ou determinados investimentos diretos em setores como terras e explorações minerais, ou ainda, setores bancários e de utilidades públicas.

Essa abertura, contudo, expôs os países à volatilidade dos mercados financeiros internacionais, que se expandiram sobremaneira, com consequências positivas e negativas amplamente discutidas desde o início desse processo.[1]

Normalmente, os aspectos positivos da plena conversibilidade estão ligados à chamada ampliação da eficiência alocativa trazida pela abertura financeira, ou seja, os países passaram, por um lado, a ter maior acesso à poupança externa para financiar as suas absorções internas, especialmente os investimentos. Por outro lado, também permitiram que os poupadores residentes na América Latina ampliassem suas possibilidades de aplicação e de busca de rentabilidade fora de seu próprio país. Normalmente, também como parte desta maior eficiência alocativa, imagina-se que esta abertura permitiu uma diminuição do *spread* ou do custo da intermediação financeira, dado que se buscou e se aplicou capital em um mercado mais amplo e concorrencial.

Pelo lado negativo estão a instabilidade e os riscos associados à chamada globalização financeira, aos quais a abertura expôs os países que a ela aderiram. Assim, os países latino-americanos passaram a estar expostos às crises internacionais que não foram poucas no período, como é o caso da crise "ponto com", asiática, russa e a grande crise de 2008, além da instabilidade dos fluxos de capitais acarretando crises dentro da própria América Latina, como foram os casos das crises mexicana, brasileira ou argentina. Essa instabilidade dos fluxos de capitais traz riscos importantes para as economias latino-americanas, como a exposição a ataques especulativos especialmente quando os fluxos são dominados por capitais de curto prazo ou o chamado *hot money*. Esses riscos suscitaram a volta da imposição de alguns mecanismos de controle de capitais como as quarentenas utilizadas pelo Chile já

1 Ver os debates travados no início da década de 1990 em: FFRENCH-DAVIS, R.; GRIFFTH-JONES, S. (Comp.). *Las nuevas corrientes financieras hacia La América Latina*. México, D.F.: Fondo de Cultura Económica, 1995.

nos anos 1970. Também restrições à condução da política econômica aparecem com a abertura financeira, dificultando especialmente se conseguir ter autonomia na condução da política monetária em conjunto com a manutenção de uma taxa de câmbio estável. O forte ingresso de capitais pode trazer também outros problemas, como a exposição excessiva de empresas e a formação de bolhas em mercados específicos.

Um risco importante da abertura a depender do comportamento aos fluxos de capitais está no próprio mercado cambial. As oscilações destes fluxos dificultam a estabilização da taxa em regimes de câmbio flutuantes ou a própria manutenção de regimes cambiais fixos ou próximos a eles. Assim, como veremos no próximo item deste capítulo, muitos países latino-americanos, ao mesmo tempo que abriram suas economias financeiramente, tiveram que abandonar regimes de câmbio fixos (ou semelhantes) e caminhar em direção a regimes flutuantes (no Quadro 4.2 saindo de "a" para "b", completando assim a passagem de 1 para 4).

A entrada de capitais, sobretudo quando muito intensa, pode, por exemplo, em regimes de câmbio flutuantes, forçar uma valorização excessiva da taxa de câmbio, o que acarreta consequências indesejadas sobre o comércio exterior do país e mesmo sobre o estilo de desenvolvimento destas economias, como foi efetivamente o caso do debate acerca da desindustrialização em alguns países de América Latina nos anos recentes; suscitando inclusive que algumas destas economias como foi o caso de Brasil, Colômbia e Chile, por exemplo, retomasse algumas experiências de limitações aos fluxos de capital como a imposição de impostos ou as já citadas "quarentenas" sobre o ingresso de capital.

4.3 Das ancoragens cambiais à flutuação

Do ponto de vista da formação de preços no mercado cambial, também como foi visto no capítulo anterior, há dois grandes grupos de regimes cambiais que diferem quanto à formação do preço (ou seja, da taxa de câmbio) no mercado de câmbio: o de taxas fixas e o de taxas flexíveis. Entretanto, diante das experiências no mundo contemporâneo, há, na verdade, uma grande variedade de opções de política.

Associado a modelos de câmbio fixo, pode-se ter:

- o câmbio fixo simples;
- o *currency board*;
- o *crawling peg* (minidesvalorizações);
- a dolarização da economia;

- a união monetária com outros países.

Ainda são possíveis esquemas intermediários, como:

- um sistema de bandas simétricas mais longas ou mais curtas;
- as bandas assimétricas;
- as *crawling bands* (bandas que se deslocam).

Dentro de um regime de câmbio flexível é possível, também:

- um mercado totalmente livre de intervenções do Governo;
- a chamada flutuação suja (*dirty floating*) sem objetivos definidos para intervenção do Governo;
- uma flutuação com forte intervenção governamental, porém, essa intervenção pode seguir uma lógica anunciada, por exemplo, em um regime de meta de inflação ou de meta de agregados monetários.

No caso do regime de taxas de câmbio fixas, como o próprio nome sugere, o valor da taxa de câmbio do país é determinado pela autoridade monetária. O que se ajusta no mercado cambial é apenas a quantidade demandada e ofertada àquele valor. Na verdade, nesse regime, o governo intervém de modo a equilibrar a oferta e a demanda de divisas no nível da taxa de câmbio estabelecida. Desse modo, as oscilações na demanda e na oferta de divisas não repercutem sobre a taxa de câmbio, mas apenas sobre o volume de reservas internacionais do país, com implicações sobre a oferta de moeda primária. Esse sistema, *grosso modo*, prevaleceu entre os países desenvolvidos na virada do século XIX para o XX e no pós-Segunda Guerra Mundial. Depois do fim do chamado sistema monetário internacional de Bretton Woods, ocorrido no início dos anos 1970, houve grande instabilidade nos mercados cambiais internacionais e muitas oscilações nos regimes cambiais. Nesse contexto, boa parte dos países desenvolvidos adotaram regimes de câmbio flutuante, com menor intervenção do Governo.

De um modo geral, no sistema de taxas de câmbio flutuante há liberdade no mercado cambial. Nesse caso, o Governo intervém apenas como ofertante e demandante de divisas em função de suas necessidades, do mesmo modo que o setor privado. Assim, as alterações na oferta e na demanda de divisas têm efeito sobre a taxa de câmbio, que deverá se valorizar ou desvalorizar em função de tais alterações.

Um sistema muito utilizado a partir de meados da década de 1970 foi o de flutuação suja. Esse sistema difere do anterior por estar sujeito a importantes intervenções do Governo, com diferentes objetivos por parte dele, em que no passado, em geral, buscava-se diminuir a volatilidade associada a um mercado cambial livre. Mas pode-se ter outros objetivos. Nesse sentido, se o comportamento do mercado for instável ou se o patamar da taxa de câmbio estiver atrapalhando o desempenho econômico, ocorre então intervenção para estabilizar ou direcionar a taxa para um patamar desejável.

No final da década de 1970, com a emergência do Sistema Monetário Europeu, ganhou força outro regime cambial, denominado sistema de bandas. Esse sistema conta com a seguinte lógica: definem-se os valores limites que a taxa de câmbio pode assumir e, dentro desses limites, o sistema funciona como se fosse o de câmbio flutuante. Assim, fica estabelecida uma taxa central e um intervalo de variação, por exemplo, mais ou menos x%. Quando existe uma pressão pela desvalorização da moeda nacional, levando o sistema ao limite inferior, o Banco Central intervém vendendo moeda estrangeira e comprando moeda nacional. No caso oposto, quando o mercado é pressionado no sentido de uma valorização cambial, o Banco Central age em sentido oposto. Em muitos casos, os Bancos Centrais intervêm nos mercados antes que se alcancem os limites, evitando, inclusive, possíveis ataques especulativos. Estas são as chamadas intervenções intramargem. As dificuldades associadas a esse regime são: a definição da taxa central (dificuldade semelhante a se definir qual a taxa de câmbio em um regime de câmbio fixo) e a definição da amplitude das margens. Esses sistemas intermediários foram muito utilizados na década de 1980, porém nos anos 1990 existiu uma forte tendência de ampliação dos regimes flutuantes, que prevaleceram nas primeiras décadas do século XXI.

As implicações econômicas sobre a adoção deste ou daquele regime cambial, particularmente sobre o desempenho do Balanço de Pagamentos e sobre a capacidade da autoridade econômica em executar políticas monetária e fiscal, são bastante conhecidas na literatura, mais ainda bastante debatidas em Yi (2013).[2]

A partir das recentes experiências cambiais na América Latina, é possível explorar outras importantes questões em torno das opções cambiais num contexto de instabilidade macroeconômica, particularmente no que diz respeito a processos inflacionários crônicos, problemas de endividamento externo e a ocorrência de crises no sistema financeiro internacional, mas também de fortes influxos de capitais. Nesses contextos, surge, por exemplo, o conceito de "ancoragem cambial". Por outro lado, a utilização da taxa de câmbio como variável-chave em políticas de ajuste macroeconômico depende da capacidade da autoridade econômica em manter crível sua intenção no controle dessa

[2] YI, G. *Exchange Rate Arragement*: Flexible and fixed exchange rate debate revisited. Washington: FMI, 2013.

variável, cuja instabilidade inerente é uma característica marcante num mundo de livre mobilidade de capitais financeiros. Já, anos depois, mesmo em situações de câmbio flutuante, a tendência permanente de valorização cambial, por exemplo, pode colocar em questão o próprio estilo de desenvolvimento de um país, como veremos nos itens a seguir.

4.3.1 Ancoragem cambial e credibilidade

Nos países em desenvolvimento, especialmente na América Latina, a taxa de câmbio foi utilizada como um instrumento de política econômica, tendo ocorrido uma tendência de forte influência do Governo no mercado cambial. Utilizava-se, muitas vezes, o câmbio (ou sua desvalorização) com intuito de resolver problemas de Balanço de Pagamentos, promovendo ganhos de competitividade da economia e evitando que os ajustes nos contas externas se fizessem de maneira recessiva.

No final da década de 1970 e, especialmente, ao longo da década de 1980, a fixação da taxa de câmbio em diversos países em desenvolvimento passou a fazer parte de um conjunto mais amplo de medidas visando ao controle da inflação. A transição de uma situação de inflação crônica para a estabilidade de preços requeria, pelo menos num primeiro momento, algum tipo de âncora nominal, isto é, a fixação do valor de uma ou mais variáveis econômicas, tendo como objetivo a contenção das demais variáveis nominais. Nesse conjunto de medidas, preços e salários foram as variáveis escolhidas como âncoras nominais prioritárias em inúmeros planos econômicos adotados em vários países, a exemplo do Plano Austral, adotado na Argentina em 1985, e o Plano Cruzado, adotado no Brasil em 1986. Tais planos, denominados heterodoxos por utilizar instrumentos outros que não o controle monetário, tinham como pressuposto básico o congelamento de preços e salários da economia, buscando o fim da chamada inércia inflacionária. O fracasso desses planos acabou por tirar de cena as propostas heterodoxas de combate à inflação, trazendo à tona proposições ortodoxas, como abertura comercial e financeira, combate aos déficits fiscais e controles monetários rígidos. Entretanto, a necessidade de uma âncora não deveria ser descartada, cabendo à taxa de câmbio esse papel no novo contexto de políticas, por trazer vantagens no processo de abertura econômica e por contribuir para um maior controle monetário e fiscal.

Um problema enfrentado pelos planos de estabilização que utilizavam algum tipo de ancoragem na taxa de câmbio sempre foi o da credibilidade. O problema de credibilidade da ancoragem cambial assumiu diversas formas. Por um lado, existia a dúvida tradicional frente aos regimes de câmbio fixo, qual seja: a capacidade do Governo em manter a taxa de câmbio no curto prazo dado o comportamento do Balanço de Pagamentos e das reservas internacionais. Por outro lado, existia uma forte expectativa dos agentes de que o Governo, apesar de anunciar uma política de câmbio fixo, adotasse políticas que acabassem sendo incompatíveis com a rigidez da taxa de câmbio. Esse problema é conhecido na literatura como "inconsistência temporal da política econômica". Assim, por exemplo, a manutenção de déficits fiscais sistemáticos e sua monetização pressionam contra a manutenção da taxa fixa de câmbio.[3]

É importante considerar que se o câmbio fixo tem vantagens associadas ao controle inflacionário, também é relevante considerar que a desvalorização da taxa de câmbio implica, por exemplo, em ganhos de competitividade, pelo menos no curto prazo. Apesar das perdas no ponto de vista inflacionário, os ganhos nas exportações e possivelmente no emprego e na renda no curto prazo podem ser os motivos que levariam o Governo a romper com a âncora, uma vez que o Governo pode possuir objetivos múltiplos, e a cada momento faz-se uma avaliação custo-benefício da manutenção da taxa de câmbio. É interessante observar que esses possíveis ganhos podem ser ainda maiores (e as perdas menores) se a desvalorização for feita de modo inesperado pelo Governo.[4]

Desse modo, além de existir uma tradição relativamente arraigada do Governo em se valer da política cambial para obter ganhos de competitividade, existem fortes incentivos, percebidos pelos agentes, para que, em determinadas circunstâncias, o Governo acabe por renegar a política anunciada.[5] Isso, pelo menos em parte, explica as dificuldades de alguns planos de estabilização com ancoragem cambial: a sua falta de credibilidade induz um comportamento não cooperativo por parte dos agentes econômicos, dificultando a adoção de âncoras cambiais mesmo em países nos quais essa opção de política pretendia ser levada à frente com todos os custos a ela associados, dada a sua vantagem em termos de combate aos processos inflacionários crônicos.

Frente a esses problemas de credibilidade e em ambientes de abertura financeira, algumas opções se fizeram valer para os diferentes países latino-americanos que optaram pela ancoragem cambial como estratégia estabilizadora, especialmente para aqueles onde a inflação passou a ser um problema severo:

3 Temos aqui os chamados modelos canônicos ou de primeira geração para crises cambiais ou ataques especulativos contra políticas de manutenção de taxas de câmbio. Ver KRUGMAN, P. A Model of Balance of Payment Crisis. *Journal of Money, Credit and Baking*, v. 11, Aug., 1979.

4 Nesse caso, situam-se os chamados modelos de segunda geração de crise cambial, em que ataques especulativos contra moeda podem surgir quando existe uma antecipação por parte dos agentes de alterações nessas relações custo-benefício. Ver OBSTFELD, M. The Logic of Currency Crisis. *NBER Working Paper 4640*, Feb., 1994.

5 Ver AGENOR, P. R.; MONTIEL, P. J. *Development Macroeconomics*. Princeton: Princeton University Press, 1996.

- a persistência na política buscando obter essa credibilidade por meio de reputação e/ou sinalização, usando políticas correlatas (como a elevação das taxas de juros) de maneira intensa; ou seja, os governos entram na guerra das expectativas de modo firme, mantendo políticas mesmo quando estas não são necessárias, ou aprofundando a utilização de alguns instrumentos além da necessidade, de modo a mostrar ao mercado sua determinação na utilização de políticas de câmbio fixo;
- a construção de instituições que diminuam a capacidade dos próprios governos em promover alterações na política cambial, de modo a não propriamente convencer os agentes quanto à estabilidade cambial, mas dar-lhes maior segurança quanto à disposição do governo em relação à política e sua possibilidade de alterá-la. Dentro desse contexto, o principal exemplo é a instituição do *Currency Board* e, no limite, a dolarização.

Nem todos os países adotaram ancoragem forte das taxas de câmbio, como fizeram a Argentina, o Brasil, o Equador ou o México, valendo-se de alguma forma das estratégias referidas em ambiente de forte abertura financeira. Alguns deles, como Chile, Colômbia e Peru, seja por terem problemas inflacionários menos dramáticos, seja por terem optado por outras estratégias de controle desta inflação se valeram de regimes cambiais menos rígidos. Estes, em geral, mantiveram políticas, nos anos 1990, de bandas cambiais, na verdade de *crawling bands* e também, diferente de outros contextos em que a abertura financeira foi mais intensa como na Argentina e no Brasil, mantiveram estratégias de controle de fluxos de capital, tentando manter algum grau de autonomia na condução da política monetária e evitando flutuações abruptas na taxa de câmbio.

4.3.2 O regime de *Currency Board*: ascensão e queda na Argentina

Em última instância, o *Currency Board* tem como objetivo trazer maior disciplina às políticas monetária e fiscal nas economias que a adotam, o que acaba tornando a ancoragem cambial mais crível. Nesse regime, a taxa de câmbio é fixa, ficando garantida a conversibilidade entre as moedas e a emissão monetária passa a ser vinculada ao estoque de reservas internacionais do país.

Num modelo de *Currency Board*, a autoridade monetária perde seu poder discricionário sobre a oferta monetária e o governo passa a experimentar forte restrição aos seus gastos, já que não pode emitir moeda para financiar déficits. Outro aspecto interessante associado à adoção de uma âncora cambial crível é a potencial redução das taxas de juros em função da diminuição do risco de desvalorização cambial. Esses aspectos, juntamente com a fixação de um importante preço da economia (a taxa de câmbio), acaba por estabilizar os preços dos chamados bens *tradeables*, trazendo, assim, ganhos adicionais no controle da inflação. Ou seja, elimina-se, ao mesmo tempo, as causas e parte dos componentes autônomos da inflação. Isto é tanto mais verdadeiro quanto maior for a abertura dessa economia, ou se ela estiver sendo promovida.

Esse regime cambial, porém, apresenta alguns inconvenientes. O primeiro a ser destacado é a diminuição dos instrumentos de política econômica: a política monetária, que fica condicionada ao comportamento das contas externas do país e, principalmente, à política cambial. Dependendo da estrutura institucional do *Currency Board*, pode-se comprometer as operações diárias de controle de liquidez e a capacidade de intervenção das autoridades monetárias frente a possíveis crises bancárias.

Outra grande dificuldade desse tipo de regime reside na avaliação do mercado, nacional e internacional, quanto à capacidade do Governo em garantir a conversibilidade da moeda. Para tanto, é necessário possuir reservas cambiais e/ou um fluxo de entrada de moeda estrangeira razoável. Esse fluxo, por sua vez, depende do estado de confiança que os investidores estrangeiros depositam no país. Num mundo de incertezas e de grandes movimentos especulativos, tal fluxo está longe de ser estável. Por outro lado, se o país passar a apresentar sucessivos déficits na balança de transações correntes, sem perspectiva de reversão desse déficit no futuro (um quadro de inconsistência intertemporal), o mercado pode entender que a paridade escolhida não é a de equilíbrio, antecipando, por meio de uma forte fuga de divisas, a desvalorização cambial.

Essa possibilidade é reforçada se levarmos em conta dois aspectos. Primeiramente, todos os processos de estabilização com base em âncoras cambiais têm apresentado um aquecimento da economia no imediato pós-plano, o que pressiona negativamente a balança comercial. Acresce-se a isso uma tendência à valorização real da taxa de câmbio em função de uma inflação residual que normalmente é superior à inflação internacional, reforçando a deterioração da balança comercial. No curto prazo, o equilíbrio é obtido por meio de conta de capitais, a qual, normalmente, tem uma tendência francamente positiva devido à melhoria das condições de risco da economia e da manutenção de juros elevados, combinados, normalmente, com uma abertura financeira. No caso dos anos 1990, esse processo foi ainda reforçado por uma situação favorável de liquidez no mercado internacional de capitais.

O fluxo de capitais pode ser, portanto, mais do que suficiente para resolver o problema da balança comercial. Porém, colocam-se novos problemas. Por um lado, a lógica da política monetária induziria a uma elevação da oferta de moeda no país, o que poderia comprometer as metas de controle inflacionário. Tal possibilidade, entretanto, tende a não ocorrer, pois as autoridades geralmente ativam operações de esterilização.[6] Essas operações, contudo, podem significar a deterioração das condições fiscais do Governo em função da elevação da dívida pública. Por outro lado, existe o problema temporal relativo ao ingresso de capital externo. Esses fluxos são extremamente voláteis, que no longo prazo eles exigem a geração de uma maior capacidade de atrair recursos de forma a fazer frente aos serviços decorrentes.

Todos esses elementos – deterioração da balança comercial, das contas públicas e incertezas em relação à estabilidade da balança de capitais e as condições futuras de fazer frente aos serviços da dívida – recolocam o problema do risco e das expectativas no cenário da ancoragem cambial. Desse modo, para a manutenção da credibilidade no regime, a política econômica passa a ter contornos recessivos claros,[7] ao mesmo tempo que reforça a necessidade de se fazer ajustes estruturais nessa economia. Tais ajustes visam obter ganhos de competitividade e reforçar a possibilidade de gerar superávits futuros.[8]

Pode-se afirmar também que a provável situação recessiva decorrente da adoção de um regime de *Currency Board* é de difícil sustentação política. Nesse sentido, passam a ser pensadas alternativas para tal situação. A mais evidente é o abandono da âncora, desvalorizando o câmbio e aliviando, assim, as pressões recessivas. O pressuposto para tal medida é a solução do problema que teria justificado a ancoragem: a inflação. Assim, apesar de se correr riscos de volta do processo inflacionário, assume-se que os anos de ancoragem foram suficientes para debelar tal problema. Essa é uma questão que assume uma complexidade maior quando o país adota com muita frequência a âncora – o dólar – como unidade de conta.

A passagem para um sistema de câmbio flutuante, porém, não envolve apenas a questão inflacionária. Nesse contexto, os riscos de crise cambial e fuga de capital não são pequenos. De fato, a disposição do governo argentino em manter o regime de câmbio fixo foi levada às últimas consequências, buscando-se a todo custo manter o regime de *Currency Board*. Este, na Argentina, se diferenciou de uma simples ancoragem cambial pelo fato de ter sido implementado a partir de determinação constitucional que, se não garante totalmente a credibilidade do sistema, pelo menos reforça essa credibilidade ao criar dificuldades legais e políticas para o governo no caso de sua disposição em alterar o regime. Desse modo, o caso argentino é sintomático, já que a ancoragem cambial, juntamente com o *Currency Board*, foi determinada em lei e esta contemplava também a política monetária que passava a estar condicionada ao desempenho do Balanço

6 Operações de esterilização são as colocações de títulos públicos no mercado, procurando enxugar a moeda colocada em circulação.

7 O principal sinal dessa política é a elevação dos juros, que também sustenta o fluxo de capitais.

8 O grande dilema é até que ponto é possível obter tais ganhos sem um volume expressivo de investimentos nacionais, já que estão contidos pela taxa de juros.

de Pagamentos. A emissão de moeda tornou-se uma função do volume de reservas dessa economia. A moeda nacional passou a estar lastreada nas reservas internacionais do país.

O regime do *Currency Board* argentino foi inicialmente bem-sucedido, pelo menos no que diz respeito ao fim do processo hiperinflacionário naquele país. Também foi crível, pois se sustentou por quase uma década de crises financeiras internacionais. Mas sua grande virtude foi o seu grande defeito: a falta de flexibilidade e a grande dependência dos capitais especulativos.

Podemos citar pelo menos dois fatores que contribuíram, por assim dizer, para o trágico fim do *Currency Board* na Argentina. Em primeiro lugar, pode-se apontar as dificuldades em se sustentar um regime de câmbio fixo num mundo que apresenta grande liberdade nos fluxos de capitais de curto prazo. Se o mundo apresenta-se estável sob o ponto de vista financeiro, os capitais de curto prazo podem perfeitamente sustentar eventuais déficits em transações correntes e servir como estabilidade cambial no país que os atrai. Entretanto, as crises cambiais e financeiras ocorridas em várias economias emergentes na década de 1990 demonstram que a estabilidade do sistema financeiro internacional constitui-se não numa regra, mas em exceção. A crise do México em 1995 pode ser considerada o primeiro fator de desestabilização do sistema argentino, que somente não se concretizou em crise naquele momento em função dos números favoráveis do intercâmbio comercial da Argentina com o Brasil, beneficiados pelo Mercosul e pela valorização da moeda brasileira. Posteriormente, a Argentina viria a sofrer com as crises na Ásia em 1997 e na Rússia em 1998. A crise cambial brasileira em 1999 parece ter dado o "golpe de misericórdia" na situação já deteriorada. É interessante notar que, enquanto as crises do México, Ásia e Rússia atingiram o país por meio do sistema financeiro, o grande veículo de transmissão da crise brasileira foi pelo lado real da economia, uma vez que o Brasil apresentava-se como o principal parceiro comercial da Argentina.[9]

Em segundo lugar, uma vez que o país adote um regime de câmbio fixo, é importante que ele mantenha a competitividade de suas empresas comparativamente ao resto do mundo. Isso parece não ter ocorrido na Argentina, que se tornou um país "caro". Apesar do sucesso do plano de estabilização, a inflação argentina manteve-se acima daquela dos Estados Unidos durante o período de 1991 a 1994.[10] Uma alternativa para recuperar a competitividade das empresas argentinas teria sido aprofundar os ajustes no mercado de trabalho. Isso, obviamente, não ocorreu, tendo em vista que esse mercado está longe de apresentar flexibilidade salarial.

---

9 WISE, C. *Currency Board* da Argentina: os laços que unem? *Revista de Economia Política*, v. 21, n. 3 (83), jul.-set., 2001.

10 WISE, C. Política de câmbio na América Latina: debates, desempenho e as políticas de escolha política. *Revista de Economia Política*, v. 21, n. 3 (83), jul.-set., 2001a.

Do mesmo modo, a manutenção do câmbio fixo exigia aprofundamentos ainda maiores nos ajustes no governo argentino (incluindo as províncias). Os sucessivos e crescentes déficits nas transações correntes na Argentina, juntamente com os problemas estruturais destacados anteriormente, evidenciaram a situação insustentável do sistema. A crise cambial naquele país seria apenas uma questão de tempo, particularmente após a crise brasileira em 1999. E de fato acabou por acontecer no início de 2002, levando a Argentina a uma profunda crise econômica.

Mas, então, por que a Argentina não se desfez do *Currency Board* antes da deterioração das condições que pudessem sustentar o regime? Para se ter uma possível resposta a essa questão, deve-se considerar a questão patrimonial. No caso da Argentina, observou-se, durante o período do *Currency Board*, um elevadíssimo endividamento em moeda estrangeira; ou seja, o passivo de sua economia estava praticamente todo *dolarizado*. Uma desvalorização cambial significaria um prejuízo de grandes dimensões sobre a economia argentina, que colocava em risco todo o setor privado e o próprio setor público. Pode-se destacar também o que Corden[11] chamou de "síndrome do ajuste relutante da taxa de câmbio". Essa "síndrome" é explicada pela perda de credibilidade política de um governo que construiu todo um plano de estabilização baseada na ancoragem cambial.[12] No caso argentino, isso é traumático tendo em vista o processo hiperinflacionário experimentado pelo país antes do plano de conversibilidade. O risco de retorno da inflação decorrente da desvalorização cambial poderia ser o fim político do governo de Carlos Menem. Por ironia do destino, o fim político desse governo acabou sendo detonado não pelo retorno da inflação, mas pela insistência em manter um regime que cada vez mais se tornou insustentável a partir das crises financeiras iniciadas com a crise mexicana. Os ajustes patrimoniais na economia argentina, decorrentes da desvalorização do peso, por sua vez, explicam boa parte da forte recessão que esteve associada a essa desvalorização.

4.3.3 O caso extremo: a dolarização

A dolarização é o regime mais radical de ancoragem cambial. O exemplo mais recente de dolarização pode ser creditado ao Equador.[13]

[11] CORDEN, W. M. Regimes e políticas cambiais: uma visão geral. *Revista de Economia Política*, v. 1, n. 3 (83), jul.-set., 2001.

[12] Aqui podemos ter uma aparente contradição com os argumentos colocados na seção acerca da credibilidade: os governos são tentados a desvalorizar suas moedas para obter melhoras na balança comercial e no desempenho do PIB. Aqui, entretanto, a situação é bem diferente. Trata-se de uma situação posterior a uma hiperinflação. O fim desse processo tem, sem dúvida, um ganho político para o governo que sustentou o plano de estabilização.

[13] Outro exemplo na América Latina é o caso do Panamá; a adoção, nesse caso, segue questões diferentes das situações em análise.

No início dos anos 1990, o Equador promoveu uma série de reformas liberais (inclusive financeiras) e utilizou um plano de estabilização baseado em ancoragem cambial, com um regime inicialmente de flutuação suja e com tendência a valorização do *Sucre*. Esse regime foi substituído em 1994 por um sistema de bandas, com mudanças preanunciadas que buscavam conduzir as expectativas no sentido de auxiliar na redução das taxas de inflação. A princípio, a estratégia foi positiva já que a inflação atingiu, em 1995, seu nível anual mais baixo da década (22%).[14] Este mesmo ano, porém, marcou o início da desestabilização com alguns "choques externos".[15] Esses choques e a perda de controle fiscal se associaram a uma reversão dos até então positivos fluxos de capital. Nesse momento, o regime cambial também se deteriorou e os parâmetros das bandas cambiais passaram a ser constantemente ajustados, acarretando a perda de credibilidade da capacidade de controle das expectativas.

Associados a essa crise, iniciaram-se também os problemas no setor financeiro da economia equatoriana, com, por exemplo, a quebra do Banco Continental em 1996. Essas dificuldades estão associadas tanto aos efeitos causados pela reação do Banco Central equatoriano à crise (elevação da taxa de juros e aumento da inadimplência) quanto aos descasamentos (prazos e ativos) do sistema financeiro equatoriano que passara por um amplo processo de liberalização, mas cujas regras de *sound finance* não haviam sido incorporadas nem institucionalmente nem na prática bancária cotidiana.

Depois de um período mais difícil, a economia equatoriana se equilibrou de modo precário até 1998. Nesse período, verificou-se, na prática, uma intensa dolarização de ativos e passivos e, mesmo que essa medida não tenha atingido de maneira mais forte todos os bens da economia, muitos deles passaram a ter seus preços fortemente atrelados ao dólar. A partir de 1998, uma nova onda de choques externos atingiu o Equador[16] e aprofundaram-se os descontroles fiscal e financeiro, surgindo uma expressiva crise bancária e cambial. No contexto do enfrentamento de tais crises, além de uma forte recessão e altas taxas inflacionárias (uma das maiores da América Latina nos anos 1990), o país optou, a partir de janeiro de 2000, por um processo de substituição do *Sucre* pelo dólar.[17]

---

14 JÁCOME, L. I. The late 1990s Financial Crisis in Ecuador: Intitutional Weaknesses, Fiscal Rigidities and Financial Dollarization at work. *IMF Working Paper WP/04/12*. Jan., 2004.

15 Conflito com Peru, crises políticas internas e especialmente o chamado "efeito tequila", ou seja, os reflexos da crise mexicana.

16 Referimo-nos à crise russa e à crise brasileira que atingiram o Equador especialmente no fluxo de recursos externos e nos níveis de confiança; a problemas relacionados ao El Niño, especialmente na produção agrícola; e à deterioração dos preços do petróleo, principal produto de exportação do Equador e a base das finanças públicas do país.

17 A crise econômica também foi acompanhada por uma grande crise política no país.

O debate em torno da dolarização também esteve presente na Argentina. Após a desvalorização cambial no Brasil, o governo de Menem rapidamente tratou de desmentir os rumores acerca do fim do *Currency Board*, explicitando a sua intenção em dolarizar totalmente a economia argentina caso o mercado apostasse contra aquele regime cambial. Alguns economistas, aliás, defendiam essa medida para a Argentina que, em função do histórico de hiperinflação e do próprio regime de *Currency Board*, já tinha uma tradição na utilização do dólar como meio de troca.[18]

Na dolarização, a moeda local é substituída pelo dólar, ficando a autoridade monetária totalmente condicionada ao desempenho das contas internacionais do país e ao volume de ingresso de moeda externa. Os objetivos são os mesmos do *Currency Board*: maior disciplina monetária e fiscal. A grande diferença está na não mais necessária manutenção da estabilidade cambial, o que é um fator positivo sob o ponto de vista dos investidores internacionais, que não mais temeriam as desvalorizações cambiais não antecipadas. Assim, impõe-se, a partir do exterior, uma disciplina fiscal que não é obtida por determinação interna, ao mesmo tempo que desaparece a instabilidade cambial. A principal questão associada à dolarização, contudo, é sua quase total irreversibilidade, o que faz com que suas vantagens e desvantagens sejam potencializadas.[19]

Uma grande vantagem dessa medida diz respeito à diminuição dos custos do financiamento internacional associado ao risco de desvalorização cambial. No tocante às desvantagens, pode-se destacar a perda dos ganhos financeiros com a emissão monetária (*seignoriagem*) que resultaria da dolarização. Um país que possui uma *Currency Board* pura, em que a base monetária está totalmente lastreada pelas reservas, a perda é igual ao montante dos ganhos das aplicações financeiras internacionais dessas reservas. No caso argentino, esses ganhos eram de mais de US$ 700 milhões por ano.[20]

Outro problema da dolarização é a perda de soberania na condução da política monetária, que fica subordinada às decisões tomadas nos Estados Unidos, o que implicaria, por exemplo, na perda de capacidade do governo local em socorrer o sistema financeiro em caso de grandes corridas bancárias. Se por um lado é verdade que a prática de fornecer liquidez diária não estaria totalmente perdida com a dolarização, desde que instituições adequadas fossem criadas e dotadas de recursos líquidos em dólar, o papel pleno de um emprestador, em última instância, seria bastante difícil de se realizar dada a necessidade

[18] Ver, por exemplo, CORDEN, W. M., 2001, que defende a dolarização como opção para a instabilidade cambial em alguns países, como a Argentina.

[19] BERG, A.; BORENSZTEIN, E. The Pros e Cons of Full Dollarization. *IMF Working Paper WP/00/50*, 2000.

[20] WISE, C. *Currency Board* da Argentina: os laços que unem? *Revista de Economia Política*, v. 21, n. 3 (83), jul.-set., 2001.

de um volume elevado de recursos líquidos na mão da instituição responsável. Por outro lado, a dolarização pode proporcionar um setor financeiro mais forte, que tivesse uma dependência menor desse tipo de socorro. Nesse caso, porém, a tendência implica também em uma forte desnacionalização do sistema financeiro do país.

O grande dilema nesse regime refere-se à evolução cíclica do país que adotou a dolarização frente aos Estados Unidos e o impacto que uma crise provoca em cada uma dessas economias. Quanto mais díspares são as economias, maiores são os problemas. Como as economias não se comportam com um mesmo padrão e recebem impactos diferenciados de uma alteração na conjuntura internacional, as medidas tomadas nos Estados Unidos quanto à política monetária podem ser contrárias ao recomendado ao país "dolarizado" naquela mesma conjuntura. Entretanto, este não dispõe mais de instrumentos para enfrentar tal conjuntura e depende de políticas sobre as quais não possui controle e que lhes são, provavelmente, desfavoráveis. A expectativa positiva, contudo, refere-se à maior aproximação com o governo norte-americano. Tal aproximação leva o país dolarizado a se valer das vantagens de estar sob um regime monetário saudável, possibilitando incremento na confiança do setor privado e, consequentemente, nos investimentos. A tendência também é que haja uma convergência, especialmente, das variáveis monetárias, como a inflação. O fim das diferenças monetárias e cambiais também pode diminuir os custos de transação envolvidos no comércio entre os dois países, intensificando-o.

Outro problema relacionado à dolarização refere-se ao seu impacto sobre a estrutura de ativos e endividamento do país na transição dos regimes. Quando o diferencial entre as taxas de juros interna e externa é grande, é comum empresas buscarem empréstimos no sistema financeiro internacional. Tais empréstimos acabam sendo corrigidos pelos juros externos mais variação cambial. O problema é que, nos momentos que antecedem a dolarização, geralmente procedem-se desvalorizações corretivas. Tais desvalorizações acabam por elevar, em dólar, o valor da dívida, inviabilizando pagamentos e elevando o nível de inadimplência do país. Esse caso é claro no Equador, sendo que o processo de crise/dolarização provocou grandes alterações distributivas no país.

Se acompanharmos a situação equatoriana pós-dolarização, os elementos destacados podem ser percebidos com clareza. A partir de 2001, a estabilização gradualmente foi reconquistada. Talvez de forma mais gradual do que o esperado teoricamente, pois inflação não vem diretamente aos níveis internacionais, o que acarreta uma forte perda de competitividade dos produtos equatorianos. Por outro lado, as taxas de crescimento voltam a se recuperar, em função, de certa maneira, da retomada da confiança. Um elemento merece destaque no caso equatoriano: é a construção (encerrada em 2003) de um importante *oil-pipeline* que gera empregos e atrai novos investimentos. Essa obra, juntamente com a retomada dos preços internacionais do petróleo, é fator importante na retomada da economia equatoriana nos primeiros anos do século XXI. Os problemas relativos ao controle das contas públicas, da enorme dependência não apenas do ponto de vista do Balanço de Pagamentos[21] como também fiscal das exportações de petróleo continuam sendo os calcanhares de Aquiles da economia equatoriana, sem falar no déficit social agravado no período recente.[22]

Um último aspecto com a relação à dolarização, especialmente sobre a sua adoção pela Argentina, seriam os impactos sobre o Mercosul. A rigor, não havia grandes mudanças entre a dolarização e a situação anterior de *Currency Board* no que concernia então ao Mercosul.[23] O problema, porém, é que a dolarização seria difícil de ser revertida, de modo que o aprofundamento do Mercosul, que potencialmente requer uma integração monetária, poderia estar comprometida, a não ser que esse aprofundamento se faça em um nível regional mais amplo envolvendo toda a América.

Todos esses problemas talvez tenham desencorajado a Argentina em optar pela dolarização após a crise da moeda brasileira em 1999, apesar da tradição do uso de dólar na neste país ser muito grande.[24]

4.3.4 O sistema de ancoragem no Brasil e a sustentação do Plano Real

A estratégia de estabilização brasileira foi diferente da adotada na Argentina, apesar de ambos utilizarem âncoras cambiais. Se a Argentina, face à questão da credibilidade anteriormente levantada, se valeu da legalização de um *Currency Board*, o Brasil partiu para uma guerra de expectativas, buscando ganhos de reputação e sinalizando grande disposição em não abandonar a âncora cambial. A sua ancoragem, porém, repousa sob um sistema de bandas, inicialmente assimétrica, mas que se modifica ao longo do tempo.

Quanto à questão da reputação, é importante destacar a persistência do governo brasileiro em não se valer da taxa de câmbio para obter ganhos de

---

21 É interessante notar que a remessa de recursos de equatorianos fora do país passou a se constituir em um importante componente do Balanço de Pagamentos equatoriano.

22 BECKERMAN, P.; SOLIMANO, A. (Ed.). *Crisis and Dollarization in Ecuador*: Stability, Growth and Social Equity. Washington: The Wold Bank, 2002.

23 BERG, A.; BORENSZTEIN, E. The Pros e Cons of Full Dollarization. *IMF Working Paper WP/00/50*, 2000.

24 Na verdade, durante o processo de inflação elevada na Argentina, o dólar teve uma forte penetração, tornando-se uma alternativa em termos de unidade conta, reserva de valor e mesmo de meio de pagamento, diferentemente do Brasil, em que a introdução de práticas de correção monetária foram importantes na preservação da moeda nacional enquanto unidade de conta e meio de pagamento no processo hiperinflacionário, mesmo sabendo que essa correção reforçava esse mesmo processo.

competitividade, mesmo em momentos de maior pressão tanto política quanto econômica. Esse ponto é reforçado com inúmeros sinais enviados pelo governo ao mercado; e um desses sinais foi a descomunal elevação das taxas de juros, que, se por um lado serviam para compensar o risco dos investidores internacionais e atrair um grande fluxo de capitais para o país, por outro, impuseram custos políticos internos não desprezíveis.

O sistema de bandas adotado pode ser considerado uma forma mais "leve" de ancoragem cambial. No caso brasileiro, permitia-se inicialmente, por meio de uma banda assimétrica, a fixação da taxa de câmbio abaixo de um teto máximo estabelecido. Em uma situação de forte entrada de divisas, o real passa a se valorizar frente ao dólar. Essa valorização cambial (possível no caso brasileiro, mas não no argentino) reforça os impactos positivos da ancoragem, transformando-se em uma "superâncora cambial", já que seu impacto foi o de baratear ainda mais os produtos *tradeables*, efeito reforçado pela abertura econômica.

Por outro lado, houve uma elevação das importações e também um desestímulo às exportações, o que contribuiu para uma deterioração do saldo da balança comercial. Sucessivos déficits na balança comercial acabam por criar problemas nas contas externas, elevando a dependência do país em relação ao fluxo internacional de capitais, além de elevar o risco de descontrole cambial por parte da autoridade econômica. O grande problema desse modelo consistia na necessidade de se manter altas taxas internas de juros, o que reduz os investimentos e, consequentemente, compromete o crescimento do país, além de elevar o nível de inadimplência interna. A situação é particularmente grave quando se verifica forte instabilidade no movimento de capitais internacionais. Tal instabilidade demanda taxas de juros cada vez maiores, podendo levar o país a experimentar um forte processo recessivo. No caso brasileiro, foram notórias as dificuldades enfrentadas por ocasião das crises mexicana, asiática e russa. Tais crises levaram o Brasil a elevar as taxas de juros internas a patamares extremamente elevados, gerando, assim, um forte quadro recessivo.

Esse quadro foi parcialmente minorado com o estabelecimento, a partir da crise mexicana, de um sistema de bandas, agora simétricas (com piso e teto),[25] que passou a ser utilizado pelo governo para a condução de um leve processo de desvalorização nominal da taxa de câmbio, sem que, no entanto, significasse o rompimento com a estratégia de ancoragem.[26] Tal sistema tinha bandas que se alteravam (*crawling bands*) e uma forte intervenção intrabanda pelo governo,

---

25 Num primeiro momento, o piso é mais importante, já que evita a continuidade da valorização cambial, porém, o teto passa a ser a referência importante quando a pressão do mercado é pela desvalorização.

26 Em vários momentos, testou-se a capacidade (e a disposição) do governo em manter tal âncora, a qual foi mantida, valendo-se da justificativa de que o seu rompimento poderia levar à volta do processo inflacionário.

fixando uma banda curta quase que diária dentro de uma banda mais larga. Na prática, tínhamos uma espécie de *crawling peg*, em que o câmbio se desvaloriza nominalmente, mas em termos reais permanece praticamente fixo, dependendo do indicador de preços considerado.

Mesmo com essa ligeira desvalorização nominal controlada, os problemas da ancoragem no Brasil, notadamente a recessão e as dificuldades no Balanço de Pagamentos, continuaram e levaram ao rompimento da política de âncora cambial no início de 1999, quando a economia brasileira passou a adotar um regime de flutuação suja. A passagem não foi tranquila, ocorrendo um *overshooting* da taxa de câmbio, porém com poucas consequências inflacionárias. Também no Brasil, houve resistência para a passagem para um sistema de câmbio flutuante depois de, em tese, resolvido o problema inflacionário.

Deve-se considerar o processo eleitoral brasileiro, que pode explicar a destacada "síndrome do ajuste relutante da taxa de câmbio". O grande triunfo do governo de Fernando Henrique Cardoso foi a consolidação da estabilidade inflacionária, cuja ancoragem cambial teve um papel fundamental. No ano eleitoral de 1998, a possível inflação resultante da desvalorização cambial poderia reduzir as chances de reeleição do presidente. Além disso, os destacados efeitos patrimoniais da desvalorização cambial também poderiam ter claros efeitos eleitorais. Assim, após o processo eleitoral e reeleito o presidente FHC, era de se esperar uma flexibilização do regime cambial. Isso porque, dada a importância da estabilidade inflacionária no processo político, seria mais fácil administrar as críticas ao modelo de estabilização ou mesmo administrar a possível inflação no início de um novo mandato presidencial e controlar os efeitos patrimoniais decorrentes. E, de fato, a mudança de regime cambial ocorreu logo após a posse do mesmo presidente num novo mandato.

Deve-se destacar, porém, que a mudança no regime cambial brasileiro foi precedida por um processo de proteção do setor privado com passivo em dólar, de modo a evitar grandes perdas sobre tais setores causadas pela desvalorização. Nunca é demais lembrar que boa parte das grandes empresas nacionais (e mesmo as multinacionais operando no Brasil) se endividaram no mercado internacional (mesmo para fugir das elevadas taxas de juros internas). Até a crise russa, a estrutura de ativos dessas empresas estava desequilibrada, pois havia um passivo cambial a descoberto. Ao longo de 1998, buscou-se resolver essa situação, de forma a permitir uma transição para cambial com desvalorização indolor. Para tanto, buscou-se ganhar tempo contendo ataques especulativos (um elemento importante nesse sentido foi o acordo com o FMI). A proteção acabou sendo dada pelo setor público por meio de operações no mercado futuro (especialmente dos bancos oficiais), a emissão interna de títulos públicos com cláusula cambial e venda de moeda estrangeira.[27] Na prática, o próprio governo, ao dar o *hedge* necessário ao mercado, acabou sendo o grande prejudicado quando da desvalorização cambial realizada depois da eleição. É justamente esse problema que a Argentina teve grande dificuldade de enfrentar; na verdade, o tamanho do Estado argentino face ao endividamento privado naquele país não permitia a absorção do custo patrimonial da desvalorização por parte do governo.

A vantagem dessas atitudes foi o fato de a desvalorização brasileira não ter provocado grandes falências no setor privado, evitando, assim, uma recessão muito grande, o que, combinado ao baixo impacto inflacionário da desvalorização, pode ser comemorado como uma transição cambial de relativo sucesso. Após a mudança no regime cambial brasileiro, duas importantes consequências merecem ser destacadas. Primeiro, houve uma tendência crescente na taxa de câmbio no Brasil. Isso sugere um grande desalinhamento no período anterior a 1999. Se por um lado esse desalinhamento foi funcional à estabilização inflacionária, por outro piorou o desempenho das contas externas brasileiras. Este foi considerado, por muitos, um dos principais custos do Plano Real. Além disso, verificou-se uma volatilidade expressiva no comportamento da taxa de câmbio, demonstrando as dificuldades em se manter a estabilidade cambial num mundo de grandes incertezas nos fluxos financeiros.

Além dessas implicações, a desvalorização da moeda brasileira acabou por forçar a desvalorização em outros países da América Latina, em particular nos países-membros do Mercosul. Ou seja, a mudança de regime cambial em uma grande economia latino-americana acabou por representar um "golpe de misericórdia" nos demais sistemas de câmbio fixo ou estável, particularmente na Argentina, em que, conforme discutido, a desvalorização poderia levar à ruína do país. E de certa forma levou. Toda essa instabilidade cambial acabou também por causar um retrocesso no Mercosul.

Outra importante consequência da flexibilização cambial no Brasil foi a adoção, após 1999, do regime de metas de inflação (*inflation targeting*). Uma vez abandonada a ancoragem cambial, tornou-se necessário, na visão das autoridades econômicas locais, um novo tipo de ancoragem. Essa "ancoragem monetária" tem sido bem-sucedida no Brasil, uma vez que o processo inflacionário não se mostrou perverso nos anos que se seguiram à mudança no regime cambial. Essa ancoragem monetária não foi adotada nos demais países do Mercosul talvez em decorrência do forte quadro recessivo verificado nessas economias, particularmente na Argentina.

[27] GREMAUD, A.; TONETO JR., R. A crise cambial brasileira. *Textos para discussão – FEA-RP*. Universidade de São Paulo, n. 20, 2001. Disponível em: <www.cpq.fearp.usp.br>.

4.3.5 As flutuações administradas

Em um momento ou outro, os países que adotaram ancoragens cambiais mais rígidas acabaram por abandonar essas estratégias, que obtiveram em geral algum sucesso para debelar o processo inflacionário, mas implicaram em uma crise de Balanço de Pagamentos em função de problemas na balança de transações correntes e expansões dos passivos externos. Esse abandono se deu para uns mais cedo, como o caso do México, outros no fim da década, como o Brasil, e alguns já no início do século XXI, como é o caso da Argentina. Nota-se, contudo, em torno da passagem do século, uma transição de praticamente todas as economias latino-americanas para regimes cambiais mais flexíveis. Mesmo aqueles países que não adotaram ancoragens rígidas e que adotaram regimes mais leves, regimes de bandas cambiais, como Colômbia e Chile, transitaram para regimes flutuantes.

Algumas transições para o regime de câmbio flutuante foram mais dramáticas que outras, como foi o caso da Argentina. E depois do câmbio flutuante também se acompanham algumas diferenças e semelhanças. Muitos países adotaram, como já adiantado para o caso do Brasil, uma nova institucionalidade para o combate a inflação, ou seja, o sistema de metas de inflação. Dessa forma, combina-se um regime de câmbio flutuante, com intervenções feitas neste mercado por parte do governo com base no sistema de metas de inflação. Ou seja, o governo administra o regime cambial com vistas a levar a taxa de câmbio, quando possível, para um comportamento favorável ao controle inflacionário. Este foi o caso não apenas do Brasil, mas também do México depois de 1999, do Chile e da Colômbia (estes últimos já se valiam do sistema de metas de inflação desde o início dos anos 1990) e do Peru. Os Gráficos 4.1 e 4.2 ilustram essas situações.

Gráfico 4.1 Taxas de câmbio Colômbia x EUA e Brasil x EUA (1995-2015)

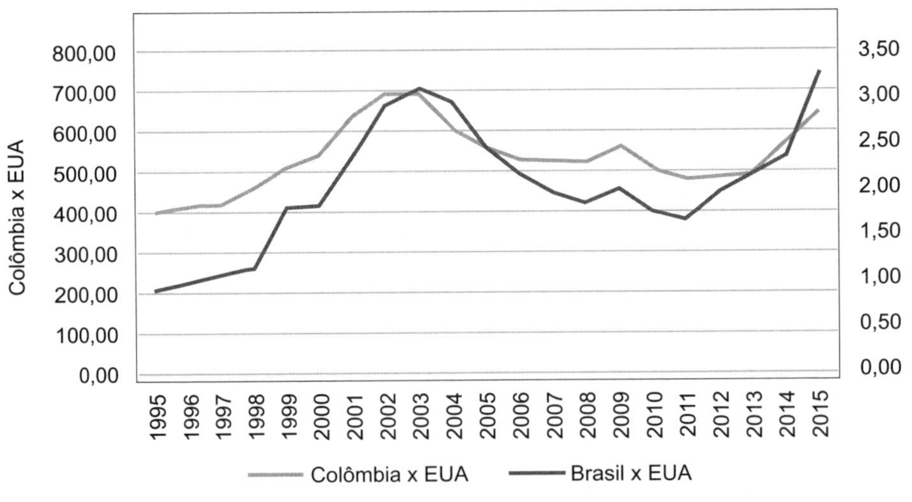

Fonte: Dados básicos CEPAL.

Gráfico 4.2 Taxas de câmbio Chile x EUA e Uruguai x EUA (1995-2015)

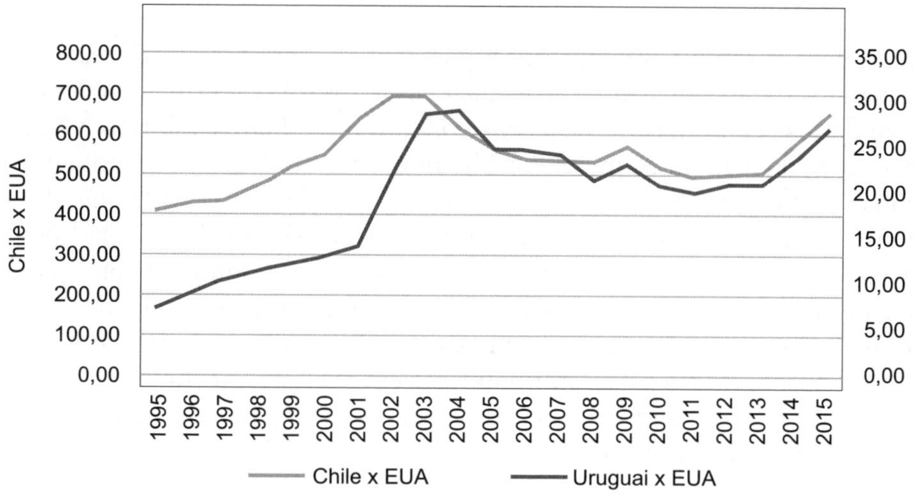

Fonte: Dados básicos CEPAL.

O início dos regimes de flutuação suja da maioria dos países latino-americanos se fez com os governos agindo sobre os mercados, procurando evitar grandes flutuações. Havia o que Calvo e Reinhardt[28] chamavam de medo da flutuação por parte dos governos que temiam os efeitos da desvalorização cambial sobre a inflação e sobre a estabilidade do sistema financeiro destes países.

Em muitos países, nota-se a preocupação nos momentos iniciais do regime de câmbio flexível, com possíveis exageros da desvalorização cambial em função de choques e crises internacionais. Essa desvalorização pode ser percebida nos Gráficos 4.1 a 4.3, que representam o comportamento cambial de Brasil, Colômbia, Chile e Uruguai no início do século XX, até aproximadamente 2003, dependendo do país.

Em meados da década inicial do século XXI até o início da década seguinte, nestes mesmos países, ainda sob o regime de flutuação suja e com forte abertura de conta de capital, o cenário se inverte e, em função de entrada de capital fortemente positiva em alguns casos e também superávits expressivos na conta comercial (no caso brasileiro os dois elementos se conjugam especialmente a partir de 2005), a intervenção se inverte por parte do governo. Existe uma forte tendência de valorização das moedas nacionais; essa valorização é inicialmente bem-vinda dados os efeitos positivos que ela traz sobre a redução da inflação. A entrada de capitais também permite a acumulação de reservas por parte do governo que entra no mercado adquirindo divisas e, assim, melhorando seu

[28] CALVO, G. A.; REINHARDT, C. M. Fear of Floating. *The Quaritely Journal of Economics*, 2002; 117(2): 379-408.

posicionamento estratégico no mercado (com aumento das reservas internacionais a sua disposição).

Porém, com o tempo, surgem questionamentos sobre essa tendência de valorização da moeda nacional em função de seus efeitos sobre o posicionamento competitivo destas economias frente a seus concorrentes. Com a valorização, as importações se barateiam, por um lado, facilitando a incorporação de tecnologias internacionais, mas, por outro, pode causar um padrão de consumo exageradamente internacionalizado e dificultar o processo do desenvolvimento de padrões tecnológicos mais avançados no próprio país. As exportações também começam a enfrentar problemas, apenas produtos fortemente competitivos, frutos de vantagens competitivas muito fortes, resistem a esta valorização cambial, concentrando as exportações destes países normalmente em produtos, recursos naturais intensivos e desindustrializando, ao menos parcialmente, a pauta de exportações e a própria estrutura produtiva dos países.

Dados os riscos que essa valorização passa a trazer sobre o estilo de desenvolvimento dos países, cresce a pressão para intervenções mais fortes por parte do governo, de modo a reverter a tendência de valorização ou estimular a desvalorização cambial, incentivando melhores posicionamentos no comércio internacional, ou seja, a defesa de estratégias que ficam conhecidas como estratégias de um "mercantilismo moderno". Este evitar de uma maior valorização (ou promoção de alguma desvalorização) num ambiente de ingresso de capital reforçou o posicionamento dos governos em adquirir divisas no mercado flutuante, o que implicou em fortes ampliações de reservas como ocorreu no caso brasileiro, peruano e colombiano de maneira significativa e, em menor grau, no México e no Chile.[29] Os custos desta estratégia levaram alguns países a iniciar a implementação de medidas que passaram a dificultar o ingresso de capitais, como foi o caso do Brasil e da Colômbia, com vistas a diminuir a pressão desvalorizadora no câmbio. Essa situação, contudo, se alternou com a própria reversão do cenário externo e a diminuição dos fluxos de capitais em direção aos países latino-americanos no início da década atual, o que, em conjunto com algumas alterações nos fundamentos das economias nacionais, fez com que o comportamento do câmbio voltasse a se reverter e passasse novamente a se desvalorizar.

Assim, no regime de flutuação suja, as taxas flutuaram em países como Brasil, Chile, Colômbia e Uruguai com uma desvalorização no início da primeira década do século, sendo depois sucedido por tendência de valorização que vem

[29] FRENKELL, R; RAPETTI, M. Exchange Rate Regimes in the Major Latin American Countries Since the 1950s: Lessons From History. *Journal of Iberian and Latin American Economic History*, v. 30, n. 1, 2012.

até pouco depois da grande crise de 2008. É apenas no período mais recente que as taxas voltaram a se desvalorizar.

As taxas de câmbio em países como México, Argentina e Venezuela tiveram comportamentos diferentes, como pode ser observado no gráfico sobre a evolução das taxas de câmbio (Gráfico 4.3). Nestes países não se percebe esse processo inicial de desvalorização seguida por uma valorização cambial e, mais recentemente, nova desvalorização cambial, e também não se observa a valorização cambial ocorrida antes da crise de 2008.

Gráfico 4.3 Taxas de câmbio Argentina x EUA, Venezuela x EUA e México x EUA (1993-2015)

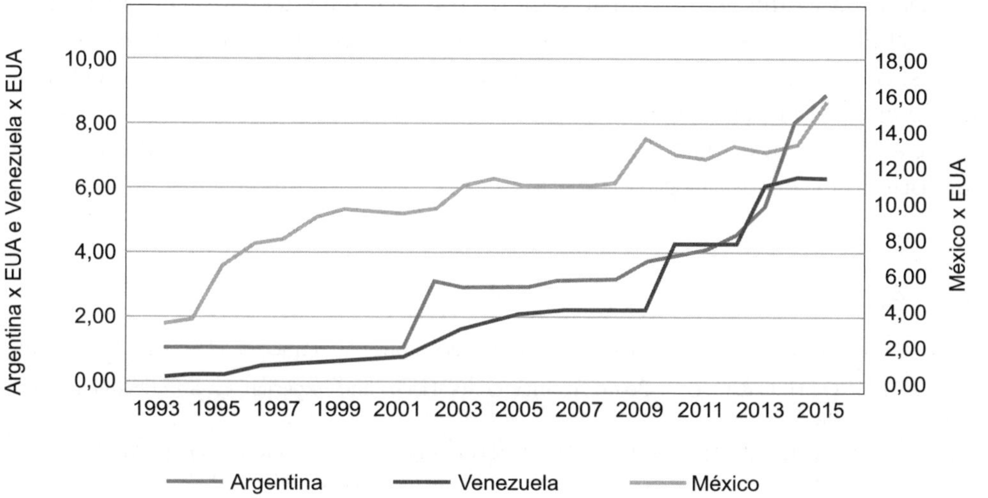

Fonte: Dados básicos CEPAL.

Na Argentina, em 2001, temos a crise que põe fim ao regime de conversibilidade e ocorre uma forte desvalorização cambial, mas depois, mesmo com o regime de câmbio fixo sendo abandonado, há um período de relativa estabilidade da taxa de câmbio até o final da década, quando novas pressões desvalorizadoras apareceram.

Na Venezuela, a situação é diferente. O regime de bandas lá adotado desde meados dos anos 1990, com controle de capitais, foi alterado também no início do século (2002), passando para um regime de flutuação com tendências de desvalorização cambial. Porém, existe uma alteração substancial nos anos subsequentes com a implementação de fortes controles sobre os fluxos de capital e o retorno a um regime de câmbio fixo. No final da década, uma nova alteração impôs um regime de câmbio múltiplo com uma parte das transações ocorrendo em mercado com câmbio fixo (uma parte em um mercado com uma taxa mais valorizada e outras, em outro mercado com taxas mais desvalorizadas) e outras transações ainda agindo num mercado de câmbio flutuante, com forte desvalorização cambial.

4.4 Considerações finais

Não existe um consenso em torno do melhor regime cambial. As opções são muitas e a escolha entre elas depende dos objetivos da própria política econômica e das condições tanto da economia nacional quanto da situação da economia internacional. Pode-se observar que, nos últimos 25 anos, os países latino-americanos percorreram por quase todas estas possibilidades de regimes cambiais, tanto em função da alternância dos objetivos – do combate à inflação à promoção do crescimento – como de diferentes momentos políticos e econômicos em um mundo caracterizado por uma conjuntura de crises financeiras.

De uma forma geral, transitou-se de regimes mais fechados em termos da conversibilidade das moedas nacionais nas internacionais para regimes mais abertos. Ao mesmo tempo, passou-se de regimes nos quais a formação da taxa de câmbio era fixada pelo governo (regimes de câmbio fixo) para situações em que o mercado se tornou mais flutuante, mesmo que neste mercado ainda houvesse uma forte intervenção do governo.

Referências

AGENOR, P. R.; MONTIEL, P. J. *Development Macroeconomics*. Princeton: Princeton University Press, 1996.

BALIÑO, T.; ENOCH, C. Currency Board Arrangements: Issues and Experiences. *IMF Occasional Paper*, n. 151, Aug. 1997.

BANCO INTERNACIONAL DO DESENVOLVIMENTO. Além das fronteiras: o novo regionalismo na América Latina. *Relatório sobre o progresso econômico e social na América Latina*, 2002.

BECKERMAN, P.; SOLIMANO, A. (Ed.). *Crisis and Dollarization in Ecuador*: Stability, Growth and Social Equity. Washington: The Wold Bank, 2002.

BERG, A.; BORENSZTEIN, E. The Pros and Cons of Full Dollarization. *IMF Working Paper WP/00/50*, 2000.

CALVO, G. A.; REINHARDT, C. M. Jean of floating. *The quaritely journal of Economics*, 2002; 17(2): 379-408.

CORDEN, W. M. Regimes e políticas cambiais: uma visão geral. *Revista de Economia Política*, v. 1, n. 3 (83), jul.-set., 2001.

EICHENGREEN, B. Does Mercoul Need a Single Currency? *NBER Working Paper*, n. 6821, Cambridge: NBER, December, 1998.

FFRENCH-DAVIS, R.; GRIFFTH-JONES, S. (Comp.). *Las nuevas corrientes financieras hacia la América Latina*. México, D.F.: Fondo de Cultura Económica, 1995.

FRENKELL, R.; RAPETTI, M. Exchange Rate Regimes in the Major Latin American Countries Since the 1950s: Lessons From History. *Journal of lberian and Latin American Economic History*, v. 30, n. 1, 2012.

FUNDO MONETÁRIO INTERNACIONAL. Exchange Arrangement and Foreign Exchange Markets: Development and Issues. *World Economic and Financial Surveys*, 2003.

______. *Annual report on exchange rate arrangemet and exchange restrictions*. Washington: FMI, 2014.

GREMAUD, A.; TONETO JR., R. A crise cambial brasileira. *Textos para discussão – FEA-RP*. Universidade de São Paulo, n. 20, 2001. Disponível em: <www.cpq.fearp.usp.br>.

JÁCOME, L. I. The late 1990s Financial Crisis in Ecuador: Intitutional Weaknesses, Fiscal Rigidities and Financial Dollarization at work. *IMF Working Paper WP/04/12*. Jan., 2004.

KRUGMAN, P. A Model of Balance of Payment Crisis. *Journal of Money, Credit and Baking*, v. 11, Aug., 1979.

OBSTFELD, M. The Logic of Currency Crisis. *NBER Working Paper 4640*, February, 1994.

YI, G. *Exchange Rate Arragement*: Flexible and fixed exchange rate debate revisited. Washington, FMI, 2013.

WISE, C. *Currency Board* da Argentina: os laços que unem? *Revista de Economia Política*, v. 21, n. 3 (83), jul.-set., 2001.

______. Política de câmbio na América Latina: debates, desempenho e as políticas de escolha política. *Revista de Economia Política*, v. 21, n. 3 (83), jul.-set., 2001a.

5

O SETOR EXTERNO DA ECONOMIA BRASILEIRA

Antonio Evaristo Teixeira Lanzana

5.1 Introdução

Ao se analisar o crescimento do setor externo da economia brasileira nos últimos anos, três aspectos chamam a atenção: em primeiro lugar, o reduzido grau de abertura comercial do Brasil comparativamente a outros países; em segundo, a importância do setor externo como fator determinante das fases de crescimento e recessão do País; e, em terceiro, a capacidade de resposta do setor externo aos instrumentos de política econômica, quer na direção correta, quer na incorreta.

O ano de 1968 pode ser considerado o início de um processo de maior abertura do País ao resto do mundo. A tentativa de buscar novas alternativas de crescimento ficou evidenciada pelas alterações da política cambial (implantação do sistema de minidesvalorizações) e pela criação de um sistema de incentivos às exportações.

Para se ter uma ideia do que representou essa internacionalização da economia brasileira, basta observar o comportamento de algumas variáveis: as exportações passaram de US$ 1,9 bilhão, em 1968, para US$ 190,1 bilhões, em 2015;

da mesma forma, as importações saltaram de US$ 1,9 bilhão, em 1968, para US$ 172,4 bilhões, em 2015. No mesmo período, a dívida externa líquida (dívida externa bruta menos reservas internacionais) passava de US$ 3,5 bilhões, em 1968, para US$ 299,1 bilhões, em 2015.

Vale observar, porém, que ocorreram fatos importantes na economia internacional ao longo desses anos. Além das crises do petróleo (1974, 1979 e "quase crise" no início de 2000), o mundo assistiu a uma substancial elevação das taxas internacionais de juros (início dos anos 1980), moratória de países devedores (Brasil, México, Peru, nos anos 1980; Rússia, em 1998, e Argentina, em 2001); crescimento significativo dos fluxos financeiros internacionais, crises financeiras, elevação dos preços internacionais das *commodities* favorecendo os países emergentes e assim por diante. Como seria de esperar, esses fatos tiveram impacto sobre a economia brasileira, gerando, em alguns momentos, estímulos e, em outros, grandes dificuldades para o País.

O objetivo deste capítulo é discutir como o Brasil foi afetado pelas diferentes situações da economia internacional, como foram acionados internamente os instrumentos de política econômica, as consequências sobre produção, emprego e inflação, enfim, como se comportou o setor externo da economia brasileira ao longo dos últimos anos. Para o entendimento dessa questão, é fundamental discutir o significado e a composição do Balanço de Pagamentos, bem como outros conceitos relativos à área externa.

5.2 O Balanço de Pagamentos

Como discutido no Capítulo 3, a partir de abril de 2015, o Banco Central alterou os critérios de classificação dos itens que o compõem, adequando-o à 6ª edição do *Manual de Balanço de Pagamentos e Posição de Investimento Internacional* (BPM6) do FMI. Ocorre, entretanto, que não há uma série histórica com essa nova metodologia, o que inviabiliza a análise da evolução do setor externo, que é o objetivo deste capítulo.

Tendo em vista esta situação, serão apresentadas duas composições para o Balanço de Pagamentos: uma com a nova metodologia (MPB6) e outra com a metodologia anterior (MPB5), adaptando-se as informações para 2015 para se obter a série completa.

A nova metodologia divide o Balanço de Pagamentos em quatro itens: Transações Correntes, Conta Capital, Conta Financeira e Erros e Omissões. O Quadro 5.1 traz os valores de cada uma dessas contas para o ano de 2015.

Quadro 5.1 Balanço de Pagamentos: Brasil — US$ bilhões

	Discriminação	2015
I.	**Transações Correntes (1.1 + 1.2 + 1.3 + 1.4)**	-58,9
	I.1. Balança Comercial	17,7
	I.2. Serviços	-36,9
	I.3. Renda Primária	-42,4
	I.4. Renda Secundária	2,7
II.	**Conta Capital**	0,4
III.	**Conta Financeira (3.1 - 3.2 -+ 3.3 + 3.4 + 3.5 + 3.6)**	-54,7
	III.1. Investimento Direto no Exterior	13,5
	III.2. Investimento Direto no País	75,1
	III.3. Investimento em Carteira	-22,0
	III.4. Derivativos	3,5
	III.5. Outros Investimentos	23,9
	III.6. Ativos de Reserva	1,6
IV.	**Erros e Omissões**	3,2

Fonte: Banco Central do Brasil.

As Transações Correntes são compostas pelos seguintes itens:

- **Balança Comercial**, que se refere às operações de compra e venda de mercadorias, isto é, importações e exportações. Seu saldo em 2015 foi superavitário em US$ 17,7 bilhões. Como se verá adiante, a Balança Comercial ganha posição relevante na Balança de Pagamentos, porque é a componente mais sensível aos instrumentos internos de política econômica.

- **Serviços**, que registra as transações internacionais dos chamados serviços de não fatores, compreendendo: transportes, turismo, seguros etc.

- **Renda Primária**, engloba os pagamentos relativos ao uso temporário de recursos, incluindo juros e lucros e dividendos.

- **Renda Secundária**, mede a renda gerada numa economia e transferida para outra, sendo os principais componentes os pagamentos recebidos e emitidos por pessoas físicas.

A Conta Capital refere-se à compra e venda de ativos não financeiros não produzidos (marcas e patentes) e transferências de capital.

A Conta Financeira é composta por um conjunto de itens, os quais são desdobrados em ativos (quando detidos por residentes no Brasil) e passivos (quando emitidos por residentes no Brasil, sendo o credor não residente). Como observado no Capítulo 3, os principais itens, já considerando o resultado líquido, isto é, ativos menos passivos para investimentos em carteira, derivativos e outros investimentos são: Investimento Direto no Exterior; Investimento Direto no País; Investimento em Carteira; Derivativos; Outros Investimentos, incluindo empréstimos e financiamentos (exceto entre companhias), empréstimos de órgãos oficiais; e Ativos de Reserva, que refere-se ao resultado global do Balanço de Pagamentos.

Finalmente, o termo Erros e Omissões refere-se a eventuais discrepâncias existentes entre os dados, sendo uma espécie de "compensação".

Como destacado anteriormente, para se promover uma análise da evolução do setor externo utilizar-se-á a classificação antiga do Balanço de Pagamentos (MPB5) para montar a série, adaptando os números mais recentes a partir dos dados da nova composição.

A estrutura do Balanço de Pagamentos a ser utilizada é composta de cinco grandes itens: Balança Comercial, Conta de Serviços e Rendas, Transferências Unilaterais Correntes, Balanço de Transações Correntes (que é a soma das anteriores) e a Conta de Capitais (Capital e Financeira). O Quadro 5.2 traz os valores de cada uma dessas contas.

Quadro 5.2 Balanço de Pagamentos: Brasil — US$ bilhões

	Discriminação	2015
I.	Balança Comercial	
	I.1. Exportações	190,1
	I.2. Importações	-172,4
	I.3. Saldo	17,7
II.	Conta de Serviços e Rendas	
	II.1. Juros	-21,9
	II.2. Turismo	-20,8
	II.3. Lucros e Dividendos	-20,8
	II.4. Outros	-15,8
	II.5. Saldo	-79,3
III.	Transferências Unilaterais Correntes	
	III.1. Saldo	2,7

▷

	Discriminação	2015
IV.	Balança de Transações Correntes (1) + (2) + (3)	
	IV.1. Saldo	-58,9
V.	Conta Capital e Financeira	
	V.1. Investimentos	61,6
	V.2. Empréstimos/Amortizações	-5,3
	V.3. Saldo	56,3
VI.	Erros e Omissões	
	VI.1. Saldo	0,0
VII.	Superávit (+) ou Déficit (-)	
	VII.1. Saldo	-2,6

Fonte: Banco Central.

A Balança Comercial, como já destacado, registra as operações de compra e venda de mercadorias: exportações no valor de US$ **190,1** bilhões representam ingresso de divisas, e importações de US$ **172,4** bilhões significam saída de divisas.

A Conta de Serviços e Rendas, anteriormente denominada Balança de Serviços, refere-se a pagamentos (saída de dólares) e recebimentos (entrada de dólares) relativos à remuneração de serviços. Os principais componentes dessa conta são:

- Juros – como o Brasil é tomador de empréstimos no exterior, e não emprestador, a conta líquida dos juros (isto é, os juros pagos menos os recebidos) é negativa; o valor de –US$ 21,9 bilhões (2015) representa uma saída de divisas do País.
- Turismo – também apresenta resultado líquido, isto é, dólares recebidos de turistas estrangeiros (entrada de divisas) menos dólares despendidos por turistas brasileiros no exterior (saída de divisas); o valor de US$ –20,8 bilhões significa que houve mais gasto de turistas brasileiros no exterior do que de turistas estrangeiros no Brasil.
- Lucros e Dividendos – refere-se a remessas efetuadas por empresas multinacionais instaladas no País para seus países de origem; embora existam empresas brasileiras com filiais no exterior, a presença de multinacionais no Brasil é muito maior, fazendo que o resultado líquido seja negativo (US$ **20,8** bilhões em **2015**), isto é, saída de dólares da economia brasileira.

- Outros – em que se destacam, principalmente, as operações com fretes e seguros; toda a mercadoria transacionada internacionalmente envolve despesa de frete e seguro; se, por exemplo, o seguro ou transporte de mercadoria for realizado por empresa brasileira, ocorre entrada de divisas; se realizado por empresa estrangeira, significa saída de divisas; em **2015**, essa conta foi deficitária em US$ **15,8** bilhões.

As Transferências Unilaterais Correntes referem-se ao fluxo de recursos provenientes de pessoas trabalhando fora do País, e transferências para o País advindas de organismos não governamentais. No caso brasileiro, em **2015**, as transferências unilaterais apontaram uma entrada "líquida" de divisas da ordem de US$ **2,7** bilhões.

O Balanço de Transações Correntes (também conhecidas como Conta-Corrente) é a soma dos três itens anteriores (Balança Comercial, Conta de Serviços e Rendas e Transferências Unilaterais). É o item mais importante do Balanço de Pagamentos, na medida em que mostra as necessidades de recursos que o País teria de buscar no exterior para não perder reservas internacionais. Em **2015**, por exemplo, o País teve de buscar recursos porque o saldo foi negativo em US$ **58,9** bilhões. Com isso, o País teria de buscar US$ **58,9 bilhões** para não perder as reservas.

Duas questões merecem destaque em relação ao Balanço de Transações Correntes: a primeira é o fato de que representa a poupança externa que está entrando na economia, isto é, recursos do exterior que vão financiar o excesso de dispêndio doméstico nas transações com o exterior; a segunda está relacionada ao grau de dependência em relação ao fluxo de capital externo. Assim, déficit em conta-corrente representa um lado positivo, que será a maior absorção de poupança externa, todavia, torna o País vulnerável a qualquer "mudança de clima" na área internacional.

A Conta Capital e Financeira (antes chamada de Balanço ou Movimento de Capitais), por sua vez, indica as alternativas de cobertura do déficit em transações correntes. Em **2015**, o Brasil conseguiu atrair investimentos da ordem de US$ **61,6** bilhões, número esse muito expressivo, considerando-se que, antes do Plano Real, a entrada de recursos no Brasil por esse item era de cerca de US$ 2 bilhões por ano. A outra forma de entrada de capitais é por meio de empréstimos externos obtidos pelo setor público em órgãos oficiais (Banco Mundial, FMI, Clube de Paris etc.) ou nos bancos privados externos (aí pode ser tanto o setor público como o privado) ou, ainda, por meio do lançamento de títulos de empresas públicas e privadas no exterior. É importante observar que esse item pode ser negativo porque inclui empréstimos novos e subtrai amortizações; assim, nos períodos em que há dívida vencendo e novos recursos em menor montante, o resultado pode ser negativo. Em **2015**, o resultado foi **negativo** em US$ **5,6** bilhões.

A soma do saldo da Conta Capital e Financeira com o saldo do Balanço de Transações Correntes mostrará o resultado do Balanço de Pagamentos, já analisado anteriormente.[1]

5.3 Outros conceitos importantes

Além dos itens que compõem o Balanço de Pagamentos, existem outros conceitos importantes utilizados na análise do setor externo. Esses conceitos são apresentados a seguir.

5.3.1 Índice de relação de trocas

O índice de relação de trocas mede a relação entre os preços dos produtos que o país exporta (P_x) e os preços dos produtos que o país importa (P_m), e ambos são medidos em dólares:

$$RT = \frac{P_x}{P_m}$$

É importante observar três aspectos em relação ao índice de relação de trocas: a) sempre que a relação se tornar desfavorável às exportações, isto é, o índice cair, a tendência será de desvalorização da moeda local, porque serão necessárias mais exportações para adquirir a mesma quantidade de produtos importados; b) é comum observar queda no índice sempre que ocorre uma desvalorização cambial no país, uma vez que os importadores pressionam os exportadores para reduzir os preços (em dólares) a fim de se apropriarem de parte dos benefícios da desvalorização cambial; e c) sempre que os preços internacionais sobem excessivamente, como ocorreu com o petróleo em alguns períodos, os países importadores perdem no índice de relação de trocas e o câmbio é pressionado no sentido da desvalorização.

A Tabela 5.1 apresenta o índice de relação de trocas para a economia brasileira, na qual é possível notar situações bastante desfavoráveis ao País, como a forte queda em 1974/1975, em função do aumento dos preços do petróleo; o mesmo fator (segundo choque do petróleo) "derruba" o índice a partir de 1979, levando a valores mais baixos de toda a série em 1983 e à redução significativa de 1999, como consequência da queda dos preços das *commodities* que o País exporta. Com a retomada do crescimento mundial comandada, principalmente, por China e Índia, que são dependentes de matérias-primas, a situação do Brasil começou a ficar muito favorável a partir de 2002, voltando a se reverter dez anos depois.

[1] O item *Erro e Omissões* refere-se apenas a ajustes derivados de diferentes fontes de informação.

Tabela 5.1 Índice de relação de trocas: Brasil (base: 1977 = 100)

Anos	Índice	Anos	Índice	Anos	Índice
1972	87	1987	71	2002	65
1973	95	1988	72	2003	74
1974	78	1989	65	2004	88
1975	76	1990	62	2005	92
1976	85	1991	65	2006	99
1977	100	1992	74	2007	100
1978	86	1993	68	2008	103
1979	79	1994	75	2009	103
1980	65	1995	83	2010	118
1981	55	1996	92	2011	128
1982	54	1997	78	2012	120
1983	53	1998	77	2013	118
1984	58	1999	64	2014	114
1985	58	2000	66	2015	101
1986	79	2001	64		

Fonte: FGV e Funcex.

5.3.2 Coeficiente de vulnerabilidade

O coeficiente de vulnerabilidade é um indicador do grau de solvência externa de um país e mede a relação entre a dívida externa líquida de um país (dívida externa – reservas internacionais) e o valor das exportações. O objetivo é verificar quantos anos de exportação são necessários para pagar a dívida externa. A fórmula estabelece:

$$CV = \frac{D_B - R}{x}$$

Em que: CV é o coeficiente de vulnerabilidade;

D_B é a dívida externa bruta;

R são as reservas;

x são as exportações.

A Tabela 5.2 apresenta o crescimento do coeficiente de vulnerabilidade do Brasil desde 1968. Chamam a atenção três períodos em que o índice se tornou muito elevado: o primeiro, de 1981/1982, quando o índice ultrapassou a casa dos quatro (significando que seriam necessários mais de quatro anos de exportação para pagar toda a dívida externa), e o Brasil recorreu ao FMI – 1982, desvalorizando a moeda; o mesmo ocorreu em 1986/1987, quando o Brasil decretou moratória da dívida externa (governo Sarney) e, novamente, desvalorizou a moeda (gestão Bresser Pereira); e, por fim, o período 1998/1999, quando, outra vez, o Brasil recorreu ao FMI e desvalorizou a moeda (adoção do regime de câmbio flexível). A partir daí, a evolução tornou-se favorável, situando-se em torno de um ou até mesmo abaixo.

Tabela 5.2 Coeficiente de vulnerabilidade

Anos	Dívida líquida (1)	Exportações (2)	Coeficiente (1)/(2)
1968	3,5	1,9	1,84
1969	3,4	2,3	1,48
1970	4,1	2,7	1,52
1971	4,8	2,9	1,66
1972	5,3	4,0	1,33
1973	6,1	6,2	0,98
1974	11,9	8,0	1,49
1975	17,1	8,7	1,97
1976	19,4	10,1	1,92
1977	24,9	12,1	2,06
1978	31,6	12,6	2,51
1979	40,2	15,2	2,64
1980	47,9	20,1	2,33
1981	54,7	13,3	4,11
1982	65,7	20,1	3,27
1983	77,3	21,9	3,53
1984	79,0	27,0	2,93
1985	84,2	25,6	3,29
1986	103,5	22,3	4,64
1987	100,1	26,2	3,82
1988	93,5	33,0	2,83
1989	89,3	34,4	2,60
1990	93,0	31,4	2,96
1991	114,5	31,6	3,62
1992	112,2	35,7	3,14
1993	113,5	38,5	2,95
1994	109,5	43,5	2,52
1995	105,3	46,5	2,26
1996	109,5	47,7	2,29
1997	147,8	53,0	2,79

▷

Anos	Dívida líquida (1)	Exportações (2)	Coeficiente (1)/(2)
1998	197,1	51,1	3,85
1999	205,1	48,0	4,27
2000	203,1	55,1	3,69
2001	192,1	58,2	3,30
2002	192,3	60,4	3,18
2003	188,6	73,1	2,58
2004	174,8	96,5	2,02
2005	138,8	118,3	1,17
2006	131,7	137,8	0,96
2007	84,4	160,6	0,53
2008	82,6	197,9	0,42
2009	50,3	153,0	0,33
2010	164,1	201,9	0,81
2011	164,0	256,0	0,64
2012	197,9	242,6	0,82
2013	262,5	279,6	0,94
2014	338,5	264,1	1,28
2015	299,1	223,9	1,34

Fonte: Banco Central.

Explorada a questão conceitual, pode-se partir para uma análise da situação do setor externo da economia brasileira. Para facilitar a visualização das diferentes etapas enfrentadas pelo País, a exposição será dividida em vários períodos.

5.4 O crescimento do setor externo

Como já foi comentado no início deste capítulo, a partir de 1968, o Brasil adotou uma estratégia de maior abertura da economia ao resto do mundo. Até então, o comércio de mercadorias do País com a economia mundial apresentava números muito reduzidos, situando-se em torno de US$ 2,5 bilhões a US$ 3 bilhões (exportações mais importações), permanecendo praticamente estáveis nos 20 anos anteriores ao início desse processo. E, é bom frisar, a política cambial era a principal responsável por esse quadro de estagnação.

Na verdade, antes de 1968, o sistema cambial adotado pelo Brasil consistia em desvalorizações abruptas da taxa de câmbio, em grandes intervalos de tempo, fato que trazia consequências desfavoráveis sobre o desempenho das principais variáveis do setor externo da economia. Em primeiro lugar, havia um grande risco para o exportador, na medida em que havia incerteza em relação ao tempo e tamanho da próxima desvalorização. Além disso, a atividade exportadora não contava com estímulos suficientes para aumentar o seu volume de vendas ao exterior, em razão de problemas relacionados à remuneração (taxa cambial valorizada, inexistência de incentivos fiscais etc.). Como consequência, a capacidade de importar do País também era reduzida.

Ademais, as desvalorizações cambiais bruscas criavam movimentos especulativos em termos de importações e de fluxo de capitais. Quando eram esperadas desvalorizações cambiais significativas, os agentes procuravam antecipar importações e converter moeda nacional em estrangeira, fazendo o oposto logo após a desvalorização.

Esse sistema representava um forte obstáculo à política de desenvolvimento econômico, para a qual era importante a importação de equipamentos, máquinas, matérias-primas, componentes etc. Essa necessidade crescente de importações tenderia a criar fortes pressões sobre o Balanço de Pagamentos devido à baixa capacidade de exportar do País. A constatação dessa evidência resultou, a partir de 1968, na formulação de uma política de desenvolvimento com ênfase nas exportações, sendo a taxa cambial um dos principais instrumentos dessa nova política.

5.4.1 O período 1968/1973

A partir de agosto de 1968, o Brasil passou a adotar a política de minidesvalorizações cambiais (desvalorizações em períodos curtos), apoiada na teoria da paridade do poder de compra. De acordo com essa teoria, a variação da taxa cambial de um país, entre dois períodos, é dada pelo quociente entre o índice de preços internos e externos subtraído da unidade, ou seja:

$$It/t-1 = \frac{P^{i}t/t-1}{P^{e}t/t-1} - 1$$

Em que: $It/t-1$ é a variação da taxa cambial no período "t" em relação ao período "t – 1";

$P^{i}t/t-1$ é o índice de preços internos (período "t" em relação ao período "t – 1");

$P^{e}t/t-1$ é o índice de preços externos (período "t" em relação ao período "t – 1").

Sob as hipóteses de que a) a taxa cambial a partir da qual se inicia a política é de equilíbrio; b) a relação de trocas do País se mantém constante; e c) a renda interna e a do resto do mundo se mantêm constantes, o procedimento indicado pela teoria da paridade manteria a taxa cambial em equilíbrio, sem problemas maiores para o Balanço de Pagamentos.

Além das medidas cambiais, a partir de 1968, o governo procurou ampliar as exportações (e, consequentemente, a capacidade de importar) por meio de uma série de medidas fiscais e creditícias (crédito fiscal do IPI e, mais tarde, do ICM, maior assistência financeira, isenção do imposto de renda nas vendas ao exterior etc.).

Essa maior abertura ao setor externo processou-se de forma extremamente favorável até 1973, como é observado no Quadro 5.3. As exportações cresceram a uma taxa média de 27% ao ano, no período 1968/1973, o que permitiu às importações crescerem no mesmo ritmo, mantendo praticamente "zerada" a Balança Comercial no período. Como a Conta de Serviços e Rendas foi registrando um déficit crescente, ampliou-se também o déficit do Balanço de Transações Correntes. Ocorre, porém, que esse déficit não apresentou qualquer dificuldade de ser financiado pelos resultados favoráveis da Conta Capital e Financeira, os quais, inclusive, permitiram a obtenção de superávits no Balanço de Pagamentos (e aumento do nível de reservas internacionais).

Quadro 5.3 Balanço de Pagamentos: Brasil 1968/1973 – US$ bilhões

	Discriminação	1968	1969	1970	1971	1972	1973
I.	Balança Comercial						
	I.1. Exportações	1,9	2,3	2,7	2,9	4,0	6,2
	I.2. Importações	-1,9	-2,0	-2,5	-3,2	-4,2	-6,2
	I.3. Saldo	0,0	0,3	0,2	-0,3	-0,2	0,0
II.	Conta de Serviços e Rendas[1]						
	II.1. Juros	-0,1	-0,2	-0,2	-0,3	-0,3	-0,5
	II.2. Outros Serviços	-0,4	-0,4	-0,5	-0,6	-0,9	-1,1
	II.3. Saldo	-0,5	-0,6	-0,7	-0,9	-1,2	-1,6
III.	Transferências Unilaterais Correntes						
	III.1. Saldo	0,0	0,0	0,0	0,0	0,0	0,0
IV.	Balança de Transações Correntes (1) + (2) + (3)						
	IV.1. Saldo	-0,5	-0,3	-0,5	-1,2	-1,4	-1,6
V.	Conta Capital e Financeira[2]						
	V.1. Investimentos	0,1	0,1	0,1	0,2	0,3	0,9
	V.2. Empréstimos/Amortizações						
	V.3. Saldo	0,6	0,8	1,0	1,8	3,4	3,5

▷

	Discriminação	1968	1969	1970	1971	1972	1973
VI.	Erros e Omissões						
	VI.1. Saldo	-0,1	0,0	0,0	-0,1	0,4	0,2
VII.	Superávit (+) ou Déficit (-)						
	VII.1. Saldo	0,0	0,5	0,5	0,5	2,4	2,1

Notas: [1] Antes denominada Balança de Serviços.
[2] Antes denominada Balança ou Movimento de Capitais.

Fonte: Banco Central.

Ainda com relação à Conta Capital e Financeira, há que se destacar dois aspectos importantes: de um lado, o rápido incremento dos investimentos diretos (US$ 0,1 bilhão em 1968, para quase US$ 1 bilhão em 1973), sinalizando uma maior confiança do capital estrangeiro na economia brasileira; e, de outro, o crescimento expressivo dos empréstimos líquidos, mostrando que o País utilizava, de forma crescente, empréstimos externos para financiar o seu crescimento. Cabe destacar, ainda, que, apesar do aumento do ingresso de recursos sob a forma de empréstimos, o coeficiente de vulnerabilidade do País era razoável: as divisas relativas a um ano de exportação eram suficientes para o pagamento integral da dívida.

5.4.2 O período 1974/1980

A situação extremamente favorável à economia brasileira foi interrompida em 1974 com a crise do petróleo, culminando com substancial aumento dos preços do produto e consequente deterioração das relações de troca do País.

Ao contrário dos países do mundo ocidental, que procuraram adotar políticas de ajustamento com o objetivo de reduzir a dependência do petróleo, os condutores da política econômica brasileira optaram pela manutenção do crescimento da produção de bens e serviços, embora em ritmo inferior ao observado no período anterior. Entende-se claramente essa preocupação, na medida em que a inexistência de uma estrutura de seguro-desemprego tornaria extremamente custoso do ponto de vista social um ajustamento mais drástico da economia doméstica.

Ocorre, porém, que essa estratégia fez que as despesas de importação duplicassem em 1974 (relativamente a 1973), abrindo um déficit na Balança Comercial da ordem de US$ 4,6 bilhões, como se pode observar no Quadro 5.4. Como o déficit na Conta de Serviços e Rendas também se ampliou (em parte devido ao próprio aumento das importações, já que as despesas com fretes e seguros são uma função do volume do comércio), o Balanço de Transações Correntes também registrou um excepcional crescimento.

Cabe observar, no entanto, que, nesse período, não havia dificuldades para se captar recursos externos (sob a forma de empréstimos), dada a excessiva liquidez do sistema financeiro internacional. Na verdade, os superávits árabes ampliavam a oferta de recursos no mercado internacional – oferta que encontrava uma demanda em retração devido às políticas de ajustamento adotadas, principalmente nos países industrializados. Dessa forma, o mercado financeiro internacional encontrava-se com excessiva liquidez e, consequentemente, com reduzidas taxas de juros.

Pode-se verificar, portanto, que a aceleração do ritmo de endividamento brasileiro foi favorecida pela situação do mercado financeiro internacional (cujo excesso de recursos precisava ser aplicado), aliada à opção brasileira de continuar mantendo um ritmo razoável de crescimento do produto.

Quadro 5.4 Balanço de Pagamentos: Brasil 1973/1980 – US$ bilhões

	Discriminação	1973	1974	1975	1976	1977	1978	1979	1980
I.	Balança Comercial								
	I.1. Exportações	6,2	8,0	8,7	10,1	12,1	12,6	15,2	20,1
	I.2. Importações	6,2	-12,6	-12,2	-12,4	-12,0	-13,4	-18,1	-23,0
	I.3. Saldo	0,0	-4,6	-3,5	-2,3	0,1	-0,8	-2,9	-2,9
II.	Conta de Serviços e Rendas								
	II.1. Juros	-0,3	-0,6	-1,2	-1,8	-2,1	-2,7	-4,2	-6,3
	II.2. Outros Serviços	-1,4	-1,7	-1,6	-1,9	-2,0	-2,3	-3,7	-3,8
	II.3. Saldo	-1,6	-2,3	-2,8	-3,7	-4,1	-5,0	-7,9	-10,1
III.	Transferências Unilaterais Correntes								
	III.1. Saldo	0,0	0,0	0,0	0,0	0,0	0,0	0,0	0,0
IV.	Balança de Transações Correntes (1) + (2) + (3)								
	IV.1. Saldo	-1,6	-6,9	-6,3	-6,0	-4,0	-5,8	-10,8	-13,0
V.	Conta de Capital e Financeira								
	V.1. Investimentos	0,9	0,9	0,9	1,0	0,8	0,9	2,2	1,5
	V.2. Empréstimos/ Amortizações	2,6	5,3	5,3	5,6	4,5	8,5	5,5	8,2
	V.3. Saldo	3,5	6,2	6,2	6,6	5,3	9,4	7,7	9,7
VI.	Erros e Omissões								
	VI.1. Saldo	0,2	-0,2	-0,8	0,5	-0,7	0,3	-0,1	-0,2
VII.	Superávit (+) ou Déficit (-)								
	VII.1. Saldo	2,1	-0,9	-0,9	1,1	0,6	3,9	-3,2	-3,5

Nota: Ver Tabela 5.2.

Fonte: Banco Central.

Essa fase de crescimento da dívida externa ficou ainda mais comprometida com o segundo choque do petróleo, em 1979. Repetindo a situação anterior, embora em menor escala, as importações voltaram a pressionar a Balança Comercial, ampliando seu déficit e, por consequência, o saldo devedor do Balanço de Transações Correntes.

O governo, por sua vez, tentou alterar esse quadro promovendo a maxidesvalorização do cruzeiro, em dezembro de 1979. Entretanto, a prefixação da desvalorização cambial para 1980 acabou eliminando todo o impacto da máxi, devido à inflação efetivamente observada naquele ano ter sido muito superior à estimada.

Com isso, o País passou a atravessar o que se poderia chamar de segunda fase do processo de abertura da economia. Os resultados mostram que as exportações continuaram crescendo nesse período, porém em um ritmo inferior ao necessário para "zerar" a Balança Comercial. Como consequência, a dívida externa entrou em processo de rápido crescimento.

5.4.3 A crise 1981/1983

No início da década de 1980, o Brasil enfrentou uma das maiores recessões de sua história e essa situação esteve intimamente associada à situação das contas externas do País. Na verdade, à medida que a dívida externa crescia a taxas aceleradas, como consequência da situação ocorrida no período anterior, um papel fundamental no equilíbrio do Balanço de Pagamentos passou a ser exercido pelas taxas internacionais de juros. Isso porque grande parte dos empréstimos internacionais contratados pelo Brasil era remunerada a taxas flutuantes, isto é, o montante de juros é definido pela taxa de juros vigente no mercado internacional (mais o *spread*), com certa defasagem de tempo.

Com isso, elevações nas taxas internacionais de juros representavam sangria de dólares preciosos do País para fazer frente aos compromissos externos. E foi exatamente o que aconteceu no início da década de 1980. Para combater a inflação que superava a casa dos 10% anuais, os Estados Unidos passaram a adotar uma política de combate ao crescimento de preços, concentrada, fortemente, em um aperto monetário, o que conduziu as taxas internacionais de juros a níveis jamais observados. Como se pode notar no Gráfico 5.1, a *prime rate* (taxa de juros do mercado financeiro de Nova York) quase atingiu a barreira dos 20% em 1981. A *libor* (taxa de juros no mercado financeiro de Londres), embora em menor escala, também registrou tendência de forte alta em 1980.

Gráfico 5.1 Taxas de juros internacionais - final de período

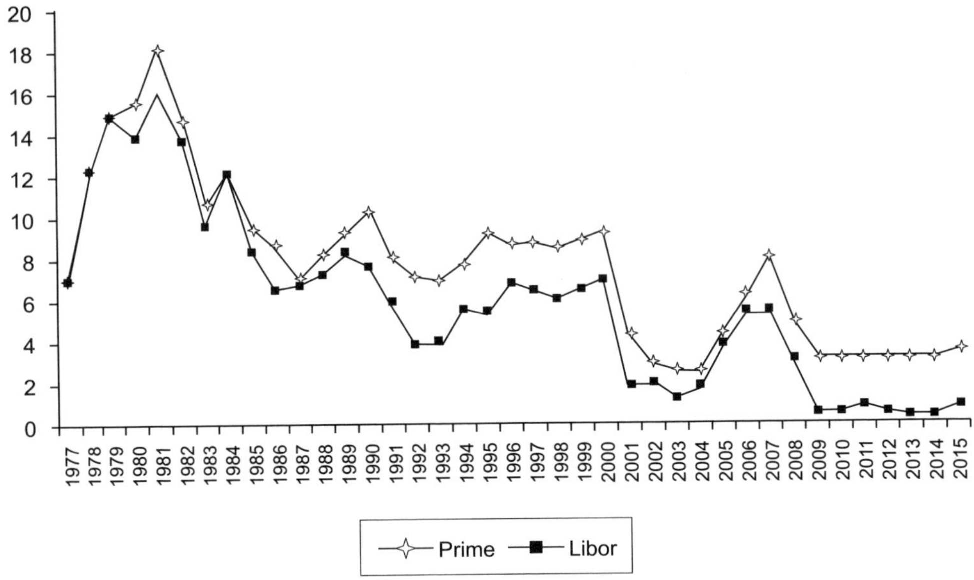

Fonte: Banco Central.

Esse quadro internacional conduziu a economia brasileira a uma situação extremamente complicada em termos de Balanço de Pagamentos. A elevação das taxas de juros nos Estados Unidos, de um lado, aumentava a necessidade de divisas para o Brasil e, de outro, reduzia a disponibilidade de recursos para os países devedores, na medida em que grande parte desses recursos passava a ser desviada para a economia americana.

Essa redução do fluxo de empréstimos dirigidos à economia brasileira, aliada ao crescimento do serviço da dívida (devido à elevação das taxas de juros), estrangulou as contas externas do País com o surgimento de déficits expressivos no Balanço de Transações Correntes (US$ 10,8 bilhões, em 1980) e no Balanço de Pagamentos (US$ 3,5 bilhões), acarretando, consequentemente, a redução do nível de reservas (Quadro 5.5).

Quadro 5.5 Balanço de Pagamentos: Brasil 1980/1984 – US$ bilhões

	Discriminação	1980	1981	1982	1983	1984
I.	Balança Comercial					
	I.1. Exportações	20,1	23,3	20,1	21,9	27,0
	I.2. Importações	-23,0	-22,1	-19,4	15,4	-13,9
	I.3. Saldo	-2,9	1,2	0,7	6,5	13,1

▷

	Discriminação	1980	1981	1982	1983	1984
II.	Conta de Serviços e Rendas					
	II.1. Juros	-9,2	-11,3	-9,6	-10,2	-9,2
	II.2. Outros Serviços	-3,9	-5,7	-3,8	-3,0	-3,9
	II.3. Saldo	-13,1	-17,0	-13,4	-13,2	-13,1
III.	Transferências Unilaterais Correntes					
	III.1. Saldo	0,0	0,2	0,0	0,1	0,2
IV.	Balança de Transações Correntes (1) + (2) + (3)					
	IV.1. Saldo	-11,7	-16,3	-6,8	0,1	-11,7
V.	Conta Capital e Financeira					
	V.1. Investimentos	2,2	1,7	1,1	0,3	0,2
	V.2. Empréstimos/Amortizações	5,5	11,9	9,4	2,6	7,8
	V.3. Saldo	7,7	13,6	10,5	2,9	8,0
VI.	Erros e Omissões					
	VI.1. Saldo	-0,2	-0,1	0,0	0,0	-0,1
VII.	Superávit (+) ou Déficit (-)					
	VII.1. Saldo	-5,5	1,8	-5,8	-3,9	8,0

Nota: ver Tabela 5.2.

Fonte: Banco Central.

Ficava evidenciado que o ajustamento da economia brasileira, para se adaptar a uma menor disponibilidade de recursos externos, era inevitável. Esse processo de ajustamento, que se iniciou em 1981, não prosseguiu em 1982 devido à realização de eleições no País. Como consequência, os recursos internacionais praticamente se exauriram e o Brasil recorreu ao FMI.

5.4.3.1 *O papel e a estratégia do FMI*

O Brasil, como qualquer outro sócio do FMI, pode recorrer a esse órgão para pleitear recursos, ao registrar problemas no Balanço de Pagamentos, derivados de alterações desfavoráveis nas relações de troca. Na realidade, o FMI foi criado exatamente para socorrer países nesses momentos. Entretanto, a liberação dos recursos fica condicionada à adoção de uma política econômica negociada com o Fundo, que leve à superação das restrições de ordem externa.

Vale lembrar, no entanto, que os recursos do FMI não são suficientes para cobrir as necessidades de financiamento do Balanço de Pagamentos. Na realidade, o Fundo funcionaria como um "avalista" para a concessão de dinheiro novo pelos bancos privados. O acerto do Brasil com o FMI era uma garantia para os bancos de que a economia brasileira realizaria seu processo de ajustamento e teria condições de arcar com os compromissos assumidos.

De acordo com esse ponto de vista, pode-se perceber que a política do FMI, exclusivamente em termos de setor externo, buscava eliminar o déficit do Balanço de Transações Correntes. Isso significa que o País deveria reunir condições de pagar integralmente os juros da dívida, sem precisar de "dinheiro novo".

Como já foi citado, grande parte do déficit em conta-corrente da economia brasileira é determinada pelos juros da dívida externa. Uma vez que a taxa internacional de juros independe da política doméstica, todo o processo de ajustamento é dirigido para obter superávits comerciais (estímulo às exportações e/ou redução das importações).

O estímulo às exportações concentrou-se em dois pontos básicos. Em primeiro lugar, o governo promoveu uma nova maxidesvalorização do cruzeiro (fevereiro de 1983) e, ao contrário do erro cometido em 1980, manteve os efeitos indutores da exportação, definindo uma regra, por meio da qual o câmbio passaria a se desvalorizar na mesma proporção da inflação interna, sem descontar nem mesmo a inflação externa, como determina a teoria da paridade do poder de compra. Em segundo lugar, a redução dos salários reais (por meio de vários decretos-leis que estipulavam reajustes inferiores ao crescimento dos preços) contribuiu, de um lado, para contrair a demanda e gerar maiores excedentes de exportação e, de outro, para reduzir os custos de produção, o que ficou evidenciado pelo substancial crescimento da relação câmbio/salários.

É importante observar, no entanto, que essas alterações não foram suficientes para concentrar o ajustamento exclusivamente nas exportações, dado o reduzido crescimento dos países industrializados e o elevado grau de protecionismo que caracterizou o mercado internacional no período. Isso fez que a maior parcela da estratégia de ajustamento recaísse sobre a contenção das importações. Para isso, além da maxidesvalorização (que aumentou, em cruzeiros, os preços dos bens importados), promoveu-se uma forte redução das importações, via restrições não tarifárias, por meio da extinta Carteira de Comércio Exterior (Cacex) – com retenção de guias de importação – e ainda pela contração da demanda interna. E, para impor essa redução de demanda, apesar da perda de salário real, as políticas fiscal e monetária também foram acionadas. A primeira encarregou-se de reduzir a renda disponível da sociedade com a elevação da carga tributária, e a segunda conduziu os juros reais a níveis elevados, desestimulando o consumo e o investimento.

5.4.3.2 *Os resultados*

Após a execução dessa política, foi possível observar dois conjuntos de resultados completamente opostos. No que tange ao setor externo, o País saiu de um déficit de US$ 2,9 bilhões na Balança Comercial, em 1980, para um saldo positivo de US$ 6,5 bilhões, em 1983, e US$ 13,1 bilhões, em 1984.

Para essa situação, a contribuição das importações foi espetacular: de US$ 23 bilhões, em 1980, as compras externas caíram para US$ 15,4 bilhões, em 1983, e US$ 13,9 bilhões, em 1984. O Balanço de Transações Correntes reduziu seu déficit de US$ 10,8 bilhões, em 1980, para US$ 6,8 bilhões, em 1983, e, já no ano seguinte, encontrava-se superavitária.

No entanto, se os resultados foram amplamente favoráveis ao setor externo, no interno o País assistia a uma forte queda na produção de bens e serviços. A redução da demanda agregada fez que, em 1983, relativamente a 1980, o PIB *per capita* do Brasil se reduzisse em mais de 10% e o nível de emprego na indústria de São Paulo caísse cerca de 20%. Considerando a taxa de crescimento da população brasileira (a taxa anual é de 1,3% ao ano), pode-se ter uma visão do que efetivamente ocorreu com o nível de desemprego, colocando em risco a própria estabilidade social do País.

5.4.4 Retomada do crescimento (1984/1985)

Concluído o processo de ajustamento, o País encontrava-se com as contas externas praticamente equilibradas e com elevado grau de ociosidade, gerado exatamente pelo processo recessivo. A significativa expansão da economia americana, que se verificou em 1984, resultou em uma importante expansão da demanda por produtos brasileiros, criando, assim, condições para a retomada do crescimento.

Dessa forma, o País voltava a crescer por meio da demanda externa, que, pelos seus efeitos multiplicadores sobre a economia, permitiu a expansão do emprego, dos salários e, consequentemente, do mercado interno. Essa retomada do crescimento dava-se em condições extremamente favoráveis:

- o superávit comercial ultrapassava a casa dos US$ 13 bilhões (1984);
- o coeficiente de exportação da indústria (exportação/valor adicionado) passava de 14%, em 1980, para 28%, em 1984;
- o coeficiente de importação na indústria (importação/valor adicionado), que era de 12%, em 1979/1980, reduziu-se para 7%, em 1984, mostrando que o País estava concluindo o processo de substituição de importações, iniciado na década de 1970; e

- o nível de reservas internacionais cresceu rapidamente (US$ 12 bilhões, em 1984, contra US$ 4 bilhões, em 1982).

Em 1985, apesar da existência de capacidade ociosa, ainda havia condições de se manter a expansão do produto sem comprometer o equilíbrio em transações correntes. Vale lembrar, no entanto, que a capacidade de crescimento do País ficaria limitada à medida que novos investimentos se fizessem necessários. Isso porque superávits expressivos representavam uma parcela significativa de recursos remetidos ao exterior, criando dificuldades de financiamento para os investimentos internos.

5.4.5 O Plano Cruzado, o "consumo" das reservas e a moratória

Uma avaliação do desempenho da economia brasileira desde a implantação do Plano Cruzado (fevereiro de 1986) até o chamado Plano Cruzado II (novembro de 1986) mostra que as principais variáveis relativas ao setor externo comportaram-se de forma extremamente contrária à observada no período 1981/1983. Em termos de nível de salários, verificou-se uma forte ampliação nos ganhos reais da mão de obra, com o salário real médio na indústria paulista crescendo 14% em 1986, e a massa real de salários, 25%. A renda disponível elevou-se pela redução do imposto de renda na fonte, bem como pelos subsídios dados aos mutuários do Sistema Financeiro da Habitação em julho de 1985.

Além disso, o processo de monetização da economia (expansão da oferta monetária) reduziu significativamente as taxas de juros, que chegaram a ser negativas, uma vez que a inflação medida encontrava-se aquém do crescimento efetivo dos preços. O consumo foi estimulado, o mesmo acontecendo com o investimento e, por consequência, com a demanda agregada. No entanto, o congelamento do câmbio, aliado à existência de inflação interna e aumento de salários, reduziu o poder de competição das exportações brasileiras.

À medida que os instrumentos de política econômica foram conduzidos de forma contrária, os resultados também se inverteram: a) em relação às importações, a pressão da demanda interna, aliada ao "sonho" do governo de manter a inflação igual a zero, gerou uma forte pressão sobre as compras externas, principalmente na área de bens de consumo não duráveis; tais pressões só não foram ainda maiores devido aos baixos preços do petróleo no período; e b) com relação às exportações, a forte expansão da demanda interna, aliada à política cambial, fez que sofressem quedas sensíveis a partir do último trimestre de 1986. Como consequência, o saldo comercial, que durante vários meses situou-se na casa de US$ 1 bilhão, caiu a níveis irrisórios (US$ 156 milhões) no final daquele ano.

Assim, o nível de reservas começou a reduzir-se rapidamente, obrigando o País a suspender o pagamento dos serviços da dívida no início de 1987. É importante lembrar, no entanto, que, ao contrário do ocorrido no período 1981/1983, quando o estrangulamento foi motivado por fatores de ordem externa, em 1986/1987, a escassez cambial foi gerada exclusivamente por questões de política doméstica. Na verdade, neste último período, as condições externas mostraram-se extremamente favoráveis ao Brasil, com taxas de juros internacionais em níveis reduzidos e preço do petróleo em queda.

5.4.6 O Plano Bresser

Mesmo com a decretação da moratória, as reservas internacionais do País continuaram caindo em função do reduzido saldo da Balança Comercial e pelo fato de o Brasil continuar pagando os juros devidos aos órgãos oficiais (FMI, Banco Mundial, Clube de Paris etc.). Essa situação começou a ser alterada com a mudança ocorrida na condução da política econômica. Assim que assumiu o comando do Ministério da Fazenda, o ministro Bresser Pereira promoveu uma mididesvalorização do cruzado (8,5%) e mostrou intenção de retomar a negociação externa. Para isso, fazia-se necessário recuperar os saldos comerciais e corrigir os desajustes provocados pelo Plano Cruzado.

Em termos gerais, a estratégia era semelhante à adotada no início da década de 1980: aumentar a rentabilidade da exportação (por meio do câmbio) e reduzir a demanda interna. Ocorre, porém, que a redução da demanda interna esbarrava na presença do "gatilho" salarial implantado pelo Plano Cruzado I. É bem verdade que a escala móvel de 20% não garantia a manutenção do poder de compra dos salários, principalmente em períodos de aceleração inflacionária. No entanto, a partir de certo ponto, perdas salariais adicionais só ocorriam com taxas de inflação superiores a 20% ao mês. E era exatamente isso o que estava acontecendo na implantação do chamado Plano Bresser (junho de 1987), o que veio dar mais liberdade para concluir o ajustamento externo.

Em termos de taxa cambial, foi decretada nova mididesvalorização (9,5%) e, apesar do congelamento de preços e salários, o câmbio continuou sendo desvalorizado diariamente, evitando, com isso, a repetição das distorções provocadas pelo Plano Cruzado. Os instrumentos de redução da demanda interna também foram adicionados: a extinção do "gatilho" e o congelamento dos salários em níveis mais reduzidos garantiam maior controle sobre a procura interna; e a política monetária foi conduzida de forma a manter taxas reais de juros fortemente positivas.

Dentro desse quadro, os saldos comerciais voltaram a se expandir a partir de meados de 1987 (em junho, o superávit na Balança Comercial foi de US$ 1,4 bilhão), criando as condições necessárias para a renegociação com os credores externos e a suspensão da moratória brasileira (Quadro 5.6).

Quadro 5.6 Balanço de Pagamentos: Brasil 1985/1990 – US$ bilhões

	Discriminação	1985	1986	1987	1988	1989	1990
I.	Balança Comercial						
	I.1. Exportações	25,6	22,3	26,2	33,8	34,4	31,4
	I.2. Importações	-13,1	-14,0	-15,0	-14,6	-18,3	-20,7
	I.3. Saldo	12,5	8,3	11,2	19,2	16,1	10,7
II.	Conta de Serviços e Rendas						
	II.1. Juros	-9,6	-9,3	-8,8	-9,8	-9,6	-9,7
	II.2. Outros Serviços	-3,3	-4,4	-3,9	-5,3	-5,7	-5,6
	II.3. Saldo	-12,9	-13,7	-12,7	-15,1	-15,3	-15,3
III.	Transferências Unilaterais Correntes						
	III.1. Saldo	0,1	0,1	0,1	0,1	0,2	0,8
IV.	Balanço de Transações Correntes (1) + (2) + (3)						
	IV.1. Saldo	-0,3	-5,3	-1,4	4,2	1,0	-3,8
V.	Conta Capital e Financeira						
	V.1. Investimentos	0,1	-0,4	0,1	0,0	-0,3	0,3
	V.2. Empréstimos/ Amortizações	1,5	-5,5	-7,9	-9,8	-9,3	-0,7
	V.3. Saldo	1,6	-5,9	-7,8	-9,8	-9,6	-0,4
VI.	Erros e Omissões						
	VI.1. Saldo	0,1	0,0	-0,1	0,0	0,0	0,0
VII.	Superávit (+) ou Déficit (-)						
	VII.1. Saldo	1,4	-11,2	-9,3	-5,6	-8,6	-4,2

Fonte: Banco Central.

5.4.7 A gestão Maílson da Nóbrega

Maílson da Nóbrega assumiu o Ministério da Fazenda com a intenção de adotar uma política econômica ortodoxa, que ficou conhecida como "política do feijão com arroz". Do ponto de vista externo, manteve a estratégia do Plano Bresser e os resultados foram extremamente favoráveis: em 1988, o saldo comercial registrou US$ 19,2 bilhões e o superávit na balança de pagamentos foi de US$ 5,3 bilhões.

Essa política, no entanto, foi alterada no início de 1989 com a implantação do Plano Verão. Na verdade, a aceleração inflacionária verificada no final do ano anterior e as frustradas tentativas de se chegar a um pacto social levaram o governo a adotar o congelamento de preços, salários e câmbio. Esse plano alterou o crescimento do setor externo do País.

Em um primeiro momento, as elevadas taxas de juros vigentes no mercado interno, aliadas à expectativa de manutenção do congelamento do câmbio, induziram a uma antecipação das exportações, mantendo favorável a situação da Balança Comercial. O decorrer do ano, no entanto, encarregou-se de mudar fortemente esse quadro. O fracasso do Plano gerou nova aceleração inflacionária, a qual, por sua vez, impôs reduções no valor real do câmbio, comprometendo novamente o saldo comercial. É verdade que a taxa de câmbio vinha sendo reajustada pela inflação oficial (o Índice de Preços ao Consumidor – IPC). Ocorre, porém, que o IPC refletia uma inflação "atrasada", o que deteriorou o câmbio devido à aceleração. O IPC de novembro de 1989, por exemplo, refletia a variação média dos preços entre 15 de outubro e 15 de novembro, estando, portanto, "centrado" no dia 30 de outubro. Assim, com a aceleração do processo inflacionário, o câmbio passou a caminhar "por baixo" da inflação, não refletindo efetivamente os custos de produção.

Como consequência, as exportações foram desestimuladas e as importações aquecidas, quadro que foi reforçado pela expectativa de uma eventual maxidesvalorização do (então) cruzado. A deterioração do saldo levou o País a suspender os pagamentos dos juros da dívida externa a partir de setembro de 1989. Além disso, vale observar que a tentativa de manter um nível razoável de reservas era importante para dar algum grau de liberdade para o novo governo e, principalmente, evitar a eclosão de um processo hiperinflacionário.

5.4.8 O governo Collor

No bojo de um amplo conjunto de reformas, o Plano Collor, lançado em março de 1990, alterou drasticamente a política cambial do País, com a adoção do sistema de câmbio flutuante. Nesse sistema, a taxa de câmbio seria formada pela interação entre a oferta e a demanda de divisas.

É importante lembrar, porém, que o novo sistema não representava a completa liberalização do câmbio, na medida em que apenas os agentes autorizados a operar com divisas podiam participar do mercado. Além disso, o Banco Central podia atuar no mercado comprando ou vendendo moeda estrangeira, isto é, em um sistema de "flutuação suja" da taxa de câmbio.

A introdução da flutuação, em um quadro de grande aperto de liquidez, valorizou a taxa de câmbio: na abertura do mercado logo após o Plano, o dólar foi cotado a Cr$ 37,00 contra Cr$ 42,00 no último dia do governo Sarney. Em um primeiro momento, essa valorização não trouxe dificuldades às exportações, na medida em que a crise de liquidez obrigou os exportadores a fecharem suas operações para fazer "caixa" em cruzeiros.

A partir de setembro, no entanto, quando o saldo da Balança Comercial começou a registrar rápida deterioração, o Banco Central interveio fortemente no mercado para não criar dificuldades de longo prazo ao setor exportador. Com isso, até o final do ano, o cruzeiro sofreria uma desvalorização real superior a 30%.

Outra mudança importante na estratégia do governo Collor foi a política de comércio exterior, adotada em meados de 1990. De acordo com essa política, a tarifa aduaneira e a taxa cambial passaram a ser os únicos instrumentos de proteção à produção doméstica, uma vez que foram extintos os controles quantitativos. Além disso, estabeleceu-se um cronograma de redução gradual de tarifas para atingir níveis entre 0 e 40%, em 1994, e tarifa média e modal de 20% para esse mesmo ano.

Alguns segmentos da sociedade avaliaram que tal política traria impactos extremamente perversos sobre a produção doméstica, a exemplo do que havia ocorrido na Argentina e no Chile, na década de 1970. É importante observar, porém, que tal preocupação não procedia, porque:

- esses países mantiveram taxas de câmbio fixas durante o período de abertura, usando o câmbio como instrumento de combate à inflação;
- havia recursos no mercado internacional para financiar os déficits que surgiram nesses países como consequência dessa fixação do câmbio;
- no Brasil, o câmbio seria flutuante, portanto, pressões de demanda de divisas elevariam o valor do câmbio, o qual, dessa forma, acabaria se constituindo na própria proteção à produção doméstica; e
- não havia recursos no mercado internacional para financiar déficits na Balança de Pagamentos e, portanto, não se poderia esperar nenhuma "avalanche" de importações.

Os resultados do segundo semestre de 1990 mostram que as importações, até então proibidas, representaram apenas 4% do total das compras externas nesse período. E mais, no início de 1991, a balança comercial brasileira já apresentava resultados satisfatórios.

Outra questão importante a ser destacada na administração Collor é a tentativa de novo acerto para a retomada do pagamento da dívida externa. Afinal, dentro da estratégia de integração do País na economia mundial, o acerto da dívida externa era uma precondição. A novidade introduzida nas negociações foi, no entanto, o condicionamento do pagamento da dívida externa à geração de superávits no orçamento público. Uma vez que, como o governo era o grande devedor externo, mas não era o gerador de divisas, precisaria de cruzeiros para comprar dólares do setor privado. Se não obtivesse esses cruzeiros por meio do superávit fiscal, seria obrigado a emitir moeda, e as pressões inflacionárias seriam inevitáveis.

5.4.8.1 *A gestão Marcílio Marques Moreira*

O fracasso do Plano Collor levou à nova aceleração dos preços, com a inflação, em fevereiro de 1991, atingindo 21% ao mês. A nova tentativa de estabilização da inflação com o Plano Collor II também não foi favorável. Como consequência, houve nova troca no comando da economia.

O novo ministro, embaixador Marcílio Marques Moreira, enfrentaria dois grandes desafios: acertar o acordo da dívida externa (que envolvia FMI, Clube de Paris e bancos privados estrangeiros) e controlar o processo inflacionário que estava em ritmo claro de aceleração.

As restrições impostas pela Constituição à execução da política fiscal (como já se viu, ao criar um excesso de vinculações das despesas públicas, a Constituição de 1988 "engessou" a política fiscal) obrigaram o governo a concentrar a condução da economia na política cambial e monetária. Na área cambial, o governo praticamente "colou" a variação cambial à inflação interna, e, na área monetária, promoveu substancial elevação das taxas reais de juros.

Essa estratégia vigorou durante toda a gestão do ministro Marcílio Marques Moreira. As consequências dessa prática foram muito favoráveis ao setor externo da economia brasileira: o superávit comercial ampliou-se e, atraídos pela alta taxa de juros, os recursos externos fluíram para a economia brasileira, permitindo um substancial aumento das reservas internacionais, que passaram de US$ 8,8 bilhões, em abril de 1991, para US$ 23,7 bilhões, em dezembro de 1992.

5.4.9 O Plano Real

5.4.9.1 *A primeira fase (1994/1998)*

Embora o Plano Real tivesse como principal objetivo combater a inflação, ele gerou a mudança mais drástica do setor externo da economia brasileira das últimas décadas. O "peso" dado ao setor externo como componente do programa de estabilização foi, em grande parte, responsável por essa forte mudança – naquela que se poderia chamar da primeira fase do Plano Real, que vai desde a sua implantação (julho de 1994) até a brusca desvalorização em janeiro de 1999. Ao mesmo tempo, essa estratégia foi responsável pela maior vulnerabilidade da economia a choques externos, o que acabou obrigando o governo a mudar a política a partir do início de 1999.

A abertura comercial, que havia se iniciado em 1990, foi a grande "marca" do Plano Real. Conjugando um processo de redução de alíquotas de importações (inclusive com antecipação das reduções que foram definidas no âmbito do Mercosul) com apreciação cambial, a estratégia de estabilização foi extremamente dependente do setor externo. Não somente as importações desempenharam diretamente um papel importante no aumento da oferta, como também limitaram os aumentos de preços, mesmo que as importações não fossem efetuadas. O simples potencial de importação tirou o "espaço de manobra" das empresas para a elevação dos preços no mercado doméstico.

Os impactos dessa estratégia sobre o setor externo podem ser analisados na sua primeira fase a partir de quatro períodos distintos. O primeiro, que vai desde a implantação do Plano (julho de 1994) até março de 1995, é caracterizado por forte pressão de demanda interna e substancial aumento das importações. Houve aquecimento da demanda da economia porque a redução da inflação favoreceu as camadas de menor poder aquisitivo (que não tinham como se proteger no período de inflação elevada), e também pela volta do crediário, viabilizado pela redução da inflação.

Grande parte desse aumento de demanda foi desviada para as importações, não apenas por meio dos bens de consumo, mas também dos bens intermediários e de capital. Na realidade, a redução dos impostos de importação e a apreciação cambial tornavam os produtos importados extremamente baratos em reais. A própria preocupação empresarial em reduzir custos para enfrentar a concorrência externa levou à utilização crescente de insumos importados e aquisição de bens de capital no exterior, principalmente pela necessidade de modernização.

Os reflexos dessa nova situação sobre a Balança Comercial foram imediatos: no primeiro ano do real (julho de 1994 a junho de 1995), as importações cresceram mais de 70% em relação aos 12 meses anteriores (no mesmo período, as exportações cresceram 20%), e os déficits comerciais já começavam a surgir a partir de novembro de 1994 (US$ 409 milhões).

É importante destacar que a situação deficitária da Balança Comercial não causava maiores preocupações à equipe econômica do governo, uma vez que fazia parte da estratégia do Plano utilizar, de forma crescente, a poupança externa para financiar o investimento interno. E isso somente ocorria por meio de déficits no Balanço de Transações Correntes.

Essa política, de certa forma, era baseada nos programas de estabilização do México e da Argentina, os quais tiveram sucesso no controle da inflação, ao mesmo tempo que registraram déficits crescentes nas respectivas contas-correntes. O México, inclusive, chegou a registrar déficits em conta-corrente de quase 10% do PIB (no Brasil, esse percentual encontrava-se na casa dos 3%).

No final de 1994 e início de 1995, um novo fato internacional provocou alterações nesse quadro e colocou em risco o próprio Plano Real. O elevado déficit em conta-corrente registrado pelo México levou a uma forte fuga de capitais daquele país. Devido à preocupação de que o déficit mexicano não poderia se sustentar por um período muito longo e de que a mudança na política cambial seria inevitável (a desvalorização cambial imporia perdas aos proprietários de ativos em moeda mexicana), o capital financeiro antecipou-se e, em apenas dois meses, as reservas internacionais do México caíram a níveis irrisórios.

Esse fato trouxe à tona vários tipos de questionamento em relação à estratégia de estabilização adotada por Brasil, Argentina e México. Em primeiro lugar, ficava claro que um volume de reservas baseado em capitais de curto prazo tornava o país extremamente vulnerável às decisões dos investidores financeiros externos. Em segundo, sinalizava claramente que a absorção de poupança externa (ou seja, o déficit em conta-corrente) tinha limites próximos a 2% do PIB. E, em terceiro, o risco de ataques especulativos à moeda doméstica sempre estaria presente se não houvesse forte confiabilidade no sistema.

As perspectivas de ataques especulativos à moeda brasileira obrigaram o governo a alterar os rumos do Plano Real, entrando no que se poderia chamar de segundo período da primeira fase do programa de estabilização. As mudanças ocorreram basicamente em duas frentes: de um lado, por meio da opção pela política de bandas cambiais (que era uma forma de sinalizar que o País não manteria fixa a paridade cambial, como a Argentina fazia) e desvalorização cambial (embora não oficial), acompanhando o aumento dos preços por atacado e mostrando ao mercado que o câmbio não continuaria sua trajetória de apreciação; de outro lado, pela utilização de instrumentos que permitissem reduzir o nível de atividade da economia para diminuir as pressões sobre as importações. Para isso, o governo adotou uma série de medidas na área monetária (aumento significativo dos depósitos compulsórios, limitação de prazos de financiamento, aumento de juros etc.), cujo resultado final foi uma forte contração de crédito e um aumento substancial do custo do dinheiro (em abril de 1995, a taxa de juros para desconto de duplicatas chegava a 7% ao mês, para uma inflação mensal de cerca de 1%).

Esse segundo período, que se iniciou em maio de 1995, foi caracterizado por uma forte contração do nível de atividade: de acordo com dados da Federação da Indústria de São Paulo (Fiesp), em apenas seis meses, a atividade industrial paulista registrava uma queda de 14%. Os impactos da recessão se fizeram sentir na Balança Comercial que, a partir de julho de 1995, mostrava equilíbrio, e, em agosto, já registrava superávit de US$ 328 milhões.

Além da melhora na posição da Balança Comercial, a situação externa brasileira foi favorecida por uma significativa entrada de capitais financeiros, atraídos por um diferencial extremamente alto entre as taxas de juros interna e externa. Embora grande parte desse capital fosse constituída de recursos de curto prazo, dadas as condições internacionais de liquidez e a necessidade de elevar o nível de reservas para superar essa fase de transição, não havia como "exigir" a permanência desse capital por um período mais longo. Com isso, as reservas internacionais do País passaram a se elevar continuamente e, no final de 1995, já atingiam US$ 51,5 bilhões.

Superadas essas dificuldades, o Plano Real entrou no seu terceiro período (a partir do final de 1995), com o Ministério da Fazenda passando gradualmente a flexibilizar a política monetária, com a ampliação dos prazos de financiamento, redução suave dos depósitos compulsórios e redução, também suave, das taxas de juros. As consequências foram as esperadas: o nível de atividade voltou a se expandir e a Balança Comercial voltou a apresentar déficit em março de 1996 (US$ 464 milhões). É importante destacar que, conforme a recuperação da atividade concentrou-se fortemente na expansão da produção de bens de consumo durável (basicamente devido à ampliação do crédito), as pressões sobre a Balança Comercial foram inevitáveis, uma vez que esses segmentos são fortemente importadores de componentes, notadamente na área eletroeletrônica pela Zona Franca de Manaus.

Nesse terceiro período, a estabilização e o capital financeiro no País ampliavam o seu prazo de permanência. Em meados de 1996, as empresas brasileiras já conseguiam captar recursos no exterior com prazo de oito a dez anos, eliminando, assim, temporariamente, o risco de uma fuga de capitais e consequente esvaziamento do nível de reservas.

Esse quadro de calmaria prevaleceu até o segundo semestre de 1997, com o desenrolar da crise asiática. É o início do quarto e último período dessa fase. O expressivo fluxo de capitais financeiros que havia "invadido" vários países da Ásia após a liberalização dos mercados financeiros locais levaria à apreciação das moedas de vários países do continente. A rápida fuga de capitais da região levou a um autêntico "efeito dominó", atingindo a Tailândia, Coreia, Malásia, entre outros.

A crise asiática levou a um processo inicial de saída de capitais do Brasil: de um lado, recursos deixaram o País para cobrir posições na Ásia, e, de outro, em um clima de incerteza, o risco Brasil aumentou, até mesmo pela elevada dependência do País em relação ao fluxo internacional de capitais. Para reverter essa situação, o governo adotou duas novas medidas: a primeira foi na área monetária, com forte elevação (novamente) das taxas de juros, e a segunda, na área fiscal, com a adoção do chamado "pacote 51". Com 51 medidas contidas neste pacote, o governo prometia uma substancial melhora nas contas do setor público, dado que a prática de juros elevados por períodos mais longos estava levando a uma expansão muito rápida da dívida pública e começava a criar desconfiança no investidor financeiro externo.

Essas duas medidas foram suficientes para reverter a saída de capitais financeiros no Brasil, e, a partir do final de 1997, as reservas internacionais voltaram a subir, o que ocorreu até a crise da Rússia, em agosto de 1998. A partir dessa data, a fraqueza da economia brasileira a choques externos ficou evidenciada.

Para enfrentar a crise russa, a estratégia utilizada pela equipe econômica foi a mesma das anteriores: elevação significativa da taxa de juros, a qual, dessa vez, entretanto, não conseguiu evitar que os capitais financeiros continuassem saindo diariamente do País. Embora essa situação possa ser explicada pelo fato de a crise russa, ao contrário das anteriores, ter sido acompanhada de moratória (criando forte insegurança no mercado internacional), não se pode deixar de atribuir à deterioração do quadro fiscal no Brasil uma parcela expressiva da responsabilidade sobre a fuga dos capitais.

O Brasil voltava a recorrer ao FMI (dezembro de 1998) e, internamente, o quadro era agravado com a troca de comando do Banco Central, que levou a uma tentativa de mudança da política cambial, com maior abertura da banda. A exemplo do que ocorrera no México, a estratégia foi desastrosa. Um governo que há vários anos defendeu com rigor a manutenção da política cambial deixava um sinal claro de que a situação havia se descontrolado de maneira significativa ao alterar o "tamanho" da banda. A reação dos agentes foi muito clara: se a situação é tão grave, uma simples ampliação de banda não seria suficiente para reverter o quadro, e o governo teria, em um segundo momento, de promover nova desvalorização cambial. Como resultado, o capital continuava saindo do País, a cotação do dólar foi imediatamente para o teto da banda, o presidente do Banco Central foi demitido e a livre flutuação cambial foi adotada, não por alternativa, mas por falta dela. Estava encerrada a primeira fase do Plano Real, e o Brasil utilizava-se dos recursos do FMI como alternativa até obter um novo ajuste externo.

5.4.9.2 *A segunda fase (1999/2002)*

A segunda fase do Plano Real registrou mudança significativa no *mix* de política econômica no Brasil. Com a adoção do câmbio livre, a exemplo do que ocorrera no México e nos países da Ásia, os movimentos iniciais do câmbio levaram a uma superdesvalorização do real (no que se convencionou chamar de *overshooting*), com o dólar saindo da casa de R$ 1,32 para atingir R$ 2,06. No entanto, como ocorre em mercados livres, o dólar passou a apresentar alta volatilidade, com elevação em períodos de vencimentos de obrigações externas e recuo em períodos em que as obrigações eram pequenas ou não existiam.

Essa situação levou o governo a entrar mais diretamente no mercado cambial, a partir de novembro de 1999, com o objetivo de reduzir a volatilidade. Desde então, embora ainda representando intervalos de variação, as flutuações do câmbio passaram a ser menos pronunciadas.

Analisando mais de perto o crescimento do setor externo, em 1999, chama a atenção o fraco desempenho da Balança Comercial, o que não seria de se esperar tendo em vista a desvalorização cambial e as medidas restritivas que acompanharam a desvalorização (na área fiscal, ocorreu redução de gastos públicos e aumento de tributos e, na área monetária, forte elevação das taxas de juros, que chegaram a 42% ao ano, no início de 1999). Em 1982/1984, no primeiro ano, a Balança Comercial passou de US$ 0,7 bilhão para US$ 6,5 bilhões, e, no ano seguinte, para US$ 13,1 bilhões de superávit.

Nos últimos anos, o déficit comercial saiu de US$ 6,4 bilhões, em 1998, para um superávit de US$ 2,6 bilhões, em 2001. É possível identificar pelo menos cinco fatores para explicar esse quadro: a) forte queda de preços de *commodities* que o Brasil exporta; b) a recessão que tomou conta da Ásia a partir do último quadrimestre de 1997; c) a recessão da Argentina, causada, em parte, pela própria desvalorização cambial brasileira; d) as pressões para redução de preços em dólares por parte dos importadores, gerando deterioração nas relações de troca (vale observar que, depois de desvalorizar, a Coreia e a Tailândia também registraram redução no volume das exportações – de 3 e 7%, respectivamente); e e) as mudanças estruturais que ocorreram na economia brasileira, nos últimos anos, passando o processo produtivo a ser mais intensivo na importação até mesmo como forma de tornar o parque industrial mais competitivo.

Um resumo dos resultados do Plano Real na área externa pode ser observado no Quadro 5.7, no qual são apresentados os dados relativos ao Balanço de Pagamentos nos anos 1990.

Quadro 5.7 Balanço de Pagamentos: Brasil 1990/2002 – US$ bilhões

	Discriminação	1990	1991	1992	1993	1994	1995	1996	1997	1998	1999	2000	2001	2002
I.	Balança Comercial													
	I.1. Exportações	31,4	31,6	35,9	38,6	43,6	46,5	47,7	53,0	51,1	48,0	55,1	58,2	60,4
	I.2. Importações	20,7	21,0	20,6	25,7	33,1	49,7	53,3	61,3	57,5	49,2	55,7	55,6	47,2
	I.3. Saldo	10,7	10,6	15,3	12,9	10,5	-3,2	-5,6	-8,3	-6,4	-1,2	-0,6	2,6	13,1
II.	Conta de Serviços e Rendas													
	II.1. Juros	-9,8	-8,6	-7,3	-8,3	-6,4	-8,2	-8,8	-9,5	-11,4	-14,9	-14,7	-14,9	-13,1
	II.2. Lucros e Dividendos	-1,6	-0,7	-0,6	-1,8	-2,5	-2,6	-2,8	-5,4	-6,9	-4,1	-3,3	-5,0	-5,2
	II.3. Outros Serviços	-3,9	-4,2	-3,7	-5,6	-5,8	-7,8	-8,8	-11,0	-10,0	-6,8	-7,5	-7,6	-4,9
	II.4. Saldo	-15,3	-13,5	-11,6	-15,6	-14,7	-18,6	-20,4	-25,9	-28,3	-25,8	-25,5	-27,5	-23,2
III.	Transferências Unilaterais Correntes													
	III.1. Saldo	0,8	1,6	2,4	1,7	2,6	4,0	2,4	1,8	1,5	1,7	1,5	1,6	2,4
IV.	Balanço de Transações Correntes (1) + (2) + (3)													
	IV.1. Saldo	-3,8	-1,3	6,1	-1,0	-1,6	-17,9	-23,6	-32,4	-33,2	-25,3	-24,6	-23,2	-7,7
V.	Conta Capital e Financeira													
	V.1. Investimentos	0,3	0,1	1,6	0,7	1,9	4,3	10,8	19,0	28,9	28,6	32,8	22,6	16,6
	V.2. Empréstimos/Amortizações	-0,7	4,0	3,2	11,8	12,4	25,1	23,2	6,8	0,8	-11,2	-13,4	4,3	-7,7
	V.3. Saldo	-0,4	4,1	4,8	12,5	14,3	29,4	34,0	25,8	29,7	17,4	19,4	26,9	8,9
VI.	Erros e Omissões													
	VI.1.Saldo	0,0	-0,1	0,0	0,4	0,2	1,9	1,0	-1,2	-0,1	0,1	2,9	-0,4	-1,2
VII.	Superávit (+) ou Déficit (-)													
	VII.1. Saldo	-4,2	2,7	10,9	11,9	12,9	13,5	11,4	-7,8	-3,6	-7,8	-2,3	3,3	0,3
	Reservas Internacionais	10,0	9,4	23,8	32,2	38,8	51,9	60,1	52,1	44,6	36,3	33,0	35,9	37,8
	Dívida Externa Bruta	123,5	123,9	135,9	145,8	148,3	159,2	179,5	200,0	223,7	225,9	216,9	211,7	210,7

Fonte: Banco Central.

No Quadro 5.7, podemos destacar uma série de pontos:

- o espetacular salto dado pelas importações que saíram de US$ 25,7 bilhões, em 1993, para US$ 61,3 bilhões, em 1997, e US$ 47,2 bilhões, em 2002;
- apesar da política cambial adotada até 1998, as exportações também cresceram, passando de US$ 38,8 bilhões, em 1993, para US$ 53 bilhões, em 1997, atingindo US$ 60,4 bilhões em 2002;
- o volume crescente de empréstimos, tendo a dívida externa bruta saído de US$ 145,8 bilhões, em 1993, para US$ 210,7 bilhões, em 2002;
- o volume de investimentos diretos saltou de US$ 6,3 bilhões, em 1993, para US$ 16,6 bilhões, em 2002, depois de atingir US$ 32,8 bilhões, em 2000; embora parte desses recursos tenha entrado no País pela privatização, não há a menor dúvida de que o País passou a ser mais atrativo ao capital estrangeiro, mesmo com a queda registrada em 2001 e 2002; e
- o excepcional crescimento do déficit em conta-corrente, que saiu de US$ 1 bilhão, em 1993, para US$ 23,2 bilhões, em 2001, depois de ter atingido US$ 33,4 bilhões, em 1998; em 2002, já houve forte redução do déficit para US$ 7,7 bilhões.

Particularmente, em relação a esse último aspecto, vale destacar que, com isso, o País conseguiu absorver maior poupança do resto do mundo, mas criou uma elevada dependência do fluxo de capitais externos, tornando a economia brasileira mais vulnerável às oscilações do mercado financeiro internacional.

5.4.9.3 *O Governo Lula*

Apesar das fortes críticas do Partido dos Trabalhadores (PT) à política econômica do Governo Fernando Henrique Cardoso, a realidade mostrou que, na área macroeconômica, não ocorreram mudanças na condução da política econômica no primeiro mandato. Na área externa, o câmbio continuou flutuante, e essa estratégia trouxe uma série de benefícios ao setor externo do País.

Tais benefícios podem ser identificados a partir de dois fatos: de um lado, as incertezas em relação à política econômica que seria adotada pelo Governo Lula pressionaram para cima a taxa de câmbio, favorecendo o desempenho das exportações, principalmente em 2003; de outro, o crescimento da economia mundial em 2004, principalmente da China, impactou positivamente os preços dos bens que o País exporta, gerando resultados espetaculares na Balança Comercial nesses três anos.

Os resultados muito positivos da Balança Comercial favoreceram o Balanço de Transações Correntes, que passou a registrar números positivos a partir de 2003 (Quadro 5.8).

Quadro 5.8 Balanço de Pagamentos: Brasil 2003/2010 - US$ bilhões

	Discriminação	2003	2004	2005	2006	2007	2008	2009	2010
I.	Balança Comercial								
	I.1. Exportações	73,1	96,5	118,3	137,5	160,6	197,9	153,0	201,9
	I.2. Importações	48,3	-62,8	-73,6	-91,4	-120,6	-173,1	-127,7	181,6
	I.3. Saldo	24,8	33,7	44,7	46,1	40,0	24,8	25,3	20,3
II.	Conta de Serviços e Rendas								
	II.1. Juros	-13,0	-13,4	-13,5	-11,0	-7,1	-7,2	-9,1	-9,7
	II.2. Lucros e Dividendos	-7,3	-12,7	-14,0	-21,2	-33,9	-25,2	-30,4	-5,6
	II.3. Outros Serviços	-4,9	-4,6	-7,9	-11,9	-12,3	-16,1	-18,7	-30,5
	II.4. Saldo	-23,5	-25,3	-34,1	-36,9	-40,6	-57,2	-53,0	-70,6
III.	Transferências Unilaterais Correntes								
	III.1. Saldo	2,9	3,3	3,6	4,3	4,1	4,2	3,3	2,8
IV.	Balança de Transações Correntes (1) + (2) + (3)								
	IV.1. Saldo	4,2	11,7	14,2	13,5	3,6	-28,3	-24,3	-47,5
V.	Conta Capital e Financeira								
	V.1. Investimentos	10,1	18,2	15,2	-8,5	27,6	45,1	36,0	37,0
	V.2. Empréstimos/ Amortizações	-5,0	-25,5	-24,0	25,8	61,3	-12,2	34,9	63,1
	V.3. Saldo	5,1	-7,3	-8,8	17,3	88,9	32,9	70,6	100,1
VI.	Erros e Omissões								
	VI.1. Saldo	-0,8	-2,2	-1,1	0,0	0,0	-1,6	0,3	-3,5
VII.	Superávit (+) ou Déficit (-)								
	VII.1. Saldo	8,5	2,2	4,3	30,8	92,5	3,0	46,7	49,1
	Reservas Internacionais	49,3	52,9	53,8	85,8	180,3	206,8	239,1	288,6
	Dívida Externa Bruta	214,9	203,5	169,0	192,0	243,9	267,1	283,6	350,4

Nota: Ver Quadro 5.3.

Fonte: Banco Central.

Como se pode observar, o saldo comercial brasileiro saltou de US$ 13,1 bilhões, em 2002, para US$ 46,1 bilhões, em 2006, reduzindo-se para US$ 20,3 bilhões em 2010. E mais, o saldo em conta-corrente, que era de – US$ 7,7 bilhões em 2002, passou a registrar superávit a partir de 2003, atingindo a excepcional marca de US$ 14,2 bilhões em 2005, mas voltando a ser negativo a partir de 2008, como consequência da apreciação cambial.

Em relação ao saldo em conta-corrente o superávit observado até 2007 mostrava menor dependência externa, o que era um fator positivo, mas, de outro, uma redução da disponibilidade de poupança para alavancar novos investimentos. Na realidade, o País, até 2007, exportou poupança.

5.4.9.3.1 *Crise financeira internacional*

A crise internacional, desencadeada a partir do sistema financeiro dos Estados Unidos, atingiu fortemente o Brasil em setembro de 2008. As exportações brasileiras foram muito afetadas pela recessão dos países industrializados e desaceleração do crescimento dos países emergentes. Além da redução do *quantum* exportado, os preços dos produtos que o Brasil exporta sofreram queda expressiva, como aliás ocorreu com os preços de praticamente todas as *commodities*. A perda de dinamismo das economias chinesa e indiana (que são fortes importadoras de matérias-primas) inverteu a tendência de crescimento de preços dos bens exportados pelo País, que havia sido observada nos anos recentes.

Além disso, a escassez de crédito internacional também impactou negativamente as exportações brasileiras, dado que significativa parcela de nossas vendas externas era realizada com adiantamento de contrato de câmbio (ACCS). Como consequência desse quadro, as exportações brasileiras no primeiro semestre de 2009 caíram 22% em relação ao mesmo período do ano anterior.

Em um primeiro momento, o fluxo de capitais dirigidos ao País também foi reduzido, com retração do crédito internacional, queda dos investimentos das empresas multinacionais no mundo e crescimento da aversão ao risco, promovendo uma autêntica corrida aos títulos do tesouro dos Estados Unidos, considerados os ativos de menor risco do mundo. A taxa de câmbio sofreu significativo processo de desvalorização.

A situação, no entanto, começou a se reverter no segundo e terceiro trimestres de 2009, com a estabilização e até mesmo algum crescimento "na margem" das economias mais desenvolvidas. Assim, em um segundo momento, o quadro voltou a ficar favorável ao Brasil, na medida em que mostrou uma capacidade de retorno ao crescimento mais rápida que os demais países, tornando-se novamente foco de atração para os investimentos estrangeiros, com nova retomada do fluxo de capitais para o País. Além disso, o preço das *commodities* voltava a subir.

5.4.9.4 *O Governo Dilma*

Ao se analisar o desempenho do setor externo da economia brasileira no Governo Dilma, é importante separá-lo em duas fases: o primeiro e o segundo mandatos.

5.4.9.4.1 *O Primeiro Mandato (2011-2014)*

As mudanças na política econômica que já se mostravam presentes no final do Governo Lula foram intensificadas no primeiro mandato do Governo Dilma. A chamada "nova matriz econômica" era caracterizada por um excesso de intervencionismo e "apostava" no crescimento por meio da ampliação do consumo privado (principalmente por meio de crédito dos bancos estatais) e público (via expansão dos gastos do governo). Como seria de se esperar, esse modelo pode trazer resultados positivos no curto prazo (enquanto há capacidade ociosa), mas se esgota na medida em que os investimentos não respondem.

A situação tornar-se-ia mais grave em função de medidas adotadas com objetivos eleitoreiros. Nesse sentido, cabe destacar o represamento artificial de preços básicos da economia (energia elétrica, transportes públicos e combustíveis), a forte intervenção no mercado de câmbio para manter o real apreciado e evitar pressões inflacionárias, principalmente em 2014.

Ao mesmo tempo, as condições internacionais tornaram-se menos favoráveis na medida em que os preços das *commodities* que voltaram a crescer em 2009 reverteram essa tendência em função da desaceleração do crescimento da China (vale lembrar que embora a taxa de crescimento da China ainda continue muito elevada – acima de 6% ao ano –, seu ritmo de crescimento vem perdendo fôlego ao longo dos últimos anos). Com isso, a relação de trocas tornou-se menos favorável, como se pode observar na Tabela 5.1.

A conjugação de expansão da demanda interna (sem resposta da produção), a deterioração dos termos de troca e a apreciação artificial do câmbio contribuíram para uma nova deterioração das contas externas do País. A Balança de Transações Correntes saiu de um déficit de US$ 47,5 bilhões para US$ 104,2 bilhões em 2014, conforme se pode observar no Quadro 5.9.

Quadro 5.9 Balanço de Pagamentos: Brasil 2010/2014 – US$ bilhões

	Discriminação	2010	2011	2012	2013	2014
I.	Balança Comercial					
	I.1. Exportações	201,9	256,0	242,6	242,0	224,1
	I.2. Importações	-181,6	226,2	223,2	239,7	230,7
	I.3. Saldo	20,3	29,8	19,4	2,3	-6,6
II.	Balança de Serviços					
	II.1. Juros	-9,7	-9,7	-11,9	-18,6	-21,3
	II.2. Lucros e Dividendos	-30,5	-38,2	-24,1	-26,0	-31,2
	II.3. Outros Serviços	-30,4	37,3	-40,5	-42,7	-47,8
	II.4. Saldo	-70,6	-85,2	-76,5	-87,3	-100,3

▷

	Discriminação	2010	2011	2012	2013	2014
III.	Transferências Unilaterais					
	III.1. Saldo	2,8	2,8	2,8	3,4	2,7
IV.	Balança de Transações Correntes					
	IV.1. Saldo	-47,5	-52,6	-54,3	-81,6	-104,2
V.	Balança de Capitais					
	V.1. Investimentos	37,0	66,6	68,1	67,5	70,9
	V.2. Empréstimos/Amortizações	63,1	45,3	4,7	6,3	29,5
	V.3. Saldo	100,1	111,9	72,8	73,8	100,4
VI.	Erros e Omissões					
	VI.1. Saldo	-3,5	0,0	0,0	0,0	0,0
VII.	Superávit (+) ou Déficit (-)					
	VII.1. Saldo	49,1	59,3	18,5	-7,8	-3,8
	Reservas Internacionais	288,6	352,0	373,1	358,8	374,0
	Dívida Externa Bruta	350,9	402,4	455,3	486,7	560,4

Fonte: Banco Central.

Ainda como consequência do quadro descrito, cabe destacar:

- A perda de fôlego das exportações, principalmente a partir de 2012, mesmo com a economia mundial crescendo acima de 3% a.a.
- O crescimento das importações, revertido levemente em 2014, em função do fraco desempenho da atividade econômica (crescimento do PIB de apenas 0,1%).
- Como consequência, o saldo comercial passou a ser negativo (–US$ 6,6 bilhões em 2014) contra + US$ 20,3 bilhões em 2010.
- Os pagamentos de juros também subiram exponencialmente, saindo de US$ 9,7 bilhões em 2010 para US$ 21,3 bilhões em 2014.
- Por outro lado, o País não teve dificuldades para cobrir o déficit da balança de transações correntes, principalmente por causa da expansão dos investimentos diretos (saíram de US$ 37,0 bilhões em 2010 para US$ 70,9 bilhões em 2014). Apenas nos dois últimos anos o saldo da balança de capitais não foi suficiente para compensar o déficit em conta-corrente, mesmo assim em pequena magnitude.

5.4.9.4.2 *O Segundo Mandato (2015-2016)*

O segundo mandato da Presidente Dilma não foi completado, porque ela sofreu um processo de *impeachment*, levando-a se afastar do governo em maio de 2016.

Apesar disso, ocorreram importantes mudanças na política econômica em 2015 e que afetaram os indicadores do setor externo da economia brasileira.

A correção de preços defasados, a forte elevação das taxas de juros, a forte desvalorização cambial (dada a maior liberalização cambial) e medidas de ajuste fiscal (embora insuficientes) levaram à aceleração da inflação, à queda forte do nível de atividade (3,8% de contração do PIB em 2015) e ao aumento do desemprego. Os impactos sobre os indicadores externos foram inevitáveis (Quadro 5.10).

Quadro 5.10 Balanço de Pagamentos: Brasil 2015 – US$ bilhões

	Discriminação	2015
I.	Balança Comercial	
	I.1. Exportações	190,1
	I.2. Importações	172,4
	I.3. Saldo	17,7
II.	Balança de Serviços	
	II.1. Juros	-21,9
	II.2. Lucros e Dividendos	-20,8
	II.3. Outros Serviços	-36,6
	II.4. Saldo	-79,3
III.	Transferências Unilaterais	
	III.1. Saldo	2,7
IV.	Balança de Transações Correntes	
	IV.1. Saldo	-58,9
V.	Balança de Capitais	
	V.1. Investimentos	61,6
	V.2. Empréstimos/Amortizações	-5,3
	V.3. Saldo	56,3
VI.	Erros e Omissões	
	VI.1. Saldo	0,0
VII.	Superávit (+) ou Déficit (-)	
	VII.1. Saldo	-2,6
	Reservas Internacionais	368,7
	Dívida Externa Bruta	545,4

Fonte: Banco Central.

Como se pode perceber:

- Apesar da desvalorização cambial, as exportações continuaram em declínio (US$ 224,1 bilhões em 2014 para US$ 190,1 bilhões em 2015), o que pode ser explicado por três motivos: 1) a resposta das exportações à desvalorização cambial não é imediata; 2) o preço das *commodities* caíram; 3) a indústria brasileira, notadamente alguns segmentos, parece muito pouco competitiva.

- As importações mostraram queda mais expressiva, não somente em função do câmbio, mas principalmente pela forte recessão interna.
- Com isso, observou-se a importante reversão no saldo da balança comercial, saindo de –US$6,6 bilhões para +US$ 17,7 bilhões.
- A desvalorização cambial impactou também a remessa de lucros e dividendos (caiu de US$ 31,2 bilhões em 2014 para US$ 20,8 em 2015), uma vez que a elevação da taxa de câmbio diminui o lucro em dólares. Além disso, certamente houve uma antecipação de remessas em 2014 em função da expectativa futura de desvalorização cambial.
- Como consequência, o saldo em conta-corrente caiu de forma expressiva, passando de US$ 104,2 bilhões em 2014 para US$ 58,9 bilhões em 2015, reduzindo assim a dependência externa do país em um momento em que as condições de captação para o Brasil estavam menos favoráveis, dada a perda do grau de investimento.
- Apesar da substancial melhora das contas-correntes, o país continuou registrando déficit no Balanço de Pagamentos (–US$ 2,6 bilhões) pela significativa queda na entrada de capitais (tanto por investimentos diretos como empréstimos/amortizações); a conta capital e financeira passou de US$ 100,4 bilhões em 2014 para US$ 56,3 bilhões em 2015; a deterioração dos fundamentos macroeconômicos com certeza afetou o fluxo de recursos dirigidos ao país.

5.5 Outras considerações sobre o setor externo

Além das questões do Balanço de Pagamentos já enfocadas, pelo menos outros dois pontos merecem uma abordagem especial na análise do setor externo da economia brasileira: o interesse do capital externo e a competitividade da produção nacional.

5.5.1 O investimento externo

Uma análise mais detalhada do crescimento recente do balanço de capitais no Brasil revela alguns aspectos importantes. No item **Investimentos**, chama a atenção não somente o crescimento significativo do fluxo de entradas de recursos, mas também o fato de que a crise que se abateu sobre o País com a desvalorização cambial, ao contrário do fluxo financeiro, não abalou a entrada de capital de risco, que continuou aumentando (de US$ 28,9 bilhões, em 1998, para US$ 32,8 bilhões, em 2000). A partir de 2001, recuou em função da redução do fluxo em todo o mundo, mas voltou muito forte nos anos recentes, superando a casa dos US$ 70 bilhões em 2014.

Parte desse comportamento pode ser explicada pela própria estratégia das multinacionais, que tem se caracterizado pela forte expansão dos Investimentos Diretos Estrangeiros (IDEs), principalmente até 2007/2008, como se pode observar no Gráfico 5.2. Depois da crise mundial gerada a partir do mercado imobiliário americano, o fluxo de IDE mundial passou a mostrar certa oscilação e se situou em níveis bem inferiores aos observados no período pré-crise. Isto, entretanto, não tira a importância do capital estrangeiro como fonte de crescimento, principalmente num país como o Brasil, carente de poupança para alavancar os investimentos (Gráfico 5.3).

Gráfico 5.2 Fluxo de IDE – Mundial – US$ milhões

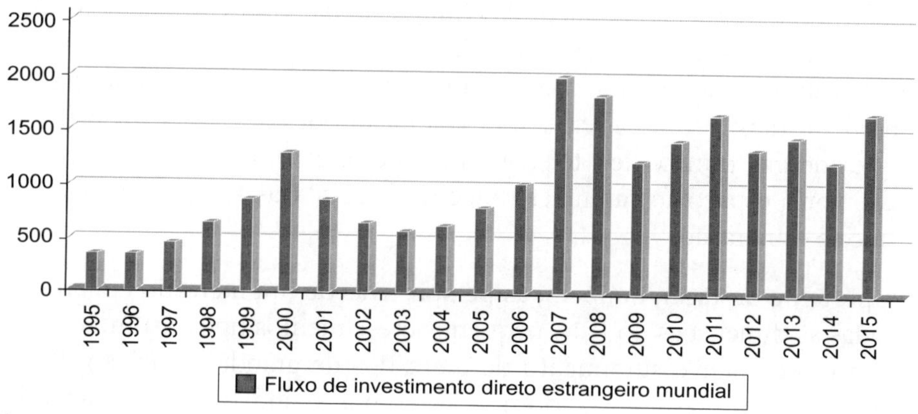

Fonte: *World Bank.*

Gráfico 5.3 Participação do Brasil no IDE Mundial (%)

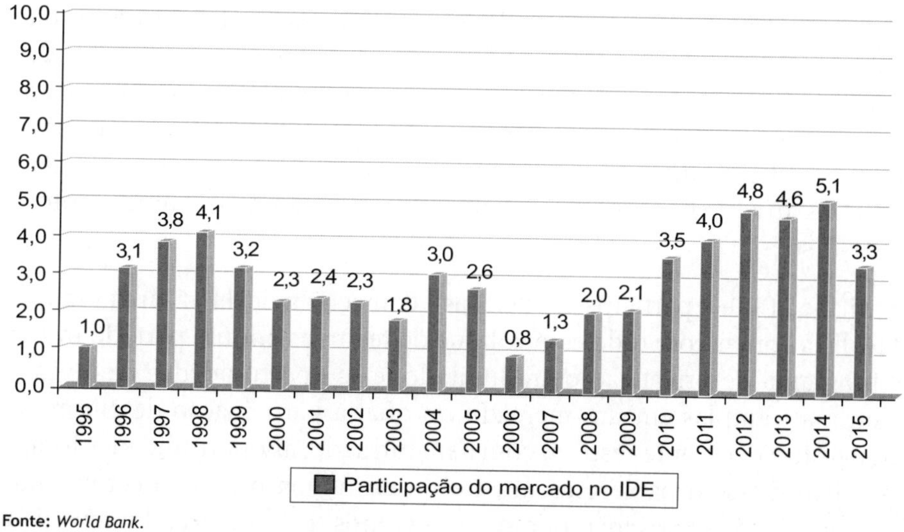

Fonte: *World Bank.*

Particularmente, em relação à participação do Brasil no IDE mundial, uma série de aspectos chama a atenção. Pode-se notar que a presença maior do Brasil começa a ocorrer a partir do Plano Real, uma vez que era praticamente inexistente antes desse período. Não se pode negar que a estabilização da economia teve um papel fundamental nesse processo, dado que é um fator de grande peso nas decisões externas de investimento. Esse fato ganha importância na medida em que a estabilidade foi conseguida com liberdade total de preços, ao contrário das experiências anteriores de estabilização. É importante destacar que os investidores estrangeiros dispõem-se a correr os riscos impostos pelo mercado, mas não os riscos da intervenção do governo no mercado (por exemplo, controle de preços).

Outro fato que contribuiu para aumentar esse fluxo de capitais está associado às mudanças constitucionais. Além da eliminação das restrições que existiam ao capital estrangeiro (inclusive possibilidade de discriminação), a quebra do monopólio estatal abriu novas oportunidades de investimento, por meio das concessões no sistema de infraestrutura básica, para exploração por parte do setor privado das áreas de energia, transportes, telecomunicações etc. O próprio programa de privatização abriu espaço ao capital estrangeiro de risco nas áreas de siderurgia, petroquímica e mineração.

É importante destacar, também, as perspectivas de um mercado em crescimento. Dadas as dimensões do País, pequenos crescimentos no consumo de um bem podem representar o surgimento de mercados de grande dimensão. Parte desse capital, inclusive, está entrando no País com a finalidade de aquisição de empresas e realização de fusões e associações como forma de ingressar em um mercado emergente como o Brasil.

Embora o capital que entra no País para aquisição de empresas não represente um novo investimento, várias questões devem ser esclarecidas nesse processo. É normal que, em um primeiro momento, o capital estrangeiro venha adquirir uma empresa para aproveitar o sistema de distribuição já montado e conhecer melhor o mercado. Em uma fase posterior, a tendência é de que os investimentos sejam reduzidos, o mesmo ocorrendo com o processo de fusões.

A partir de 2000, a participação do Brasil começou a declinar, uma vez que não seria realista contar com todo esse volume de recursos por um período muito longo. O programa de privatização era limitado, e as oportunidades de investimento eram mais amplas em um mercado no qual a participação de empresas multinacionais fosse bastante restrita; com a maturidade, as oportunidades foram reduzidas. Além disso, o baixo crescimento da economia brasileira certamente explica o menor interesse dos investidores estrangeiros. Essa situação foi revertida a partir de 2007/2008 com a retomada do crescimento e se manteve até 2014, apesar da perda de dinamismo da economia brasileira no primeiro mandato do Governo Dilma. Em 2015, a difícil situação política e econômica do país levou a uma nova queda na participação do Brasil no IDE mundial.

Tendo em vista a reduzida taxa de investimento do Brasil, seria importante ao País atrair mais investimento direto como alternativa de reaceleração do crescimento. Certamente, há interesse do capital estrangeiro em investir em países emergentes, desde que algumas condições básicas sejam atendidas. Além de fundamentos macroeconômicos consolidados, a existência de marcos regulatórios adequados e estáveis é imprescindível.

5.5.2 A competitividade da produção nacional

Uma das críticas ao processo de inserção internacional do Brasil concentra-se na constatação de que o País promoveu a abertura comercial, mas o sistema no qual as empresas operam é típico de uma economia fechada. Essa limitação, ao impor custos adicionais às empresas, retira-lhes a capacidade de exportar e de concorrer com o produto importado, naquilo que se convencionou chamar genericamente de custo Brasil.

Na realidade, a presença do custo Brasil faz que as empresas operem em condições desiguais em relação ao produto importado. Assim, mesmo empresas que adotaram políticas de aumento de eficiência poderão não sobreviver em função de fatores que independem de seu controle e ação. A presença do custo Brasil, tirando a competitividade sistêmica do País, é facilmente identificável em três áreas: sistema tributário, infraestrutura e encargos sociais.

O sistema tributário brasileiro é um dos fatores que tiram a competitividade da produção nacional na medida em que foi planejado para uma economia fechada. Apesar da extinção da Contribuição Provisória sobre Movimentação Financeira (CPMF), continuam presentes impostos em cascata, que são inadequados para uma economia aberta, uma vez que, no mercado internacional, nenhum país exporta impostos (os impostos são pagos pelos consumidores). Ao contrário dos tributos sobre valor adicionado, não há como retirar os impostos em cascata das exportações, até porque não se conhece a incidência exata em todas as etapas do processo produtivo. Ademais, o produto importado entra em condições vantajosas de concorrência, uma vez que só é tributado por esses tipos de impostos na etapa final (etapa de comercialização, já que foi produzido em outro país, no qual não existem impostos em cascata).

Outra distorção do sistema tributário é sua complexidade, fazendo que as empresas tenham de montar verdadeiros departamentos apenas para se manter regularizadas perante o fisco. Basta observar que no Brasil são emitidas 46 normas tributárias por dia útil.[2] Essa também é uma pressão de custos não existente em outros países, que convivem com sistemas tributários muito mais simples que o vigente no Brasil.

As condições de infraestrutura (sistema de transporte, portos etc.) também são inadequadas no país. A incapacidade do governo de poupar (em função da crescente despesa de custeio) eliminou sua capacidade de investir em infraestrutura no país. Os investimentos em infraestrura que representavam 5,4% do PIB na década de 1970 caíram para pouco mais de 2,0% nos últimos 25 anos. Enquanto o Brasil investiu 2,2% do PIB em infraestura no período 2002/2013, a média dos países emergentes foi de 5,1%. Isto explica a precariedade da infraestrutura brasileira, disseminando custos elevados em toda a cadeia de produção. São muito conhecidas as diferenças de custo dos portos no Brasil e em outros países.

Ainda dentro dos fatores que compõem o custo Brasil, vale destacar a elevada incidência dos encargos trabalhistas. Estimativas apresentadas por Pastore[3] mostram que a incidência dos encargos sociais eleva em 91,9% o custo do trabalho no Brasil, taxa essa substancialmente maior que a apresentada em outros países, como se pode observar na Tabela 5.3.

Tabela 5.3 Encargos sociais incidentes sobre a folha de salários (em %)

Países	Encargos sociais
Alemanha	60,0
Bélgica	45,4
Brasil	91,9
Dinamarca	11,6
França	79,7
Holanda	51,0
Inglaterra	58,8
Irlanda	56,0
Itália	51,3
Luxemburgo	41,7

Fonte: PASTORE, J. *Flexibilização dos contratos de trabalho e contratação coletiva*. São Paulo: LTr, 1994.

5.6 Considerações finais

Como observamos, o setor externo da economia brasileira passou por diferentes fases nos períodos estudados. Apesar de a economia brasileira apresentar

2 IBPT. Disponível em: <http://www.ibpt.com.br>.

3 PASTORE, J. *Flexibilização dos mercados de trabalho e contratação coletiva*. São Paulo: LTr, 1994.

um grau bastante reduzido de abertura externa, a sensibilidade do País às oscilações do mercado internacional tem sido muito pronunciada.

Essa sensibilidade pode estar crescendo com o processo de globalização, que tem determinado uma crescente interligação entre os mercados financeiros e de bens e a integração das economias em um grande mercado, com desregulamentação dos fluxos de comércio, produção e financeiro. Nesse novo processo, a produção será realizada nos países em que será possível alcançar um maior grau de competitividade. As decisões, para as empresas, envolvem não apenas um determinado mercado, mas todos os possíveis mercados, como também todas as possíveis localizações e fornecedores.

Além disso, os preços internacionais passam a ser parâmetro para o mercado interno, e o referencial da capacidade de competir não é mais o concorrente interno, mas, sim, o concorrente externo. O investimento direto estrangeiro espalha-se pelo mundo, principalmente por meio de fusões, incorporações e *joint ventures*, com o objetivo de buscar a competitividade global.

Nessa nova realidade, do ponto de vista empresarial, a rapidez de ação dos agentes econômicos é fundamental, uma vez que oportunidades aparecem e desaparecem rapidamente. O desafio é, acima de tudo, o da competitividade, o que significa dizer que é necessário ganhar produtividade de forma permanente.

Em termos macroeconômicos, fica claro que o custo da adoção de políticas demagógicas e/ou inconsistentes é por demais elevado. Desequilíbrio fiscal e excesso de dependência externa podem trazer problemas graves para a Balança de Pagamentos, como foi o caso do México, dos países da Ásia e do próprio Brasil.

Referências

FRANCO, G. H. B. *O plano real e outros ensaios*. Rio de Janeiro: Francisco Alves, 1995.

LANZANA, A. E. T. *Economia brasileira*: fundamentos e atualidades. 4. ed. São Paulo: Atlas, 2011.

PASTORE, J. *Flexibilização dos mercados de trabalho e contratação coletiva*. São Paulo: Ltr, 1994.

GREMAUD, A. P.; VASCONCELOS, M. A. S.; TONETO JÚNIOR, R. *Economia brasileira contemporânea*. 4. ed. São Paulo: Atlas, 2008.

REVISTA CONJUNTURA ECONÔMICA. Rio de Janeiro: FGV – vários números.

SILBER, S. D. *Contabilidade Nacional e o Balanço de Pagamentos*. Apostila MBA – Análise Econômica, FIPE, março e abril de 2016.

6

Regulação do Comércio Internacional e Impactos nos Negócios: Os Acordos de Defesa Comercial sobre *Dumping*, Subsídios e Salvaguardas

Leane Cornet Naidin

6.1 A proteção comercial e os princípios do Acordo Geral sobre Tarifas e Comércio (GATT)

O tema da proteção no comércio internacional suscita o debate acerca dos efeitos econômicos dos diferentes instrumentos de política comercial. Esses efeitos variam conforme a natureza da medida aplicada ao comércio entre os países e as estruturas dos mercados dos países envolvidos nos fluxos comerciais.

Na literatura econômica, essa questão tem sido examinada, tradicionalmente, para o caso da tarifa de importação e para o caso das medidas não tarifárias (restrições quantitativas ou quotas). As tarifas de importação constituem o mais antigo instrumento de política comercial e foram usadas, historicamente, como fonte de renda para o Estado. Podem assumir a forma de um imposto específico, como um montante em dinheiro cobrado por unidade do produto importado, ou *ad valorem*, quando o imposto é cobrado como percentual do preço do bem. Sua principal finalidade, contudo, foi sempre a de nivelar os níveis de produtividade entre os países, ou seja, proteger setores menos produtivos de um país da concorrência com as compras externas.

Ao longo do tempo, as barreiras não tarifárias tornaram-se importantes instrumentos de controle de importações, fazendo que o entendimento do papel da tarifa no comércio internacional formasse uma base crucial para a compreensão das demais políticas comerciais, bem como da função do GATT e da Organização Mundial de Comércio (OMC) na regulamentação do comércio entre as nações.

A teoria econômica desenvolveu a concepção de que o comércio internacional aumenta a competição e de que, no caso oposto, a proteção cria monopólio doméstico e reduz o fluxo de comércio. Essa ideia remonta a Adam Smith e constitui o suporte para o argumento que defende os ganhos decorrentes do comércio e as perdas oriundas da proteção. Outros autores desenvolveram argumentos adicionais posteriormente, especificando como variam as implicações de diferentes formas de proteção sobre o poder de monopólio.[1]

De maneira simplificada, assumindo-se que os mercados doméstico e internacional são mercados competitivos, havia vários produtores no mercado do país importador que concorrem entre si e aceitam o preço internacional como dado; na ausência de custos de importação, os preços de um mesmo bem, no mercado doméstico e no resto do mundo, seriam iguais. A introdução de uma tarifa conduz à diferença de preços entre os dois mercados, onerando o custo do produto importado e diminuindo o volume de comércio. O caso de um país pequeno, ou seja, aquele que não tem condições de afetar os preços internacionais de um determinado bem com a aplicação de uma tarifa de importação no preço interno do bem, no mercado do país importador, eleva-se no montante equivalente ao da tarifa de importação. Dependendo das condições de oferta e demanda no mercado do país importador, o montante da taxa cobrada tanto pode ser proibitivo, a ponto de conter as importações, quanto estabelecido em montante suficiente para restringir as importações apenas no nível necessário, por exemplo, para complementar a produção interna do bem.

Os efeitos econômicos da aplicação de uma tarifa de importação contrastam com os decorrentes da introdução de outros instrumentos de proteção comercial, como as restrições quantitativas (cotas). Como mecanismos de proteção, estas últimas limitam diretamente o volume de importações e garantem aos produtores domésticos determinada parcela do mercado interno protegido.

1 Para o leitor interessado na literatura econômica especializada sobre o tema: BHAGWATI, J. N. *Protecionismo versus comércio livre*. Trad. de Mário Salvano. Rio de Janeiro: Nórdica, 1989. CORDEN, W. M. *Trade policy and economic welfare*. Oxford: Clarendon, 1974. KRUGMAN, P.; OBSTFELD, M. *International economics, theory and policy*. 4th ed. New York: Addison-Wesley, 1992.

No entanto, ao isolar a produção doméstica da concorrência externa, tendem a favorecer o poder de monopólio e a ineficiência, que implicam, como a tarifa, elevação dos preços internos. No caso de uma tarifa de importação aplicada em nível não proibitivo, no entanto, produtores externos mais eficientes podem ser capazes de, mesmo com ela, competir no mercado interno do país que aplicou a medida.

Outra diferença entre a tarifa e a cota de importação é que, no primeiro caso, é o governo que se apropria da renda gerada pelo imposto de importação, e, no segundo, beneficia-se das quotas quem se apropria de renda gerada (ou os governos dos países de origem dos exportadores premiados pelas quotas, ou os importadores detentores de licenças de importação, que podem adquirir o bem no mercado externo ao preço internacional e revendê-lo no mercado doméstico a preços mais elevados).

Os efeitos econômicos das tarifas diferenciam-se também daqueles decorrentes dos subsídios à produção, destinados a tornar a produção doméstica competitiva em relação às compras externas. Tais incentivos distorcem as decisões de produção no mercado doméstico ao atrair investimentos para os setores subsidiados. Um subsídio à exportação, por sua vez, piora os termos de troca do país exportador, pois reduz o preço do bem no mercado externo.

A relevância de revermos esses princípios da teoria do comércio internacional está no fato de que os acordos comerciais firmados por meio do GATT expressam princípios análogos aos das características econômicas dos instrumentos de proteção. O Art. XI desse Acordo contém regras proibitivas à aplicação de restrições quantitativas sobre importações, e o Acordo de Salvaguardas da OMC impôs condições estritas para sua aplicação; não há, no GATT, qualquer presunção que qualifique as tarifas de importação de forma positiva ou negativa, mas o Art. XXVIII *bis* contempla a possibilidade de realização de negociações comerciais multilaterais periódicas, de forma a serem obtidas, ao longo do tempo, reduções substanciais das tarifas de importação, em bases recíprocas e mutuamente vantajosas. O Art. VI não proíbe o *dumping*, mas essa prática é considerada uma distorção dos preços no comércio internacional. Além disso, medidas *antidumping* sobre as importações podem ser aplicadas nas condições previstas pelo Acordo *Antidumping* da OMC.

Quanto aos subsídios, os Arts. VI, XVI e XXIII do GATT regulamentam apenas os destinados às exportações, mas o Acordo de Subsídios e Medidas Compensatórias da OMC impôs restrições adicionais aos subsídios domésticos, delimitando as situações nas quais são permitidas as aplicações de medidas compensatórias.

6.2 Do GATT à OMC

O GATT, negociado e firmado em 1947, surgiu como resultado de negociações para reduzir tarifas efetivadas no pós-guerra sob a liderança dos Estados Unidos e da Inglaterra. As concessões tarifárias acordadas e as regras delas decorrentes compuseram o GATT, que entrou em vigor em janeiro de 1948 para os 23 países fundadores, constituindo, assim, as suas partes contratantes.

Os países fundadores do GATT encontravam-se entre os 50 que haviam acordado, originalmente, sobre a elaboração de uma carta provisória para a criação de uma agência especial para o comércio, vinculada às Nações Unidas – a International Trade Organization (ITO) –, que englobaria não apenas compromissos relativos a disciplinas comerciais, mas também as regras relativas a emprego, práticas empresariais restritivas, investimento internacional e serviços.

Assim, em sua concepção original, o GATT foi elaborado a fim de que se estabelecessem regras consensuais para a condução de negociações de redução das barreiras comerciais entre as nações. A despeito de sua natureza provisória, o Acordo permaneceu, ao longo de 47 anos, como o único instrumento multilateral com normas de conduta comercial dos países no comércio internacional, até a recente criação da OMC, em dezembro de 1994, na conclusão da Rodada Uruguai do GATT (1986/1994). Com a OMC, esse Acordo desenvolveu-se de modo a compor um quadro jurídico de direitos e obrigações sobre as relações comerciais internacionais, além de propiciar mecanismos de consulta e solução de controvérsias, compondo o Acordo Constitutivo da OMC (o Acordo de Marrakesh, que estabeleceu a OMC, de 1994, incorporou o Acordo Geral sobre Tarifas e Comércio de 1947, o GATT, 1994, e os novos acordos comerciais).

Esse novo marco de regulamentação multilateral veio a fortalecer as condições para que o comércio entre os países signatários se realize de forma transparente e com soluções negociadas para os níveis de proteção comercial adotados. Constituiu-se, sobretudo, em um fórum de negociações para o estabelecimento de regras sobre os limites da proteção comercial. Pela primeira vez, uma rodada de negociações buscou enfrentar com mais seriedade o problema das barreiras não tarifárias no comércio mundial, e, desse esforço, resultou, entre outros, o Acordo de Salvaguardas, que regulamentou as normas gerais do Art. XIX do GATT, como será visto adiante.

O Brasil é parte contratante original do GATT, assim como outros dez países em desenvolvimento: Birmânia, Ceilão (hoje Sri-Lanka), Chile, China, Cuba, Índia, Líbano, Paquistão, Rodésia do Sul (hoje Zimbábue) e Síria. À época, a inserção internacional da economia brasileira ainda não era expressiva a ponto de sua pauta de comércio justificar ser assumido os compromissos advindos do GATT, mas a condição de parte contratante, desde o início, foi considerada benéfica pelos negociadores governamentais brasileiros, pois uma posterior negociação de adesão, quando se tornasse necessidade real e premente, poderia ser realizada sob pressão política e implicar novos compromissos que, na condição de membro original, o País não necessitaria assumir.

Tendo em vista a natureza dinâmica das relações econômicas e as alterações nas vantagens comparativas entre as nações ao longo do tempo, tais regras requerem revisões periódicas, e as alterações na economia mundial ensejam o início de novas rodadas de negociações internacionais multilaterais, sob os auspícios do GATT[2] e, agora, da OMC. Ressalte-se a complexidade inerente às negociações de acordos internacionais dessa natureza, as quais envolvem um *trade off* entre a autonomia de práticas empresariais e políticas nacionais de governo e suas consequências sobre o comércio internacional, o que implica a impossibilidade de tais acordos serem de natureza definitiva. Sua renovação periódica é necessária, a fim de se tratar dos temas atuais no contencioso do comércio internacional.

São funções básicas da OMC: facilitar a implantação dos acordos e instrumentos jurídicos negociados; servir de foro para negociações de regras multilaterais para a liberalização do comércio; supervisionar a aplicação das regras acordadas por meio de seus comitês e conselhos; implementar o mecanismo de exame das políticas comerciais; cooperar com o FMI e o Banco Mundial, a fim de que seja obtida maior coerência na elaboração das políticas econômicas em escala mundial; e, principalmente, buscar solucionar contenciosos comerciais de acordo com as disciplinas existentes, no âmbito do entendimento sobre a solução de controvérsias.

Em Doha, no Catar, em novembro de 2001, foi lançada a primeira Rodada de Negociações Multilaterais no âmbito da OMC, cujas negociações deveriam encerrar-se em 2005. Na Declaração Ministerial de dezembro de 2005, Hong Kong indicou que os resultados dessa negociação não são claros. A Declaração estipula que as negociações alcancem um pacote único (*single undertaking*), obrigatório para todos os membros da OMC. Segundo esse princípio, a condução

---

2 Desde sua concepção, o GATT já promoveu sete rodadas de negociações comerciais multilaterais: Annecy, 1949, sobre tarifas, com a participação de 23 países; Torquay, 1951, sobre tarifas, com 38 países; Genebra, 1956, sobre tarifas, com 26 países; Kennedy, 1964-1967, sobre tarifas e *antidumping*, com 62 países; Tóquio, 1973-1979, sobre tarifas, barreiras não tarifárias e acordos específicos, com 102 países; Uruguai, 1986-1994, com 125 países, e que incluiu todos os temas relevantes do sistema de comércio multilateral que se encontravam fora das regras do GATT, como agricultura, produtos têxteis, investimento e propriedade intelectual, culminando com a constituição da OMC.

e a conclusão da negociação, bem como a entrada em vigor de seus resultados, devem ser tratadas como um compromisso integrado.

Diversos temas são de interesse para o Brasil.[3] O aprofundamento das regras sobre *antidumping* e subsídios, bem como de medidas compensatórias, constitui tema de particular interesse para o acesso de produtos brasileiros a outros mercados e para a defesa comercial brasileira contra práticas desleais de comércio. Contudo, a paralisia atual das negociações, com resultados apenas pontuais em temas específicos alcançados em reuniões ministeriais anuais (como foi o caso do Acordo de Facilitação de Comércio negociado em 2015), deixa pouca expectativa de qualquer aprofundamento das negociações nas regras existentes nesses acordos.

As próximas seções tratarão das características dos acordos da OMC sobre defesa comercial, enfocando os principais elementos que afetam as estratégias de negócios dos agentes econômicos no comércio internacional.

6.3 Os acordos da OMC sobre *dumping*, subsídios e salvaguardas

Medidas *antidumping* têm sido objeto de crescente utilização no comércio, e a negociação de regras para sua aplicação visa evitar seu uso como barreira não tarifária. Além dos tradicionais países aplicadores de medidas *antidumping* no comércio mundial, como Estados Unidos, Canadá e União Europeia, observou-se, a partir de meados da década de 1990, a presença de seis novos grandes usuários dessa política no cenário mundial: Argentina, Brasil, Índia, Coreia, México e África do Sul. A participação desses países no número total de ações *antidumping* iniciadas saltou da variação de 12 a 21%, entre 1988 e 1992, para 54%, em 1993.[4] Tal crescimento coincidiu com o período anterior à implementação dos acordos da Rodada Uruguai do GATT.

Araújo Júnior desenvolveu uma análise sobre as ações *antidumping* iniciadas pelos países que estiveram envolvidos no projeto de negociação da Área de Livre Comércio das Américas (Alca) e indicou, com base nos dados publicados pela OMC, que, entre 1987 e o primeiro semestre de 2000, os Es-

---

3 De acordo com a Declaração Ministerial de Doha (WTO, *Ministerial Declaration*, 2001): acesso a mercados, agricultura, serviços, direitos de propriedade intelectual, relações entre comércio e investimento, comércio e concorrência, compras governamentais e facilitação de comércio. O "Pacote de Julho", de 2004, já excluía do escopo das presentes negociações os temas de comércio e investimento, concorrência e compras governamentais. Em regra, ressaltem-se como prioridade as negociações sobre defesa comercial e créditos à exportação, que serão abordadas a seguir.

4 MIRANDA, J.; TORRES, R.; RUIZ, M. The international use of dumping: 1987-1997. *Journal of World Trade*, v. 32, p. 5-71, 1998.

tados Unidos e o Brasil foram os principais países alvo de medidas *antidumping*, tendo sido afetados por cerca de 63% dos casos iniciados contra os países da Alca. Argentina, Brasil, Canadá, México e os Estados Unidos foram responsáveis por 94% dos casos iniciados na região, enquanto dez países – Chile, Colômbia, Costa Rica, Equador, Guatemala, Nicarágua, Panamá, Peru, Trinidad e Tobago e Venezuela – responderam pelos restantes 6%. Os outros 19 países da Alca nunca utilizaram a política *antidumping*.

Observa-se também uma concentração das ações *antidumping* por setores econômicos: entre 1987 e 1997, cerca de 80% dos casos iniciados por países do Ocidente, assim como aqueles casos que os afetaram, concentraram-se em seis indústrias: metais básicos (principalmente produtos siderúrgicos), bens de capital (máquinas e equipamentos elétricos), produtos químicos, plásticos, papel e celulose, bem como têxteis.[5]

Os setores afetados pelas medidas no Brasil seguem o padrão de concentração mundial: o padrão brasileiro de distribuição das medidas aplicadas pelos setores econômicos é similar ao mundial, e a indústria química, seguida pela de metais e de plásticos, respondeu por quase 80% das ações iniciadas nesse mesmo período.

O período mais recente, 2008-2015, reafirma cenário já observado em períodos anteriores de elevada concentração das aberturas de investigações *antidumping* pelo Brasil em produtos intermediários – 91% dos casos iniciados pelo Brasil nesse período tiveram como alvo produtos dos setores de plástico e borracha, siderúrgico, químico, materiais de vidro, elétrico e mecânico, metais básicos, materiais de cerâmica e cimento, equipamentos de ótica e matérias-primas para a indústria de papel e têxtil. O mesmo cenário se observa na aplicação de medidas *antidumping*: a participação desses setores, excetuando-se o de ótica, no total das medidas aplicadas pelo país nesse período foi de 95%.[6] Esse padrão de implementação da política é relevante, pois o elevado aumento da proteção na importação gera impacto significativo nos custos das importações e, consequentemente, nos custos de produção na cadeia produtiva no país. Não é de se esperar que o aumento da proteção desses produtos contribua para a competitividade da indústria brasileira, principalmente dos produtos a jusante nas cadeias produtivas que empregam esses insumos, partes e peças ou bens de capital.

O fato de as ações se concentrarem em produtos muito específicos implica que o montante de comércio diretamente afetado seja baixo, mesmo entre os

[5] ARAÚJO JÚNIOR, J. T. *Antidumping in the Americas*. Washington: Organização dos Estados Americanos, 2001.

[6] Classificação setorial segundo as seções da OMC; classificação de uso da autora. A contagem inclui apenas investigações originais, com base nos pares produtos/país. Fonte: Decom/MDIC.

países que lideram o uso da política *antidumping*: menos de 1% das importações totais no caso da União Europeia e 0,5% no caso dos Estados Unidos. No caso do Brasil, entre 1988 e 1997, último período para o qual se dispõe dessa estimativa, as ações *antidumping* afetaram, em média, parcela modesta do fluxo de importações, cerca de 0,4% da pauta.[7]

Não obstante a reduzida parcela do valor das importações afetadas, as investigações geram incerteza sobre as condições de acesso aos mercados externos. No caso de países como Brasil, México e Estados Unidos, mais de 50% de suas exportações para outros países do continente americano são afetadas por essa instabilidade.[8]

O cenário mais recente, a partir de meados dos anos 2000, mostra uma reversão na posição do Brasil quanto ao seu ativismo no uso da política *antidumping*. Kume e Piani[9] registraram, com base no exame das notificações à OMC, que, entre 1995 e 2002, o Brasil situou-se no oitavo lugar no *ranking* dos países que mais intensamente aplicaram medidas *antidumping*, sendo superado pela Índia, Estados Unidos, União Europeia, Argentina, África do Sul, Austrália e Canadá. No entanto, o Brasil também foi alvo de medidas dessa natureza, ocupando o 14º lugar no *ranking* dos países mais afetados. Já no caso das medidas de salvaguardas, no mesmo período, o Brasil ficou no 15º lugar, com apenas dois casos de medidas aplicadas, superado, entre outros, pela Índia, Estados Unidos, Jordânia, Chile e Venezuela.

Vale notar, contudo, uma importante mudança na posição relativa do Brasil, dentre os países-membros da OMC, a partir dos meados dos anos 2000, de um dos principais países alvo de medidas *antidumping* em suas exportações para um dos principais países usuários da política *antidumping* para a proteção de suas compras externas. O ativismo brasileiro nos últimos 15 anos gerou uma substancial alteração da posição do país no *ranking* dos usuários da política *antidumping*: o país sai da sétima posição quanto ao número de investigações iniciadas, na segunda metade dos anos 1990 (média de abertura de investigações entre 1995-1999), para o primeiro lugar, na média do período 2010-2014. Mudança análoga se observa no caso de aplicação de medidas, pois a posição do país muda do oitavo para o segundo lugar no *ranking*. Essa mudança se insere no contexto de uma tendência em direção a maior protecionismo no período, tendência observada também em outros países, em especial a partir da crise internacional de 2008 – as

[7] NAIDIN, L. C. *Dumping e antidumping no Brasil*: evolução da regulamentação, aplicação e efeitos sobre o comércio. 1998. Tese (Doutorado) – Universidade Federal do Rio de Janeiro, Rio de Janeiro.

[8] ARAÚJO JÚNIOR, 2001, p. 3.

[9] KUME, H.; PIANI, G. Antidumping and safeguards mechanisms: the Brazilian experience, 1988-2003. *World Bank Policy Research*. Working Paper 3.562, Washington, Apr. 2005.

medidas *antidumping* vêm se constituindo no principal instrumento de restrição ao comércio acionado pelos países do G20.[10]

6.3.1 O Acordo *Antidumping*: implementação comparada aos grandes aplicadores e ao Brasil – tópicos selecionados

Uma característica importante da regulamentação comercial internacional, incorporada por meio de procedimentos administrativos nas legislações nacionais, é que o grau de proteção conferido depende não apenas da maneira como o acordo internacional é formulado, mas também de como as regras e os procedimentos estabelecidos na norma multilateral são interpretados pelas autoridades que administram sua implementação – a "proteção administrada".[11]

Na análise a seguir, são apontadas as principais características do Acordo *Antidumping* da OMC[12] (doravante Acordo AD), e os correspondentes dispositivos na legislação brasileira na matéria. Foram selecionados os tópicos que têm gerado maiores problemas de interpretação, sob o ponto de vista de seu impacto nas decisões sobre a aplicação de medidas *antidumping*. A prática norte-americana tornou-se um paradigma dos vários vieses da administração da legislação *antidumping*,[13] em meio aos quais se destacam: a metodologia de comparação de preços para a determinação da margem de *dumping* e as

10 OMC. *Report on G20 Trade Measures*, 30/10/2015 e 21/06/2016. Disponível em: <http://www.wto.org>; <https://www.wto.org/english/tratop_e/adp_e/adp_e.htm>. Acesso em: 22 jul. 2016.

11 FINGER, J. M. Dumping and antidumping: the rhetoric and the reality of protection in industrial countries. *The World Bank Research Observer.* Washington, World Bank, v. 7, n. 2, p. 121-143, July 1992.

12 O Acordo Constitutivo da OMC, que contém o Acordo *Antidumping*, foi incorporado no sistema jurídico nacional por meio do Decreto Legislativo nº 30, de 15 de dezembro de 1994, promulgado pelo Decreto nº 1.355, de 30 de dezembro de 1994. O Decreto nº 1.602, de 23 de março de 1995, regulamentou pela primeira vez as normas que disciplinam os procedimentos administrativos, relativos à aplicação de medidas *antidumping*. Em 26 de julho de 2013, esse Decreto foi substituído pelo Decreto nº 8.058. A base legal para a implementação da política no Brasil é dada, ainda, por vários instrumentos legais: a Lei nº 9.019, de 1995, dispõe sobre os direitos *antidumping* e compensatórios e a Circular Secex nº 59, de 28 de novembro de 2001, torna públicos os procedimentos de contagem de prazo, fornecimento de informação confidencial e tratamento a países cujas economias não sejam predominantemente de mercado. Adicionalmente, o Decreto nº 4.732, de 10 de junho de 2003, dispõe sobre a Câmara de Comércio Exterior (Camex), estabelecendo sua competência para fixar direitos *antidumping*, compensatórios e medidas de salvaguarda. No âmbito do Mercosul, o Conselho Mercado Comum (Decisão nº 11/97) aprovou o Marco Normativo do Regulamento Comum Relativo à Defesa Contra Importações Objeto de *Dumping* Provenientes de Países Não Membros do Mercosul, que constitui um referencial de harmonização da interpretação do Acordo *Antidumping* da OMC. O marco legal e os procedimentos eletrônicos previstos na legislação sobre o tema podem ser encontrados no *site* <http://www.mdic.gov.br/comercio-exterior/defesa-comercial/legislacao>.

13 CAMPOS, A. G. L. *Dumping* e subsídios: impacto para o Brasil da nova legislação dos Estados Unidos. *RBCE*, Rio de Janeiro, n. 44, Funcex, p. 17-31, jul./set. 1995. Id. CAMPOS, A. G. L. Propostas para reprimir abusos de medidas *antidumping* e direitos compensatórios. *RBCE,* Rio de Janeiro, n. 82, p. 36-71, jan./mar. 2005.

revisões administrativas; a exclusão de margens negativas para a aplicação de direitos e a imposição de excessivos ônus sobre a defesa de exportadores acusados de praticar *dumping*, temas que abrangem diversos aspectos da política *antidumping* e que estão sendo objeto de negociação na Rodada de Doha, com vistas à melhoria das regras multilaterais. Nos anos 2000, o arcabouço legal brasileiro para a implementação da política de defesa comercial foi significativamente aperfeiçoado, tendo sido introduzidas normas legais para a condução de investigações de antielisão (*anticircunvention*) de medidas aplicadas, de controle de origem de importações sujeitas a medidas *antidumping*, avaliação de escopo de medidas em vigor, entre outras.[14] Adicionalmente, foram introduzidas regras para a condução de "investigações de interesse público" na aplicação de medidas *antidumping* ou compensatórias (antissubsídios), por meio da Resolução Camex nº 13, de 29 de fevereiro de 2012.

Deve-se ter em mente que, na negociação multilateral, sempre se busca o equilíbrio entre as regras que promovam limitação aos prejuízos dos exportadores advindos de excessos na aplicação da política *antidumping* e o legítimo direito de os produtores domésticos disporem de um instrumento que neutralize os danos causados à sua produção em decorrência da prática de *dumping* por parte dos concorrentes de outros países: essa tem sido a perspectiva adotada pelo Brasil no encaminhamento de propostas negociadoras no âmbito do "Grupo dos *Friends of Antidumping*", coalizão informal de negociação que reúne países interessados na reforma do Acordo.

Os principais conceitos incorporados na legislação *antidumping* da OMC e nas respectivas implementações nacionais relacionam-se a fenômenos e critérios de análise jurídicos e econômicos. Muitos aspectos técnicos implicam opções metodológicas cuja escolha é pertinente à esfera de atuação administrativa e decisória de cada país. Vários conceitos não são claramente definidos, o que dá margem a muitas interpretações pelas autoridades do país importador. Ainda que, dadas as lacunas no acordo multilaterial, tais definições caibam às autoridades investigadoras e que disputas comerciais possam ser levadas em última instância a painéis da OMC, a possibilidade de se definirem tais conceitos no âmbito internacional é restrita, tendo em vista a limitação estabelecida pelo Acordo AD: os painéis não podem, em suas recomendações,

---

[14] Lei nº 12.546, de 14 de dezembro de 2011 – Dispõe sobre a relação entre as investigações de defesa comercial e as regras de origem não-preferenciais. Portaria SECEX nº 37, de 19 de setembro de 2013, decide que as petições de avaliação de escopo de que trata o art. 147 do Decreto nº 8.058, de 2013, protocoladas a partir de 1º de outubro de 2013, deverão ser elaboradas em conformidade com o disposto nesta Portaria. Portaria SECEX nº 36, de 19 de setembro de 2013, decide que as propostas de compromisso de preços apresentadas por produtores/exportadores em investigações de *dumping* deverão obedecer às disposições desta Portaria (retificações publicadas no DOU de 3 de julho de 2014). O conjunto completo das normas vigentes pode ser encontrado no *site* <http://www.mdic.gov.br/comercio-exterior/defesa-comercial/legislacao>.

sobreporem-se à análise técnica do país que adote medida *antidumping* (Art. 17.6 do Acordo AD).[15]

Dessa forma, aprimoramentos dos acordos de defesa comercial, com vistas a regras mais claras e que facilitem o comércio, ao mesmo tempo que preservam a eficácia dos instrumentos de defesa, só serão viáveis por meio de ganhos a serem obtidos em novas negociações multilaterais.

6.3.1.1 *Procedimentos da investigação antidumping*

a) As autoridades de aplicação

De forma geral, as autoridades de aplicação nacional da legislação *antidumping* fazem parte de órgãos específicos dentro da estrutura administrativa dos governos. Algumas exceções são a International Trade Commission, nos Estados Unidos, o Import Tribunal, no Canadá, e a Comissão Nacional de Comércio Exterior, na Argentina, agências independentes responsáveis pelas investigações de dano, ainda que no caso da Comunidade Europeia e da Argentina os cargos no comando executivo sejam políticos. Horlick[16] considera que o fato de medidas *antidumping* alterarem o custo das importações é o fator que lhes atribui a popularidade observada em meio ao arsenal de instrumentos de política comercial administrados pelos governos.

Uma diferença importante entre os Estados Unidos, Argentina e Canadá, de um lado, e a Comunidade Europeia, Austrália e Brasil, de outro, é a separação entre os órgãos responsáveis pelas investigações de *dumping* e dano. Se essa separação de responsabilidades pode propiciar um exame mutuamente independente de ambas as condições para a aplicação de medidas, o sistema unificado minimiza problemas de natureza gerencial e de incoerência nas análises realizadas, em particular no tocante à determinação de causalidade. De fato, o mais importante é que o sistema de defesa comercial seja constituído por órgão efetivamente independente e imparcial, responsável pelas determinações técnicas de *dumping* ou dano, seja em sistema bifurcado ou unificado.

Ressalte-se que em vários países, como Austrália, Argentina e Brasil, a condução da investigação fica a cargo de órgãos especialmente organizados para a execução dessa política, mas que estão diretamente subordinados às autoridades

[15] Textualmente, o Art. 17.6.(i) estabelece: "na sua avaliação dos fatos pertinentes à matéria, o painel deve determinar se o estabelecimento dos fatos por parte da autoridade foi apropriado e se sua avaliação desses fatos foi neutra e objetiva. Se o estabelecimento dos fatos foi adequado e a avaliação foi neutra e objetiva, mesmo que o painel tenha alcançado uma conclusão diferente, esta não se sobreporá à avaliação".

[16] HORLICK, G. N. The United States dumping system. In: JACKSON, John H.; VERMULST, Edwin A. (Ed.). *Dumping law and practice*: a comparative study. Ann Arbour: University of Michigan Press, 1989. p. 117-142.

responsáveis pela condução da política comercial como um todo, como a valoração aduaneira, a elevação de tarifas e o licenciamento das importações.[17]

As decisões tomadas pelas autoridades nacionais podem ser objeto de recurso nos sistemas judiciários nacionais.

b) As etapas da investigação

A aplicação de medidas *antidumping* requer a realização prévia de uma investigação, e medidas só podem ser adotadas caso tal investigação alcance uma determinação positiva da existência de *dumping* e de dano à indústria doméstica fabricante do produto similar, dano este causado pelas importações a preços de *dumping*. Os procedimentos de investigação são regulamentados pelo Acordo AD e foram estabelecidos para gerar consenso a respeito de requisitos, condições e diretrizes para ser decidido sobre a aplicação de medidas.

A investigação *antidumping* inclui necessariamente as seguintes etapas principais:[18]

- apresentação de petição e análise dos elementos de prova;[19]
- decisão sobre abertura de investigação e notificação às partes interessadas conhecidas. Em caso positivo, publicação de aviso público e credenciamento das partes interessadas;
- envio de questionários aos produtores domésticos do produto similar, aos exportadores e importadores conhecidos do produto objeto de investigação, aos quais é oferecida a oportunidade de participar da investigação; recebimento e análise dos questionários elaborados pelas autoridades de investigação;
- verificação *in loco* das respostas dadas aos questionários pelas empresas produtoras e exportadoras (não obrigatório);

[17] No Brasil, as investigações estão a cargo do Departamento de Defesa Comercial (Decom); da Secretaria de Comércio Exterior e do Ministério do Desenvolvimento, Indústria e Comércio Exterior. As decisões de aplicação de medidas *antidumping* ou compensatórias, bem como de medidas de salvaguardas, estão a cargo da Câmara de Comércio Exterior (Camex). Ver definição de competências no Decreto nº 8.058, de 26 de julho de 2013.

[18] Esse detalhamento não é exaustivo e segue um critério de seleção de algumas das etapas e características determinantes da natureza e eficiência do instrumento.

[19] No caso do Brasil, a Portaria SECEX nº 34, de 10 de setembro de 2013, dispõe sobre os procedimentos administrativos para a apresentação de petições relativas à investigação da prática de *dumping*; a Portaria nº 41, de 11 de outubro de 2013, dispõe sobre informações das petições; e a Lei nº 12.995, de 18 de junho de 2014, dispõe sobre uso do meio eletrônico, idiomas e outras providências.

- determinação preliminar da existência de *dumping*, dano e relação causal para decidir sobre a aplicação de direitos *antidumping* provisórios; publicação de aviso público e notificação às partes interessadas;
- ao longo de toda a investigação, é dada oportunidade, às partes interessadas, de acesso às informações não confidenciais apresentadas e de fornecimento de informações adicionais;
- apresentação dos fatos essenciais de conhecimento das autoridades, que servirão de base para a tomada de decisão antes da decisão final sobre o encerramento da investigação;
- determinação final sobre a existência de *dumping*, dano e relação causal; publicação de aviso público e notificação às partes interessadas conhecidas.

Os requisitos normativos para início e condução da investigação, bem como os relativos ao tratamento das evidências coletadas, sofreram melhorias significativas ao longo das duas últimas rodadas de negociações do GATT, que conferiram mais clareza, previsibilidade e transparência às investigações. Ainda que todas as legislações *antidumping* nacionais devam incluir esses novos requerimentos, há diferenças substantivas entre o sistema de natureza quase adjudicatória dos Estados Unidos e do Canadá, por exemplo, e o de natureza investigatória da Comunidade Europeia, Austrália, Argentina e do Brasil.

A principal diferença reside na possibilidade de acesso à informação confidencial sob *protective order*, como no sistema americano, permitido aos advogados credenciados para representar as partes no contraditório, cuja divulgação está proibida sob pena de severas punições. Na inexistência dessa possibilidade, como na Comunidade Europeia, na Austrália e no Brasil, as autoridades de investigação são as únicas a ter acesso ao conjunto da versão confidencial do processo, já que às partes só é liberado o resumo não confidencial das informações sigilosas apresentadas pelas partes, conforme regulado pelo Acordo. A própria definição de quais informações seriam consideradas confidenciais "por sua própria natureza", como na linguagem do Acordo, está sujeita a controvérsia, e as autoridades detêm discricionariedade na aceitação de tais informações.

Parece, portanto, que, no primeiro caso, o sistema de investigação é mais transparente, ainda que implicando maiores custos para a defesa das partes interessadas, já que, no segundo, o procedimento administrativo e técnico só pode ser questionado por terceiros em caso de revisão administrativa ou judicial.

Os requisitos do Acordo AD para o início de investigações incluem uma lista de informações a serem apresentadas em petição e o atendimento ao princípio de que meras alegações não serão suficientes para preenchimento dos critérios estipulados, devendo, portanto, ser acompanhadas de elementos de prova. As autoridades investigadoras devem certificar-se de que as informações prestadas são acuradas e adequadas antes de iniciar uma investigação.

A inclusão de regras mais precisas para o início de uma investigação *antidumping* deveu-se ao reconhecimento mundial do impacto causado pelo princípio das investigações sobre o fluxo de comércio, dado o grau de incerteza que passou a ser introduzido no mercado, o efeito *trade harassment* do mero desencadear de procedimentos administrativos.[20] Registre-se, contudo, que não é requerida a apresentação, na petição que serve de base à abertura de investigação, de informações acerca da prática de *dumping* discriminadas por empresa, ou seja, uma ação pode ser iniciada com base em informações sobre preços observados no mercado do país exportador, e a política *antidumping* pode acabar por se dirigir ao país de origem das importações como um todo.

Adicionalmente, dentro de certas condições (Art. 3.3 do Acordo AD e Art. 31 do Decreto nº 8.058, de 26 de julho de 2013), é possível a "acumulação", na mesma investigação, para fins de análise dos efeitos das importações sobre a indústria doméstica, das importações originárias de vários países, quando eles são citados como origem de importações alegadamente a preços de *dumping*. Desse modo, observados os requisitos de determinação positiva de *dumping*, dano e nexo causal, e de exame das condições de concorrência entre os produtos importados e entre eles e os fabricados no mercado doméstico, a política *antidumping* pode terminar por afetar todas as compras externas do produto em questão.

A "cláusula do interesse público" constitui-se em um dos temas mais atuais no debate sobre a política *antidumping*. Por demanda dos Estados Unidos, o Acordo incluiu, em nota de rodapé ao Art. 5º, os sindicatos de trabalhadores como possíveis demandantes de uma ação *antidumping*, ampliando, assim, possivelmente, o escopo das questões a serem tratadas. Tal dispositivo parece ter tido pouco efeito prático. Mais importante é o fato de usuários industriais ou consumidores do produto sob investigação poderem ser considerados partes interessadas na investigação, com direito à apresentação de evidências e plena participação.[21]

c) Representatividade do peticionário

Não é permitida a abertura de investigação se a petição for encaminhada por parcela pouco representativa da totalidade da produção doméstica do produto

[20] A esse respeito, ver: PRUSA, T.; BLONINGEN, B. Antidumping. NBER Working Paper Series. *National Bureau of Economic Research*. Working Paper 8.398. Cambridge, MA, July, 2001.

[21] Para uma análise comparada e detalhada sobre a maneira como alguns países introduziram procedimentos especiais para o tratamento do interesse público nas investigações, ver: MOEN, Paul I. A. *Public interest issues in international and domestic antidumping law*: the WTO, European Communities and Canada. Genebra: Graduate Institute of International Studies, 1998.

em questão. Para garantir a representatividade da petição, o Acordo *Antidumping* estabelece requisitos a serem preenchidos antes da abertura de investigação (Art. 5.4 do Acordo AD e Seções III e IV do Decreto nº 8.058/2013).

Não será iniciada uma investigação a menos que as autoridades tenham determinado, de acordo com o exame acerca do grau de apoio ou rejeição à petição, expresso pelos produtores domésticos do produto similar, de que a petição foi feita "por ou em nome da indústria doméstica". Para atender a tal requisito, não é permitida a abertura de investigação se os produtores domésticos que apoiarem a petição, e em nome dos quais ela tiver sido apresentada, representarem menos de 25% da produção nacional.

Um aspecto interessante acerca desse tema surge da interpretação adotada na implementação do Acordo *Antidumping* pela Comunidade Europeia (Regulamento CE nº 384/96 do Conselho, Art. 4º). O requisito da representatividade estabelecido pelo Acordo da OMC diz respeito a um critério de "representação" de empresas peticionárias, e não ao conceito de "indústria doméstica", para a determinação da existência de dano decorrente de importações a preços de *dumping*.

Não obstante, a Comunidade Europeia estabeleceu em sua legislação um vínculo entre os dois conceitos, o que implica que poderá ser encontrado dano com base em dados de empresas que constituam apenas 25% da produção comunitária. Ainda que tal dispositivo possa ser útil no caso de uma União Aduaneira, pois pode atender a produtores menos competitivos, situados em países menos desenvolvidos entre os parceiros do bloco, não deve ser confundido com o conceito de "indústria regional" do Acordo, o qual estabelece que, em circunstâncias excepcionais, poderá ser realizada uma segmentação de mercados, para determinar a existência de dano. Nesse caso, porém, há que se caracterizar a existência de um mercado "isolado", sob o ponto de vista da oferta e demanda do produto similar, e deve haver uma concentração das importações a preços de *dumping* nesse mercado (Art. 4.1 (ii) do Acordo *Antidumping* e Art. 37 do Decreto nº 8.058/2013).

d) Determinação preliminar positiva da existência de *dumping* e do decorrente dano à produção doméstica: aplicação de medidas provisórias

Outro aspecto importante para o procedimento de investigação diz respeito ao prazo para apresentação das informações. É necessário conceder pelo menos 40 dias de prazo para a resposta a questionários remetidos a produtores, exportadores e importadores. Essa provisão tem por objetivo garantir tempo hábil e oportunidade adequada para a defesa das empresas exportadoras investigadas.

Além disso, estabeleceu-se que não podem ser aplicadas medidas *antidumping* provisórias antes de decorridos no mínimo 60 dias da abertura de investigação, garantindo-se um tempo mínimo para a realização de "investigação preliminar" sobre os preços praticados pelas empresas exportadoras e o decorrente dano à produção doméstica do produto similar. Medidas provisórias podem ser aplicadas e se justificam pelo objetivo de se prevenir o dano à produção doméstica durante a investigação, que pode estender-se pelo prazo de 12 ou, em circunstâncias excepcionais, 18 meses.

Essa exigência de prazo mínimo para a aplicação de medidas *antidumping* provisórias não foi prevista no Código da Rodada Tóquio, e deu origem, aliás, a um painel no GATT contra o Brasil.[22]

De modo geral, a possibilidade de aplicação de medidas provisórias constitui peça fundamental no funcionamento do sistema *antidumping*. Iniciada a investigação, e com base em informações recebidas dos exportadores acerca dos preços praticados ao longo de um período de tempo predefinido, anterior à solicitação de abertura da investigação (usualmente, um ano e nunca menos do que seis meses), as autoridades estipulam uma margem de *dumping* média, que constituirá o cálculo provisório dos direitos *antidumping* que vierem a ser adotados. Dessa forma, não é absolutamente indiferente para o exportador que suas vendas sejam enquadradas na categoria de produtos sujeitos a medidas provisórias; a mera percepção, por parte dos exportadores, de que tal ameaça pode concretizar-se afeta sua política de preços para o mercado externo. No sistema americano, por exemplo, em raras ocasiões, uma série de dados que contenha margens de *dumping* provisórias positivas escapa de uma decisão final positiva de *dumping*.

Assim, as metodologias de cálculo das margens de *dumping* para a de aplicação de medidas provisórias têm especial relevância, pois constituem estimativas prévias de direitos *antidumping*. Nos Estados Unidos, determinações preliminares positivas de *dumping* implicam suspender a liquidação da valoração aduaneira e o depósito de um valor que corresponda aos direitos *dumping* provisoriamente estimados. Direitos provisórios são estimados a partir de margens de *dumping* calculadas com base em alguma amostra de preços de importação para um período de tempo passado (usualmente, até seis meses antes da data de abertura da investigação). Os direitos definitivos, por sua vez, são determinados com base nos preços de importação em relação aos quais os direitos vão ser aplicados (importações que, se já efetivadas, ainda estão pendentes do ponto de vista de sua dívida aduaneira).

---

[22] O Brasil foi acusado, no GATT, pela Comunidade Europeia quanto à sua determinação preliminar na investigação de subsídios nas importações de leite em pó, sendo instituído um painel. Ver: Report of the Panel Brazil – Imposition of provisional and definitive countervailing duties on milk pander and certain types of milk from the European Economic Community. *Committee on Subsidies and Countervailing Duties*, GATT/SCM/179, 27, Il, 1993.

Os direitos definitivos são recalculados com base em novos cálculos da margem de *dumping* realizados sobre os preços de importação efetivamente praticados após a determinação preliminar. Daí em diante, direitos equivalentes à margem de *dumping* praticada de forma efetiva serão cobrados retroativamente, sobre o período que se inicia na data de determinação dos direitos provisórios.

Os Estados Unidos são o único país que adota esse sistema de cálculo dos direitos, conhecido como "sistema retrospectivo". Nesse caso, se, ao final da investigação, a determinação da existência de *dumping*, dano e relação causal for positiva, os direitos definitivos se aplicarão a três grupos possíveis de preços de importação; se a determinação preliminar tiver sido negativa, direitos *antidumping* definitivos, equivalentes à margem real atual de *dumping*, serão aplicados sobre as importações pertinentes que tenham sido efetivadas a partir da data em que se decidiu aplicar os direitos definitivos. Se, ao contrário, a determinação preliminar tiver sido positiva, direitos *antidumping* serão aplicados sobre as importações efetivadas a partir da data em que se publicou a determinação preliminar, ou, em circunstâncias críticas, sobre importações efetivadas até 90 dias antes da data da determinação preliminar.[23]

No caso do Brasil, os direitos provisórios, quando aplicados, não são cobrados na forma de depósito em dinheiro, mas sim de fiança bancária, ainda que a legislação permita a primeira possibilidade. Seu cálculo também é baseado em dados coletados em aproximadamente seis meses ou até um ano anterior à data de abertura da investigação. Uma vez que ela seja concluída, o valor do direito definitivo que vier a ser determinado pode ser alterado em relação ao que havia sido provisoriamente estimado, mas apenas caso tenham sido apresentadas novas evidências ou contestações, trazidas pelas partes interessadas ao longo da investigação.

A diferença entre os dois sistemas é que a margem de *dumping*, para a determinação final, não é recalculada com base em preços de importações efetivadas em um novo período, mais próximo no tempo, como no caso norte-americano. Uma vez obtida determinação preliminar positiva, os importadores tomam conhecimento do direito *antidumping* provisoriamente estimado, cujo montante é tornado público por meio de publicação no Diário Oficial da União. Essa sistemática de cálculo adotada no Brasil caracteriza o "sistema prospectivo" de cálculo de direitos *dumping*, adotado na maioria dos países aplicadores da legislação *dumping*.

23 A cláusula das "circunstâncias críticas" está prevista pelo Acordo *Antidumping* da OMC e também foi incluída na legislação brasileira. Prevê a possibilidade de aplicação de medidas *antidumping* definitivas de forma retroativa, preenchidas certas condições, vinculadas à caracterização de efetivação de importações maciças, por parte do importador, com intuito especulativo, antes de as autoridades alcançarem determinação final sobre a investigação *antidumping* (Art. 10.6 do Acordo *Antidumping* da OMC), e que, no Brasil, nunca foram invocados. Na prática, os requisitos legais para a aplicação dessa medida raramente são preenchidos.

No sistema brasileiro de cálculo do direito definitivo, ele é cobrado, no caso de determinação preliminar positiva, na forma de uma taxa *ad valorem*, ou específica, sobre o preço CIF das importações efetivadas a partir da data da publicação do direito provisório e sobre as importações futuras que venham a ser efetivadas após a data da publicação da decisão no Diário Oficial da União. As fianças prestadas no período de vigência dos direitos provisórios serão cobradas no valor equivalente ao do direito definitivo estabelecido, independentemente do real montante das margens atuais de *dumping* praticadas no período decorrido entre a determinação preliminar e a final.[24]

e) "Acumulação" na análise de dano e volume insignificante de importações

O Acordo *Antidumping* da OMC incluiu disciplina referente à "acumulação de dano", isto é, à possibilidade de se agregar o volume total das importações de vários países envolvidos em uma mesma investigação e de se determinar se seu impacto agregado causa dano à indústria doméstica fabricante do produto similar. Nesse contexto, está prevista uma provisão relativa a "volume de importações insignificante", pela qual se excluirão do escopo da investigação as compras externas a preços de *dumping*, originárias de um país, e que representarem menos de 3% das importações totais do produto em questão, à exceção de que, em conjunto com os demais exportadores marginais, ultrapassem 7% do total importado.

Já antes da Rodada Uruguai, todos os principais países aplicadores acumulavam as importações originárias de vários países em uma mesma investigação. O Canadá era o único país que oferecia oportunidade de exclusão de exportadores, quando a margem de *dumping* encontrada para os produtores de um país fosse significativamente inferior à dos demais.[25] Outros, como a Comunidade Europeia e os Estados Unidos, alteraram sua prática, pois desconsideravam os casos de queixas com determinação de dano baseadas em prática de *dumping* quando as importações representavam entre 0,5 e 1% do mercado doméstico.[26]

---

[24] Ressalta-se que, se o montante dos direitos *antidumping* definitivos calculados for superior ao que havia sido provisoriamente estimado, a diferença não poderá ser exigida. Ver Decreto nº 1.602/95, Capítulo VI, Seção III.

[25] A esse respeito, ver: VERMULST, E. A. The dumping systems of Australia, Canada, the EEC and the USA: have dumping laws become a problem in international trade? In: JACKSON, J. H.; VERMULST, E. A. (Ed.). *Dumping law and practice*: a comparative study. Ann Arbour: University of Michigan Press, 1992. p. 425.

[26] Esse tema constitui elemento importante na avaliação do impacto de investigações de *dumping* nas importações. Em estudo sobre as ações iniciadas pela Comunidade Europeia, realizado na década de 1980, Messerlin identificou que, em cerca de 25% das ações iniciadas, as exportações dos países afetados representavam menos de 2% do consumo aparente e que, em apenas cerca de 3% dos casos, um país exportador detinha uma participação de mais de 50%.

Assim, o Acordo *Antidumping* da OMC trouxe um crescimento em relação aos acordos anteriores, de interesse especial para os países em desenvolvimento, pois essa provisão afeta, principalmente, os exportadores marginais.

O texto da ata final do Acordo *Antidumping* da Rodada Uruguai havia incluído uma provisão que só permitia a acumulação dos efeitos das importações originárias de mais de um país, e envolvidas na mesma investigação, se cada país individualmente não representasse menos do que um determinado percentual do consumo aparente do país importador. Esse critério foi o adotado subsequentemente pela Comunidade Europeia em sua implementação do Acordo da Rodada Uruguai, para o conceito de "dano insignificante", distinto do contemplado pelo texto do Acordo *Antidumping*. A redação finalmente acordada adotou uma disciplina pela qual a acumulação de dano é permitida se o volume das importações de cada país não for inferior a 3% do total importado, em lugar de ser calculado em relação ao consumo aparente, a menos que essas importações, em conjunto, respondam por mais de 7% desse total (Arts. 3.3 e 5.8 do Acordo *Antidumping* e Art. 31, Inciso III, do Decreto nº 8.058/2013).

A substituição por um critério de participação no total das importações confere mais proteção contra a competição externa, pois, quanto mais protegido for um determinado setor produtivo (em termos de baixa penetração das importações no mercado interno), mais facilmente se chegará à conclusão de que as importações são significativas.

O tema de acumulação de dano foi controverso desde o primeiro Código *Antidumping* do GATT, e as legislações nacionais se valeram dessa possibilidade de formas variadas. Nos Estados Unidos, por exemplo, desde o Estatuto de 1921, o Departamento de Comércio soma as importações para a determinação da existência de dano, incluindo a prática de acumular com importações anteriormente investigadas, se elas forem coincidentes no tempo. Esse procedimento tornou-se obrigatório no *Trade Act* de 1984.

A partir dessa data, e tendo em vista as investigações de *dumping* e subsídios iniciadas pelos Estados Unidos em 1982,[27] a International Trade Commission, passou, também, a acumular importações envolvidas em investigações de *dumping* e de subsídios. O procedimento de acumulação de investigações anteriores não é permitido, entretanto, pelo Acordo *Antidumping* da OMC.

A Comunidade Europeia também acumulava importações desde a sua legislação *antidumping* original, incluindo a condição de que deveriam ser analisados

[27] Os famosos *Steel Cases de 1982* envolveram exportações de produtos siderúrgicos da Alemanha Ocidental, Bélgica, do Brasil, França, Itália, de Luxemburgo, Holanda e Inglaterra.

fatores como "o volume e a tendência das importações em questão e a comparação do seu impacto sobre o mercado da Comunidade Europeia".[28]

Finalmente, o Acordo *Antidumping* incluiu uma importante provisão, ainda pouco elaborada, referente às "condições de competição" no mercado do país importador e entre os produtos importados, introduzindo uma nova conceituação. A acumulação só é permitida se for considerada "apropriada em vista das condições de competição entre os produtos importados e entre esses e o produto similar no mercado doméstico" (Art. 3.3 do Acordo *Antidumping* e Art. 31 do Decreto nº 8.058/2013).

As regras de "acumulação" e de "volume insignificante" suscitam amplo debate e podem afetar diretamente pequenos exportadores, pois, quanto maior o volume de importações agregadas, maior a possibilidade de se configurar um cenário positivo de dano à indústria doméstica causado por essas importações. Países como o Brasil e os Estados Unidos excluem da acumulação empresas ou países para os quais se alcançou determinação negativa da existência de *dumping* ou se, por outra razão, o caso envolvendo tal empresa tiver sido encerrado. No entanto, esse entendimento não é uniforme entre os membros da OMC e tem afetado até exportações brasileiras.

Outro problema, com implicações sobre a questão da acumulação, diz respeito à falta de definição clara, no Acordo, do que seja o "produto objeto de investigação". A falta de regras permite uma ampla definição do escopo do produto investigado, com impactos sobre os negócios: empresas podem ser afetadas ou excluídas de uma determinação de aplicação de medidas que envolva vários países se forem capazes de argumentar, com base em uma definição precisa do escopo dos produtos investigados, que seu produto exportado não concorre no mesmo mercado que os demais. Não obstante, a falta de regras multilaterais permite discricionariedade nos critérios de análise das autoridades nacionais do país que inicie uma ação *antidumping*.

f) Margens de *dumping* de *minimis*

O Acordo *Antidumping* estabelece a regra da determinação de um montante de margem de *dumping de minimis* de 2%, expressa em relação ao preço de exportação, abaixo do qual não se permite a aplicação de medidas *antidumping*. Essa provisão tem a ver com a prática de alguns países, como os Estados Unidos, que estabeleciam o patamar para a margem de *minimis* em 0,5%, e o Canadá e a Comunidade Europeia, que o fixavam em 1,5%. Determinou-se que as investigações devem ser imediatamente encerradas quando se constatar a existência de margens de *dumping* de *minimis* (Art. 5.8 do Acordo AD e Art. nº 31 do Decreto nº 8.058/2013).

---

[28] BIERWAGEN, R. M. GATT: article VI and the protection bias in dumping laws. *Studies in Transnational Economic Law*. Deventer: Kluwer Law and Taxation Publishers, 1990, v. 7.

g) Melhor informação disponível

A participação de partes interessadas nas investigações é dada principalmente por meio de resposta a detalhados questionários enviados pelas autoridades investigadoras aos exportadores citados na investigação, importadores e indústria doméstica. O Acordo *Antidumping* aborda o problema de as partes não colaborarem no processo de investigação, resultando na falta de envio de informações ou no envio de informações incompletas. O tema da utilização da "melhor informação disponível" (Art. 6.8 do Acordo *Antidumping* e seu Anexo e Título II, Art. 50 e Capítulo XIV Decreto nº 8.058/2013) circunscreve com mais rigor as circunstâncias e as condições em que o país importador poderá desconsiderar informações de partes interessadas para a adoção de medidas *antidumping*.

É permitido que as autoridades estabeleçam determinações provisórias ou finais, baseadas nos "fatos disponíveis", sempre que uma parte interessada recuse o acesso ou não forneça as informações necessárias durante o prazo estabelecido, ou mesmo interponha obstáculos à investigação. No entanto, estabelece-se mais controle sobre as condições em que tais informações poderão ser desprezadas, bem como quais delas o país importador poderá utilizar em troca daquelas que forem desconsideradas. Esse aspecto afeta diretamente os interesses de empresas exportadoras, uma vez que tais procedimentos podem alterar de modo significativo o resultado de uma investigação.

Especificamente, toda informação verificável, apresentada de forma apropriada para ser utilizada na investigação e fornecida a tempo, deve ser considerada; as autoridades devem notificar a parte interessada no caso de sua informação não ser utilizada e dar oportunidade razoável de apresentar informação adicional, respeitados os prazos da investigação; as autoridades não podem desconsiderar informações que tenham sido prestadas, ainda que não na forma ideal em todos os seus aspectos; se as autoridades se basearem em informações de fontes alternativas, devem verificar a exatidão de tais dados com base em fontes independentes (Anexo II do Acordo AD).

h) Direitos *antidumping* residuais – *residual duties*

Ainda que o *dumping* seja uma prática de empresas específicas, medidas *antidumping* são impostas de forma a atingir todas as exportações, originárias de um ou mais de um país, do produto em questão. Esse aspecto constitui um dos temas mais substantivos quanto ao efeito da política *antidumping* sobre o fluxo de importações.

Direitos *antidumping* individualizados são aplicados sobre exportações de firmas exportadoras que tenham cooperado com a investigação. "Direitos residuais" são aplicados para todos os demais exportadores do mesmo produto e do mesmo país, afetando até mesmo exportadores potenciais do mesmo país, que podem receber o direito *antidumping* mais alto estabelecido na investigação. Novos exportadores do país de origem estão sujeitos a medidas *antidumping* que tenham sido aplicadas sobre as importações originárias de seu país, as quais, contudo, não guardam qualquer relação com sua prática de preços. Esses exportadores serão atingidos pela medida aplicada sobre as importações do produto em questão até que se inicie um processo de revisão, que deve ser por eles solicitado e cuja duração, ainda que mais curta, não é regulamentada pelo Acordo *Antidumping* da OMC.

Esse procedimento é de aplicação geral por parte de todos os países que implementam uma política *antidumping* e se justifica por ser necessário sob o ponto de vista da eficiência do sistema, pois "empresas-fantasia" podem rapidamente surgir como forma de burlar um direito *antidumping* aplicado. Assim, essa prática constitui uma prevenção contra a triangulação de mercadorias para evitar os direitos *antidumping* em vigor.[29]

No entanto, há de se ter em mente, como aponta Messerlin,[30] que a imposição dos direitos residuais implica a aplicação de direitos sobre exportadores que são, ao final da investigação, apenas potenciais. Essa extensão pode determinar custos econômicos a longo prazo. A teoria econômica das vantagens comparativas indica que a longo prazo tais vantagens estão associadas mais fortemente a características de países do que de empresas, como dotação de fatores, tecnologia e ambiente regulatório. Novas firmas mais eficientes podem surgir em países nos quais já existam firmas competitivas, e, como a experiência internacional sugere que as ações *antidumping* tendem a se dirigir para esses países, os direitos residuais podem desencorajar a entrada de novas firmas mais competitivas.

Ressalte-se a esse respeito que o impacto desse procedimento dependerá naturalmente dos requisitos para uma revisão sumária do direito aplicado, para a exclusão de novos exportadores, objeto da discricionariedade das autoridades nacionais. Na legislação da Comunidade Europeia, por exemplo, o prazo dessa revisão é de 12 meses (Regulamento CE nº 384/96, Art. 11). O decreto brasileiro não estabelece tal prazo, seguindo a diretriz da OMC de realizar revisão "sumária".

O método de determinação do direito residual aplicado diferia entre os países. A Comunidade Europeia aplicava o maior direito *antidumping* encontrado na investigação e os Estados Unidos, a média ponderada desses direitos. Atualmente, a Comunidade Europeia aplica a média ponderada dos direitos encontrados para cada exportador individual (CEE, Regulamento nº 384/96, de 22 de

29 VERMULST, 1992, p. 435.

30 MESSERLIN, P. A. The Uruguay negotiations on dumping enforcement: some basic issues. In: THARAKAN, P. K. M. (Ed.). *Policy implications of dumping measures*. Amsterdam: North Holland, 1991. p. 55 e 63.

dezembro de 1995, Art. 9º). Os Estados Unidos (Título VI do *Tariff Act* de 1930, atualizado pelo *Uruguay Round Agreement Act*, de 12 de agosto de 1994, seção 734-735) adotam procedimento semelhante, podendo, nas investigações em que não tenha havido participação de nenhum exportador e o direito *antidumping* tenha sido aplicado com base na melhor informação disponível, a autoridade utilizar "qualquer outro método" para calcular o direito residual a ser aplicado contra novas firmas exportadoras.

No Brasil, a prática adotada, a partir de 1994, é a de se aplicar o maior direito encontrado para as empresas exportadoras, que tenham sido investigadas, do país em questão.

i) Prazo de vigência

O Código *Antidumping* da Rodada Tóquio não previa prazo para a vigência das medidas adotadas, o que, acreditava-se, gerava entraves ao fluxo de importações por longo tempo. Na tentativa de minorar tal impacto, os países negociaram no Acordo da OMC uma cláusula conhecida como *sunset clause*, por meio da qual foi estipulado o prazo de cinco anos para a sua vigência. No entanto, é prevista a possibilidade de prorrogação desse período se, com base em revisão realizada antes do final desse prazo, as autoridades determinarem que a revogação da medida levaria a uma retomada do *dumping* e do dano (Art. 11.3 do Acordo da OMC e Capítulo VIII do Decreto nº 8.058/2013), cabendo o ônus da prova à autoridade do país importador. Os procedimentos e critérios de análise para tal prova são pouco elaborados, e a prática tem demonstrado que tal provisão não gerou os efeitos desejados de redução do período de vigência das medidas.

6.3.1.2 *Solução de controvérsias*

Outra provisão importante introduzida no texto do Acordo *Antidumping* foi a inclusão de regras de revisão para orientação dos painéis internacionais. O acordo constitutivo da OMC contém um procedimento integrado de solução de controvérsias, o Acordo sobre Solução de Controvérsias da OMC (ASC), mas, no caso do Acordo AD, aplica-se regra adicional.

Estabeleceram-se prazos rígidos para todas as etapas dos painéis, de forma que se encerrem em, no máximo, nove meses. Ao contrário das regras anteriormente vigentes, as do ASC impedem que uma parte contratante, que tenha perdido uma disputa, bloqueie a aceitação do relatório do painel instituído pela OMC. Essa possibilidade, naturalmente, passou a imprimir grande fragilidade ao sistema do GATT. Além disso, foram estabelecidos procedimentos que permitem a apelação de decisões dos painéis em matérias de ordem legal em um tribunal especial (o Órgão de Apelação).

O Acordo *Antidumping* estabeleceu, por insistência dos Estados Unidos, regras que definem o escopo da atuação dos painéis (Art. 17). Dispôs-se que, quando o painel deliberar que os procedimentos de um país estabeleceram os fatos "adequadamente", que eles foram avaliados de forma "objetiva e imparcial", a decisão desse país não poderá ser contestada pelo painel, mesmo que ele tenha alcançado uma opinião diferente quanto ao mérito do caso. Mais ainda, quando o painel considerar que existem várias interpretações possíveis para um aspecto do acordo, a interpretação adotada pela parte contratante deverá ser respeitada, desde que esteja entre aquelas aceitas como possíveis. Tal provisão, na prática, não tem impedido os painéis de enfocar questões substantivas e de mérito, refletindo a preocupação de que os países devem adequar seus procedimentos às regras acordadas, muitas vezes independentemente do conteúdo econômico da disputa comercial sob exame multilateral.

6.3.1.3 *O dumping: conceitos substantivos*

a) Método de cálculo da margem de *dumping*

No Acordo AD, o conceito de *dumping* é empiricamente verificável: preço praticado pela empresa produtora/exportadora em seu mercado interno (o "valor normal") superior àquele praticado para o produto similar na exportação para um determinado país (o "preço de exportação").

A prática de *dumping* por empresa exportadora não é condenada pelo Acordo. No entanto, foi estabelecido, desde a formulação do Acordo Geral, em 1947, que, se tal prática vier a causar dano à indústria doméstica do país importador, este poderá adotar medidas para anular o dano causado (Art. VI do GATT e Capítulo II do Decreto nº 8.058/2013). Assim, as medidas *antidumping* têm como objetivo anular o dano à indústria doméstica causado por importações de produtos a preços de *dumping*.

O Acordo AD, da OMC, estabeleceu detalhamentos à definição e ao cálculo de *dumping* presentes no Art. VI do GATT. O "valor normal" é definido como o preço cobrado pela firma em seu mercado doméstico, "nas transações comerciais normais". Essas transações não serão consideradas normais se, por um tempo prolongado (normalmente um ano), uma "quantidade substancial" do produto em questão for vendida por preço menor do que seu custo médio total (isto é, a soma dos custos de produção fixos e variáveis, acrescidos dos custos de vendas, administrativos e gerais (Arts. 2.2 e 2.2.1 do Acordo *Antidumping* e Capítulo II do Decreto nº 8.058/2013).

O conceito de quantidade substancial é definido como constituindo pelo menos 20% do volume total das vendas sob exame ou se o preço de venda médio ponderado do total das vendas investigadas for inferior ao custo médio unitário ponderado dessas mesmas transações.[31] Poderão ser excluídas do cálculo do valor normal as vendas abaixo do custo unitário (definido como custos de produção, fixos e variáveis, mais os administrativos e de vendas), se elas constituírem pelo menos esse montante do total das vendas e se cada venda individualmente não permitir recuperação de custos (isto é, se seu preço no momento da venda for inferior ao custo unitário médio ponderado obtido no período da investigação).

Quando as vendas no mercado doméstico do exportador forem em quantidade muito pequena (definida como menos de 5% das vendas do produto em questão destinadas ao importador), ou, no caso de uma "situação particular de mercado", que não permita uma comparação "adequada", o valor normal poderá ser determinado com base no preço praticado pelo exportador em terceiros mercados que sejam "representativos" (Art. 2.2 do Acordo *Antidumping* e Art. 14º do Decreto nº 8.058/2013), ou com base no custo de produção estimado, acrescido, o valor construído, de margem "razoável" de lucros de custos administrativos, de vendas e gerais (Art. 2.2.1 do Acordo *Antidumping* e Art. 14º do Decreto nº 8.058/2013).

Nos casos em que não há preço de exportação, ou quando esse parecer inadequado para as autoridades do país importador, por refletir vendas de empresas vinculadas, o preço de exportação também pode ser "construído". Ele deve ser baseado no preço pelo qual o produto importado é vendido pela primeira vez a um comprador independente ou, se tal não ocorrer, "em alguma outra base razoável que as autoridades possam determinar" (Art. 2.3 do Acordo *Antidumping* e Art. 21º do Decreto nº 8.058/2013).

O acordo requer que, para a determinação da existência de preços de *dumping*, seja realizada uma comparação justa entre os preços de exportação e o valor normal. Essa comparação é realizada, normalmente, a preços observados nos mesmos níveis de comércio.[32] A comparação entre o valor normal e o preço de exportação deve ser feita, normalmente, a preços *ex works* e em datas as mais próximas possíveis, descontando-se diferenças de preços decorrentes

---

31 Ver Decreto nº 1.602, Art. 6º, para descrição detalhada da metodologia de exame das vendas abaixo do custo. O texto do Decreto nº 1.602 está disponível no *site* do Ministério do Desenvolvimento. <www.desenvolvimento.gov.br>.

32 A margem de *dumping* é definida de forma algébrica: MD = (VN – PX)/PX, em que MD é a margem de *dumping*; VN, o valor normal; e PX, o preço de exportação. Como o VN e o PX variam ao longo do período investigado, a margem de *dumping* é um resultado estatístico da comparação das duas médias de preços. Se o VN e o PX são respectivamente as médias dos preços domésticos e de exportação, normalmente ao nível *ex works* (isto é, livres de tributos de circulação, custos de transporte e distribuição, que afetam os preços finais para cada mercado de forma diferenciada), e se a distribuição dos dois grupos de preços é igual, a margem de *dumping* obtida será zero. Também é possível a comparação com base em cada transação individualmente, obtendo-se, ao final, uma margem de *dumping* média ponderada. O direito *antidumping*, por sua vez, é obtido em base *ad valorem* pela relação entre a margem de *dumping* e o preço CIF de importação.

de termos e condições de vendas, quantidades envolvidas, características do produto e outras que possam afetar a comparação de preços (Art. 2.4 do Acordo *Antidumping* e Seção III do Decreto nº 8.058/2013).

Medidas *antidumping* podem ser adotadas somente se for possível demonstrar que a prática de preços de *dumping* causa ou ameaça causar dano aos produtores domésticos fabricantes de produto similar no país importador e cujos produtos competem com seus similares importados.

O Acordo reserva, ainda, a possibilidade de se combater os chamados casos de *targeted dumping*, quando é permitida a comparação de preços individuais para o mercado de exportação com a média ponderada dos preços de venda no mercado interno do exportador, desde que se constate um "padrão de preços de exportação que difira significativamente entre diversos compradores, regiões ou períodos de tempo", e se for apresentada justificativa para se adotar tal procedimento (artigo 2.4.2 do Acordo *Antidumping* e parágrafo 2º do Art. 26 do Decreto nº 8.058/2013). O Acordo, entretanto, não regulamenta quais justificativas seriam aceitáveis. De todo modo, o dispositivo atual limita em maior grau a liberdade, antes observada na prática, de alguns países, de serem utilizadas comparações entre médias de valor normal com preços de exportação individuais, sem qualquer restrição.

Segundo Palmeter,[33] esse procedimento carece de sentido econômico, uma vez que um padrão de variação de preços é usual ao longo do tempo e, portanto, pode refletir segmentação de mercados por tipo de produto ou cliente, preferências dos consumidores ou fatores sazonais, e, dependendo até mesmo da estrutura dos mercados em que operem as firmas, pode ser verificado também no mercado doméstico (situação a que o texto do Acordo, contudo, não se refere).

A inclusão dessa provisão foi realizada a pedido dos Estados Unidos durante as negociações da Rodada Uruguai, representando uma solução de compromisso, de forma a limitar a possibilidade de legitimar a metodologia, adotada por esse país, pela qual as margens de *dumping* eram calculadas por meio da comparação entre os preços médios ponderados obtidos para a determinação do valor normal e os preços de transações individuais de exportação. A metodologia americana, portanto, comparava o preço médio calculado para o valor normal com o vetor de preços de *dumping*, baseado em cada transação de exportação. Se os dois grupos de preços são distribuídos em torno da mesma média, por exemplo, há mais possibilidades de serem encontradas margens de *dumping*, pois alguns preços de exportação serão inferiores ao valor normal.

---

[33] PALMETER, D. United States implementation of the Uruguay dumping code. *Journal of World Trade*, Twickenham, Vincent Press, v. 29, n. 3, p. 43-44, June 1995.

Além desse viés, a prática americana gerava outro, devido ao fato de serem eliminadas do cálculo as comparações que resultem em margens de *dumping* negativas ou nulas. Esse procedimento tornou-se conhecido como *zeroing out*, ou seja, atribuir-se às margens negativas um valor zero, em que elas continuam participando da ponderação com valor superior ao verdadeiro; assim, introduz-se um viés positivo, ao se contabilizarem apenas as margens positivas para o cálculo da margem de *dumping* média ponderada final. Esse viés é considerado um dos mais relevantes no cálculo de margem de *dumping*.

Tal metodologia, ainda que considerada uma "desonestidade intelectual", tem sido amplamente utilizada e implica a constatação da existência de margens de *dumping* e a aplicação de direitos *antidumping* que, de outra forma, não se verificariam. Foi aplicada em grande parte das ações *antidumping* mais importantes iniciadas pelos Estados Unidos, nos anos 1980, referentes a produtos siderúrgicos, resultando, aliás, em acordos de restrições de exportações dos fornecedores envolvidos. Tornou-se objeto de vasta cobertura crítica na literatura,[34] constituindo uma das principais demandas dos países exportadores para reforma do Acordo AD.[35]

A solução geralmente adotada pelas autoridades governamentais dos países aplicadores da legislação *antidumping* para o cálculo da margem média de *dumping* do período da investigação é estimar uma margem de *dumping* baseada na média dos preços, em lugar de apurar as margens individuais de cada transação e, posteriormente, calcular sua média. A primeira alternativa, pela qual não se calculam margens individuais, pode evitar o expurgo das margens de *dumping* nulas.

Uma dificuldade real do cálculo das margens de *dumping* consiste em encontrar uma transação interna comparável à transação externa, isto é, obter vendas domésticas e de exportação completamente "casadas". Não havendo transação doméstica simultânea e estritamente comparável, a solução a que se recorre, no caso de cálculo de margens individuais, isto é, transação a transação, é encontrar uma estimativa para o preço que vigora no mercado doméstico, nas mesmas condições e no mesmo momento que a transação de exportação, o que constitui motivo de incerteza para os importadores sobre o resultado final do cálculo das autoridades governamentais.

---

34 Ver, a esse respeito, os vários Arts. em: BOLTUCK, R.; LITAN, R. E. (Ed.). *Down in the dumps*: administration of the unfair laws. Washington: The Brookings Institution, 1991.

35 Para discussão detalhada do processo negociador, ver STEWART, T.; MARKEL, S. G.; KERWIN, M. T. *Dumping. The GATT Uruguay round*: a negotiating history 1986/1992. Deventer: Kluwe Law and Taxation Publishers, 1993. p. 155-157. O tema já foi, inclusive, objeto de painel na OMC, que considerou o uso do *zeroing* improcedente. Veja Relatório do Órgão de Apelação da OMC, EC-Bed Linen (WT/DS/141/AB/R).

b) Conversão cambial

Para a comparação entre o valor normal e o preço de exportação, ambos devem estar computados, naturalmente, na mesma moeda, o que requer a conversão dos preços em uma paridade determinada, utilizando-se uma taxa de câmbio apropriada. O Acordo AD da OMC estabeleceu, para essa conversão cambial, regras que não estavam contidas no Código da Rodada Tóquio. A inexistência de tais regras foi igualmente motivo de farta crítica na literatura, que atribuía a essa omissão a possibilidade de obter margens de *dumping* decorrentes, exclusivamente, de variações na taxa de câmbio. Isso ocorre, por exemplo, quando a moeda em que o produto em questão é exportado é o dólar, enquanto o produto é vendido no mercado interno em moeda doméstica. Nesse caso, o procedimento normalmente utilizado pelas autoridades do país importador é converter os preços de venda no mercado interno em dólares e, então, compará-los com os preços de exportação.

Teoricamente, se a taxa de câmbio apropriada é escolhida, os resultados não serão afetados. A título ilustrativo, registrem-se os procedimentos de cálculo envolvidos com o pagamento de seguro e frete, muitas vezes incorridos na moeda local da firma exportadora. Essas despesas podem ser realizadas após efetivado o contrato de venda, e a taxa de câmbio pode, então, já se ter alterado. Se as autoridades não ajustarem apropriadamente a taxa utilizada, o procedimento de cálculo estará sujeito a distorções.

O Acordo *Antidumping* requer que seja utilizada a taxa de câmbio vigente no momento da data da venda sob exame. Flutuações nas taxas de câmbio por períodos inferiores a 60 dias devem ser ignoradas, e os exportadores têm esse prazo para ajustarem seus preços em resposta a oscilações sustentadas nas taxas de câmbio (Art. 2.4.1 do Acordo AD e Art. 23 do Decreto nº 8.058/2013).[36]

c) Amostragem de exportadores

A definição da amostra de preços praticados a ser utilizada para determinar a existência da prática de *dumping* nunca havia sido tratada pelo GATT, mas o Acordo *Antidumping* da OMC estabeleceu que, quando o número de exportadores, produtores ou tipos de produtos envolvidos na investigação de *dumping* for tão grande a ponto de tornar impraticável a determinação dos preços individualmente para cada produtor/exportador, as autoridades investigadoras poderão limitar o seu exame a um conjunto de empresas ou produtos escolhidos por amostragens que sejam "estatisticamente válidas", com base nas informações disponíveis para as autoridades no momento da realização da amostra ou por meio do exame do maior percentual do volume das exportações originárias do país em questão que possa ser investigado (artigo 6.10 do acordo e Art. 27 e *caput* e

36 Podem ser encontradas margens de *dumping* causadas apenas por flutuações usuais nas taxas de câmbio, mas que não caracterizam *dumping* no sentido de uma estratégia deliberada de preços.

incisos I e II do Art. 28 do Decreto nº 8.058/2013). A prática usual norte-americana é baseada na segunda possibilidade. O Brasil nunca usou tal prerrogativa, e a totalidade das importações do produto objeto de investigação é examinada.

d) Vendas abaixo dos custos de produção

O Acordo *Antidumping* estabelece que vendas abaixo do custo de produção no mercado interno do país exportador podem ser excluídas do cálculo da margem de *dumping*, dentro de certas condições (Art. 2.2.1 do Acordo e Art. 14 do Decreto nº 8.058/2013).

Mesmo antes do Acordo da Rodada Uruguai, os Estados Unidos, o Canadá, a Comunidade Europeia e a Austrália já consideravam realizadas fora de "condições comerciais normais" as vendas abaixo do custo unitário de produção.

Questionamentos referentes à correção dos conceitos subjacentes ao tema das vendas abaixo do custo fizeram parte das propostas de negociação apresentadas, ao longo das negociações da Rodada Uruguai, pelos países exportadores, liderados por Cingapura, Japão e Hong Kong e apoiados pelos países nórdicos. Foram apresentadas propostas para redefinir quais vendas abaixo do custo constituiriam situações "anormais" de mercado.[37]

As negociações, contudo, centraram-se em torno de temas subsidiários. Mas a questão do período de tempo a ser considerado na investigação de *dumping*, para determinar se vendas abaixo do custo devem ser desqualificadas ou não e, portanto, excluídas do cálculo do valor normal, não constitui, na verdade, um tema secundário. Este é um problema relevante no caso de produtos com variações cíclicas de preços ou de custos. Por exemplo, se os preços se comportam de forma cíclica, mas com custos constantes, e o período de investigação dos preços do produto concentra-se na fase de depressão do ciclo, independentemente do estudo de seu ciclo de longo prazo, as margens de discriminação obtidas serão artificialmente altas. Assim, do ponto de vista econômico, pode ser inadequado concluir pela existência de "condições anormais de mercado" se a investigação estiver concentrada no exame de preços praticados durante um período de tempo menor do que o do ciclo do produto em questão: na fase baixa do ciclo, uma comparação pontual com os custos médios conduz a um resultado de *dumping*, mas esse procedimento pode ser anulado se o período de investigação incluir também a fase de alta de preços. A solução adotada na Rodada Uruguai consolidou o tratamento do

[37] BALDWIN, R. E. Imposing multilateral discipline on administered protection. In: KRCEGER, A.(Ed.). *WTO as an international organization.* Chicago: The University of Chicago Press, 1998. p. 322. O autor sugere, neste tema, que uma reforma da legislação *antidumping* deveria incluir uma provisão, estabelecendo que, para o cálculo de valor normal, seriam aceitas vendas abaixo do custo médio sob os mesmos critérios em que essas vendas fossem toleradas no caso dos produtores domésticos, sob o amparo da legislação antitruste nacional.

tema de forma imprópria, ao arbitrar de maneira indiscriminada que esse período de tempo deveria ser "normalmente de um ano", independente do ciclo do produto em exame. Contudo, há que se considerar os problemas práticos, a fim de se adotar períodos mais longos para exame de preços, que podem acabar por inviabilizar a investigação, permanecendo essa questão em aberto.

O Acordo da OMC estabeleceu uma regra de ajuste nos custos, de forma a se ter em conta se a empresa está em etapa de *start-up* na produção do bem em questão. Essa é uma importante disciplina, uma vez que essa provisão protege exportadores em início de operação da arbitrariedade na determinação de que eles praticam vendas abaixo do custo, antes mesmo de terem atingido um volume de vendas adequado para se calcular seus custos unitários de produção. Todavia, o Acordo deixou em aberto o período durante o qual se considera que uma firma possa estar em início de operação.

e) Valor construído

O Acordo *Antidumping* permite o cálculo do valor normal com base nos preços de venda para terceiros mercados ou no "valor construído", caso as vendas no mercado interno do exportador não permitam uma comparação adequada (Art. 2.2 do Acordo e Inciso II do Art. 14 do Decreto nº 8.058/2013). Essa situação apresenta-se, como vimos, devido ao baixo volume de vendas no mercado doméstico do exportador ou ao fato de suas vendas serem realizadas abaixo do custo médio de produção.

O valor construído é obtido de acordo com os custos de produção, acrescidos de montantes referentes a lucros e a custos administrativos de vendas em geral. O Acordo estipula que o valor construído poderá ser obtido com base nos custos incorridos, pelo produtor em questão, na fabricação de bens da mesma categoria geral do produto investigado; ou com base nos dados de custos de produção do produto investigado incorridos por outros fabricantes para a venda no mercado do país de origem; ou, ainda, com base em qualquer outro método "razoável", desde que o montante atribuído a lucros não exceda o montante observado para outros fabricantes de produto da mesma categoria geral do produto investigado no país de origem das exportações em questão. Naturalmente, esta última possibilidade elimina qualquer tentativa de hierarquia entre as duas formas de cálculo do valor construído que os redatores do Acordo tivessem em mente.

Assim, a determinação do valor construído envolve problemas de informação. Além disso, registre-se o fato de que, dependendo do tipo do produto investigado, as firmas não dispõem, em sua contabilidade, de dados de custos específicos para o que está em exame, uma vez que tais dados, em geral, são contabilizados de forma mais agregada. Isso implica adotar algum método de rateio para serem imputados os custos e as despesas pertinentes ao produto investigado, em particular no que se refere às despesas gerais de fabricação. Adicionalmente, há, por exemplo, os casos de subprodutos oriundos de um mesmo processo de fabricação; neste caso, é necessário imputar ao produto investigado custos específicos, com base em algum critério adequado de rateio.

O valor construído é utilizado também quando os exportadores não cooperam na investigação, aplicando-se, nesses casos, a "melhor informação disponível", como anteriormente mencionado.

Não obstante seus resultados limitados, as regras atualmente estabelecidas tiveram por objetivo uniformizar procedimentos de cálculo do valor construído entre os países aplicadores, uma vez que esse método se disseminou nas investigações *antidumping* e cálculos arbitrários podem implicar margens de *dumping* superestimadas.

Finger atribui à grande frequência da utilização da metodologia do valor construído, em combinação com o conceito de *dumping* como vendas abaixo do custo médio, a "transformação do *dumping* em uma arma para ser usada contra todas as importações".[38] Essa avaliação coincide com os resultados de trabalhos como os de Banks,[39] Horlick[40] e Bellis[41] sobre o uso da legislação *antidumping* a partir da década de 1970, respectivamente por Austrália, Estados Unidos e Comunidade Europeia, já então líderes no uso dessa legislação.

No caso da Austrália, Finger conclui que esse método de determinação da existência de *dumping* foi responsável pela grande expansão do sistema *antidumping* nos anos 1980. Além disso, um estudo governamental encomendado para analisar esse desenvolvimento (Revisão Gruen) recomendou que a provisão sobre vendas abaixo do custo fosse excluída da legislação, de forma a se controlar o recurso indiscriminado às ações *antidumping*.

O trabalho de Horlick estimou que também nos Estados Unidos cerca de 60% das ações iniciadas basearam-se no critério de vendas abaixo do custo. Os dados de Murray[42] para os Estados Unidos, a respeito da utilização do método do valor construído, indicam a tradicional relevância da seleção do método de determinação do valor normal no uso da legislação: nas investigações em que o valor construído foi utilizado, os resultados finais com aplicação de direitos foram duas vezes superiores ao ocorrido quando o método utilizado foi o referente a preços de exportação para terceiros mercados.

---

38 Ver VERMULST, 1992, p. 135.

39 BANKS, G. *Australia's dumping experience*. Policy, research and external affairs. Washington: World Bank, Country Economics Department. Working Paper 551, 1990. p. 10.

40 HORLICK, 1989, p. 117-142.

41 BELLIS *apud* VERMULST, 1992, p. 75.

42 MURRAY, T. The administration of the antidumping law by the department of commerce. In: BOLTUCK; LITAN, 1991, p. 46.

Miranda[43] lembra ainda que qualquer determinação da existência de *dumping* com base na comparação entre o preço de exportação e o valor construído, que inclui custos totais e lucros – este último é observável somente em situações não recessivas – tende a isolar o mercado doméstico de crises econômicas nos mercados dos países exportadores (em mercados sob depressão, a firma pode ter de aceitar um preço que não recupere todos os seus custos fixos nem tampouco lhe assegure uma margem de lucro), portanto, medidas *antidumping* adotadas com base no critério de vendas abaixo do custo têm funcionado como medidas anticíclicas setoriais.

6.3.1.4 *O dano: conceitos substantivos*

No que se refere ao tema da determinação do dano causado pelas exportações a preços de *dumping* sobre a indústria doméstica do país importador, o Acordo *Antidumping* da OMC não alterou os dispositivos anteriormente vigentes. Além disso, os conceitos de dano e de indústria doméstica permaneceram os já adotados desde o Código da Rodada Tóquio; mantiveram-se, ainda, conceitos cuja generalidade concede ampla margem de interpretação às autoridades investigadoras para a aplicação de medidas.

O conceito de "produto similar" é assim definido (Art. 2.6 do Acordo *Antidumping* e Art. 9 do Decreto nº 8.058/2013):

> *o produto que é idêntico, isto é, semelhante em todos os seus aspectos, ao produto em consideração, ou, na ausência de tal produto, aquele que, embora não sendo semelhante em todos os aspectos, apresente características bastante próximas ao produto em exame.*

O conceito de indústria doméstica deve ser interpretado com referência "ao conjunto dos produtores dos produtos similares, ou daqueles cuja produção conjunta constitua proporção majoritária da produção doméstica total desses produtos"[44] (Art. 4.1 do Acordo *Antidumping* e Capítulo IV, Decreto nº 8.058/2013). Estão previstas exceções quando os produtores forem vinculados aos importadores ou aos exportadores, bem como para o caso de segmentação do mercado nacional em regionais isolados.

---

43 MIRANDA; TORRES; RUIZ, 1998.

44 É interessante ressaltar, neste ponto, que, ao longo das negociações da Rodada Uruguai, os países exportadores, de modo geral, apoiados pelos países nórdicos, defenderam a definição de um percentual claro para essa proporção, de 50%. O Canadá, a Comunidade Europeia e os Estados Unidos foram contra essa definição. A defesa da posição norte-americana merece destaque: seu argumento era o de que o resultado, sob o ponto de vista da determinação de dano, não se alteraria conforme variasse o percentual dos produtores que estivessem sofrendo dano decorrente das importações a preços de *dumping*. Os Estados Unidos acreditavam que essa preocupação seria mais pertinente ao tema da legislação antitruste e da defesa da concorrência. Para uma discussão detalhada da negociação, ver: STEWART; MARKEL; KERWIN, 1993, p. 193-200.

O conceito de produto similar é essencial para a caracterização da indústria doméstica, influenciando o grau de abrangência dos produtos que venham a ser afetados por medidas *antidumping*. Alguns países, como os Estados Unidos e o Canadá, incluem, para a sua definição, o requisito da caracterização da aplicação do produto, o que envolve a análise do grau de substituição dos produtos nos mercados, a aplicação, a utilização do produto e seu mercado de destino. Outros, como a Comunidade Europeia, a Austrália, a Argentina e o Brasil, seguem a linguagem do Acordo.

A determinação da existência de dano deve ser baseada em provas positivas e envolver o exame do volume das importações efetivadas a preços de *dumping*, de seus efeitos sobre os preços dos produtos importados e de seu impacto sobre os fabricantes domésticos do produto similar. Uma condição necessária para a admissão de dano é a existência de aumento significativo das importações a preços de *dumping*, seja em termos absolutos ou relativos. Outros indicadores a serem analisados são a existência de um diferencial de preços entre o produto importado e o fabricado internamente, além de um efeito depressivo significativo sobre os preços no mercado do país importador e a magnitude da margem do *dumping*. Como forma de avaliar os efeitos sobre os preços domésticos, admite-se também a possibilidade de esses preços estarem "suprimidos", ou seja, por força da pressão dos preços de *dumping*, não acompanharem elevações nos custos de produção.

O Acordo AD apresenta uma lista ilustrativa de indicadores econômicos a serem analisados para a determinação da existência de dano à produção doméstica do produto similar. São citados os referentes à queda real ou potencial nas vendas, nos lucros, na produção, na participação no mercado, na produtividade, no retorno do investimento, no grau de utilização da capacidade, fatores que afetem os preços domésticos, efeitos reais ou potenciais sobre o fluxo de caixa, estoques, emprego, salários, crescimento, capacidade de levantar capital ou investimento. Essa lista não é exaustiva, e "nenhum fator isoladamente deve fornecer uma orientação decisiva" (Art. 3.4 do Acordo e Art. 30 do Capítulo III do Decreto nº 8.058/2013).

A existência de uma relação de causalidade entre a prática do *dumping* e o dano à produção doméstica também deve ser estabelecida, baseado em "todas as evidências relevantes que se apresentem à autoridade". Devem ser levados em consideração quaisquer outros fatores conhecidos que estejam causando dano à produção doméstica no mesmo momento e que não possam ser atribuídos às importações a preços de *dumping*. Alguns fatores podem ser considerados relevantes para esse objetivo, incluindo volume e valor das importações que não são vendidas a preços de *dumping*, contração da demanda ou alterações nos padrões de consumo, práticas restritivas ao comércio realizadas no mercado importador, competição entre os produtores externos, desenvolvimento tecnológico, desempenho do exportador e produtividade doméstica.

6.3.2 O Acordo sobre Subsídios e Medidas Compensatórias

O Acordo sobre Subsídios e Medidas Compensatórias (ASMC) substituiu o Acordo sobre a Interpretação e Aplicação dos Arts. VI, XVI e XXIII do Acordo Geral, negociado na Rodada Tóquio. Esse instrumento de defesa comercial é muito menos utilizado no cenário internacional do que o Acordo *Antidumping*. Já no início dos anos 2000, em 2001/2002, enquanto os dados da OMC indicavam o início de 309 novas investigações *antidumping* pelos países-membros e 1.189 medidas *antidumping* em vigor até 30 de junho de 2002, no mesmo período, foram iniciadas 18 novas investigações de subsídios e medidas compensatórias, estando em vigor, em 30 de junho de 2002, 98 medidas compensatórias.[45] Em 2014, segundo os dados da OMC, foram iniciadas 236 ações *antidumping*, em comparação com apenas 45 investigações de subsídios e medidas compensatórias.[46]

Ao contrário de seu predecessor, o texto atual inclui uma "classificação" dos subsídios na intenção de resolver as extensas controvérsias comerciais geradas pela incapacidade dos membros do GATT em obter uma definição geral de "subsídios" que abarcasse os diferentes impactos econômicos dessas políticas nos fluxos de comércio entre os países. O Acordo contém, assim, uma categorização dos subsídios, a partir do conceito de "subsídio específico", isto é, aquele concedido apenas a certas empresas, indústria ou grupos de empresas ou indústrias. Apenas os subsídios específicos estão sujeitos à disciplina do Acordo. Os subsídios agrícolas foram objeto de regras particulares fora do Acordo sobre Subsídios, as quais integram o Acordo sobre Agricultura.[47]

O Acordo da OMC estabelece, assim, três categorias de subsídios. Em primeiro lugar, são proibidos os subsídios cujos critérios de concessão refiram-se a exigências de desempenho exportador e a conteúdo local de mercadorias fabricadas no mercado doméstico. Tais subsídios estão sujeitos a novos procedimentos de

---

45 OMC, *Informe anual*, p. 78-82, 2003.

46 World Trade Organization. Disponível em: <http://www.wto.org>.

47 A base legal para a aplicação de medidas compensatórias no Brasil reside no Decreto Legislativo nº 30, de 15 de dezembro de 1994, promulgado pelo Decreto nº 1.355, de 30 de dezembro de 1994, e no Decreto nº 1.751, de 19 de dezembro de 1995, os quais regulamentam as normas que disciplinam os procedimentos administrativos, relativos à aplicação de medidas compensatórias. Adicionalmente, a Lei nº 9.019/95 dispõe sobre os direitos *antidumping* e compensatórios. Já a Circular Secex nº 59, de 28 de novembro de 2001, torna públicos os procedimentos de contagem de prazo, fornecimento de informação confidencial e tratamento a países cujas economias não sejam predominantemente de mercado. A Lei nº 9.784/2000 regula o processo administrativo no âmbito da Administração Pública Federal e o Decreto nº 4.732, de 10 de junho de 2013, dispõe sobre a Câmara de Comércio Exterior (Camex), estabelecendo sua competência para fixar direitos *antidumping*, compensatórios e medidas de salvaguarda. A Circular Secex nº 20, de 2 de abril de 1996, apresenta o roteiro para a elaboração de petição relativa à investigação de subsídios. A Lei nº 12.995, de 18 de junho de 2014, dispõe sobre o uso do meio eletrônico, e a Resolução Camex nº 63, de 17 de agosto de 2010, dispõe sobre a extensão das medidas *antidumping* e compensatórias de que trata o art. 10-A da Lei nº 9.019, de 1995. As normas citadas encontram-se disponíveis no *site* do Ministério do Desenvolvimento. Disponível em: <http://www. mdic.gov.br>.

solução de controvérsias, com exíguos prazos de decisão. Se o Órgão de Solução de Controvérsias da OMC, responsável pela arbitragem desses procedimentos, considerar que tais subsídios estão sendo concedidos efetivamente por um país, este deverá suspendê-lo imediatamente.

A segunda categoria é a dos "subsídios acionáveis". O Acordo estabelece que nenhum membro da OMC deve causar, pela concessão de subsídios, "efeitos adversos" aos interesses de outros signatários, conceito que inclui o dano à sua produção doméstica, a anulação ou prejuízo a concessões e vantagens anteriormente oferecidas (em particular, os benefícios decorrentes da consolidação de tarifas ou negociações tarifárias bilaterais) e o "prejuízo sério" (ou ameaça de prejuízo sério) aos interesses de outro país. São consideradas condições necessárias (mas não suficientes) para que esses últimos se configurem: a) que o total do subsídio *ad valorem* represente mais de 5% do produto; ou b) que os subsídios sejam destinados ao saneamento de prejuízos operacionais da empresa; ou c) que os subsídios constituam perdão direto da dívida e doações para seu pagamento. Neste último caso, foram feitas concessões aos países em desenvolvimento em relação aos quais esses subsídios, inclusive renúncia a receitas governamentais e demais transferências de obrigações, não serão considerados como "acionáveis" se estiverem associados a programas de privatização.

O ônus da prova da existência de "subsídio acionável" recai sobre o país que o concedeu, o qual deve provar que tais políticas não causam prejuízo sério a outro país. Os membros que se considerarem afetados pelos subsídios podem encaminhar o assunto ao Órgão de Solução de Controvérsias. Da mesma forma que no caso anterior, se a conclusão for a de que efetivamente foram gerados tais impactos sobre os interesses comerciais de outro país, o subsídio deve ser imediatamente eliminado.

A terceira categoria corresponde aos "subsídios não acionáveis", compreendendo tanto subsídios não específicos como os que, apesar de específicos, estiverem enquadrados nos seguintes programas: a) assistência à pesquisa e desenvolvimento dentro de limites definidos quanto ao desenvolvimento de produtos; b) assistência, também sob certas condições, a regiões menos desenvolvidas; c) implementação de programas ambientais, dentro de certos parâmetros de custo. Ainda assim, um país pode recorrer ao pronunciamento da OMC sobre a matéria, se julgar que um subsídio, em princípio não acionável, está causando sérios efeitos adversos a seus interesses.[48]

O acordo dedica uma seção específica à regulamentação da aplicação dos direitos compensatórios sobre produtos subsidiados importados, definindo

---

[48] Os subsídios não acionáveis estão sujeitos à renegociação durante a Rodada de Doha, estando ainda incerta a permanência dessa categoria de subsídios.

regras mais estritas para a abertura de investigações; bem como condições claras que garantam ampla oportunidade de participação das partes interessadas e de oferecimento de consultas aos governos dos países em relação aos quais são alegadas as práticas de concessão de subsídios acionáveis.[49]

Em linhas gerais, aplicam-se os mesmos princípios relativos às investigações *antidumping*, como os referentes à condução das investigações, fornecimento de informações confidenciais, verificações *in loco*, conceito de produto similar e conceito e representatividade da indústria doméstica. Como os subsídios são políticas de governo, ressalte-se a obrigação de se conceder a oportunidade para consultas com os governos dos países produtores/exportadores do produto objeto de investigação, antes mesmo da sua abertura e durante todo o processo (Art. 13 do Acordo SMC e Capítulo VI do Decreto nº 1.751/95).

No tocante à indústria doméstica, poderão ser excluídos desse conceito produtores nacionais importadores do produto alegadamente subsidiado ou de similar proveniente de outros países. Apenas essa última hipótese não se encontra prevista no Acordo *Antidumping*.

De forma análoga ao direito *antidumping*, poderão ser aplicadas medidas compensatórias quando se determinar a existência de subsídio acionável e de dano à indústria doméstica causado pelas importações amparadas por subsídios concedidos por outros governos. O montante do subsídio acionável será calculado por unidade do produto subsidiado exportado para o Brasil, com base no benefício usufruído durante o período de investigação da existência de subsídio. O direito compensatório é aplicado na forma de uma alíquota *ad valorem* ou específica, fixa ou variável, ou pela conjugação entre ambas, sobre o valor aduaneiro em base CIF. De natureza jurídica diversa do Imposto de Importação, incide, inclusive, sobre as operações amparadas em *drawback*. Ressalte-se que os direitos compensatórios são calculados por empresa exportadora do produto em questão.

O Acordo da OMC estabeleceu disciplinas gerais para o cálculo do montante do subsídio. Ainda existe ampla margem de flexibilidade na aplicação das regras definidas, e esse tema é um dos tópicos centrais na negociação da Rodada de Doha.

O texto requer, ainda, que sejam levados em consideração todos os fatores econômicos relevantes no desempenho da indústria alegadamente afetada pelas

---

[49] O Decreto nº 1.751/95 disciplina os procedimentos de investigação de subsídios acionáveis para a aplicação de medidas compensatórias. No âmbito do Mercosul, foi concluído o Marco Normativo do Regulamento Comum de Defesa contra Subsídios Concedidos por Países Não Membros do Mercosul, o qual foi aprovado pelo Conselho do Mercado Comum, por meio da Decisão nº 29, de 29 de junho de 2000. Esse protocolo constitui um referencial de harmonização à interpretação do Acordo da OMC.

importações subsidiadas, sendo necessário que se estabeleça uma relação causal direta entre tais importações e o dano. Foi definido que as investigações devem ser interrompidas de imediato quando se constatar a existência de um nível de subsídio *de minimis* (isto é, menos de 1% *ad valorem*), ou se o volume das importações subsidiadas, efetivas ou potenciais, for considerado "negligível". O prazo de encerramento da investigação é de 12 meses, a partir da data de seu início, exceto em casos excepcionais, quando poderá atingir, no máximo, 18 meses. Foi incluída, também, uma cláusula relativa ao prazo de vigência do direito compensatório, estipulado em cinco anos, sujeito a prorrogação, respeitadas as condições requeridas (ver Capítulo VIII do Decreto nº 1.751/95).

O tratamento diferenciado para os países em desenvolvimento também foi alterado, tendo prevalecido o critério da "graduação" tão amplamente combatido por esses países. Foi definido que os países de renda (PNB) *per capita* inferior a US$ 1.000,00 estão isentos das disciplinas do Acordo no caso dos subsídios às exportações, contando com um prazo para a adaptação às novas regras no tocante aos demais subsídios. Para os demais países em desenvolvimento, está previsto um prazo de carência de cinco anos, dispondo do prazo de oito anos para a sua eliminação gradual. As investigações envolvendo produtos originários de países em desenvolvimento devem ser encerradas se o nível de subsídio do produto em questão não exceder 2% (no caso de certos países, 3%) do valor unitário do produto ou se o volume das importações subsidiadas representar menos de 4% das importações totais do produto similar no país importador (exceto se as importações originárias de países em desenvolvimento representarem, no conjunto, mais de 9% do total das importações).

De maneira geral, o Acordo introduziu maior rigor na conceituação de "subsídios", do ponto de vista do seu impacto sobre o comércio internacional, além de acrescentar, como no caso do Acordo *Antidumping*, regras e procedimentos mais claros e precisos para aplicação das medidas compensatórias.

Deve ser ressaltada a importante inovação relativa à caracterização dos subsídios domésticos especificados como compensáveis. Nesse sentido, ampliou-se o campo de aplicação de contramedidas aos subsídios no comércio mundial, introduzindo-se novos conceitos e novas disposições que, de resto, ainda estão sujeitas à possibilidade de interpretações particulares na sua aplicação efetiva.

6.3.3 O Acordo sobre Salvaguardas

A aprovação do Acordo sobre Salvaguardas constituiu outro resultado importante da OMC, pois os governos não iriam desativar as barreiras vigentes ao comércio e permanecer imóveis em face das demandas por proteção se não houvesse uma válvula de segurança que lhes permitisse lidar com produtores seriamente prejudicados de uma forma politicamente aceitável. O mecanismo de salvaguarda oferece exatamente essa válvula, ao autorizar um governo nacional a suspender temporariamente a observância de compromissos assumidos perante o GATT e estabelecer barreiras ao comércio para proteger produtores domésticos ameaçados pelo súbito crescimento de importações, os quais passam a dispor de um período de tempo para se ajustar às condições de competição com os produtos importados.

O mecanismo já estava, na verdade, contemplado no GATT, de 1947, que previa, no Art. XIX, sua adoção no caso de aumento de importações de um produto que "cause ou ameace causar dano grave aos produtores nacionais de produtos similares ou diretamente competidores", como "consequência de evolução imprevista das circunstâncias e por efeito de obrigações, inclusive tarifárias", contraídas pelo país no âmbito do GATT. Aquele artigo estabelecia, ainda, que a imposição de barreiras ao comércio deve ter como contrapartida a oferta de compensações aos países exportadores atingidos, os quais, na ausência de compensações satisfatórias, podem suspender, no comércio com a nação que recorreu à salvaguarda, a aplicação de concessões ou outras obrigações equivalentes.

A utilização do mecanismo previsto no Art. XIX foi, no entanto, limitada. De fato, enquanto no período 1980-1986 o conjunto de países-membros do GATT deu início a 1.288 ações *antidumping* e a 466 ações antissubsídios, o número de ações empreendidas sob o amparo do Art. XIX foi apenas 31.[50] O uso restrito do mecanismo decorreu, principalmente, da ambiguidade do texto do referido artigo e da multiplicidade de interpretações a que deu origem, inclusive no tocante à questão das compensações. Destaque-se, aliás, que, ao contrário do que ocorreu com o tema da prática de *dumping* e do subsídio, não existia, até a aprovação do Acordo sobre Salvaguardas da Rodada Uruguai, um código que regulamentasse a aplicação do Art. XIX.

O limitado recurso ao mecanismo previsto no Art. XIX teve como contrapartida a proliferação de acordos de restrição voluntária de exportações e de outras medidas de restrição ao comércio, ilegais do ponto de vista do GATT, bem como a imposição, de forma imprópria, de direitos *antidumping* e medidas antissubsídio. Registre-se, por exemplo, que, apesar da dificuldade de compilar a totalidade dos acordos bilaterais existentes, o Secretariado do GATT identificou 96 acordos de restrição voluntária de exportações em vigência no momento do início das negociações da Rodada Uruguai.

Nesse contexto, ao precisar as normas de aplicação do mecanismo previsto no Art. XIX, o Acordo sobre Salvaguardas tinha em vista impedir que continuassem

50 GATT, Relatórios semestrais, vários anos.

a proliferar as ações restritivas ao comércio internacional empreendidas à margem do GATT. Assim, o Acordo estabelece que nenhum país-membro do GATT poderá adotar, individualmente, ou a partir de negociações com outros membros, restrições voluntárias às exportações, acordos de comercialização ordenada ou outras medidas similares relativas a exportações e importações, determinando, ainda, que os acordos vigentes deveriam ser progressivamente eliminados no prazo máximo de quatro anos a partir da aprovação do Acordo (cada país-membro pode, no entanto, indicar uma medida específica que pode permanecer em vigor até dezembro de 1999). Além disso, o Acordo estabeleceu que as medidas de salvaguarda adotadas e não regulamentadas pelo Art. XIX deveriam ser suspensas no prazo máximo de oito anos, a partir da data em que foram estabelecidas, ou de cinco anos, a partir da aprovação do acordo, tendo, portanto, expirado todas em 1999.

De fato, o mecanismo da salvaguarda vem sendo progressivamente utilizado pelos países-membros da OMC. Até dezembro de 2002, 99 países já haviam notificado suas leis e regulamentos nacionais na matéria. Em 2002, o Comitê sobre Salvaguardas da OMC examinou 40 notificações de início de investigação de salvaguardas, 15 para a aplicação de medidas de salvaguarda provisórias e 18 notificações de determinação de prejuízo grave causado pelo aumento das importações.[51] Em 2015, 17 novas investigações de salvaguardas haviam sido iniciadas pelos países-membros da OMC e 14 medidas foram aplicadas.[52]

O Acordo sobre Salvaguardas, à medida que viabilizou a implementação e deu transparência a esse mecanismo, constituiu uma tentativa de abrigar efetivamente, no âmbito do marco normativo do GATT, as ações dos governos nacionais em defesa de segmentos industriais domésticos que enfrentem problemas de falta de competitividade. Ao mesmo tempo, a operacionalização do mecanismo de salvaguarda pode contribuir para reduzir a aplicação imprópria dos acordos *antidumping* e de subsídios e medidas compensatórias por meio de uma excessiva flexibilidade na interpretação dos conceitos de *dumping*, de subsídio e na avaliação do dano resultante.

Essa flexibilização é indesejável não apenas em nome do rigor na aplicação das normas internacionais relativas aos instrumentos de defesa comercial, mas também porque as políticas *antidumping* e antissubsídios são, do próprio ponto de vista nacional, inadequadas quando um determinado segmento industrial não é competitivo e, por isso, pleiteia proteção. Tais mecanismos supõem que a responsabilidade pelas condições determinantes na imposição de sobretaxas cabe a produtores externos ou ao governo estrangeiro; em decorrência disso, pune o exportador e nada exige do produtor local. Por isso, no

[51] OMC, Informe anual, 2003, p. 77.

[52] World Trade Organization. Disponível em: <https://www.wto.org/english/tratop_e/safeg_e/safeg_e.htm>, Acesso em: 25 jul. 2016.

caso em que o pleito por proteção decorre estritamente da menor eficiência da indústria doméstica, a salvaguarda constitui o instrumento de proteção mais apropriado, inclusive do ponto de vista dos interesses do país que a ela recorre, já que traz implícita a exigência de um processo de ajustamento por parte do setor beneficiado. As normas estabelecidas pelo Acordo sobre Salvaguardas apontam, de fato, nessa direção.[53]

A condição requerida para a aplicação de medidas de salvaguarda em relação a um produto é um aumento das suas importações "em quantidades tais, em termos absolutos ou em relação à produção doméstica, e sob tais condições que causem ou ameacem causar danos graves à indústria doméstica que produz produtos similares ou diretamente competidores". Vale destacar, portanto, que o acordo admite que o mecanismo seja acionado mesmo no caso de aumento relativo das importações, embora haja condições e limitações na sua utilização, como se verá adiante. Contudo, de forma semelhante aos Acordos *Antidumping* e de Subsídios e Medidas Compensatórias, admite-se também o recurso ao mecanismo no caso de ameaça de dano.

O Acordo entende por "prejuízo grave" o enfraquecimento geral e significativo da situação de uma indústria doméstica, caracterizando-a, nesse contexto, como o conjunto de fabricantes de produtos similares ou diretamente competidores que operem dentro do território nacional, ou um subconjunto deles, desde que sua produção conjunta constitua uma proporção importante da produção nacional total dos produtos em questão. A existência ou a ameaça de dano grave provocado pelo aumento de importações deve ser avaliada por meio de investigação que leve em conta todos os fatos relevantes, em particular, a taxa e o montante do aumento das importações em termos absolutos e relativos, a parcela do mercado doméstico atendida pelo aumento de importações, variações no nível de vendas, produção, produtividade, utilização de capacidade, lucros e perdas e emprego (Art. 4º do Acordo sobre Salvaguardas e Capítulo IV do Decreto nº 1.488/95).

O recurso à salvaguarda pressupõe a exigência de que a indústria protegida empreenda um processo de ajustamento com vistas a dispensar a proteção

---

53 A base legal para a aplicação de medidas de salvaguarda no Brasil reside no Decreto Legislativo nº 30, de 15 de dezembro de 1994, promulgado pelo Decreto nº 1.355, de 30 de dezembro de 1994; no Decreto nº 1.488, de 11 de maio de 1995, que regulamenta as normas que disciplinam os procedimentos administrativos, relativos à aplicação de medidas de salvaguarda, alterado pelos Decretos nº 1.936/96 e nº 2.667/98, que estabelece o regulamento do Mercosul para aplicação de medidas de salvaguarda às importações provenientes de países não membros desse tratado. Adicionalmente, a Lei nº 9.784/2000 regula o processo administrativo no âmbito da administração pública federal e o Decreto nº 4.332, de 10 de junho de 2003, dispõe sobre a Camex, estabelecendo sua competência para fixar direitos *antidumping*, compensatórios e medidas de salvaguarda. A Circular Secex nº 19, de 2 de abril de 1996, apresenta o roteiro para a elaboração de petição relativa à investigação de salvaguarda.

concedida após o prazo de vigência da medida. Esse pressuposto está presente nas indicações formuladas pelo Acordo em relação à magnitude e ao prazo da proteção decorrente. Assim, estabelece que as medidas de salvaguarda serão aplicadas na magnitude necessária e pelo prazo suficiente para prevenir e reparar o dano grave para "facilitar o ajustamento".

As indicações relativas à magnitude da proteção são precisas apenas no caso das restrições quantitativas: estas não deverão reduzir a quantidade das importações a um nível inferior à média das importações nos três últimos anos representativos para os quais se disponha de informações.

No tocante ao prazo, este não deve ser superior a quatro anos, podendo ser estendido por até mais quatro anos (ou mais seis anos no caso dos países em desenvolvimento) se a salvaguarda continuar sendo necessária para prevenir ou remediar dano grave, e "desde que exista evidência de que a indústria está em processo de reajuste". O Acordo estabelece também, "para facilitar o ajuste", que, se o prazo previsto é superior a um ano, a medida de salvaguarda deve ser liberalizada progressivamente, a intervalos regulares, durante o período de aplicação. No entanto, define que, quando a duração da medida exceder três anos, a situação da indústria deve ser reavaliada por meio de nova investigação, a ser realizada, no mais tardar, na metade do período, podendo essa reavaliação determinar a revogação da medida ou a aceleração do ritmo de liberalização.

O Acordo determina que as medidas de salvaguarda devem ser aplicadas às mercadorias importadas independentemente de sua origem. Tal princípio de não seletividade é qualificado, mas no caso das restrições quantitativas às importações. Nesse caso, o Acordo indica que a distribuição da quota entre os países interessados decorre de um entendimento com esses países ou, na impossibilidade desse entendimento, baseia-se nas proporções supridas por aqueles países durante um período prévio representativo. O Acordo admite, porém, o afastamento dessa regra genérica quando for claramente demonstrado que as importações de determinados países aumentaram em porcentagem desproporcionalmente superior ao total das importações no período representativo, que há razões para deixar de lado o critério geral e que as condições adotadas são equitativas para todos os países fornecedores do produto. Esse tratamento excepcional não poderá ser utilizado nos casos em que existe apenas uma ameaça de dano grave nem, tampouco, estender-se além do período inicial estabelecido, no máximo, quatro anos; de resto, o recurso a esse tratamento deverá ser precedido de consultas conduzidas sob os auspícios do Comitê sobre Salvaguardas criado pelo Acordo.

A adoção de medidas de salvaguarda requer um processo de investigação, ao qual tenham acesso e no qual sejam ouvidos importadores, exportadores e outras partes interessadas; esse processo deve terminar com a publicação de relatório expondo suas conclusões. Durante as investigações, e após uma avaliação preliminar na qual fique evidente que o aumento de importações está causando ou ameaça causar dano grave para a indústria, poderão ser adotadas, pelo prazo máximo de 200 dias, medidas provisórias de salvaguarda sob a forma de aumento de tarifas, a serem reembolsadas caso as conclusões das investigações contradigam a avaliação preliminar.

No entanto, o Comitê sobre Salvaguardas deverá ser notificado pelos países-membros acerca do início de cada processo de investigação, de seus resultados e das medidas aplicadas. Tal notificação, além de permitir o acompanhamento pelo Comitê da aplicação do mecanismo de salvaguarda e da observância das normas fixadas, permitirá também a realização de consultas prévias e negociações com os países exportadores.

Tais negociações dizem respeito, sobretudo, à questão de concessões e compensações. Nesse particular, o país que recorre a medidas de salvaguarda deve procurar manter, em relação aos países exportadores afetados, um nível de concessões e obrigações equivalente àquele existente em virtude do GATT; assim, poderão negociar com os países interessados formas adequadas de compensação comercial dos efeitos desfavoráveis da medida adotada sobre o comércio. Se as consultas e as negociações não resultarem em acordo, os países exportadores afetados pela medida de salvaguarda poderão, mediante simples aviso ao Conselho do Comércio de Mercadorias, suspender a aplicação ao país que recorreu à medida de concessões e outras obrigações equivalentes resultantes do GATT de 1994.

O Acordo dispõe, no entanto, que esse direito de suspensão não poderá ser exercido nos três primeiros anos de vigência de uma medida de salvaguarda, desde que tenha sido adotada como resultado de um aumento de importações em termos absolutos e em consonância com as normas e os procedimentos estabelecidos pelo Acordo sobre Salvaguardas. Nesse sentido, os países-membros contam, na prática, com a possibilidade de beneficiar-se do mecanismo de salvaguarda durante três anos, sem oferecer compensações ou ser alvo de retaliação por parte dos países exportadores afetados. Entretanto, vale ressaltar que a compensação ou retaliação, se efetivada, gera consequências que podem afetar outros segmentos industriais do país que impõe a salvaguarda, exigindo amplas negociações não apenas com os parceiros comerciais, mas, também, no âmbito interno.

No tocante à natureza da medida de salvaguarda, dispõe o Decreto nº 1.936/96 que essa medida, quando aplicada na forma de alíquota *ad valorem*, corresponde a um adicional ao Imposto de Importação (Tarifa Externa Comum – TEC), tendo, assim, a mesma natureza jurídica que este. Por isso não se aplica a operações amparadas em *drawback*.

No âmbito do Mercosul, foi concluído o regulamento com vistas à aplicação de medidas de salvaguarda às importações provenientes de países não membros desse mercado (Decreto nº 2.667, de 10 de julho de 1998). Tendo em vista que o Acordo sobre Salvaguardas prevê que, no caso de união aduaneira, ela poderá aplicar a medida para toda a região ou apenas em nome de um estado-parte, esse Decreto encontra-se dividido em três blocos: o primeiro, conceitual; o segundo, relativo aos procedimentos para adoção de medidas de salvaguarda pelo Mercosul como entidade única; e o último, relativo aos procedimentos para adoção de medidas de salvaguarda pelo Mercosul em nome de um estado-parte.[54]

6.4 A implementação da legislação de defesa comercial no Brasil

6.4.1 Características e crescimento

6.4.1.1 *Período 1987/1994*

Ao final da década de 1980, teve início, como se sabe, um programa de reforma da política comercial brasileira que envolveu a remoção das mais importantes barreiras não tarifárias às importações. Até então, a despeito de modificações pontuais que foram introduzidas ao longo dos anos, responsáveis, inclusive, pela geração de incoerências e redundâncias tarifárias, a Tarifa Aduaneira do Brasil ainda mantinha, 30 anos depois da sua implantação, em 1957, a mesma estrutura, com alíquotas elevadas (cerca de 40% dos itens tarifários eram sujeitos a impostos de importação iguais ou superiores a 50%), alta dispersão, moda de 30%, mediana de 45% e amplitude de 0 a 105%.[55]

Por essas razões, foi incipiente o recurso à legislação nacional para aplicação de medidas *dumping* nas importações até 1990. Já a partir dos primeiros anos da década de 1990, passar-se-ia a observar, como era de se esperar, uma reversão importante no uso da legislação *dumping*. As alterações promovidas na estrutura administrativa e institucional tiveram por objetivo imprimir atenção particular aos novos instrumentos da gestão da política comercial, na qual passava a ter maior papel o acompanhamento das normas do GATT.

No início do Governo Collor, a gestão governamental do comércio exterior sofreu uma reforma administrativa, com a extinção da Comissão de Política Aduaneira (CPA) e a criação do Departamento de Comércio Exterior (Decex), subordinado à Secretaria Nacional de Economia (Secex) do Ministério da Economia, Fazenda e Planejamento. Sob a chefia do Decex, as funções e atribuições da ex-CPA foram incorporadas pela Coordenação Técnica de Tarifas (CTT). O desempenho das funções da antiga Carteira de Comércio Exterior (Cacex) passaram a estar igualmente subordinadas ao Decex e executadas pela Coordenação Técnica de Intercâmbio Comercial (CTIC).

[54] Até o final de 2004, apenas o Brasil e o Paraguai haviam internalizado tal acordo em suas legislações nacionais; portanto, o Acordo do Mercosul ainda não está em vigor.

[55] CPA, Relatório de atividades, 1987.

No Governo Itamar Franco, foi criado o Ministério da Indústria, Comércio e Turismo, ao qual foi subordinada a Secex. O objetivo de levar essa Secretaria para o MICT foi o de conferir a esse Ministério um papel decisivo na política de comércio exterior, em particular nos temas afetos à proteção da produção doméstica. Contudo, como as alterações no imposto de importação são atribuições conferidas pela Constituição Federal ao Ministério da Fazenda, as decisões relativas à aplicação de medidas *antidumping* tiveram de ser mantidas na alçada desse Ministério. As antigas coordenações técnicas foram transformadas em departamentos e os pareceres técnicos foram encaminhados pelo então Departamento Técnico de Tarifas (DTT), e aprovados pela Secex, passando a ser submetidos ao Ministério da Fazenda para a sua decisão. Assim, ficou mantida a subordinação para decidir a aplicação de medidas às diretrizes da política macroeconômica do Ministério da Fazenda.

6.4.1.2 *Período 1994 /meados anos 2000*

Com o Governo Fernando Henrique Cardoso, foi implantada uma reforma institucional e administrativa no sistema brasileiro de defesa comercial, no contexto de aprofundamento do programa de liberalização do comércio exterior, com o cumprimento do cronograma de reduções das tarifas de importação.[56] Foi criado também o Departamento de Defesa Comercial (Decom), no âmbito da Secretaria de Comércio Exterior do Ministério do Desenvolvimento, da Indústria e Comércio Exterior, dedicado exclusivamente à tarefa de condução de investigações de *dumping* e subsídios, bem como de salvaguardas.

Alguns aspectos da implementação brasileira da legislação *antidumping* e de medidas compensatórias, que se diferenciam do Acordo *Antidumping* da OMC, merecem destaque.

O primeiro aspecto diz respeito ao fato de se ter incluído explicitamente na análise sobre a existência de dano causado pelas importações a preços de *dumping* o impacto sobre os preços domésticos decorrente da política de liberalização das importações implementada no país (Art. 15, § 1º do Decreto nº 1.602/95). Assim, o efeito da desgravação tarifária sobre o aumento no fluxo de importações teve de ser levado em conta na relação causal entre o alegado dano, sofrido pelos produtores domésticos, e as importações efetivadas a preços de *dumping*. A elevação observada nas importações provocada pela cobertura comercial não deve ser atribuída ao *dumping* ou à política de subsídios do país exportador. A inclusão desse dispositivo teve o objetivo de não comprometer,

---

56 Ainda que com reveses pontuais e com a criação da lista de exceção à TEC, que possibilitou incrementos não previstos no cronograma de desgravação tarifária, a tarifa média reduziu-se de 32,2%, em 1990, para 14,2%, em 1994 (KUME, Honório; PIANI, Guida. *The politics of protection in Brazil*. 1991. Texto mimeografado. p. 7).

por meio da implementação da legislação de combate às práticas desleais de comércio, os benefícios advindos do programa de liberalização comercial.

A segunda provisão foi a inclusão de uma cláusula que permite o tratamento do tema do "interesse nacional", com base no qual as autoridades competentes poderão decidir pela não aplicação de direitos *antidumping* ou compensatórios, mesmo havendo determinação técnica positiva, por parte da autoridade de investigação, acerca da existência de *dumping*, dano e relação causal. O ato público que divulgar tal decisão deverá explicitar as razões que a justificam (Art. 64, § 3º do Decreto nº 1.602/95). Essa provisão propicia a discussão de fatores econômicos de interesse da sociedade pertinentes à decisão de aplicação de medidas. Adicionalmente, direitos *antidumping* poderão ser suspensos por um período de um ano, prorrogável por igual período, caso ocorram alterações temporárias nas condições de mercado do produto em questão, desde que a indústria doméstica seja ouvida sobre a situação de dano à sua produção (Art. 60 do Decreto nº 1.602/95).

6.4.1.3 *Período 2008 em diante*

Como apontado anteriormente, a partir da segunda metade dos anos 2000 se inicia no país uma preocupação com o alargamento da atuação do sistema de defesa comercial, tanto do ponto de vista da ampliação do escopo legal como de um maior ativismo na utilização da política *antidumping*. Essa preocupação se amplia a partir de 2008/2010, após a eclosão da crise financeira internacional, que justificou uma escalada de proteção comercial em âmbito mundial, ainda que pontual. No caso do Brasil, o processo de valorização do real gerou crescente preocupação no âmbito da indústria doméstica, com os seus efeitos sobre as importações, com pressões sobre a resposta governamental para combater os preços baixos nas importações originárias da China. Em resposta, o governo passou a anunciar o uso mais intenso da política de defesa comercial.

O forte crescimento do número de investigações *antidumping* iniciadas em 2010 – um aumento de quase 300% em relação a 2009 – refletiu essa demanda da indústria nacional por maior proteção. A média de aberturas de novas investigações, entre 2008-2011 (em torno de 20 casos) foi cerca do dobro das iniciadas entre 2004-2007 (cerca de nove casos). O ativismo governamental foi caracterizado também por maior resposta do governo na aplicação de medidas *antidumping* nas importações: na média bienal, observa-se elevação consistente no número de medidas *antidumping* aplicadas, sendo 9 medidas no biênio 2010-2011, 23 medidas no biênio 2012-2013 e 32 medidas no biênio 2014-2015. Nesse último biênio, a proporção de casos encerrados com resposta positiva para a indústria doméstica, ou seja, a aplicação de medidas *antidumping*, foi de cerca de 32%, a maior média bienal observada no período 2008-2015.

No acumulado do período 2008-2015, do total de 239 investigações originais encerradas, 64% resultaram na aplicação de medidas *antidumping*.[57]

O período recente também registra uma ampliação da cobertura de países afetados por medidas *antidumping* do Brasil, com maior proeminência dos países asiáticos.[58] Esses países, exceto China, que na média do período 2004-2007 foram alvo em 16% das investigações iniciadas pelo Brasil, passam a ser afetados, na média do período 2008-2011, em 28% das mesmas e, em 2012, em 39%. No acumulado de 2008 a 2015, os países asiáticos, incluindo a China, foram afetados em 53% dos casos iniciados, sendo que a China isoladamente respondeu por 25% dos casos. Os demais países-alvo não asiáticos mais afetados no período 2008-2015 foram os países da UE, em especial Alemanha (12 casos), Estados Unidos (16 casos), México (9 casos) e Argentina (6 casos).[59]

Assim, a atenção do governo passou a se voltar para a superação de gargalos administrativos e institucionais que possam dificultar o atendimento dessa demanda por proteção e para a ampliação do marco institucional que garantisse a eficiência do sistema, como apontado anteriormente.

6.5 Benefícios da regulamentação comercial multilateral para o setor privado

O objetivo das negociações multilaterais é obter a melhoria de acesso aos mercados externos para que as empresas exportadoras possam converter as concessões comerciais em novas oportunidades de comércio ou investimento. Dessa forma, negociam-se os limites da proteção comercial. As regras do comércio internacional, mais fortalecidas pela constituição da OMC, visam garantir a abertura dos mercados e que seu acesso não se veja prejudicado por barreiras comerciais imprevistas. Ao mesmo tempo, práticas comerciais desleais, como concessão de subsídios ou preços de *dumping*, são, como já visto, combatidas por meio de medidas regulamentadas, e dificuldades de competitividade podem ser sanadas por meio dos mecanismos de proteção previamente negociados, como a medida de salvaguarda.

A falta de consciência quanto às vantagens da regulamentação comercial, bem como aos benefícios decorrentes das negociações comerciais multilaterais, advém da complexidade das regras envolvidas. O novo ordenamento do sistema

57 Ministério da Indústria, Comércio Exterior e Serviços. *Relatórios Decom*. Disponível em: <http://www.mdic.gov.br>. Vários anos.

58 Coreia do Sul, e do Norte, Índia, Indonésia,Tailândia,Taipé, China, Taiwan e Vietnã.

59 Ministério da Indústria, Comércio Exterior e Serviços. *Relatórios Decom*. Disponível em: <http://www.mdic.gov.br>. Vários anos.

comercial multilateral comporta não apenas benefícios aos setores produtivos e empresas, mas também novos direitos.[60]

6.5.1 Benefícios para os exportadores e importadores de bens e serviços

Os benefícios da nova regulamentação internacional para o setor privado podem ser examinados sob duas perspectivas: do ponto de vista das empresas exportadoras de bens e serviços e do ponto de vista das empresas importadoras de matérias-primas e outros serviços necessários para a produção destinada para a exportação.

No comércio de bens, quase todos os produtos comercializados pelos países desenvolvidos, e grande parte dos referentes aos países em desenvolvimento, têm suas tarifas de importação consolidadas no âmbito da OMC. Essas consolidações garantem segurança e estabilidade no acesso aos mercados externos, permitindo a programação das exportações em melhores condições. O sistema multilateral regula também as normas de importação a serem aplicadas na fronteira por todos os países, que passam a adotar regras uniformes que diminuem o risco de novos investimentos e estratégias de expansão empresarial, ao viabilizar maior previsibilidade das políticas comerciais nacionais. Assim, os países-membros da OMC comprometem-se a zelar, por exemplo, pelo cumprimento das normas de valoração aduaneira, de inspeção de produtos para a fiscalização do respeito às normas vigentes, bem como dos trâmites para licenciamento de importações.[61]

Não obstante, o conhecimento dessas normas requer treinamento específico, necessário para a garantia dos interesses dos exportadores que possam vir a ser afetados pela sua aplicação discricionária. Estão previstos procedimentos de queixas e reclamações perante a OMC contra tais irregularidades, por meio dos procedimentos de solução de controvérsias.

6.5.2 Direitos conferidos pelo novo ordenamento jurídico multilateral ao setor privado

Além dos benefícios, a regulamentação do comércio internacional, reforçada com a criação da OMC, garante direitos às empresas comerciais e industriais. Por um lado, esses direitos apresentam-se diante de seus próprios governos. Por outro, encontram-se os direitos adquiridos pelas firmas exportadoras

60 UNCTAD/OMC, p. 19-23, 1996.

61 Os Acordos de Valoração Aduaneira, Regras de Origem e Licenciamento das Importações, entre outros, fazem parte do Acordo Constitutivo da OMC – GATT 1994. Ver Aduaneiras, 1995.

na defesa de seus interesses, diante dos governos de países que pretendam adotar medidas restritivas contra suas exportações.

Em vários acordos da OMC, é estabelecido que a legislação dos países-membros deve outorgar certos direitos aos produtores e importadores nacionais, acordados internacionalmente. Os governos têm a obrigação de zelar pelo cumprimento desses direitos, implementando a legislação nacional pertinente.

Exemplo de direitos concedidos às empresas exportadoras é, como vimos, apresentar provas durante as investigações de *dumping* ou subsídios, as quais são realizadas pelo país importador, segundo os procedimentos administrativos vigentes em cada país. Por essa razão, os exportadores precisam não somente estar familiarizados com a legislação pertinente da OMC, mas também com os regulamentos nacionais que viabilizam a aplicação desses acordos. O conhecimento da regulamentação referente ao comércio internacional de cada país constitui-se em um elemento fundamental da estratégia empresarial de conquista do mercado externo.

No caso de os exportadores considerarem que uma autoridade do país importador não está aplicando a regulamentação internacional de forma condizente com as regras da OMC, devem não apenas apresentar suas argumentações para aquelas autoridades, conforme os procedimentos nacionais estabelecidos por lei, mas também apresentar reclamação a seu próprio governo, para que possam ser iniciados procedimentos bilaterais entre os governos, e, eventualmente, multilaterais, no fórum da OMC, no âmbito dos procedimentos de solução de controvérsias.

6.5.3 Recurso aos procedimentos de solução de controvérsias da OMC

O conhecimento do sistema de regulamentação do comércio internacional permite aos agentes econômicos que atuam no comércio internacional cooperar com os governos, de forma a utilizar plenamente o mecanismo previsto pela OMC para fiscalização e aplicação dos acordos firmados, bem como os procedimentos de solução de controvérsias, os quais, em última instância, podem implicar que um país se veja compelido a suspender medidas de política comercial que sejam aplicadas em dissonância com as regras dos acordos internacionais. Os governos só podem apresentar queixas à OMC a partir de reclamações sobre problemas de comércio de seus produtos, resultantes de violação das regras, que lhe forem encaminhadas pelas empresas exportadoras afetadas. Da mesma forma, os governos só podem dar andamento ao procedimento de solução de controvérsias da OMC se o setor afetado formular claramente uma reclamação e fornecer as informações necessárias para a defesa do caso.

Recentemente, como se sabe, importantes ganhos vêm sendo conquistados pelo Brasil no âmbito desse procedimento, o que expressa a crescente participação do Brasil no foro da OMC. Note-se, a esse respeito, os casos do algodão e do açúcar, iniciados pelo Brasil contra os Estados Unidos e a Comunidade Europeia, respectivamente, cujos resultados constituem pontos de partida relevantes para as negociações de Doha referentes à liberalização dos subsídios agrícolas.[62] No âmbito do Acordo sobre Salvaguardas, o Brasil esteve envolvido no importante caso das salvaguardas norte-americanas aplicadas para produtos siderúrgicos.[63] No caso do Acordo de Subsídios e Medidas Compensatórias, os exportadores brasileiros de aeronaves civis lograram com o não enquadramento do brasileiro Programa de Financiamento às Exportações (Proex) como subsídio proibido, como acusaram os canadenses, com repercussão positiva sobre as políticas aplicáveis às exportações do País.[64] E, na esfera do Acordo *Antidumping*, o procedimento iniciado pelo Brasil contra medidas aplicadas pela Argentina[65] nas exportações brasileiras de frangos congelados repercutiu sobre os procedimentos adotados por aquele país, beneficiando os exportadores brasileiros.

6.6 O sistema de solução de controvérsias

6.6.1 O sistema

Em razão da abrangência dos acordos negociados no âmbito da OMC, torna-se de fundamental importância o sistema de solução de controvérsias, aperfeiçoado na Rodada Uruguai, visto que divergências entre os países-membros relativas à implementação, aplicação e interpretação dos acordos deverão ser tratadas no bojo desse sistema.

Alguns autores entendem que o sistema de solução de controvérsias constitui o mais significativo resultado da Rodada Uruguai. Nesse novo sistema, nenhum membro poderá determinar, de forma unilateral, a ocorrência de violações de um acordo ou a suspensão de concessões a que tenha direito outra parte, visto ser obrigatório o recurso às regras e aos procedimentos do sistema de solução de controvérsias.

---

62 Ver Relatórios do Painel e do Órgão de Apelação, disponíveis em: <http:/www.wto.org>. *United States – Subsidies on upland cotton* (WT/DS267/AB/R) e *European Communities – Export subsidies on sugar*.

63 Ver *United States – Steel Saveguards* (WT/DS 248, 249, 251, 252, 253, 254, 258 e 259/AB/R).

64 Ver Brasil – *Aircraft* (WT/DS 46/AB/R).

65 *Argentina – Pollos Procedentes del Brasil (WT/DS/241)*. Para uma revisão dos procedimentos de solução de controvérsias e dos resultados dos contenciosos apresentados ao Órgão de Apelação da OMC, ver WTO, *Appellate Body Repertory of Reports and Awards*, 1995-2004, Cambridge University Press, 2005.

O sistema atual é reflexo do desenvolvimento progressivo da prática do GATT na aplicação dos Arts. XXII e XXIII do Acordo Geral. O Art. XXII trata da obrigação de consultar, princípio este que decorre, entre outras razões, do reconhecimento de que a mudança das circunstâncias pode alterar a reciprocidade dos interesses. A consulta, como oportunidade estruturada para as partes negociarem a conciliação de seus interesses, é uma etapa indispensável do processo de solução de controvérsias. O Art. XXIII, por sua vez, trata da redução ou anulação de vantagens. Ao amparo dessa disposição, não sendo alcançada uma solução negociada, as partes passaram a recorrer a painéis independentes. As conclusões desses painéis, entretanto, não tinham o caráter de um comando, tal qual uma sentença, mas sim de um conselho, uma recomendação.

A fragilidade do sistema de solução de controvérsias no âmbito do GATT repousava em dois aspectos. Um deles decorre de, na Rodada Tóquio de negociações multilaterais, terem sido concluídos diversos acordos, contando com regras próprias para a solução de controvérsias, aos quais nem todas as partes contratantes aderiram. Além disso, o estabelecimento dos painéis e a aprovação dos respectivos relatórios sujeitavam-se ao Conselho-Geral, no qual a parte acusada de descumprimento de suas obrigações podia bloquear o estabelecimento do painel ou a aprovação do relatório, caso perdedora, visto que as decisões eram tomadas por consenso.

O sistema de solução de controvérsias da OMC é uma obrigação, porque consta do próprio acordo constitutivo dessa organização, gerando obrigações a todos os Estados-membros. É atribuída tanta importância ao mecanismo de solução de controvérsias, que ele está entre as funções básicas da OMC. Trata-se não somente de uma obrigação de comportamento, mas também de uma obrigação de resultados: o próprio sistema assegura aos membros da OMC um procedimento para a solução dos contenciosos econômicos.

A importância do sistema de solução de controvérsias da OMC decorre, entre outros fatores, do reconhecimento de que a interpretação das normas não é inequívoca ou consensual, bem como da necessidade de conter o unilateralismo de interpretações e condutas. O estabelecimento de um painel de especialistas e a adoção do relatório de um painel são praticamente automáticos, somente não ocorrendo se o Órgão de Solução de Controvérsias (OSC) assim decidir, por consenso, o que torna muito mais difícil bloquear o processo. É o que Celso Lafer[66] denominou inversão do consenso, e que tornou efetivo o direito a um painel e à adoção de seu resultado.[67]

[66] LAFER, C. *A OMC e a regulamentação do comércio internacional*: uma visão brasileira. Porto Alegre: Livraria do Advogado, 1998.

[67] Quanto aos resultados obtidos no âmbito do mecanismo de solução de controvérsias, é de se notar que, embora as decisões não sejam vinculantes, formam jurisprudência.

Outra novidade do sistema de solução de controvérsias negociado no decorrer da Rodada Uruguai foi o estabelecimento do "duplo grau de jurisdição", por intermédio da criação do Órgão de Apelação.

É importante ressaltar que o objetivo do processo é reforçar a adoção de práticas compatíveis com os acordos da OMC, e não simplesmente punir a adoção de práticas inconsistentes com esses acordos. Mesmo no caso de estabelecimento de painéis, o objetivo primeiro é que a parte possa adequar sua política de comércio exterior às normas da OMC. Somente quando isso não é alcançado é que são autorizadas retaliações. A busca de uma solução negociada entre as partes é sempre preferível ao estabelecimento de um painel. Aliás, o sistema demonstra a preferência explícita por soluções negociadas ao permitir, a qualquer tempo, a interrupção dos procedimentos, com vistas à solução do conflito mediante o acordo entre as partes.

O Acordo de Marraqueche, que estabeleceu a OMC em seu Anexo 2, apresenta o Entendimento Relativo a Normas e Procedimentos pelos quais se rege a Solução de Controvérsias (ESC). O Conselho-Geral da OMC, composto por representantes de todos os membros, desempenhará as funções do Órgão de Solução de Controvérsias, estabelecido pelo Entendimento. O OSC representa uma especialização funcional do Conselho-Geral, sendo responsável pela gestão de todo o sistema. Compete-lhe estabelecer os painéis de especialistas, bem como adotar seus respectivos relatórios ou os do Órgão de Apelação. Compete também ao OSC monitorar o cumprimento das decisões dos painéis e do Órgão de Apelação adotadas por esse órgão.

O ESC compreende 27 artigos e quatro apêndices. O Apêndice 1 lista os acordos contemplados pelo Entendimento, ou seja, aqueles que estão sujeitos aos procedimentos do Entendimento com vistas à solução de controvérsias. O Apêndice 2 indica as normas e os procedimentos especiais ou adicionais contidos nesses acordos sujeitos ao ESC; e os Apêndices 3 e 4 tratam, respectivamente, dos procedimentos de trabalho, como calendário do grupo especial, e dos grupos consultivos de peritos.

O objetivo do entendimento é estabelecer regras e procedimentos relativos à aplicação do mecanismo de consultas e solução de controvérsias no âmbito da OMC. Em alguns acordos da OMC, existem dispositivos especiais acerca da solução de controvérsias. As regras e os procedimentos do entendimento, nesses casos, ficam sujeitos às disposições especiais de cada acordo. No caso do Acordo *Antidumping*, estão previstos normas e procedimentos especiais no Art. 17.

O próprio ESC estabelece que um mecanismo de solução de controvérsias é um elemento essencial para conferir segurança e previsibilidade ao sistema multilateral de comércio. Estabelece, ainda, que é essencial para o funcionamento eficaz da OMC e para a manutenção do equilíbrio entre os direitos e obrigações dos membros, a pronta solução das situações em que um membro considere que qualquer vantagem resultante direta ou indiretamente dos acordos esteja sendo prejudicada por medidas adotadas por outro membro.

O entendimento dispõe que, antes de apresentar uma reclamação, os membros refletirão sobre a utilidade de atuar ao amparo dos procedimentos. O objetivo do mecanismo de solução de controvérsias é alcançar uma solução positiva para as divergências, devendo-se dar preferência sempre a uma solução negociada entre as partes, e em conformidade com os acordos. Não se alcançando tal solução, o primeiro objetivo do mecanismo passa a ser conseguir a supressão das medidas, se constatado que são incompatíveis com as disposições de quaisquer dos acordos. Não se deve recorrer à compensação, exceto no caso de não ser factível a supressão imediata das medidas incompatíveis com o acordo e como solução provisória até sua supressão. O último recurso previsto no ESC é a possibilidade de suspender a aplicação de concessões ou o cumprimento de outras obrigações no marco dos acordos, sempre que o OSC autorize a adoção dessas medidas.

Os bons ofícios, a conciliação e a mediação são procedimentos que se iniciam voluntariamente se assim acordado pelas partes na controvérsia, podendo ter início a qualquer tempo. Encerrados esses procedimentos sem que tenha sido alcançada uma solução mutuamente satisfatória, a parte reclamante poderá solicitar o estabelecimento de painel. Um procedimento rápido de arbitragem, como alternativa para a solução de controvérsias, pode facilitar a resolução de alguns litígios que tenham por objeto questões claramente definidas por ambas as partes. O recurso à arbitragem está sujeito a acordo entre as partes.

Os painéis, também denominados grupos especiais, contarão com três integrantes, pessoas que tenham competência nessas questões, funcionários governamentais ou não, a menos que as partes acordem o número de cinco integrantes. Não deverão, em princípio, fazer parte desses painéis: os nacionais cujos governos sejam parte na controvérsia, ou mesmo terceiros interessados. Os integrantes dos grupos especiais atuarão a título pessoal, e não na qualidade de representantes de um governo ou de uma organização. Quando a controvérsia envolver um país desenvolvido e um país em desenvolvimento, caso este solicite, o painel contará, ao menos, com um integrante de um país-membro em desenvolvimento.

Até 60 dias da distribuição do informe pelo painel, este será adotado em uma reunião do OSC, a menos que uma parte notifique formalmente sua decisão de apelar ou o OSC decida, por consenso, não adotar o informe.

Somente as partes envolvidas na controvérsia, excluídos os terceiros interessados, poderão apelar do informe do painel. A apelação terá como objeto, unicamente, as questões de direito tratadas no informe do grupo especial e as interpretações jurídicas formuladas. O Órgão Permanente de Apelação é integrado por sete pessoas de prestígio reconhecido, com competência técnica firmada em direito, comércio internacional e nas temáticas dos acordos, três das quais participam em cada caso. A nacionalidade não é critério para seleção ou exclusão, com vistas à participação nesse órgão, diferentemente do que ocorre na composição dos painéis.

O Órgão de Apelação poderá confirmar, modificar ou revogar as constatações e conclusões jurídicas do grupo especial. Os informes desse órgão serão adotados pelo OSC e aceitos sem condições pelas partes na diferença, salvo se o OSC decidir, por consenso, não adotar o informe. Esses informes guardam semelhança com uma sentença.

Quando o painel ou o Órgão de Apelação concluir que uma medida é inconsistente com um acordo, será recomendado ao membro que adotou tal medida que a ponha em conformidade com o acordo em questão. Além de formular recomendações, o painel ou o Órgão de Apelação poderá sugerir a forma pela qual o membro poderia aplicá-las. As recomendações do painel e do Órgão de Apelação não poderão ocasionar o aumento ou a redução de direitos ou obrigações estabelecidos nos acordos.

A menos que as partes envolvidas na divergência acordem de modo diferente, entre o estabelecimento do painel pelo OSC e a data em que esse órgão examine o informe do grupo especial ou do Órgão de Apelação não transcorrerão, respectivamente, mais de 9 e 12 meses.

Nos 30 dias que se seguem à adoção, pelo OSC, do informe do painel ou do Órgão de Apelação, o membro a que foram dirigidas as recomendações informará ao OSC o seu propósito quanto à aplicação de tais medidas. Caso seu cumprimento imediato não seja possível, será concedido um prazo para isso, o qual será proposto por esse membro, desde que aprovado pelo OSC; o prazo fixado de comum acordo pelas partes na controvérsia; ou um prazo determinado por meio de arbitragem.

O membro que não cumprir as recomendações dentro do prazo previsto para isso poderá estabelecer negociações com as demais partes na controvérsia a fim de que seja alcançado um acordo quanto a uma compensação mutuamente aceitável. Se isso não for alcançado, a parte prejudicada poderá pedir autorização ao OSC para suspender a aplicação de concessões e outras obrigações. Em princípio, essas concessões deverão ser relativas ao mesmo setor objeto da controvérsia. Caso isso seja impraticável ou ineficaz, poderão abranger outros setores no marco do mesmo acordo. E, ainda, se isso também for ineficaz, essa suspensão poderá abranger outro acordo.

A suspensão de concessões e outras obrigações somente será aplicada até que seja suprimida a medida declarada incompatível com o acordo no âmbito do qual se deu a disputa; até que o membro que deva cumprir as recomendações ou resoluções ofereça uma solução à anulação ou redução das vantagens; ou até que se chegue a uma solução mutuamente satisfatória. Quando se conclui que uma medida anula ou reduz vantagens resultantes de um acordo ou compromete o alcance dos seus objetivos, sem infração de suas disposições, não será obrigatória sua revogação. Nesse caso, o painel ou o Órgão de Apelação recomendará que o membro em questão realize um ajuste.

Constatado que existe anulação ou redução de vantagens como consequência de uma medida adotada por um país-membro em desenvolvimento, as partes reclamantes exercerão a devida moderação ao pedir compensação ou solicitar autorização para suspender a aplicação de concessões ou do cumprimento de outras obrigações em conformidade com esses procedimentos.

6.6.2 Da obrigação de consultar

A obrigação de consultar é o pilar do sistema de solução de controvérsias e está presente em inúmeros artigos. O ESC dispõe que, antes de recorrer a outras medidas nele previstas, deverão ser realizadas consultas com vistas a se alcançar uma solução mutuamente satisfatória. Não obtida essa solução, a parte reclamante poderá pleitear o estabelecimento de painel.

Em matéria da obrigação de consultar, o sistema da OMC estabeleceu normas secundárias que disciplinam a sua automaticidade e obrigatoriedade, fixando prazos para a sua realização. O regime é de resposta no prazo de dez dias do pedido de consultas, para sua realização em até 30 dias após a data do recebimento desse pedido. O descumprimento desses prazos, salvo se isso se der por acordo entre as partes, autoriza o membro reclamante a pedir o estabelecimento de um painel.

O período de 60 dias, após o pedido de consulta, é definido como um prazo razoável para que seja alcançada uma solução negociada. Não sendo alcançada uma solução mutuamente satisfatória, é facultado ao membro reclamante pleitear o estabelecimento de um painel, salvo se diferentemente acordado entre as partes.

Registre-se que o ESC não estabeleceu a necessidade de recurso prévio ao Poder Judiciário como condição para recurso ao Órgão de Solução de Controvérsias.

6.7 Os impasses atuais

Como pode ser observado pela análise anterior, os acordos multilaterais de comércio, negociados pelos países-membros da OMC por consenso, refletem as políticas nacionais e os interesses dos governos envolvidos na matéria. Tais interesses expressam, por sua vez, demandas dos agentes econômicos domésticos, sejam exportadores, produtores ou importadores.

A fase atual das negociações em Doha envolve a apresentação de propostas que teriam que ter sido negociadas, em princípio, até o final de 2008. Como grandes interessados na definição de regras mais claras e rigorosas para a aplicação de medidas *antidumping* e compensatórias, bem como para o tratamento de políticas dos países em desenvolvimento para a concessão de subsídios, em particular créditos à exportação, não interessaria aos produtores e exportadores brasileiros o protelamento dessas negociações. Contudo, como se sabe, o cenário internacional recente não propiciou a convergência de sinergias políticas para o avanço dessas negociações.

No tema *antidumping*, uma ampla coalizão de países, com a participação ativa do Brasil e outros, entre eles desenvolvidos e em desenvolvimento, favoreceu a introdução do tema nas negociações apesar das resistências norte-americanas. O Grupo de *Friends of Antidumping* (Brasil, Chile, Cingapura, Coreia do Sul, Costa Rica, Hong Kong, China, Israel, Japão, Noruega, Suíça, Taiwan e Tailândia) apresentou propostas de negociação em temas que constituem o cerne do contencioso atual. Entre os temas escolhidos, registre-se: explicitação de certas regras para o cálculo da margem de *dumping* e a proibição do *zeroing*, determinação do valor normal entre empresas coligadas, valor construído, regras para cálculo do valor construído e para reconstrução do preço de exportação, definição do produto objeto de investigação, definição da indústria doméstica, apoio da indústria para o início de investigações (representatividade), determinação de dano, acumulação de dano e condições de concorrência, direito atribuído a empresas não investigadas, compromisso de preços, revisões para o novo exportador e revisão *sunset*, período de coleta de dados da investigação, parâmetro para determinação de volume desprezível de importações, entre outros. Vários desses temas serão discutidos também nas negociações do Acordo de Subsídios e Medidas Compensatórias, tendo em vista a harmonização dos procedimentos comuns aos dois Acordos.[68]

No tocante a subsídios, é prioridade o tratamento especial e diferenciado aos países em desenvolvimento, bem como as regras para créditos à exportação.

[68] Para uma compilação das propostas de negociação do Acordo *Antidumping* já apresentadas por todos os países, ver documento preparado pelo Secretariado da OMC em 2003, *Compilation of issues and proposals identified by participants in the negotiating group of rules* (TN/RL/W/143).

O Brasil defende que, apesar de a incorporação das normas da OCDE (*Export Credit Consensus*) sobre o tema ser uma grave questão para os países em desenvolvimento, vários problemas substantivos são ainda mais graves, como as assimetrias entre os países desenvolvidos e em desenvolvimento nos custos de captação e as diferenças nos custos de garantias de financiamento. A proposta brasileira em relação ao tema deverá ser o carro-chefe das negociações sobre crédito à exportação ao longo da Rodada de Doha.[69]

O Brasil tem manifestado a posição de que, embora a aplicação de medidas de defesa comercial seja prática legítima contra outras que distorcem a competição e o comércio, existem "áreas cinzentas" nos textos dos acordos da OMC capazes de permitir interpretações abusivas por parte de certos países, as quais devem, portanto, ser objeto de aprimoramento, garantindo, ao mesmo tempo, a eficácia dos instrumentos. No entanto, as realidades econômicas das nações devem ser levadas em conta nas normas de um sistema multilateral de comércio que tenha por meta promover, genuinamente, o crescimento econômico e o desenvolvimento mundial.

Referências

ARAÚJO JÚNIOR, J. T. *Antidumping in the Americas*. Washington: Organização dos Estados Americanos, 2001.

______. Legal and economic interfaces between antidumping and competition policy. *Law and Economics Review*, v. 25, n. 2, Jun. 2002.

BALDWIN, R. E. Assessing the fair trade and safeguards laws in terms of modern trade and political economy analysis. *The World Economy*, v. 15, n. 2, p. 185-202, Mar. 1992.

______. Imposing multilateral discipline on administered protection. In: KRCEGER, Anne (Ed.). *WTO as an international organization*. Chicago: The University of Chicago Press, 1998.

BANKS, G. *Australia's dumping experience*. Policy, research and external affairs. Working Paper 551. Washington: World Bank, Country Economics Department, 1990.

BARRAL, W. (Org.). *O Brasil e a OMC, os interesses brasileiros e as futuras negociações multilaterais*. Florianópolis: Diploma Legal, 2000.

BHAGWATI, J. N. *Protecionismo* versus *comércio livre*. Trad. de Mário Salvano. Rio de Janeiro: Nórdica, 1989.

BIERWAGEN, R. M. GATT: article VI and the protection bias in dumping laws. *Studies in Transnational Economic Law*. Deventer: Kluwer Law and Taxation Publishers, 1990, v. 7.

BOLTUCK, R.; LITAN, R. E. (Ed.). *Down in the dumps*: administration of the unfair laws. Washington: The Brookings Institution, 1991.

BRASIL. Departamento de Defesa Comercial. Secretaria de Comércio Exterior. Ministério do Desenvolvimento, Indústria e Comércio Exterior. *Relatório DECOM 2002 – Medidas de Defesa Comercial – Antidumping, compensatórias, salvaguardas*. Brasília, 2001.

[69] Ver Brasil, *Treatment of governamental support for export credits and guarantees under the agreement on subsidies and countervailing measures* (TN/RL/W/177).

CAMPOS, A. G. L. *Dumping* e subsídios: impacto para o Brasil da nova legislação dos Estados Unidos. *RBCE*, Rio de Janeiro, n. 44, *Funcex*, p. 17-31, jul./set. 1995.

______. Abuse and discretion: the impact of antidumping and countervailin duty proceedings on Brazilian exports to the United States. *Journal of World Trade* n. 38, v. 1, p. 37-68, Kluwer, The Netherlands, 2004.

______. Propostas para reprimir abusos de medidas *antidumping* e direitos compensatórios. *RBCE*, Rio de Janeiro, n. 82, p. 36-71, jan./mar. 2005.

CORDEN, W. M. *Trade policy and economic welfare*. Oxford: Clarendon, 1974.

CROOME, J. Guide to the Uruguay round agreements. *Kluwer Law International,* WTO, Genebra, 1999.

FINGER, J. M. Dumping and antidumping: the rhetoric and the reality of protection in industrial countries. *The World Bank Research Observer.* Washington, World Bank, v. 7, n. 2, p. 121-143, July 1992.

FINGER, Z. *Antidumping*: prospects for discipline from the Doha Negotiations. Washington: World Bank, Nov. 2005.

HORLICK, G. N. The United States dumping system. In: JACKSON, J. H.; VERMULST, E. A. (Ed.). *Dumping law and practice*: a comparative study. Ann Arbour: University of Michigan Press, 1989. p. 117-142.

JACKSON, J. H.; VERMULST, E. A. (Ed.). *Dumping law and practice*: a comparative study. Ann Arbour: University of Michigan Press, 1992.

KUME, H.; PIANI, G. *The politics of protection in Brazil.* 1991. Texto mimeografado.

______. Antidumping and safeguards mechanisms: the Brazilian experience, 1988-2003. *World Bank Policy Research.* Working Paper 3.562, Washington, Apr. 2005.

KRUGMAN, P.; OBSTFELD, M. *International economics, theory and policy*. 4th edition, New York: Addison-Wesley, 1992.

LAFER, C. *A OMC e a regulamentação do comércio internacional*: uma visão brasileira. Porto Alegre: Livraria do Advogado, 1998.

______; THORSTENSEN, V. Uma avaliação preliminar da Conferência de Doha. *Política Externa*, v. 10, n. 4, mar./abr./maio, 2002.

LINDSEY, B.; IKENSON, D. Reforming the antidumping agreement, a road map for WTO negotiations. *Cato Institute Center for Trade Policy Studies*, Washington, Dec. 2002.

LOYO, Eduardo H. M. *Dumping e antidumping*: teoria e prática. Rio de Janeiro: Ipea/Inpes, nov. 1992.

MESSERLIN, P. A. The Uruguay negotiations on dumping enforcement: some basic issues. In: THARAKAN, P. K. M. (Ed.). *Policy implications of dumping measures*. Amsterdam: North-Holland, 1991.

MINISTÉRIO DE DESENVOLVIMENTO, Indústria e Comércio Exterior, Secretaria de Comércio Exterior. Decretos nº 1.602, de 23 de agosto de 1995, nº 17.151, de 19 de dezembro de 1995, e nº 2.667, de 10 de julho de 1998. In: *Defesa comercial*: acordos e legislação. Cadernos Decom n. 2, Brasília, dez. 2002.

MINISTÉRIO DA INDÚSTRIA, COMÉRCIO EXTERIOR E SERVIÇOS. *Relatórios Decom*. Disponível em: <http://www.mdic.gov.br>. Vários anos.

MIRANDA, J.; TORRES, R.; RUIZ, M. The international use of dumping: 1987-1997. *Journal of World Trade*, v. 32, p. 5-71, 1998.

MOEN, P. I. A. *Public interest issues in international and domestic antidumping law*: the WTO, European Communities and Canada. Genebra: Graduate Institute of International Studies, 1998.

MURRAY, T. The administration of the antidumping law by the department of commerce. In: BOLTUCK, R.; LITAN, R. E. (Ed.). *Down in the dumps*: administration of the unfair laws. Washington: The Brookings Institution, 1991.

NAIDIN, L. C. A política de subsídios do GATT. *Revista Brasileira de Comércio Exterior*. Rio de Janeiro, Fundação Centro de Estudos de Comércio Exterior – Funcex, ano II, n. 12, p. 9-15, jul./ago. 1987.

______. *Dumping e antidumping no Brasil*: evolução da regulamentação, aplicação e efeitos sobre o comércio. 1998. Tese (Doutorado) – Universidade Federal do Rio de Janeiro, Rio de Janeiro.

______; ARAÚJO JÚNIOR, J. T. Salvaguardas. Dumping e subsídios: a perspectiva brasileira. *Revista de Economia Política*. São Paulo, Brasiliense, v. 9, n. 2, p. 26-40, abr./jun. 1989.

______ et al. *Antidumping* em discussão. *Revista Brasileira de Comércio Exterior*. Rio de Janeiro, Fundação Centro de Estudos de Comércio Exterior – Funcex, ano 19, jul./set. 2005.

ORGANIZAÇÃO MUNDIAL DE COMÉRCIO. Informe anual. Vários anos.

ORGANIZAÇÃO MUNDIAL DE COMÉRCIO/UNCTAD, CENTRO DE COMÉRCIO INTERNACIONAL. *Guía de la ronda Uruguay para la comunidad empresarial*. Genebra, 1996.

______. *Normas del comercio internacional, manual de consulta sobre los acordos de la OMC para pequenos y medianos exportadores*. Genebra, 2001.

PALMETER, D. United States implementation of the Uruguay dumping code. *Journal of World Trade*. Twickenham, Vincent Press, v. 29, n. 3, p. 43-44, June 1995.

PRUSA, T.; BLONINGEN, B. Antidumping. NBER Working Paper Series. *National Bureau of Economic Research*. Working Paper 8.398. Cambridge, MA, July 2001.

SAMPSON, G. Safeguards. In: FINGER, J. M.; OLECHOWSHI, A. *The Uruguay round, a handbook for the multilateral trade negotiations*. Washington: World Bank, 1987.

STEWART, T.; MARKEL, S. G.; KERWIN, M. T. *Dumping. The GATT Uruguay round*: a negotiating history 1986/1992. Deventer: Kluwe Law and Taxation Publishers, 1993.

STIGLITZ, J. E. Two principles for the next round or, how to bring developing countries in from the cold. *The World Economy*, v. 23, n. 4, p. 437-453, Apr. 2000.

THARAKAN, P. K. M. (Ed.). *Policy implications of dumping measures*. Amsterdam: North Holland, 1991.

THORSTENSEN, V. *Organização Mundial do Comércio*: as regras do comércio internacional. São Paulo: Aduaneiras, 2000.

UNCTAD, TRADE AND DEVELOPMENT BOARD. *Report of the expert meeting on the impact of antidumping and countervailing actions*. Genebra, Dec. 2000.

VERMULST, E. A. The dumping systems of Australia, Canada, the EEC and the USA: have dumping laws become a problem in international trade? In: JACKSON, J. H.; VERMULST, E. A. (Ed.). *Dumping law and practice*: a comparative study. Ann Arbour: University of Michigan Press, 1992.

WILLIG, R. D. Economic effects of antidumping policy. *Brookings Trade Forum*. Washington: Brookings Institution Press, 1998.

WORLD TRADE ORGANIZATION. *Ministerial declaration*. WT/MIN/DEC/W/1, Nov. 2001.

______. Decision. *Implementation related issues and concerns. WT/MIN(01)/W/10.*

7

Comércio Exterior, Tecnologia e Empresa

Edson Peterli Guimarães

7.1 Introdução

O padrão das trocas internacionais resulta das condições e circunstâncias vigentes nas economias nacionais. Desde meados do século passado, o mundo vivencia um crescente encurtamento do tempo histórico governado pelo progresso técnico. Processos produtivos dedicados a reduzir custos fabris e a criar novos produtos substituindo o velho pelo novo, em tempos cada vez menores, vêm reunindo países para explorar os recursos existentes em escala global. Conjuntos de bens e serviços são substituídos por outros geralmente mais virtuosos, de design mais atraente e com teor tecnológico apropriado a atender exigências de consumidores cada vez mais refinados, em qualquer parte do mundo. O resultado tem sido surpreendente. A base de comércio mundial tem crescido 8% a.a. desde o ano de 1950[1] e o PIB mundial, mensurado pelos principais países, cresceu aproximadamente 4% a.a. no período de 1950 a 2014.[2]

As primeiras explicações de funcionamento do comércio internacional foram formuladas por Adam Smith (1776) e David Ricardo (1817). Adam Smith estabeleceu o princípio da vantagem absoluta, contemplando a ideia de que um

---

1 WITS. Banco de Dados, ONU, 2016.

2 *Maddison Project*/database, 2013.

país exporta os bens de menores custos em relação aos demais e importa os bens de custos elevados nos termos de seu país em relação aos internacionais. Já o princípio das vantagens comparativas, instituído por David Ricardo, estabelece que o comércio internacional é governado pelas diferenças nos custos de oportunidade entre as produções nacionais.

O livre comércio para os autores é o esteio do maior ganho com o comércio internacional, pois a prática de preços não distorcidos (de livre comércio) revela aos países os verdadeiros custos fabris das mercadorias com os quais eles põem em bom caminho o seu comércio exterior. O livre comércio descortina o ordenamento de custos das produções nacionais em que cada país naturalmente será levado a se especializar nas produções daquelas mercadorias que lhes são mais vantajosas. Cada qual se especializando nos produtos que apresentam maiores vantagens na troca provêem, pelo comércio, uma quantidade de bens e serviços superior aquela estabelecida em um sistema autárquico.

De fato, os princípios das vantagens absolutas e comparativas são imbatíveis! Eles são tão fortes que até hoje são evocados para explicar padrões de trocas internacionais. No entanto, Adam Smith e David Ricardo os formularam em uma época na qual o domínio da técnica era universal e as trocas se estabeleciam devido às diferenças de produtividade do trabalho existente entre os países, para distintos ramos produtivos. Posteriormente, nos anos 1930, os modelos das vantagens comparativas foram ampliados por Heckscher-Ohlin (HO) para incluir as diferenças entre as dotações relativas dos fatores de produção dos países como eixo norteador das vantagens comparativas setoriais.[3]

Os modelos das vantagens comparativas são essencialmente estáticos e os benefícios do progresso técnico e das novas técnicas adotados por um país são supostamente usufruídos pelos demais, por meio do comércio internacional: pressupõem que os mercados estejam em concorrência perfeita com rendimentos constantes de escala. Ambas as hipóteses invalidam a condição do exercício do domínio técnico de uma empresa ou país para extrair um lucro extraordinário no mercado internacional. O preço obtido em um mercado de concorrência perfeita (muitos produtores e consumidores, de sorte que nenhum deles exerce poder no mercado) se iguala ao menor custo unitário do produto em questão. Também, no limite, com rendimentos constantes de escala (os insumos aumentam em linha com a quantidade produzida), o preço não varia. Assim, o domínio da técnica de um país ou de suas empresas no mercado externo não é recolhido no modelo de livre comércio sugerido por aqueles autores.

3 OLHIN, B. *International and Interregional Trade*. Cambridge, Mass: Harvard Press, 1931.

Somente a partir dos anos 1950 foi ficando evidente que a existência de monopólios tecnológicos produzia margens de sobrelucros às empresas que os exerciam durante um lapso de tempo e os benefícios decorrentes do avanço técnico ficavam internalizados nos países que neles residiam. Em outras palavras, a concorrência entre empresas não era tão perfeita assim, e a hipótese de rendimentos constantes de escala não parecia tão verdadeira, como sugeria os modelos das vantagens comparativas. Prebisch[4] evidenciou que os benefícios decorrentes do comércio internacional, sob domínio do técnico por um dos parceiros, contrariava o modelo das vantagens comparativas, cujas hipóteses asseveravam que os frutos do progresso técnico obtidos por um país seriam distribuídos aos demais países, através do comércio internacional.

Ele comparou a razão entre os índices de preço de uma cesta de produtos industrializados dos Estados Unidos trocados por uma cesta de bens agrícolas da América Latina, no período que vai desde a década de 1920 a 1950. Os resultados mostraram uma *deterioração dos termos de troca* favorável aos produtos industrializados. Era necessário cada vez mais produtos agrícolas latino-americanos para obter a mesma cesta de bens industriais dos Estados Unidos. De fato, esse resultado era surpreendente à época. Além de não atestar o modelo de vantagens comparativas, indicava uma concentração de ganhos favorável a um dos parceiros, em vez da distribuição mais equitativa entre eles, por meio do comércio, como sugeria o modelo de vantagens comparativas.[5]

O modelo de Prebisch sugestivamente aproxima os aspectos macroeconômicos contidos na economia internacional – relações de comércio entre países – com o enfoque microeconômico que a aplicação da técnica requer – a empresa como residência final do progresso técnico. A partir dos estudos de Prebisch, a convicção de que a tecnologia abastece parcela crescente dos fluxos internacionais de bens e serviços foi, naturalmente, reconhecendo a empresa como unidade central do comércio. Como exploramos mais à frente, a unidade produtiva é quem entabula as trocas internacionais seguindo obediência aos processos de concorrência e inovação tecnológica.

---

4 PREBISCH, R. *The Economic Development of Latin America and Its Principal Problems*. United Nation, 1950.

5 Os resultados da deterioração dos termos de troca eram devidos ao vínculo existente entre a aplicação de técnicas mais eficientes e o aumento da produtividade com consequentes elevações salariais. Assim, o preço real do bem industrial se reduz pela distribuição dos ganhos de produtividade entre capital e trabalho em âmbito nacional, mas não em termos internacionais, em que prevalece o preço nominal. A taxa de câmbio, que seria o mecanismo corretivo, era atrelada a questões relacionadas ao lastreamento das moedas, não captando totalmente, portanto, diferenças entre preços dos bens motivados por outros fatores. Ver. PREBISCH, R. *The Economic Development of Latin America and Its Principal Problems*. United Nation, 1950.

7.2 A tecnologia no comércio internacional

A extensão da teoria tradicional de comércio exterior para incorporar aspectos concernentes à organização industrial, à eficiência produtiva-comercial e às alterações nas condutas empresariais, e o estabelecimento da competição externa em mercados de concorrência imperfeita só recentemente ganhou expressividade na literatura corrente. Essa negligência decorreu basicamente dos pressupostos da teoria das vantagens comparativas e absolutas que, para estabelecer padrões de comércio, requereu somente diferenças relativas entre os custos de produção dos países envolvidos. As empresas nesses modelos são consideradas de comportamento passivo condicionado às vantagens comparativas existente nos países. Isso é verdade no caso de um mercado em concorrência perfeita, mas é falso nos mercados de concorrência imperfeita, nos quais a competição por meio da diferenciação de produtos e redução de custos unitários tem presente suas assinaturas.[6]

As novas teorias de comércio internacional integram aspectos microeconômicos com a abrangência macroeconômica que os estudos de economia internacional requerem. Assim, recuperam duas dimensões microeconômicas que pelo menos foram negligenciadas: a empresa (como unidade produtiva ativa) e o produto (que pode ser diferenciado). De modo geral, a ideia central dessa linha teórica consiste na possibilidade de se gerar lucros extraordinários no mercado internacional, conferidos pelo monopólio de certas inovações ou novos produtos que alguma empresa, ou conjunto delas, possa ter sobre os concorrentes externos. Assim, enquanto o monopólio persiste, a empresa obtém *vantagens absolutas* no mercado externo. Desse modo, as parcelas dos fluxos comerciais existem como resultado das defasagens tecnológicas. Isso estabelece um processo de divergências e convergências tecnológicas cujo resultado consolida uma difusão internacional do conhecimento (convergência) ao mesmo tempo em que criam novas tecnologias (divergência) com as quais as empresas/países procuram exercer o poder de monopólio.

Vantagens comparativas e absolutas não são, contudo, conceitos excludentes. A difusão internacional do conhecimento de nova tecnologia se encarrega de prover condições às empresas entrantes para ajustar seus preços e custos no mercado onde se observa o monopólio da inovação na(s) empresa(s) original(is). Nesse processo, os custos de oportunidade vão se firmando, estabelecendo um mercado internacional pautado em vantagens comparativas. Assim, parcelas dos fluxos de comércio internacional decorrem de movimentos cíclicos propiciados pela inovação original (vantagem absoluta), que estabelece padrões de concorrência

[6] Como reforço de argumentação acerca do aprofundamento da diferenciação de produtos no mercado internacional temos o Sistema Harmonizado de Mercadorias, que relaciona cerca de 15 mil produtos classificados a seis dígitos pelo Sistema Mundial das Alfândegas, transacionados no comércio exterior.

imperfeita, e sua deterioração pela imitação das empresas concorrentes (estabelecendo as vantagens comparativas) que, no limite, podem conformar um mercado em concorrência perfeita.

A explicação do padrão de trocas internacionais depende, então, da rapidez com que novos produtos e processos de produção são introduzidos no mercado (revelando as vantagens absolutas) *versus* a rapidez com que as empresas ajustam os respectivos preços e custos à nova produção (revelando as vantagens comparativas). O tempo em que a empresa original mantém sua vantagem absoluta depende de múltiplos fatores, que a teoria ainda não deu conta de estimar.

De fato, o processo de transferência de conhecimento e tecnologia não é necessariamente uniforme nem homogêneo. Esse processo se dá em ciclos relativos, precisamente à capacidade de um dado país absorver, perpetuar e modificar os conhecimentos eventualmente transferíveis.[7] Krugman,[8] por outro lado, argumenta que em certas condições a deterioração das vantagens absolutas não é trivial. É o caso da produção iniciada por um conjunto de empresas com economia de escala crescente, em certos países com características favoráveis a determinados tipos de produções. Como exemplo, temos a configuração de sinergias nos encadeamentos da indústria calçadista italiana e os avanços em tecnologia de informação no *Silicon Valley*, na Califórnia, nos Estados Unidos.[9] Assim, determinados padrões de especialização internacional são explicados mais por argumentos históricos de formação industrial e menos por questões puramente técnicas.[10]

Contudo, de modo geral, as empresas "dominantes", que possuem técnica original ou produtos diferenciados, disponibilizam a quantidade exportada em quantidades menores do que àquelas que se obtém em mercados de concorrência perfeita. A elasticidade de demanda do "bem internacional" (soma da demanda doméstica e externa) indica o preço estabelecido àquela quantidade (em que a receita marginal encontra o menor custo de produção), em concorrência imperfeita. Quando empresas concorrentes em outros países absorvem com sucesso a tecnologia e o *know-how* existente na(s) empresa(s) original(is), elas entram no mercado afrontando o poder de monopólio por meio de maior quantidade de mercadorias exportadas com preços sucessivamente menores, erodindo o lucro extraordinário. Não se modificando as condições competitivas, o rebaixamento

7 KATZ, J. *Cambio tecnologico, desarrollo econômico y las relaciones intra y extra regionales de la A.L.* Monografia de trabalho nº 30, Programa BID-CEPAL, Buenos Aires, ago. 1978.

8 KRUGMAN, P. *Geography and Trade*. Gaston Eykens Lecture Series, Leuven University Press. Cambridge, Mass: MIT Press, 1991.

9 KRUGMAN, 1991.

10 PORTER, M. E. *A vantagem competitiva das nações*. Rio de Janeiro: Campus, 1989. Essa obra resume exemplos de vantagens absolutas localizadas em países decorrentes de suas formações históricas.

de preços termina quando o preço se iguala ao menor custo marginal, estabelecendo, portanto, um mercado em concorrência perfeita.

Vale considerar que o processo de convergência e divergência tecnológica pode ser encurtado, em qualquer momento da trajetória de rebaixamento de preços, por conta de algum *upgrading* tecnológico instituído por alguma empresa/país. Basta que ela, durante o processo de rebaixamento de preços, ganhe condições de diferenciar o bem, de sorte a constituir um novo mercado ou tenha condições adicionais de modificar substancialmente a produção. Tanto numa situação quanto na outra, os fluxos internacionais de mercadorias se ampliam pelo estabelecimento de vantagens absolutas. O poder de monopólio é renovado, iniciando doravante o ciclo de vantagens absolutas, sendo deterioradas pelas relativas, e assim sucessivamente.

Países como os Estados Unidos, por exemplo, praticam, por meio de ações governamentais, incentivos vigorosos à função de P&D da indústria armamentista, em que inovações "de guerra" são aplicadas pelas suas indústrias de consumo e de bens de capital. Para garantir rendas extraordinárias às suas empresas, os Estados Unidos forjam a aceitação pelos demais países de tratados de propriedade intelectual e industrial com temporalidade extensiva. Assim, fabricam comércio constituído mais pela competição alicerçada em vantagens absolutas e menos em vantagens comparativas. Por outro lado, países do sudoeste asiático como Coreia do Sul, Hong Hong, Cingapura e Taiwan, liderados pelo Japão, mantiveram estratégias comerciais externas até meados dos anos 1980, contemplando mais as vantagens comparativas e menos as vantagens absolutas, já que os sistemas produtivos em suas fábricas eram exemplarmente redutores de custo (sistema *Kanban, just in time*, Toyotismo, *Kayzen* e outros).

Essa questão é tão relevante que a maioria dos acordos de comércio entre países apreciam regras e normas para assegurar certa interinidade à propriedade industrial e intelectual, justificável perante os custos de transação das empresas que fazem vultuosos investimentos em P&D. Localiza-se, assim, nas negociações de integração comercial entre países, espaços conflitivos, em que coexistem parâmetros extensivos de práticas protecionistas para perpetuar o domínio da inovação, restrito a certas empresas, e negociações para encurtar o tempo do exercício protecionista dedicado pelas tarifas e demais barreiras comerciais.

7.3 A dimensão da empresa no mercado exterior

Embora seja difícil determinar com precisão como passar da noção macroeconômica (de uma economia internacionalmente competitiva) para a noção microeconômica, a de inspiração francesa sugerida nos anos 1980 parece ser a que tem maior aderência nesse assunto até os dias de hoje.[11] Apesar das controvérsias, seu argumento é que uma empresa (ou uma economia nacional) será competitiva se ela sair vitoriosa (ou bem colocada) no confronto com seus concorrentes externos.

A teoria tem tratado essa questão sob dois ângulos. O primeiro observa as implicações econômicas do progresso técnico, no sentido schumpeteriano, como dependendo de sua natureza o papel desempenhado pelo *empresário inovador* que faz e aplica inovações para ganhar parcelas de mercado dos concorrentes. No paradigma ricardiano, por outro lado, o progresso técnico é essencialmente poupador de mão de obra. Neste último, o progresso técnico tem efeitos aplicativos ao longo da função de produção. No enfoque schumpeteriano, significa romper o ciclo econômico no sentido dado por Walras acerca do equilíbrio econômico.[12]

O empresário inovador, na visão de Schumpeter, pode romper a suposta estabilidade das transações econômico-comerciais, expandindo a fronteira técnica produtiva do país. Assim, ele tem a propriedade de dar dinamismo ao conceito de vantagens comparativas ao (re)criar novas especializações internacionais, modificando a estrutura preexistente das vantagens comparativas convencionais. Desse modo, a alocação de recursos e a escala de importância entre os fatores produtivos podem ser alteradas e as vantagens comparativas, neste caso, transformadas.

Linder,[13] em artigo consagrado pela literatura especializada, sugeriu que o comércio exterior não é somente uma questão de menor custo fabril ou da existência de excedentes exportáveis. Os componentes de demanda desempenham um papel essencial: empresas exportadoras com rendimentos de escala crescente podem requerer mais fatores de produção exercendo, portanto, uma elevação de preços na mão de obra e no capital, causando efeitos na distribuição de renda no país. Podem também importar partes e peças do produto inovado a custos menores do que os seus, caso pretendessem fabricá-los no país. Assim, quanto mais assemelhadas às estruturas de consumo e produção, maiores possibilidades de existir comércio, contrariando a ideia das vantagens comparativas em que o comércio entre países se estabelece justamente porque suas estruturas produtivas são distintas. Essa postura de Linder, com respeito ao comércio internacional, prenunciava duas situações que já vinham se esboçando na época: a competição internacional, por meio da diferenciação de produtos, e a possibilidade de se firmar intercâmbio internacional do tipo intraindustrial. Linder foi um dos primeiros teóricos a tentar estabelecer vínculos entre perfis de demanda e estrutura

11 MICHALET, C. A. *Competitivité et Internationalisation, mineo* (DSTI/SPR/81.63). Paris: OCDE, 1981.

12 SCHUMPETER, J. *Teoria do desenvolvimento econômico*. Série Os Economistas (1911). Edição organizada por Victor Civita. São Paulo: Abril Cultural, 1982.

13 LINDER, S. B. Ensaio sobre comércio e transformação. *Economia Internacional*. Série ANPEC, organizador Savasini. São Paulo, 1978.

de custos fabris. Ao fazê-lo, propicia um contexto para se pensar as vantagens comparativas iminentemente estáticas em dinâmicas, por força dos novos perfis de demanda que favorecem a concorrência a partir da diferenciação de produtos.

7.3.1 Vantagens comparativas dinâmicas

Emprestado da teoria físico-mecânica, que estuda o movimento dos corpos relacionando as forças que os produzem, o conceito de dinâmica foi rapidamente incorporado às teorias de comércio, com a convicção de que parte dos fluxos internacionais de bens e serviços é explicada pelas inovações. A ideia de vantagens comparativas dinâmicas foi operada inicialmente pela construção do indicador de Vantagens Comparativas Reveladas (IVCR), formulada por Balassa (1965).[14] Ele aponta o ordenamento participativo dos setores produtivos no mercado internacional. Mudanças na posição intersetores na pauta de exportação ao longo do tempo sugerem alteração nos fatores produtivos estáticos que podem corresponder a operações dinâmicas (nas vantagens comparativas convencionais). O IVCR mensura a especialização do comércio internacional de um país relativamente ao mundo. O peso de um dado setor nas exportações mundiais é utilizado para normalizar o peso das exportações do mesmo setor para o país. O índice de Balassa segue a fórmula abaixo:

$$IVCR = (X_{ij}/X_j) / (X_{wi}/X_w)$$

em que (X_{ij}/X_j) é a participação das exportações do produto (i) no valor total das exportações do país (j) e (X_{wi}/X_w) é a participação da exportação mundial do produto (i) na demanda internacional (w).

Se o IVCR é superior a 1, o país possui vantagem comparativa revelada para as exportações do produto (i), ou seja, o país encontra-se relativamente especializado na exportação desse bem. Por outro lado, se o IVCR é menor que 1, o país possui desvantagem comparativa revelada para a exportação do produto. O acompanhamento do ordenamento das vantagens comparativas reveladas contidas nos setores industriais, ao longo do tempo, para uma região ou país, geralmente indica mudanças substanciais, sugerindo certa dinamicidade no mercado internacional.

Com efeito, esse quadro contribuiu para vários países decidirem proteger o mercado doméstico, em detrimento do livre comércio. Reconhecia-se que os aspectos de eficiência locativa estática causados por distorções nos preços tinham implicações de natureza dinâmica, à medida que poderiam afetar a taxa de progresso técnico e a distribuição de renda.

[14] BALASSA, B. *Trade liberalization and revealed comparative advantage*. Manchester School of Economic and Social Studies, Oxford 33, 1965.

7.3.1.1 *A empresa e a técnica*

Posner[15] foi um dos primeiros teóricos a considerar tecnologia como fonte de comércio internacional. A notoriedade de seu estudo consistiu justamente em integrar o papel desempenhado pela empresa no desenvolvimento tecnológico com comércio internacional. A incorporação da técnica produzindo comércio, seja pela constituição de novos produtos, seja por eficiência produtiva, requer alguma temporalidade que não pode ser apreendida pela estrutura teórica das vantagens comparativas convencionais. Se empresas recolhem avanços técnicos, é razoável inferir que a produtividade e/ou a qualidade dos produtos estabeleçam o padrão de comércio internacional observado. Ele advogou que o mercado internacional é totalmente governado pelas transformações ocorridas nas economias nacionais.

Posner introduziu dois conceitos compartilhados no âmbito da firma: o de economias de escala dinâmica e economias de escala estática. Como a mudança técnica se dá inicialmente em uma unidade produtiva estabelecendo um lapso de tempo para as demais, é certo que a primeira reúne condições distintivas, obtidas com base nas suas experiências passadas, em relação às demais. Embora todas as empresas sejam beneficiadas com o progresso técnico, somente as primeiras com experiências passadas bem-sucedidas na função de P&D merecem a denominação de empresas com economias de escala dinâmica. As demais teriam economias de escala estática, pois não desempenham um papel de criação de novos fluxos de comércio internacional contribuindo, no entanto, para seu volume.

Posner considerou que as inovações têm certa temporalidade que pode ser decomposta em relação à:

a) aplicação da inovação pela empresa dinâmica e reação das empresas nacionais (I);

b) reação das empresas no exterior (II);

c) base para o aprendizado da nova técnica existente nos países estrangeiros – difusão internacional do conhecimento tecnológico (III) e,

d) assimilação das inovações pelos mercados-alvo das exportações (S).

Existe uma **defasagem tecnológica líquida**, que é a soma dos tempos (I + II + III – S) envolvidos entre o momento da aplicação da inovação e o momento da generalização de sua utilidade. Enquanto existe defasagem tecnológica líquida, o comércio internacional é originado por ela. Essa estrutura teórica casa, assim, o tempo histórico/teórico da experiência empresarial com o tempo cronologicamente definido pela competição internacional.

---

15 POSNER, M. V. *International trade and technical change*. Oxford Economic Papers 13, 1961.

Um país é mais "dinâmico" que outro durante o tempo em que o comércio causado pelas inovações aplicadas em suas empresas perdurar oferta líquida internacional do produto inovado. Assim, o conceito de empresa com economia de escala dinâmica tem seu lado prático no ganho de parcelas de mercado dos competidores externos. Quando o desempenho da empresa no mercado internacional resulta em taxas de exportação superiores à demanda do mercado particular, isso pode significar o exercício da defasagem tecnológica líquida. Com efeito, as empresas com economias dinâmicas põem em andamento aspectos tecnológicos que conferem a elas certo tipo de "vantagens comparativas". Seriam, por assim dizer, vantagens comparativas dinâmicas, dinâmicas justamente por envolver o processo de inovações em curso.

De fato, a empresa competitiva toma decisões entre alternativas de negócios, define uma estratégia de atuação produtiva e comercial e controla variáveis. Ao desempenhar esse papel, a empresa põe em marcha métodos combinados para usar matérias-primas, criar produtos, modificar métodos de produção, aumentar a produtividade dos fatores e também provocar mudanças em inovações (ou mesmos em todos) dos pontos mencionados.

As ideias de Posner têm pelo menos dois pontos interessantes. O primeiro é que mantêm um contato íntimo com o empresário inovador de Schumpeter e, não obstante, a referência feita ao mercado e à concorrência, a empresa com escala dinâmica não adapta simplesmente seus custos aos preços dados no mercado. Por outro lado, a mudança técnica não é suficiente *per si*, mas sua importância decorre da comercialização do novo *know-how* técnico, cujo sucesso depende de (a) entender as necessidades do usuário; (b) atentar para marketing e publicidade; e (c) interagir tecnicamente e utilizar assistência técnico-científica, entre outros.

7.3.1.1.1 *Tecnologia e empresas brasileiras exportadoras no passado recente*

A política comercial externa, no passado recente, favoreceu com elevadas margens de proteção tarifária contra a competição externa as empresas da indústria brasileira.[16] Existia a convicção, a partir da experiência de outros países, de que era possível modificar a alocação dos recursos na economia brasileira com uma política de formação de preços, cujo resultado esperado seria mudanças no padrão das vantagens comparativas favorável aos produtos industriais.

O desenvolvimento de tecnologias engendrado pela alternativa de industrialização, debaixo o aparato da substituição de importações, levou à aquisição

---

16 GUIMARÃES, E. P. *Recent trade policy in Brazil.* Kiel Working Paper, n. 389, Germany, 1989.

e ao estabelecimento de capacidades técnicas para absorver tecnologia importada (o que era uma condição necessária à industrialização), mas também ao desenvolvimento local de novos processos e produtos. Por conta de sinergias existentes no interior de algumas empresas e setores industriais, foi fundamentado o ciclo: transferência tecnológica – adaptação ao mercado local – melhoramentos na qualidade e na produtividade – adaptações técnicas para exportar.

A Tabela 7.1 contempla a estrutura do comércio exterior brasileiro. Em 1965, as manufaturas participavam com menos de 10% na pauta e os produtos básicos eram predominantes nas exportações (81,6%). Em 1990, essa relação muda de direção: os produtos manufaturados chegam a participar com 54% e os básicos com 28%, numa clara tendência de predomínio das exportações de produtos industriais em relação aos produtos agrícolas e aos localizados nos primeiros estágios de produção.

Tabela 7.1 Participação (%) na pauta de exportação brasileira por fator agregado, 1965/2010

Ano	Básicos	Semimanufaturados	Manufaturados
1965	81,60	9,70	8,20
1970	74,84	9,09	15,19
1980	42,16	11,67	44,84
1990	27,84	16,26	54,15
2000	22,80	15,43	59,05
2010	44,58	13,97	39,40

Fonte: MDIC/SECEX.

Com o processo de abertura comercial, no final dos anos 1980, a proteção dedicada à indústria brasileira contra a competição externa foi praticamente extinta.[17] Sem o apoio governamental, o crescimento da exportação brasileira de manufaturados apresentou taxas inferiores (6% a.a.) à demanda internacional (7% a.a.) no período de 1990 a 2015, perdendo, portanto, parcelas de mercado mundial para os concorrentes externos. As exportações brasileiras de produtos básicos cresceram 9% a.a. no mesmo período e a demanda internacional pelos produtos agrícolas brasileiros subiu 6% a.a.[18] As vantagens comparativas da economia brasileira foram, assim, (re)modificadas em favor

[17] As alíquotas das tarifas aduaneiras e as barreiras não tarifárias foram sensivelmente reduzidas e a política de promoção às exportações, que desde a entrada dos anos 1980 sofria sérias críticas dos organismos internacionais, teve sua atuação finalizada na entrada dos anos 1990. Ver GUIMARÃES, E. P. Uma estimativa de decomposição da proteção efetiva implícita no Brasil. *Anais do XVI Encontro Nacional de Economia*, ANPEC, Belo Horizonte, dez. 1988.

[18] OMC, 2015.

dos bens agrícolas e da extrativa mineral, bem como alguns insumos dos primeiros estágios de produção.[19] Uma conclusão lógica é que a substituição de importações não foi capaz de perpetuar os ciclos de aprendizado tecnológico na economia brasileira.

Em 2010, os produtos básicos participavam com 45% na pauta exportadora e os manufaturados reduziram sua participação que era de 59% em 2000 para 39%, dez anos depois. Esses resultados sugerem que a política de competitividade internacional brasileira foi bastante débil no apoio à função de P&D para originar forças competitivas duradouras, com as quais as empresas industriais pudessem obter melhor desempenho externo. A proteção à indústria ao ser centrada na formação de preços conferiu, em verdade, uma competitividade espúria cuja imperfeição foi atestada no ato de sua retirada, que enfraqueceu sobremodo a empresa nacional na competição internacional. A abertura comercial externa nos anos 1990, portanto, foi traumática para a estrutura industrial brasileira.

Essa situação pode ser mais bem observada pelo desenvolvimento dos Gráficos 1 e 2 conjugados. O ponto **E** do Gráfico 1 representa o conhecimento consolidado na produção de determinada mercadoria objeto da política de substituição de importações retratada no Gráfico 2. Nesse último, está desenhada a curva de demanda e de oferta domésticas de um bem importável substituído por produção nacional.

Pd representa o preço doméstico e **Pw**, o preço internacional de livre comércio. **Ω** é a taxa de câmbio. A proteção ao mercado doméstico é dada pela tarifa (**t**). A quantidade importada **sd'** acontece em livre comércio, ao preço doméstico **Pd = Pw**. A proteção tarifária (t) concede ao produtor nacional a possibilidade de vender seu produto ao preço P', que difere do preço internacional **Pw** justamente pela proteção dada pela tarifa (t).

Com proteção tarifária **(1 + t) = Pd'/PwΩ**, a produção nacional do produto particular aumenta em **ss'** quantidades e a importação cai, passando de **sd'** para **s'd**. A área do triângulo **A** representa o excedente econômico ganho pelo setor industrial que substitui a importação com margem tarifária e a área **B** representa o excedente econômico perdido pelos consumidores. Quanto maior a elasticidade do preço de demanda, como resulta ser para muitos bens industriais, maior a perda do excedente econômico do consumidor em favor do ganho nas empresas protegidas contra as importações (Gráfico 7.1).

19 GONÇALVES, R. *Comércio e investimento externo*: aprofundando um modelo insustentável. Rio de Janeiro: FASE, 2004.

Gráfico 7.1 Conjugação entre eficiência econômica setorial e substituição de importações

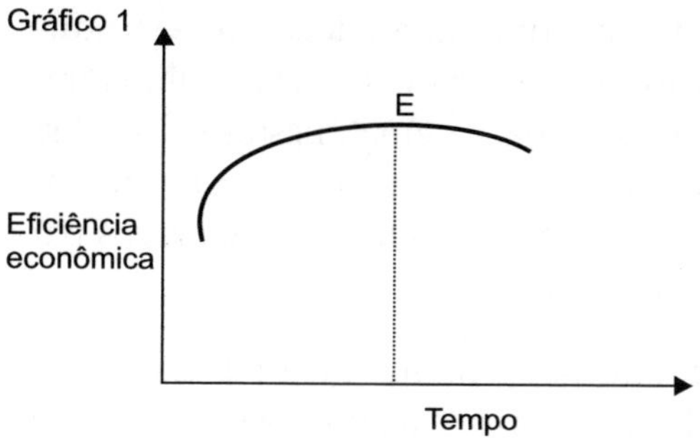

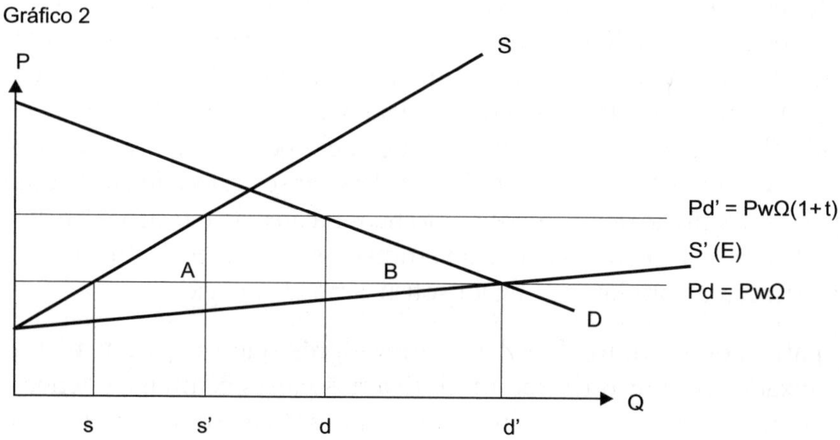

Fonte: Elaborado pelo autor.

A eficiência do processo de substituição de importações reside justamente no estímulo dedicado às empresas protegidas contra a importação para adoção de mecanismos apropriados de difusão – assimilação e aprendizado tecnológico, deslocando em ciclos contínuos a curva **S** de oferta (de acréscimo marginal no custo por unidade produzida) para a direita. O processo finaliza quando a empresa aproxima seu preço **Pd** ao de livre comércio **PwΩ**, com a maior eficiência da empresa caracterizada pelo deslocamento de **S** para **S'(E)**. Nesse ponto, **Pd = PwΩ**, encontra-se o padrão de eficiência internacional (E) para a empresa nacional.

Nos anos de 1970 e 1980, operou-se uma situação bastante peculiar. O choque do petróleo e as mudanças no sistema monetário internacional propiciaram elevada imprevisibilidade no cenário internacional.[20] Os países desenvolvidos adotaram medidas defensivas, concentrando esforços nas produções

[20] TAVARES, M. C. *Restructuración industrial y políticas de ajuste macroeconómico em los centros. La Modernización Conservadora*. Mimeo, IEI/UFRJ, 1990.

daqueles bens para os quais a demanda internacional crescia e se retiraram ou transladaram para outros países aqueles setores cuja demanda internacional estava caindo. Desse modo, a flexibilidade manufatureira, a adoção de estruturas produtivas descentralizadas, a subcontratação e novos processos de trabalho foram privilegiados em detrimento à conformação industrial original, nestes países. Essa política correspondia a um duplo papel: a) atendia à garantia de um crescimento econômico elevado e b) refletia uma sustentação ou rebaixamento de preços para os produtos tradicionais no mercado internacional.

A reconversão dos investimentos em direção aos produtos mais robustos tecnologicamente nos Estados Unidos, países da Europa, Japão e alguns países do sudeste asiático outorgou às empresas brasileiras um movimento bem interessante: ocupar certos nichos de mercado deixados por esses países, no sentido dado por Vernon.[21] Alguns produtos brasileiros padronizados (velhos, no sentido aqui empregado) foram modificados por inovações marginais acumulativas resultando em sucesso comercial externo. As aplicações das inovações se deram geralmente pelo sistema de aprender-fazendo (*learning by doing*) levado à prática pelo pessoal de nível técnico. Assim, a curva S do Gráfico 2 para essas produções deve ter se deslocado em direção ao ponto (E) pela combinação dos esforços domésticos na área de inovações "menores", mas acumulativas, e a reconversão dos investimentos nos países desenvolvidos, em direção à fabricação de produtos de maior sofisticação tecnológica.

Grande parte dos produtos brasileiros inovadores que ocuparam nichos de mercados deixados pela reconversão produtiva nos países centrais pertence à categoria de máquinas-ferramentas, motores de combustão interna, aparelhos de terraplanagem, motores monofásicos, colhedeiras e outros.[22] O interessante, para o caso brasileiro, é que a existência de um aprendizado "adaptativo local" não representou um distanciamento ou um fechamento em relação aos padrões de mercado internacional, uma vez que permitiu, em alguns casos, obter competitividade em termos de qualidade ou de custos, conforme atesta o crescente fluxo e as exportações da indústria manufatureira nos anos 1970 e década seguinte.

O Gráfico 7.2 mostra o gasto em P&D como % dos lucros empresariais e pessoal empregado em P&D, para países selecionados, reforçando os argumentos citados. No ano de 2014, a participação da corrente de comércio internacional (importação + exportação) sobre o PIB da Coreia do Sul girou ao redor de 95% e a do Brasil correspondeu a 21%.[23] A Coreia do Sul é geralmente usada como paradigma do caso brasileiro, uma vez que iniciou o seu processo de substituição

---

21 VERNON, R. International investment and international trade in product cycle. *Quarterly Journal of Economics*, v. 80, maio, 1966.

22 GUIMARÃES, E. P.; CARVALHO, F. A. Progresso técnico e exportações brasileiras de manufaturados. *Revista Brasileira de Tecnologia*, v. 14, n. 4, CNPq, BSB, 1983.

23 DEEPASK. Disponível em: <http://www.deepask.com>. Acesso em: maio 2016.

de importações na mesma época que o Brasil. Esses resultados ilustram o fato de que os fluxos comerciais (ou parte deles) podem ser manipulados pelas despesas em P&D. Na Coreia do Sul, a promoção do comércio exterior foi aprumada por incentivos à função de P&D, de modo que as empresas ganhassem mercado externo exportando produtos para o qual a demanda internacional era crescente.[24]

No Brasil, os resultados indicam que a política de incentivo à adoção de tecnologias mais eficientes, centradas nos produtos novos pouco se desenvolveu. Essas evidências empíricas traduzem a convicção que os formuladores das políticas públicas (*policy maker*) encaram o mercado exterior brasileiro de produtos industriais com certa negligência frente ao comércio internacional de produtos derivados do agronegócio. Existe certa acomodação herdada do processo de substituição de importações de considerar o mercado doméstico como o principal ativo de crescimento das empresas industriais brasileiras. Em um ambiente de substituição de importações, essa estratégia pode ser correta, mas em contexto de livre comércio constitui em erro trágico, como apresentam os resultados da economia brasileira nos últimos 20 anos.

Gráfico 7.2 Gasto privado em P&D e pessoal ocupado na atividade (1/100), países selecionados (2010)

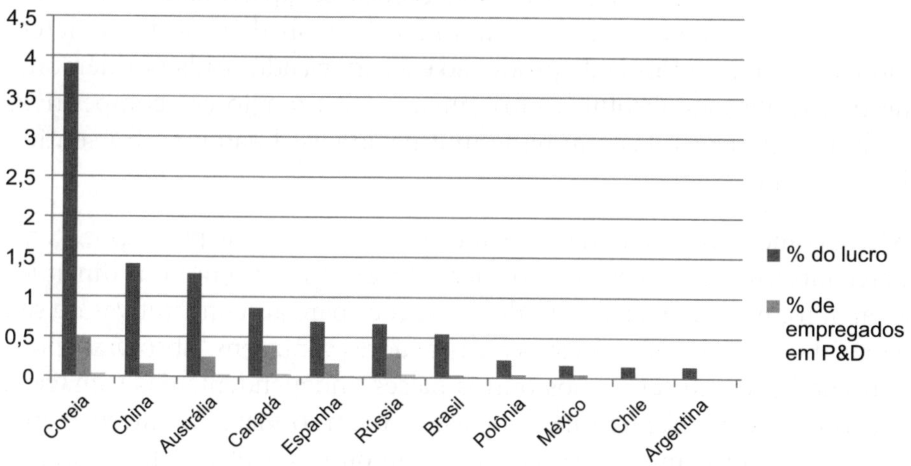

Fonte: Elaborado pelo autor com base nos dados do Deepask. Disponível em: <http://www.deepask.com>.

7.4 Cadeia global de valor

O alcance das empresas no mercado exterior no século XXI, com os avanços nos serviços de transporte, logística internacional, tecnologia de informações

[24] MASIERO, G. *A economia coreana*: características estruturais. Mineo, Seminário Brasil e Coreia do Sul, IPRI/MRE, Brasil, 2000.

e outros serviços, expandiu um tipo de produção que já vinha sendo distinguida no final do século passado. Por meio de movimentos tácitos, grandes empresas foram fragmentando suas produções por diversos países para obter o menor custo unitário ou diferenciação exemplar de seu produto final. Esse tipo de produção internacional amplia os fluxos internacionais de bens e serviços intermediários negligenciando os custos de oportunidade que os segmentos produtivos nacionais possuem. A generalização desse tipo de produção forma uma verdadeira **cadeia global de valor**.

As cadeias globais de valor são sistemas organizados para otimizar a produção, o marketing e o processo de inovações, a partir de movimentos transfronteiriços dos produtos, de processos e de funções tecnológicas. Anteriormente, o processo de internacionalização das empresas, geralmente, negligenciava os nexos estratégicos entre as empresas no país hospedeiro para o seu processo de decisão. A ideia de cadeia global de valor procura, diferentemente, obter rentabilidades "internacionais" adicionais submetidas à sua função de produção em termo de custo, marketing, logística, design, tecnologia e outras habilidades.

Com efeito, investigações recentes mostram que o comércio internacional caminha rapidamente aprumando produções compartilhadas dispersas em vários países para constituir "bens mundiais". A obediência do comércio internacional a essa nova forma de produção e a certeza adquirida por demonstração de que vantagens absolutas são representadas por forças competitivas dominaram as estratégias das empresas internacionais dinâmicas, no sentido colocado por Posner.

De fato, como vimos, a teoria das vantagens comparativas pressupõe a empresa exercendo um papel passivo no mercado exterior. A empresa dinâmica atual, no entanto, no sequenciamento de produções parciais constitutivas de seu produto final, busca os menores custos ou as maiores vantagens "absolutas" ponderando as condições existentes nos outros países, independente das vantagens comparativas que se apresentem nesses países. Assim, o mercado internacional baseado em vantagens comparativas coexiste com outro resultante de estratégias empresariais, que fragmentam a produção em escala internacional proporcionando vantagens absolutas.

A OMC tem dedicado atenção a essas questões e os resultados de seus estudos mostram que a taxa de crescimento de "bens fabricados mundialmente" é maior do que a taxa dos bens criados pelo Reino Unido ou pela França, por exemplo. Esse tipo de produção promoveu um forte aumento dos fluxos comerciais de bens intermediários, que representam atualmente mais da metade das mercadorias importadas pelos países da Organização para a Cooperação e Desenvolvimento Econômico (OCDE). Brasil e China também se aproveitam das cadeias globais de valor, no julgamento de que 1/3 de seu comércio é representado também por bens intermediários.[25]

Desde o último quartel do século passado, um dos efeitos da globalização foi transmitir à empresa individual a necessidade de ela dedicar assistência aos mercados externos de modo a evitar que os produtos desenvolvidos tivessem rentabilidade limitada, devido a características paroquiais (isto é, locais).[26] Com isso, elas ampliaram relações intrafirmas, justamente para tornar seus produtos mais baratos e reconhecidos em outros países.

O intercâmbio intrassetorial é resultado das especificidades produtivas e tecnológicas dos parceiros comerciais. A onda neoliberal em quase todos os países e a amplificação do processo de globalização, a partir dos anos 1990, favoreceram este tipo de intercâmbio. Como ilustração, o índice de intercâmbio setorial mais usual é o formulado por Grubel-Lloyd,[27] construído pela seguinte fórmula:

$$CII_{ij} = 1-[(|X^k_{ij} - M^k_{ij}|) / (X^k_{ij} + M^k_{ij})]$$

em que: X^k_{ij} = exportação do produto (i) do país (j) de categoria de uso (K); M^k_{ij} = importação do produto.

Este índice mensura a importância dos fluxos comerciais dos produtos classificados em uma mesma categoria de uso correspondente a mercados específicos. Seu valor encontra-se no intervalo entre zero e um. Valores próximos de 1 indicam um comércio intraindustrial, com estruturas produtivas assemelhadas. Próximos a zero, prevalece um comércio interindustrial, pois as especializações tendem a ser diferentes entre os países.

A firma compra no mercado globalizado justamente aquelas partes e peças do produto final em que o custo é superior, caso ela queira fazê-lo. Esse comportamento já era observado nas relações intrafiliais da empresa multinacional, no ato de sua expansão. Elas estabelecem estratégias de lucro corporativo que resultam na ampliação do intercâmbio entre filiais e entre estas e a matriz para obter vantagens na utilização dos recursos em escala global.[28]

---

[25] ALI, S.; DADUSH, U. The rise of trade in intermediates: policy implications. *International Economic Bulletin*, Feb. 10. Carnegie Endowment for International Peace, 2011.

[26] ONG, C.; PEARSON, A. W. The impact of technical characteristics exports activity of small and medium – sized UK eletronics firms. *R&D Management*, v. 12 n. 4, out 1982 e UILL; MARTIN, B. Paradigms and practive innovation and technology transfer models, *Spril*, University of Sussex, ago. 1974.

[27] GRUBEL, H. G.; LLOYD, P. J. *Intra-industry trade:* the theory and measurement of international trade in differentiated products. New York: Wiley, 1975.

[28] HELPMAN, E. International trade in the presence of product diferentiation, economies of scale and momopolistic competition. *Journal of International Economics*, n. 11, *North Holland*, 1981 e HELPMAN, E.; KRUGMAN, P. *Market structure and foreign trade*. Cambridge: MIT Press, 1992.

A extensão lógica dos benefícios que o intercâmbio intraindustrial proporciona foi sua utilização direta para a produção de "bens mundiais". Casos populares são os dos calçados Nike, da boneca Barbie e do iPod. No Brasil, a empresa Embraer seguiu também esse curso estabelecendo etapas para produção de seus aviões em várias unidades produtivas localizadas no estrangeiro, especialmente *joint ventures* na China e em Portugal. A fragmentação produtiva para o tênis Nike e a boneca Barbie, bem como a constituição de outros produtos que seguem linha de produção assemelhada, opera-se sob controle de uma matriz. Com efeito, quando a empresa líder, indústria/setor produtivo promovem um centro controlador das atividades dispersas regionalmente comandando o processo, seja por intervenção direta da firma ou por contratos de exclusividade nos países estrangeiros, a literatura especializada aprecia essa forma de produção como sendo estabelecida em uma cadeia global de valor.

A fragmentação da produção dispersa entre países procura extrair as potencialidades de redução de custos e o aumento da qualidade dos produtos.[29] A convicção de que a fragmentação bem-sucedida somente é possível com as eficiências localizadas nas áreas dos serviços de comunicação, de transporte, de logística e outros conteúdos tornou a produção de bens e serviços totalmente integrados e inseparáveis, justamente devido ao fato de que a área de serviços tem propiciado habilidades distintivas, uma certa logística, às firmas para coordenar, em tempo real, parte de seus processos produtivos distribuídos em outros países.

São diversas as possibilidade para organizar a produção sob o manto universal da cadeia global de valor. Uma empresa central pode ser a catalizadora de todos os insumos, parte e peças e demais componentes oriundos de vários lugares do mundo para a constituição final do produto. Podem, também, ter um alinhamento linear, em que as atividades em cada etapa acrescentam valor ao produto de forma compartilhada pelas empresas localizadas nos outros países. A solução para a complexidade que possa ter a cadeia global de valor depende da engenhosidade dos participantes na busca das forças competitivas internacionais.[30]

A evidência tem mostrado que as empresas, via de regra, adotam duas estratégias para usufruir dos maiores benefícios na fragmentação de seus processos. Uma modalidade consiste em se atribuir responsabilidade a uma filial de partes do processo de produção. O encadeamento dos insumos utilizados é controlado no país pela filial e geralmente são requeridos investimentos externos diretos para adequar capital fixo à produção. Outra modalidade consiste em exteriorizar as atividades sob o sistema de subcontratação no estrangeiro em que os custos fixos ficam a cargo da empresa independente contratada.

---

29 ALI; DADUSH, 2011.

30 BALDWIN, R.; VENABLES, A. Spiders and snakes: offshoring and agglomeration in the global economy. *Journal of International Economics*, v. 2, n. 90, 2013.

Um dos resultados, além do aumento do comércio mundial a taxas expressivas, foi o de aumentar a interdependência entre as nações, por meio do melhor entendimento das implicações dessa nova modalidade de comércio internacional. Os países em desenvolvimento têm se empenhado em harmonizar os transportes e a logística internacional, a tecnologia de informação, a legislação trabalhista e outros campos relacionados à infraestrutura para assegurar um aparato adequado a essa nova realidade, de modo a usufruir com perfeição dos benefícios das cadeias globais de valor.[31] Também a cadeia global de valor tem mudado o mundo de tal forma que decisões de investimentos são tomadas com observância de seus efeitos no padrão de especialização internacional do país e nos fluxos do comércio mundial.

Umas das principais implicações desse processo é a destituição de bandeiras nacionais em favor de unidades produtivas que comandam fluxos de comércio internacional. A decisão de inclusão de um país ou empresa na rede da cadeia global de Valor é contingente. No entanto, a uma série de fatores cujas exigências envolvem aspectos de densidade variada dos países, como a ausência de barreiras ao comércio, especialização da mão de obra, encargos trabalhistas, estabilidade política, qualidade das instituições e o nível de corrupção no governo são alguns dos ingredientes observados pelas empresas, que buscam ou compõem uma cadeia global de valor. Elas ponderam com propriedade os riscos associados às infraestruturas inadequadas e ambientes pouco democráticos, em certos países, por exemplo, para decidir pelo aprofundamento de internacionalizar sua produção ou parte dela neles.

Stephenson[32] sugere que os governos dos países em desenvolvimento devem promover a participação de suas empresas na cadeia global de valor para usufruir dos benefícios que essa modalidade de comércio proporciona, em termos do aumento do emprego da mão de obra, do aprendizado que acompanha a amplitude da Cadeia e da elevação da renda decorrente da constituição de novas atividades voltadas para o comércio exterior.

Referências

ALI, S.; U. DADUSH, The Rise of Trade in Intermediates: Policy Implications. *International Economic Bulletin*, Feb. 10. Carnegie Endowment for International Peace, 2011.

BALASSA, B. Trade Liberalization and Revealed Comparative Advantage. Manchester School of Economic and Social Studies, Oxford 33, 1965.

BALDWIN, R.; VENABLES, A. Spiders and Snakes: Offshoring and Agglomeration in the Global Economy. *Journal of International Economics*, v. 2, n. 90, 2013.

DEEPASK. Disponível em: <http://www.deepask.com>. Acesso em: maio 2016.

[31] BLYDE, J. S. *Fábricas sincronizadas*: América Latina y el Caribe en la era de las cadenas globales de valor. Banco Interamericano de Desarrollo, 2016.

[32] STEPHENSON, S. M. *Global value chains*: the new reality of international trade. The E 15 initiateve, Strengthening the Global Trade System, ICTSD, Geneva, Dec. 2013.

GONÇALVES, R. *Comércio e Investimento Externo*: Aprofundando um Modelo Insustentável. Rio de Janeiro: FASE, 2004.

GRUBEL, H. G.; L. PETER, J. *Intra-industry trade:* the theory and measurement of international trade in differentiated products. New York: Wiley, 1975.

GUIMARÃES, E. P. Recent Trade Policy In Brazil. *Kiel Working Paper*, n. 389, Germany, 1989.

______. Uma Estimativa de Decomposição da Proteção Efetiva Implícita no Brasil. *Anais do XVI Encontro Nacional de Economia*, dez., ANPEC, Belo Horizonte, 1988.

______; CARVALHO, F. A. Progresso Técnico e Exportações Brasileiras de Manufaturados. *Revista Brasileira de Tecnologia*, v. 14, n. 4, CNPq, BSB, 1983.

HELPMAN, E. International Trade in the Presence of Product Differentiation, Economies of Scale and Monopolistic Competition. *Journal of International Economics*, n. 11, North Holland, 1981.

______; KRUGMAN, P. *Market Structure and Foreign Trade*. Cambridge: MIT Press, 1992.

BLYDE, J. S. *Fábricas Sincronizadas*: América Latina y el Caribe en la Era de las Cadenas Globales de Valor. Banco Interamericano de Desarrollo, 2016.

KATZ, J. Cambio tecnologico, desarrollo econômico y las relaciones intra y extra regionales de la A.L. *Monografia de trabalho n. 30, Programa BID-CEPAL*, Buenos Aires, ago. 1978.

KRUGMAN, P., *Geography and Trade*. Gaston Eykens Lecture Series, Leuven University Press, Cambridge, Mass: MIT Press, 1991.

LINDER, S. B. Ensaio sobre comércio e transformação. *Economia Internacional*, Série ANPEC, organizador Savasini, São Paulo, 1978.

LEONTIEF, W. Domestic Production and Foreign Trade: The American Capital Position Reexamined. *Americam Philosophical Society*, n. 97, Sept; 1953 e Factor Proportions and Structure of American Trade: A theorical and empirical analysis. *Review of Economics and Statistics*, n. 38, nov., 1956.

MADDISON, Project. Database, 2013.

MASIERO, G. A Economia Coreana: características estruturais. Mineo, *Seminário Brasil e Coreia do Sul, IPRI/MRE*, Brasil, 2000.

MICHALET, C. A. Competitivité *et Internationalisation. Mineo, DSTI/SPR/81.63, OCDE*. Paris, 1981.

OLHIN, B. International and Interregional Trade. Cambridge, Mass: Harvard Press, 1931.

ONG, C.; PEARSON, A. W. The impact of technical characteristics exports activity of small and medium-sized UK electronics firms *R&D Management*, v. 12 n. 4, out. 1982.

PORTER, M. *A Vantagem Competitiva das Nações*. Rio de Janeiro: Campus, 1989.

POSNER, M. V. International Trade and Technical Change. *Oxford Economic Papers 13*, 1961.

PREBISCH, R. The Economic Development of Latin America and Its Principal Problems. *United Nation*, 1950.

SCHUMPETER, J. *Teoria do Desenvolvimento Econômico*. Série Os Economistas (1911). Edição organizada por Victor Civita. São Paulo: Abril Cultural, 1982.

STEPHENSON, S. M. Global Value Chains: The New Reality of International Trade, *The E 15 initiateve, Streng Thening the Global Trade Syste*m, ICTSD, Geneva, dec. 2013.

TAVARES, M. C. Restructuración Industrial y Políticas de Ajuste Macroeconómico em los Centros – La Modernización Conservadora; *Mimeo, IEI/UFRJ*, 1990.

UILL; M. B. Paradigms and practive innovation and technology transfer models. *Spril, University of Sussex*, ago, 1974.

VERNON, R. International Investment and International Trade in Product Cycle. *Quarterly Journal of Economics*, v. 80, maio 1966.

WITS. Banco de Dados, ONU, 2016.

8

Marketing Internacional

Miguel Lima

8.1 O mundo globalizado e o impacto nos negócios

O século XX apresentou uma importante transformação entre capital e trabalho, e, a partir dos anos 1980, o desenvolvimento científico e tecnológico, sobretudo a utilização da informática nos processos de produção, as mudanças conjunturais na economia mundial e a crescente interdependência dos mercados, levou ao processo de globalização. Nesse contexto, pequenas e médias empresas subordinam-se às grandes empresas do mercado, sendo utilizadas por elas como parte de redes de fornecedores.

Novas tecnologias, como as produzidas pelos setores de microeletrônica e de informática, aliadas aos novos materiais que vêm surgindo, demonstram que esse é um setor-chave para o desenvolvimento, e, desde os anos 1970, essas tecnologias vêm sendo aperfeiçoadas em um processo tão rápido que as substituições de produtos e de matérias-primas são cada vez mais imediatas.

Esse conjunto de fatores inovadores acirra a concorrência entre empresas que se inserem, cada dia mais, no processo de internacionalização dos mercados. Aquelas que não acompanham esse processo acabam por sucumbir à concorrência em seus próprios mercados internos, sendo necessário, diante disso, que as empresas procurem vantagens competitivas para sobreviver e crescer em um mercado cada vez mais internacionalizado.

No entanto, para se manterem no processo de internacionalização dos mercados, é necessário que as empresas decidam alguns pontos fundamentais, dos quais se destacam: o que esperam desse processo, sabendo de antemão que o mercado exige reciprocidade entre as empresas e, ainda, exige que elas definam se pretendem conquistar novos mercados no exterior ou se preferem permanecer no mercado doméstico. Em outras palavras, as empresas devem definir qual o melhor mercado para os seus negócios. Para tomar essa decisão, devem também identificar o grau de competitividade no seu segmento de negócio.

Deve-se ainda notar que, nesse contexto, são as grandes corporações que determinam os rumos a serem seguidos por todos, incluindo-se aí as pequenas e médias empresas. Para que seja garantido o sucesso na competição pelos mercados internacionalizados, é necessário promover uma reorientação na organização da produção, e tal fato pode ser mensurado quando se percebe que, hoje, as grandes empresas já promovem a pesquisa e os projetos de novos produtos uma década antes de eles serem lançados, a fim de garantir não somente os recursos a serem empregados nessas novas tecnologias, mas também os fornecedores.

8.2 Análise do macroambiente internacional

Nos anos 1960, surgiram novos estudos sobre o marketing e, por meio da obra de autores como E. J. McCarthy[1] e P. Kotler,[2] desenvolveu-se a noção de que o profissional de marketing deve analisar diversas variáveis na sua prática cotidiana, sobretudo no que diz respeito a macro e microambientes de marketing (com relação às oportunidades e ameaças, aos pontos fortes e fracos) e sua contribuição para o crescimento das empresas.

Para compreender melhor o cenário do marketing internacional, é importante recorrer à teoria desenvolvida por Porter,[3] a qual considera duas dimensões que devem ser levadas em conta quando as empresas vão exportar: o ambiente nacional e o ambiente de determinado mercado no exterior (país-alvo).

A empresa deve analisar, portanto, cinco ambientes quando opera somente no mercado doméstico. Se atua no mercado externo, deve, a cada país-alvo, analisar mais dois ambientes: o macro e o microambiente desse país. Em outras palavras: se a empresa participa de apenas um país-alvo no exterior, os ambientes para ela serão sete; se tiver dois países, os ambientes serão nove, e assim sucessivamente. Assim, pode-se estabelecer essa análise da seguinte forma: a) macroambiente de marketing em nível global; b) ambiente setorial em nível global;

1 MCCARTHY, E. J.; BROGOWICZ Andrew A. *Marketing*. Rio de Janeiro: Campus, 1982.

2 KOTLER, P. *Administração de marketing*: análise, planejamento, implementação e controle. 5. ed. São Paulo: Atlas, 1998.

3 PORTER, M. E. *Vantagem competitiva*: criando e sustentando um desempenho superior. 27. ed. Rio de Janeiro: Campus, 1989.

c) macroambiente de marketing no Brasil; d) microambiente de marketing no Brasil; e) ambiente interno da empresa; f) macroambiente de marketing do mercado-alvo no exterior; e g) microambiente de marketing do mercado-alvo no exterior.

a) Macroambiente de marketing em nível global

Esse primeiro ambiente subdivide-se em: econômico, demográfico, físico (geográfico), tecnológico, sociocultural e político-legal.

b) Ambiente setorial em nível global

Esse ambiente divide-se em: a) comércio internacional do produto (entre países importadores e exportadores), que trata do aumento das participações dos mais importantes países exportadores e importadores no mercado internacional e do crescimento do total produzido pelo comércio mundial do produto; b) papel das principais instituições internacionais particulares, levando-se em conta tanto feiras e exposições do setor quanto as empresas de comércio internacional; c) produção interna dos exportadores e importadores; e d) consumo do produto tanto nos países importadores quanto nos exportadores.

c) Macroambiente de marketing no Brasil

O terceiro ambiente estabelece um paralelo com o primeiro e subdivide-se em: econômico, demográfico, físico (geográfico), tecnológico, sociocultural e político-legal.

d) Microambiente de marketing no Brasil

O quarto ambiente subdivide-se em: clientes, empregados, governo, imprensa, acionistas, concorrentes, fornecedores, distribuidores e opinião pública. Como esses *stakeholders* influenciam o seu negócio? Quais são seus pontos fortes e fracos em relação à concorrência? Qual o poder de barganha dos clientes e fornecedores nesse mercado? Há produtos substitutos? Ou seja, analisamos as 5 Forças de Porter.

e) Ambiente interno da empresa

Por fim, o quinto ambiente deve analisar os seguintes aspectos: recursos humanos, administração, contabilidade, finanças, produção e marketing, que devem ter avaliados seus pontos fortes e fracos.

f) Macroambiente de marketing do mercado-alvo no exterior

Deve-se analisar o ambiente econômico, demográfico, tecnológico, sociocultural e político-legal de cada país-alvo no exterior, identificando oportunidades e ameaças.

g) Microambiente de marketing do mercado-alvo no exterior

O sétimo ambiente subdivide-se em: clientes, empregados, governo, imprensa, acionistas, concorrentes, fornecedores, distribuidores e opinião pública.

Como esses *stakeholders* influenciam o seu negócio? Quais são seus pontos fortes e fracos em relação à concorrência? Qual o poder de barganha dos clientes e fornecedores nesse mercado? Há produtos substitutos? Ou seja, analisamos as 5 Forças de Porter.

8.3 Estratégias de entrada no mercado internacional

8.3.1 Seleção de estratégias para inserção do produto no mercado internacional e seleção do mercado-alvo no exterior

Segundo os estudos de H. I. Ansoff,[4] a seleção de estratégias para introdução do produto no mercado deve atender a alguns princípios, como: a) a penetração de mercado (mesmo produto, mesmo mercado); b) o desenvolvimento de mercado (mesmo produto, novo mercado); c) o desenvolvimento de produto (novo produto, mesmo mercado); e d) a diversificação entre produto e mercado (novo produto, novo mercado).

Entre as estratégias para inserção do produto e seleção do mercado-alvo no exterior, deve-se, ainda, levar em conta: a) a seleção do mercado-alvo no exterior, segundo uma metodologia que englobe aspectos da projeção e comparação de taxas médias de variação anual das importações do produto no comércio mundial; b) a comparação de taxas médias de variação anual das exportações do produto; c) a escolha de cinco mercados potenciais para análise dessas variações; e d) a comparação dos cinco mercados potenciais.

A fim de tornar possível a comparação entre os mercados potenciais para selecionar o mercado-alvo de uma empresa, deve-se observar os ambientes econômicos e demográficos desses mercados potenciais, avaliando-se o tamanho das economias nacionais, suas taxas de crescimento, população, renda *per capita*, déficits ou superávits nas suas contas externas, dívidas interna e externa, déficit público, desvalorizações cambiais e níveis de consumo do produto nesses países. O nível de consumo de um produto, muitas vezes, somente pode ser avaliado por meio de pesquisas, já que muitos países não têm órgãos ou instituições públicas ou privadas que façam esse trabalho ou que tenham informações confiáveis.

O ambiente físico e tecnológico dos mercados potenciais deve abranger os aspectos geográficos, como a proximidade dos países com o Brasil, a estrutura logística, o nível tecnológico da produção local, bem como o nível educacional e científico da sociedade, e, em termos físicos, o clima, o relevo, as infraestruturas de transporte e armazenagem de bens e a probabilidade de cataclismas ou acidentes ambientais. O ambiente sociocultural dos mercados potenciais deve

---

4 ANSOFF, I. *Implantando a administração estratégica*. São Paulo: Atlas, 1993.

conter uma análise do tipo de cultura dos países e as semelhanças ou diferenças culturais com relação à cultura brasileira.

No ambiente político e legal dos mercados potenciais, necessita-se avaliar o risco político desses mercados, avaliando-se ainda tarifas de importação, quotas, barreiras alfandegárias e legais, legislação dos países, níveis de participação desses países em instituições internacionais, sobretudo aquelas voltadas para o aspecto econômico e político, como a OMC e a Organização das Nações Unidas, entre outras. É importante também identificar se esses países participam de acordos econômicos ou comerciais que o Brasil seja signatário, para que, assim, o importador nesses países possa obter vantagens de redução de impostos.

8.3.2 Pesquisa sobre o microambiente de marketing

A pesquisa de escolha do mercado-alvo no exterior é fundamental para o sucesso da empresa. Essa pesquisa deve se realizar por etapas. A primeira etapa define o problema a ser solucionado, ou seja, a definição de variáveis que devem ser pesquisadas no microambiente de marketing, os 4 Ps. Nos anos 1960, E. J. McCarthy analisou quatro variáveis como ferramentas controláveis fundamentais para serem usadas pela gerência de marketing das empresas. Essas quatro variáveis são: produto, praça, promoção e preço, ou seja, os 4 Ps. Essa pesquisa contribui com dados para que sejam estabelecidas estratégias para o mercado-alvo.

A segunda etapa envolve a pesquisa de todo o universo ou de uma amostra, por meio de questionários e entrevistas, nos quais devem ser evitados critérios preestabelecidos (que tratem de preconceitos, costumes etc.). A definição do tamanho da amostra se faz em função, também, do custo da pesquisa naquele mercado-alvo em relação à verba que o gestor dispõe para abertura daquele mercado. A terceira etapa é a coleta de dados, realizada por meio de pesquisa preliminar ou de escritório, na qual se aprofundam as informações sobre o mercado-alvo, seja em revistas, jornais, internet, seja em outros meios de comunicação e de informação; ou, ainda, pesquisa de campo, na qual são coletados dados *in loco*, o que pode ser feito com questionários em uma feira setorial, por exemplo. A quarta etapa é a análise desses resultados, com vistas à elaboração de um relatório final, utilizando-se bases estatísticas e matemáticas.

Outros meios, além dos já mencionados, podem ser de grande ajuda para a pesquisa sobre o microambiente de marketing.

A primeira fonte alternativa são os próprios registros e dados da empresa. A segunda, a inteligência de marketing, meio que consiste na coleta sistemática de informações, sobretudo aquelas que dizem respeito ao produto ou serviço da empresa. A fonte para essa pesquisa tanto pode estar em jornais e na televisão, como pode ser obtida por meio do relacionamento pessoal ou mesmo do *clipping* (informações selecionadas na mídia por empresas especializadas) e principalmente na internet e nas redes sociais.

É fundamental ressaltar que informação é algo estratégico para a empresa, e em um mercado no qual a concorrência é cada dia maior, quem possuir mais informações poderá estar à frente com inteligência, inovação e iniciativa competitivas. A empresa deve desenvolver um Sistema de Informações de Marketing (SIM), que deve ser alimentado continuamente com todas as informações sobre o mercado-alvo.

Existem alguns critérios para a seleção do mercado. Em primeiro lugar, devem ser analisadas as estatísticas sobre exportação do produto, pesquisa que pode ser realizada em publicações, instituições de comércio exterior e outros meios. Devem ser verificados nesses órgãos se existem estudos identificando os mercados mais importantes e as suas demandas. O mesmo diz respeito aos concorrentes. Um local apropriado para se conseguir informações sobre um dado mercado são as feiras internacionais especializadas. Podem ser buscadas informações em outros locais, como escritórios de promoção comercial no exterior, em que se pode escolher um determinado mercado e solicitar dados sobre ele. Países considerados, a princípio, sem interesse, muitas vezes revelam-se importantes mercados para os produtos, por isso, deve ser feita uma pesquisa mais profunda sobre esses mercados.

Outras fontes são, ainda, as revistas especializadas, que proporcionam informações sobre os novos produtos, as tecnologias e o que está acontecendo no segmento do negócio em foco. Enfim, todos os meios devem ser analisados com o intuito de selecionar aquele que propicie melhores condições para se adquirir experiência, dando início a uma cuidadosa, e bem planejada, incursão a novos mercados-alvo.

O governo brasileiro disponibiliza uma série de informações, a custo zero, sobre mercados-alvo no exterior, como: volume de importação por produto (por código da Nomenclatura Comum do Mercosul – NCM), preço médio de produtos importados naquele mercado-alvo, países de origem dos produtos importados por um dado país. Essas informações podem ser obtidas nos seguintes *sites*: <www.desenvolvimento.gov.br>, <www.investexportbrasil.gov.br>, <www.radarcomercial.gov.br> e <www.aliceweb.desenvolvimento.gov.br>.

Existem alguns parâmetros que auxiliam na seleção do mercado: a dimensão e a internacionalidade do país, bem como sua participação em acordos multilaterais, taxas de crescimento, normas técnicas, legislação em geral, nível de protecionismo, níveis e estruturas do preço e adaptabilidade do produto, estabilidade econômica e capacidade de pagamento, tanto do país quanto do importador, formas de pagamentos e possíveis linhas de créditos existentes, conhecimento sobre a existência de barreiras alfandegárias, níveis de qualidade exigidos pelo público, fatores culturais e sociais, custos da empreitada, como logística de distribuição e custos de promoção e atuação da concorrência, principalmente seu poder de retaliação.

8.3.3 Estratégias utilizadas

Deve-se promover as estratégias de segmentação do mercado-alvo, as estratégias de envolvimento comercial no mercado-alvo e, ainda, de posicionamento competitivo no mercado.

a) Segmentação do mercado-alvo

Em relação à segmentação do mercado, pode-se optar por ela ou não. Ao se escolher a segmentação, as alternativas possíveis direcionam-se aos produtos de consumo pessoal ou industrial.

Nos produtos de consumo pessoal, a segmentação pode ser do tipo: geográfica (os consumidores por região, por bairro, por condições climáticas, localização: interior e litoral; tamanho da cidade); demográfica (os consumidores por sexo, idade, educação, raça, religião etc.), econômica (nível de renda), psicográfica (valores, características pessoais, tipo de vida etc.) ou por comportamento de compra (*heavy users*, esporádicos etc.).

Nos produtos de consumo industrial, a segmentação também pode ser geográfica, econômica, de acordo com variáveis operacionais dos consumidores (como: demandas, aplicações, tamanhos e tipos de pedidos etc.), por comportamento de compra, por estrutura das empresas (poder decisório de compra, por exemplo) ou por relacionamentos com os consumidores.

b) Estratégias de envolvimento comercial no mercado-alvo

Existem diversas formas de se ingressar no mercado internacional, que podem ser do tipo: direta ou indireta. Essas estratégias serão abordadas a seguir.

c) Estratégias de posicionamento competitivo

Qual a posição da empresa ou do produto no mercado-alvo em relação aos concorrentes diretamente envolvidos? Sob esse aspecto, a empresa ou o produto podem ser: líder do mercado, desafiante ou seguidor do líder do mercado-alvo, ocupante de um nicho no mercado ou, ainda, praticante do marketing personalizado. Fica evidente que cada uma dessas posições exige estratégias competitivas próprias. Essa decisão baseia-se na análise dos pontos fortes e fracos da empresa no mercado-alvo.

Pode ocorrer também o posicionamento competitivo genérico, igualmente explicado por Porter em suas obras, nas quais relaciona os princípios da Teoria das Estratégias Competitivas das empresas. Basicamente, são quatro as estratégias competitivas, ou posicionamento competitivo genérico: a) liderança no custo total (preços baixos); b) diferenciação nos benefícios (produto, logística, promoções); c) foco em um determinado segmento (e não no mercado visto como uma totalidade), adotando-se a liderança no custo total desse segmento; e d) foco em um segmento (e não no mercado como uma totalidade), diferenciando-se os produtos ou benefícios nesse segmento de mercado.

Vale ressaltar também o Posicionamento Competitivo Psicológico, que vem a ser a posição hierarquizada em relação aos concorrentes. Essa posição pode ser ocupada pela marca de uma empresa ou pelo produto na mente dos consumidores-alvo de um mercado. Na década de 1980, a obra de Ries e Trout[5] explicava que posicionamento quer dizer guerra psicológica, que ocorre por meio da comunicação da empresa com seus consumidores, quer pela publicidade, pela propaganda, quer por qualquer outro meio.

Na década de 1990, os autores aprofundaram a questão, explicando que as empresas devem dar atenção ao som no processo comunicativo, pois ele tem maior poder de penetração e maior eficiência que a imagem, segundo o seu entendimento baseado em estudos de psicologia.

O posicionamento competitivo ou estratégico é a posição clara e distinta que a marca institucional ou de um produto ou serviço ocupa na mente do consumidor. Como a empresa quer que sua marca seja reconhecida por seu público-alvo naquele mercado-alvo?

8.4 O composto de marketing internacional (*international marketing-mix*)

McCarthy desenvolveu estudos sobre as quatro variáveis do marketing, considerando-as como ferramentas fundamentais para as empresas: produto, praça, promoção e preço. Kotler acrescentou que as empresas deveriam utilizar, além dos tradicionais Ps, outros: a política do governo local e a opinião pública.

Outros autores, como Keegan,[6] consideram que, aos quatro Ps originais, pode ser acrescentado mais um: pesquisa. Este autor sugere ainda mais um possível P: *plus*, que significa, um "algo a mais", ou seja, a influência formal ou informal que uma organização exerce no país-alvo.

---

5 RIES, A.; TROUT, J. *Marketing de guerra*. 3. ed. São Paulo: Madia e Associados/ McGraw-Hill, 1986.

6 KEEGAN, W. J. *Global marketing management*. 5th ed. Englewood Cliffs: Prentice Hall, 1995.

8.4.1 Produto

O produto pode ser dividido em: a) produto básico (benefício essencial ao consumidor); b) produto genérico ou tangível (como normas, marcas, design etc.); c) produto esperado ou intangível (como garantia, instalação, assistência técnica etc.); d) produto ampliado (promoções, shows, imagem de personalidades associadas à marca etc.); e) produto potencial (tudo que possa ser acrescentado ao produto).

Em relação ao produto, uma questão que deve ser respondida de início é: quais produtos do portfólio da empresa vão ingressar no mercado externo, e, para isso, é necessário haver um planejamento de produto em nível internacional que inclua a análise dos mercados, as modificações necessárias nos produtos, quais deles devem ser excluídos ou incluídos, quais marcas e serviços serão importantes para o negócio.

Sob esse aspecto, é preciso identificar a relação entre padronização e adaptação, haja vista o consenso entre alguns autores de que a padronização é importante, enquanto outros consideram que um produto deva ser diferente, dependendo do mercado no qual é comercializado.

A defesa da padronização pauta-se pela homogeneização das preferências, considerando-se que o mercado globalizado, aliado aos processos cada vez mais rápidos de inserção tecnológica e de comunicação mais eficiente, criam um mercado mais homogêneo. Levitt[7] considera que, em geral, as pessoas preferem produtos de qualidade com preços mais baixos, o que pode ser alcançado em uma economia de escala, na qual se sacrificam as preferências específicas do consumidor em relação ao produto. Essa característica vem sendo cada vez mais observada, com os consumidores abrindo mão de suas ideologias e características para aceitarem um produto de custo menor e qualidade inalterada.

Algumas etapas precisam ser realizadas para se atingir esses padrões. Em primeiro lugar, é necessária a redução de custos, o que pode ser conseguido por meio de, por exemplo, padronização de embalagens e de materiais promocionais. A consistência com os consumidores também deve ser considerada, pois existe a crença de que a consistência no estilo do produto, no nome da marca e nas embalagens é um poderoso recurso que evita custos altos, padronizando-se um estilo e uma marca.

Os que defendem a adaptação do produto ao mercado pautam-se na tese de que a aplicação do marketing depende do conhecimento e da compreensão dos desejos do consumidor, e somente será alcançado o domínio dessas necessidades se forem focadas as características particulares de um dado mercado. Evidentemente, é necessário reconhecer que algumas características socioculturais, como

7 LEVITT, T. *A imaginação de marketing*. 2. ed. São Paulo: Atlas, 1991.

o idioma e as variações da cultura local, devem ser levadas em consideração. Dessa forma, já existem autores que consideram que, cada vez mais, o foco será o apoio à diversidade cultural.

Na realidade, nessa disputa entre adaptação *versus* padronização, o que fica claro é a necessidade de uma análise do mercado e do estudo da lucratividade dessas duas abordagens. Afinal, a criação de um produto único, com aceitação homogênea no mundo inteiro, deve considerar a possibilidade de adaptações necessárias, segundo as peculiaridades das características de cada mercado ou de cada país. Hoje, percebe-se que o predomínio é de semelhanças de necessidades entre os países e, portanto, o ponto de equilíbrio para o marketing internacional é agir com moderação, buscando os possíveis pontos comuns entre os mercados, a fim de padronizar os produtos dentro do possível, atendendo às necessidades e aos desejos dos clientes locais. Kotler, por exemplo, considera que as empresas, desde que não agridam as diferenças locais, devem padronizar. Se possível, as empresas devem procurar uma padronização ao menos regional, se não for possível em nível global. As marcas devem ser globais, mesmo utilizando-se de possíveis adaptações na comunicação para não agredir os aspectos culturais locais.

A decisão mercadológica deve incluir alguns critérios, que se referem à padronização ou à adaptação do produto. Entre estes critérios, destacam-se:

- A natureza do produto que requer uma estratégia de desenvolvimento criada visando ao mercado internacional e, para isso, a padronização é mais fácil para bens industriais e menos fácil para bens de consumo.

- Quando se trata de desenvolvimento de diferentes mercados para um dado produto, em geral, trata-se de mercados nacionais diferenciados, e, nesse caso, devem ocorrer mudanças no produto para que este fique adequado ao mercado-alvo. A adaptação de um produto para se adequar a um mercado nacional envolve custos, sendo necessário analisar a relação custo-benefício, comparando-se taxas de crescimento e de lucratividade do mercado-alvo para verificar se justifica essa estratégia.

- Deve-se, ainda, observar as exigências legais de cada país. No mercado competitivo, a empresa deve explorar mercados externos com um produto padronizado, o que facilita as estratégias e reduz custos de entrada, porém, tão somente se os consumidores, em função de suas características culturais, sociais, ergonômicas, legais etc. não demandem produtos diferenciados. Para isso, é necessário estabelecer estratégias ou alternativas de produtos, pois, quando a empresa deseja entrar em um mercado externo, deve considerar se esses produtos são adequados a esse mercado. Dessa forma, é importante conhecer o padrão dos produtos comercializados no mercado-alvo e a legislação protecionista do país, bem como outros fatores que podem levar a adaptações no produto.

A decisão de entrar em um novo mercado no exterior requer avaliar e criar estratégias de extensão do mercado doméstico (vendendo naquele mercado ou em alguns outros o mesmo produto que já existe no mercado interno); estratégias de mercado multidoméstico (adaptar produtos a cada mercado); e estratégias de mercado global (produto padronizado para todos os mercados).

Em geral, as empresas desenvolvem os seus novos produtos a um mercado doméstico para, depois de verificada sua aceitação, passar a exportá-lo, mesmo que sejam necessárias algumas adaptações. No entanto, a literatura específica sobre esse tema demonstra que, muitas vezes, o produto criado para o mercado doméstico possui defeitos e falhas ou não está de acordo com o padrão mundial, que o impedem de ser estendido ao mercado internacional. E quando o produto é criado para o mercado mundial, ou seja, com padrão de qualidade global, os lucros são maiores, tanto no mercado doméstico quanto no internacional.

Sob esse aspecto, Keegan desenvolveu cinco estratégias de adaptação de um produto para um dado mercado externo, a saber:

- Estratégia de extensão de comunicação e extensão do produto, ou extensão direta, que implica lançar o produto no mercado internacional sem que sejam realizadas mudanças nele, o que é particularmente interessante em economias de escala em produção e no mercado de marketing.
- Estratégia de extensão do produto e adaptação da comunicação que se aplica ao produto que preenche uma necessidade diferenciada, mas em condições iguais às do mercado doméstico, podendo-se citar como exemplo a bicicleta, que, no Oriente, é um meio de transporte e, em outros países, pode ser um *hobby* ou lazer.
- Estratégia de adaptação do produto e extensão da comunicação, que significa que o produto serve para a mesma função, mas implica diferentes condições de uso.
- Estratégia de adaptação dupla, que serve nos casos em que ocorrem diferenças no uso e na função do produto.
- Estratégia de invenção de produto, que implica a criação de um novo produto ou uma estratégia para atender a uma necessidade do mercado externo. Essa estratégia envolve custos altos, mas apresenta resultados positivos.

8.4.2 Preço

Existem algumas alternativas para se calcular o preço final do produto para o consumidor, e, entre elas, têm-se três muito importantes. A primeira é a alternativa que se baseia no custo do produto partindo-se do preço *Ex Works*, adicionando-se todos os custos logísticos e de distribuição até o mercado-alvo. A segunda baseia-se no valor percebido pelo consumidor do mercado-alvo, considerando-se como alternativas o preço alto associado a uma também alta qualidade, bem como o preço de penetração de mercado, com o qual o produto entra com alta qualidade, mas com preços baixos, a fim de conquistar o mercado. A terceira alternativa baseia-se no preço dos concorrentes, tendo como objetivo conquistar ou promover a manutenção de uma certa fatia do mercado.

Na variável preço, as decisões devem integrar-se às variáveis do *marketing-mix*, e diversos fatores influenciarão essas decisões, podendo ser divididos em três grupos:

a) Fatores internos da empresa

Os fatores internos da empresa incluem inúmeras variáveis estratégicas, pois deve-se considerar a estratégia de preço como item importante e passível de ser controlado pela empresa. Existem ainda as variáveis econômicas, relacionadas sobretudo a questões como custos de desenvolvimento, pesquisa, produção, que podem ser afetados pelo nível tecnológico exigido pelo produto, pela localização da linha de produção e por diversos outros fatores.

b) Fatores de mercado

Os fatores de mercado abarcam as necessidades e as características dos consumidores, incluindo níveis de renda, controle de preços, taxas de inflação, legislação etc. Contudo, o mais importante dos fatores de mercado é a oferta dos concorrentes, sendo fundamental conhecer quem são eles em um dado mercado e qual o nível de preços e serviços agregados ao produto.

c) Fatores sobre a natureza do produto

Esses fatores levam em consideração se o produto é novo ou se já está sendo comercializado, qual a diferenciação dele em relação ao mercado, se é sofisticado, se é um produto de consumo ou se trata de um bem industrial.

Nesse sentido, as empresas podem utilizar outras opções, como a estratégia para conquistar a melhor fatia do mercado – utilizada para bens especializados –, e na qual o preço do produto é alto, devendo haver consistência nos elementos do *marketing-mix*; estratégia de penetração de mercado, na qual o produto tem um preço baixo para que penetre mais rapidamente no mercado externo; estratégia de manutenção da participação de mercado, por meio da qual a empresa reage aos ajustes dos preços da concorrência; e estratégia *transfer price*, na qual as estratégias de preços são utilizadas por todas as subsidiárias de uma empresa.

Cabe salientar que há uma tendência para que o exportador assuma cada vez mais custos e riscos, vendendo na modalidade *Delivery Duty Paid* (DDP), ou seja, entregando na porta do cliente. Essa tendência é traduzida na expectativa do cliente que, cada vez mais, demanda conveniência.

Exportar na modalidade DDP requer, por parte da empresa exportadora, uma capacidade de gerenciar toda a cadeia de distribuição e os prestadores de serviços logísticos. Empresas brasileiras, como a Tramontina, já operam nessa modalidade, agregando valor aos seus produtos. As empresas de *freight forwarders* (empresas de logística integrada) em nível nacional ou global assessoram as empresas exportadoras e importadoras no gerenciamento da logística internacional.

8.4.3 Praça (logística e distribuição)

A decisão de qual maneira é eficiente para se entrar e operar no mercado-alvo no exterior apresenta algumas alternativas estratégicas de escolha. A exportação pode ser indireta, realizada por meio de: uma comercial exportadora, uma *trading company*; ou direta, em que é a própria empresa que realiza a exportação, mesmo utilizando outros intermediários, como representantes/agentes de vendas ou importadores-distribuidores.

Outra forma de atuar no mercado externo é por meio de licenciamento ou *franchising*, pelo aluguel da marca ou da patente, que permite ao intermediário no outro país explorar esses ativos intangíveis naquele mercado.

Também pode ser realizada uma *joint venture* no mercado-alvo – e existem várias modalidades, desde a propriedade conjunta até um acordo entre os parceiros. Podem ser feitos investimentos diretos da empresa, por um escritório de venda, depósito atacadista próprio, loja varejista ou instalação de fábrica, todos próprios da empresa. E, por fim, podem ser feitos por meio de aliança estratégica global, realizada com outras empresas, visando dominar, total ou parcialmente, o mercado global do produto ou do ramo de negócios da empresa.

A forma de ingressar no mercado internacional deve ser norteada por critérios que devem seguir estas etapas:

- Determinar as exigências do exportador, sendo preciso, para isso, traçar os objetivos de exportação e, sobretudo, definir o perfil do futuro parceiro, pois é necessário identificar e conhecer com quem se pretende desenvolver um processo de internacionalização.

- Determinar as fontes de informação, pois essa é uma ferramenta essencial para o mercado internacional, em que existem inúmeras variáveis, que, geralmente, não podem ser controladas, daí a relevância da informação.
- Ao se selecionar e avaliar as maneiras de ingresso no mercado internacional, é preciso conhecer e avaliar qual das formas possíveis é a mais adequada ao caso da empresa, evitando-se, assim, erros no planejamento.
- Por fim, os encontros, as reuniões e os procedimentos de trabalho devem ser criteriosamente avaliados para que se possa definir um plano de ação, escolhendo, assim, o parceiro selecionado para um determinado plano, produto ou estratégia.
- É importante avaliar o grau de controle sobre o canal de distribuição que o exportador deseja ou necessita para a eficiência de suas ações no mercado-alvo no exterior. Por exemplo, marcas de grife e produtos *premium* necessitam de maior controle do canal de distribuição para que não haja um desposicionamento da marca no mercado-alvo.

A distribuição e a logística têm como objetivo criar a utilidade para o consumidor, por meio do valor percebido, o que aumenta a vantagem competitiva da empresa. Sob esse aspecto, a utilidade do canal relaciona-se com: local (disponibilidade do produto em um local adequado ao consumidor), tempo (disponibilidade do produto no tempo esperado pelo consumidor), forma (disponibilidade do produto pronto para ser usado pelo consumidor) e informação (disponibilidade de respostas e de comunicação sobre o produto).

Uma questão que se impõe discutir é como entrar em um dado mercado. Para isso, existem alguns critérios, pois, devido à diversificação dos mercados locais, é preciso fazer que um produto possa servir a mercados diferentes entre si, tarefa que exige muita disciplina, informação e planejamento. A fim de melhor selecionar a forma de entrada em um dado mercado, um *check list* é importante, abordando os seguintes critérios:

- objetivos gerais de exportação, que vão depender de como, quanto, para quem e com quais recursos a empresa deseja realizar a exportação;
- tipo de produto que será vendido;
- sistema de distribuição que existe no país visado;
- tipo de mercado que se pretende atingir;
- grau de controle exigido pelo produto, por exemplo, no pós-venda;

- volume de vendas previsto naquele mercado;
- legislação existente no país do importador, no qual um dos itens importantes é a estrutura tarifária que poderá levar o exportador a realizar uma *joint venture* com uma empresa local para viabilizar a sua entrada naquele mercado, por exemplo;
- taxas de crédito e de inflação também precisam ser conhecidas e mensuradas em relação à entrada em um novo país;
- contratos, nos quais a figura de um agente ou de um distribuidor ou vendedor direto pode ser importante;
- disponibilidade para o investimento, que dependerá da disponibilidade de recursos do exportador;
- estruturas montadas pelo exportador, que poderá decidir montar uma filial de produção, por exemplo;
- sistema de comunicação, que deve ser eficiente e rápido para atender ao mercado com encomendas, correspondência etc.;
- estrutura comercial de exportação que já exista deve ser reavaliada, podendo se utilizar *trading companies* em mercados que não sejam tão importantes e nos quais não haja necessidade do controle por parte do exportador;
- acesso a recursos humanos e financeiros também deve ser considerado ao se entrar em um país, haja vista aqueles em desenvolvimento que terão uma estrutura diferente de outro altamente desenvolvido, tanto em termos de qualificação e especialização humana quanto em termos financeiros;
- custos de promoção e margens de distribuição precisam ser avaliados para se saber a viabilidade do negócio;
- por fim, deve-se observar a concentração ou a dispersão dos potenciais compradores naquele mercado, o que também vai depender do produto a ser comercializado.

A abordagem de estratégias de distribuição implica que se defina o tipo de sistema de comercialização a ser utilizado no mercado internacional, e, sendo assim, a empresa pode optar tanto por canais diretos quanto por indiretos. Para isso, a empresa deve perceber que, na diversidade dos países do mercado internacional, os canais de distribuição são altamente diferenciados e devem ser compreendidos na dimensão de um conjunto de instituições interagentes, no qual ocorre o fluxo de produtos (que se inicia no local de origem, chegando ao consumidor no local de venda).

Para ser eficiente, um canal deve considerar os seguintes aspectos: características do produto, da empresa, dos consumidores, dos concorrentes e dos intermediários. A respeito das características do produto, devem ser observados o peso, o volume, a quantidade, a apresentação, a dimensão, além de fatores não mensuráveis, como a sazonalidade, a imagem etc. Nas características da empresa, devem ser notadas sua experiência e competência, bem como seu envolvimento com o comércio internacional. Os consumidores devem ser dimensionados a partir de número, distribuição geográfica, renda, hábitos e comportamentos. Os concorrentes devem ser observados em função de suas estratégias de distribuição e, por fim, os intermediários devem ter suas forças e fraquezas avaliadas (em relação ao transporte, à armazenagem, à propaganda, entre outros fatores).

Hoje, para que as empresas obtenham sucesso na sua inserção em mercados internacionais, devem dispor de um conjunto de estratégias que envolvam algumas dimensões, como: a) recursos e capacidades da empresa, sobretudo em termos de administração; b) necessidades de investimentos; c) riscos a assumir; d) grau de controle sobre o processo; e e) potencial de lucros obtidos em outra alternativa para ingressar no mercado internacional.

Em relação aos recursos e às capacidades da empresa, utilizam-se estratégias de baixo e alto envolvimentos. As necessidades de investimentos em uma estratégia de baixo envolvimento são menores, sendo maiores, contudo, nas de alto envolvimento. Os riscos assumidos são menores em estratégias de baixo envolvimento, e maiores, nas de alto envolvimento. De modo idêntico, o grau de controle sobre o processo e o potencial de lucro é menor nas estratégias de baixo envolvimento, e maior, naquelas de alto envolvimento.

Sob este aspecto, é importante considerar as diferentes dimensões estratégicas para se ingressar em um mercado no exterior, avaliando-se os aspectos a seguir.

a) Recursos e capacidades da empresa

Essa opção vai depender da capacidade da empresa para ingressar no mercado internacional, e, para isso, ela deve avaliar o seu potencial de produção, de dependência tecnológica do produto e sua flexibilidade de adaptação, por exemplo. A empresa precisa, ainda, mensurar se dispõe de tecnologia para entrar com sucesso no mercado potencial. Deve-se considerar, também, a necessidade de capital humano especializado.

b) Necessidades de investimentos

Essas são maiores nas estratégias de investimento externo direto, quando se torna necessário investir em equipamento, pessoal, financiamanto de estoques etc. Nos métodos indiretos, a exigência, em termos de capital, é menor.

c) **Riscos a assumir**

Geralmente, mercados externos são considerados de maior risco do que os domésticos, e esses riscos serão determinados pela opção estratégica de ingressar nesse mercado. Em caso de investimento externo direto, eles serão maiores, e, consequentemente, também os riscos. Afinal, as empresas que investem no mercado internacional também se expõem ao risco político inerente a cada mercado específico.

d) **Grau de controle sobre o processo**

O grau de controle vai variar em função da alternativa escolhida para ingresso. No investimento externo direto, a empresa tem controle sobre a operação. No caso de produto *premium* e marcas de grife, é importante manter esse controle,como foi alertado anteriormente.

e) **Potencial de lucros**

A empresa precisa avaliar o potencial de lucro sob diferentes pontos de vista antes de ingressar no mercado internacional, estimando o potencial de vendas e de custos que cada estratégia oferece.

8.4.3.1 *Formas diretas*

Nas formas diretas, o exportador entra em contato diretamente com o importador, permitindo maior controle da operação e, ao mesmo tempo, propiciando conhecimento mais direto do mercado, maior influência ao se escolher colaboradores, controle mais eficiente de fluxo de vendas e influência direta tanto na estratégia do produto quanto no preço, na comunicação e na distribuição. Na verdade, é fundamental sublinhar que, quando o produto precisa de uma eficiente engenharia de venda (instalações, equipamentos e outros) e um posicionamento estratégico de produto *premium* ou marca de grife, deve-se utilizar a forma direta. É importante esclarecer que, mesmo havendo um intermediário entre o exportador e o cliente final no mercado-alvo no exterior, o exportador pode manter o controle do *marketing-mix*, sabendo qual o perfil de cliente que está adquirindo o seu produto (classe de renda, idade etc.), qual o padrão do ponto de venda (popular ou *premium*), o nível de preços praticado (preço popular ou *premium*), o conteúdo e a mídia adequada ao posicionamento estratégico da marca naquele mercado.

a) **Vendedor direto**

O vendedor direto é um funcionário da empresa exportadora, que, pelo fato de viver ou visitar frequentemente o país importador, contribui para a promoção e realização das vendas.

b) Filial de vendas

Pode ser interessante possuir uma filial de vendas, que funciona como uma espécie de departamento comercial avançado do exportador. Essa forma tem como vantagens estar em contato com o cliente e, ao mesmo tempo, controlar a concorrência ou, ao menos, vigiar os seus passos. Existem duas formas de atuação da filial: a) faturamento do exportador contra a sua própria filial; e b) faturamento do exportador contra o cliente final. No primeiro caso, a filial fatura os clientes finais, aplicando *overprice*, permitindo, assim, recuperar custos fixos e manter uma margem de contribuição. Dessa forma, o produto é enviado diretamente para a filial, que o entrega ao cliente. No segundo caso, a filial recebe pedidos dos clientes, transfere-os para a matriz e, no final, recebe uma comissão sobre a operação, sendo, ainda, encarregada de prestar serviços de assistência e de realizar a eventual cobrança.

Um dos fatores que mais pesa na decisão de abertura de uma filial de vendas é o tamanho do mercado-alvo e a necessidade de uma presença física mais consistente e atuante com os clientes para o sucesso do negócio. Mercados de grande potencial de negócios justificam um investimento na abertura de uma filial de vendas.

c) Vendas pelo correio

Podem, ainda, ser realizadas vendas cujo produto é despachado pelos Correios, fato muito comum quando se trata de produtos de pouco volume. Frequentemente, os clientes conhecem o produto pela internet ou por catálogos e revistas. O correio brasileiro tem uma ferramenta e serviço que muito auxilia as empresas brasileiras na exportação: o *Exporta Fácil* (ver no *site* <www.correios.gov.br>).

Todo o processo de liberação na alfândega brasileira é realizado pelos Correios, facilitando o serviço, principalmente, para as pequenas e médias empresas brasileiras, reduzindo a burocracia.

d) Consórcio de exportação

Existem também os consórcios de exportação, que têm maior importância para a pequena e para a média empresa por se tratar, sobretudo, de uma forma barata e prática para a entrada no mercado internacional, devido ao fato de somar esforços com outros produtores. As empresas mantêm uma estrutura comum de exportação com seus custos rateados, e as exportações realizadas são atendidas por elas. O governo brasileiro tem incentivado a formação de consórcios de exportação através do SEBRAE e da Agência de Promoção às Exportações (Apex – www.apex.com.br) em conjunto com associações setoriais.

e) Agente ou representante no exterior

Deve-se mencionar, ainda, o agente no exterior: trata-se de uma pessoa, física ou jurídica, que representa o contratante e recebe uma comissão sobre as vendas. A representação é uma forma muito utilizada, podendo o agente possuir um local para armazenagem do produto, que, nesse caso, permanece como propriedade do exportador até a conclusão da venda. Para a escolha do agente, devem ser observadas as seguintes qualidades: conhecimento do produto e mercado, confiança, capacidade financeira e profissionalismo.

f) Empresa de gestão de exportação

As empresas de gestão de exportação ou consultores de exportação são duas formas muito utilizadas para gerenciar a exportação de pequenas e de médias empresas. São, resumidamente, uma espécie de departamento de exportação terceirizado, que cumpre as seguintes funções: avaliar a capacidade exportadora, identificar importadores, orientar e identificar oportunidades, traçar planos de logística da exportação, criar bancos de dados sobre as operações, prestar assistência, orientar na contratação de pessoal especializado (logística, especialistas em contratos etc.), confeccionar os documentos necessários, preparar o cliente para as feiras e as exposições internacionais e dar assistência nos procedimentos burocráticos e administrativos.

Essas empresas praticamente transferem tecnologia de exportação para os produtos, que, dessa forma, entram no mercado com uma razoável experiência e com custos reduzidos. As empresas de gestão de exportação são pagas com honorários fixos, sendo esses e outros valores e despesas acordados previamente. No caso de pequenas e médias empresas, é uma ótima oportunidade para reduzir custos que porventura venham a ocorrer devido à falta de experiência.

É importante esclarecer que as empresas de gestão de exportação ou os consultores não são intermediários, e não se deve recorrer a eles visando dispensá-los, alegando que já se dispõe da necessária experiência. Deve-se encará-los como formas importantes e significativas para quem se inicia na exportação com profissionalismo.

8.4.3.2 *Formas indiretas*

Para as formas indiretas, existe menor grau de controle do canal de distribuição por parte do exportador ou interesse em conhecer o cliente no mercado-alvo, seja porque a eficiência das estratégias de marketing do produto não requer o conhecimento mais aprofundado do público-alvo, como o caso das *commodities*, seja porque o tipo de produto não requer pós-venda.

a) *Broker*

O *broker* é um intermediário que atua em setores especializados. Costuma trabalhar com remuneração fixada em base de comissões sobre o volume de negócios que, em geral, são percentualmente baixas, devido ao fato de os volumes envolvidos serem muito altos. Normalmente, trabalha com *commodities*, intermediando os negócios.

b) *Piggy back*

O *piggy back* é uma forma muito utilizada nos Estados Unidos. Trata-se de um produtor que já possui uma rede de distribuição conceituada no mercado e se interessa pelo produto de terceiros, porque pode complementar os seus negócios, contribuindo para que ele ofereça um melhor serviço aos clientes, mas, ao mesmo tempo, também pode impulsionar as vendas que realiza. Ou seja, trata-se de um exportador com grande estrutura de negócios no mercado exterior, que utiliza essa estrutura para vender produtos complementares, como um exportador de calçados de couro que se interessa em utilizar sua estrutura para vender bolsas e cintos de couro de uma pequena empresa.

c) Importador-distribuidor

Da mesma importância, tem-se a figura do importador-distribuidor que, em geral, é uma pessoa jurídica que compra o produto em seu nome, estocando-o e vendendo-o a terceiros, aplicando, por isso, um *overprice* que lhe fornece o lucro necessário. Em geral, o distribuidor trabalha comprando grandes quantidades, já que, geralmente, possui uma rede de vendas com armazéns próprios ou terceirizados e capacidade financeira que lhe permite esse grande volume. Ele pode realizar promoções do produto e até oferecer serviços de assistência, bem como exigir, em troca, a exclusividade do produto na região em que atua. Pode ocorrer de o distribuidor solicitar o produto em consignação, pois, dessa forma, ele economiza o custo financeiro do adiantamento do valor ao exportador antes de realizar a venda. A escolha de um distribuidor traz vantagens, como a manutenção de estoques prontos para venda, porém, existem as desvantagens, que podem ser resumidas em pouco controle sobre a situação do mercado e sobre as políticas de vendas, que são decididas por ele, além de uma tendência em utilizar a própria marca, deixando em segundo plano a marca do produto ou do exportador. Além disso, o distribuidor pode forçar a venda de produtos do seu interesse, principalmente aqueles que mais vendem ou aqueles com maior margem de lucro, não se interessando pela diversidade que possa ser oferecida.

d) *Trading companies*

Trading companies são as empresas que operam no mercado internacional. São sociedades mercantis que lidam com compra, venda, intermediação, financiamentos, comercialização e, até mesmo, industrialização. Esse tipo de empresa existe há muitos séculos e, no século XIX, proliferaram no Japão, sendo chamadas de *Sogo Sosha*, ou seja, empresas que compravam matérias-primas para a indústria têxtil, vendendo depois o produto final para o resto do mundo. Hoje, muitas empresas japonesas são *trading*, possuindo centenas de escritórios no mundo, e a maior parte dos negócios japoneses em comércio exterior é realizada por essas empresas.

Nos países latinos, as *tradings* também existem, inclusive no Brasil, encontrando terreno fértil a partir dos anos 1970.

As *tradings companies* no Brasil foram criadas a partir da Lei nº 1.248/72, que criaram a figura das empresas comerciais exportadoras. As *tradings companies* estabelecidas em território nacional, quando compram no mercado interno, gozam da isenção dos impostos, já que estão comprando com a finalidade de exportar.

A *trading* é uma estrutura comercial, administrativa e financeira que possui enorme capacidade de realizar e de concentrar negócios. Seu universo é composto de contatos com fornecedores e atacadistas, governos e empresas de seguros, empresas de distribuição e clientes, bancos, agentes e muitos outros. Frequentemente, as *tradings* se interessam por grandes volumes de negócios ou de matérias-primas (nesse caso, chamadas de *commodities*), mas isso não se configura uma regra.

Um aspecto significativo das *tradings* diz respeito à sofisticação e ao uso de tecnologia dos produtos, pois, quanto maior esse grau, menos adequado ele é para as *tradings*.

8.4.3.3 *Formas mistas*

As formas mistas caracterizam-se por ações mais complexas no mercado externo por parte de uma empresa. Hoje, com a procura de locais no mundo que sejam mais eficientes na produção, na distribuição e no desenvolvimento de novas tecnologias, as empresas passam a ter a necessidade de tornar mais complexa sua atuação mundialmente.

a) Transferência de tecnologia

É importante, ainda, mencionar a transferência de tecnologia, que se resume em um acordo entre o dono da tecnologia, o licenciador, ou seja, aquele que transfere o direito de uma tecnologia, e o licenciado, aquele que adquire o direito de utilizá-la. Essa transferência pode servir para se utilizar *know-how* (tecnologia), *patent rights* (direitos de patentes), *copyrights* (direitos de cópia ou autorais), *trademark right* (marca e nome) ou serviços de consultoria e assistência comercial.

A transferência de tecnologia para entrada no mercado internacional pode ser mais eficiente quando se tratam de médias empresas, que ainda não possuem grandes recursos, tanto financeiros quanto de pessoal, mas tendo, em contrapartida, conhecimento altamente especializado. As vantagens desse procedimento são: a superação de barreiras contra produtos estrangeiros, a partir de uma parcial fabricação local que reduz barreiras alfandegárias e protecionistas do governo do país local; e a proteção de marcas e de patentes que podem estar registradas, mas não utilizadas naquele momento.

As empresas brasileiras são, em geral, importadoras de tecnologia, porém, já temos exemplos de empresas nacionais exportando tecnologia, como a Lupatech, fabricante gaúcha de peças industriais que exporta uma nova tecnologia para produção de peças metálicas de alta precisão; e a ALL Logística, empresa de logística que explora linhas férreas no Sul do Brasil e exporta a tecnologia do computador de bordo de seus trens para ferrovias estrangeiras.

b) Montagem (*assembly*)

Outra forma de entrada no mercado é a montagem, cujas vantagens são os componentes importados poderem estar sujeitos a taxas de importação menores, ao mesmo tempo que técnicos parceiros podem conhecer melhor o produto, apresentando argumentos mais eficientes de venda, dando suporte e segurança aos clientes, além de oferecerem custos de transporte menores. A montagem facilita a redução dos custos em relação à mão de obra, aos transportes, às taxas de importação e às diversas restrições à importação, bem como oferece melhor assistência técnica do produto ao cliente no país da montagem. No caso de haver um alto nível de montagem local, a obtenção de certificado de origem para o produto pode ser realizada mais rapidamente e, ao se configurar como um produto nacional, ele poderá receber uma série de benefícios, daí confirmando-se a necessidade de estudo da legislação do país.

Essa estratégia tem sido usada com muito sucesso por empresas do segmento de eletrodomésticos, eletroeletrônicos, bicicletas e motocicletas, setores nos quais as empresas detentoras de tecnologia e marcas procuram locais no mundo em que o custo de mão de obra, localização, incentivos fiscais e um dado padrão de qualidade permitem custos de produção e montagem mais eficientes. A Zona Franca de Manaus é um exemplo de local de montagem no Brasil.

c) Contrato de manufatura (*contract manufacturer*)

Os contratos de manufatura são um acordo realizado com uma empresa no exterior, visando que ela fabrique o produto em determinadas condições. Para isso, ela deve oferecer competitividade. O contratante tem a responsabilidade do projeto, do controle de qualidade e da distribuição. As vantagens do contrato de manufatura residem no fato de permitir uma rápida penetração no mercado internacional, não exigindo grandes investimentos e oferecendo, ao mesmo tempo, a possibilidade de venda com a própria marca, divulgando-se, dessa forma, a própria imagem. O contrato de manufatura coloca-se a meio caminho entre a transferência de tecnologia e o investimento direto, com filial de produção no país importador. Esse tipo de contrato oferece como vantagens custos menores de mão de obra, de transporte e de energia, minimização dos conflitos sindicais e facilidade de localização geográfica, entre outros. Assim, é fundamental que se consiga identificar um parceiro com capacidade técnico-industrial para gerenciar um contrato de manufatura no exterior.

Seria a terceirização da produção, pela qual se procura locais no mundo no qual os custos de produção são mais competitivos dado um certo nível de qualidade. A empresa contratante envolve-se na sua competência básica, ou seja, tecnologia e desenvolvimento de marca, relacionamento com o cliente, terceirizando a produção em locais no mundo, com vantagens competitivas em produção. A Nike é um exemplo de empresa que utiliza essa estratégia.

d) *Joint ventures*

As associações ou *joint ventures* configuram a participação entre duas empresas, visando realizar negócios que não seriam possíveis caso fossem projetados isoladamente. A *joint venture* é um tipo de contrato que busca criar uma associação que tenha um objetivo comum e que visa concretizar um negócio, seja por tempo definido ou não. Em síntese, trata-se de um casamento no qual cada uma das empresas contribui com uma parte, visando um bom relacionamento durante um determinado tempo. São vários os tipos de *joint ventures* e, muito frequentemente, ocorrem desentendimentos e problemas que levam ao seu fim.

Apesar dos percalços, é importante realizar uma *joint venture* para diminuir o poder da concorrência, para reduzir custos de produção ou mesmo o impacto da legislação local sobre a produção, para realizar uma complementação técnica, para criar uma economia de escala e para ter acesso à tecnologia de forma mais rápida.

Entre os diversos tipos de *joint venture*, os mais comuns são a associação de uma empresa com outra que fabrica produtos complementares; ou um grupo industrial com uma empresa comercial. A seleção do sócio é fundamental, sendo importante avaliar fatores como: a compatibilidade (em que deve haver harmonia, afinidade, identidade de objetivos, entre outras qualidades); coincidência de interesses (ou seja, o negócio deve ser interessante para ambas as partes); complementaridade (isto é, quanto mais tempo durar a necessidade de associação, maior será a união; por exemplo, quando uma empresa é forte em tecnologia e a outra, na comercialização do produto); e, finalmente, a equiparação de contribuições (devendo ocorrer equivalência em tudo que cada sócio contribui, seja capital, tecnologia etc.).

Assim, os fatores que servem para se avaliar a formação de uma *joint venture* são:

- tecnologia;
- relação com realidades locais, sobretudo a do país do sócio;
- capacidade tanto técnica quanto industrial, de marketing e financeira;

- a imagem do país, do produto e da empresa;
- os tipos de financiamento necessários;
- o ambiente, isto é, o país em que vai ser colocado o produto, sua legislação, o tipo de sindicatos, a concorrência etc.;
- licitações internacionais.

As licitações públicas, sejam elas nacionais ou internacionais, são adequadas quando ocorrem as compras de bens de capital, *commodities* ou grandes volumes de mercadorias por parte de governos ou de instituições públicas. Nesse caso, ocorre o convite a fornecedores, que devem apresentar suas cotações para que a instituição decida de quem vai comprar o produto.

São inúmeros os exemplos de licitações, e elas começam quando uma instituição solicita que empresas apresentem propostas, sendo indicadas, nesse momento, as condições técnicas e as cláusulas de aceitação de orçamentos e dos critérios de seleção do ganhador. Em seguida, é acionado o plano, comunicando-se o momento da abertura dos envelopes com os orçamentos, desclassificando-se as empresas fora dos padrões especificados no edital. As propostas devem estar rigorosamente dentro dos padrões estabelecidos, sob o risco de ficarem de fora do processo licitatório. Por fim, o licitante escolhe o ganhador, dando a ele a ordem de contrato.

Por isso, é muito importante ter capacidade de coordenação e visão de conjunto para se organizar uma licitação. No caso de uma licitação internacional, muitas vezes é exigido o depósito de uma garantia de oferta por parte do produtor, denominado *bid bond*. A garantia de oferta reside sobre uma porcentagem do seu valor, já para o ganhador, o licitante exige uma nova garantia, denominada *performance bond*, que é devolvida ao final do contrato. Os demais concorrentes têm seu depósito devolvido ao final da fase de exame das propostas.

É importante observar que algumas licitações são dirigidas para quem está integrado no assunto, sendo mais adequadas a uma determinada empresa ou produto, o que, em geral, é colocado na especificação técnica constante da licitação. Fundamental, nesse sentido, é lembrar que, em comércio internacional, o sistema de informação pode ser uma ferramenta diferenciadora e uma excelente arma para se obter dados que permitam à empresa que participa se qualificar melhor para a licitação, oferecendo exatamente o produto que o licitante necessita. Assim, é necessário que a empresa realize sondagens de mercado, fazendo-se conhecer pela clientela final. Não se deve esquecer que experiência em licitações, conquistadas com o tempo, e alianças com empresas locais são fatores que contribuem para o sucesso e para a vitória. Em síntese, só se deve participar de licitações após conhecer o mercado, o cliente e os procedimentos, caso contrário, será perda de tempo.

e) *Franchising*

As *franchisings* ou franquias são muito conhecidas, bastando citar o nome de algumas delas: McDonald's e O Boticário, entre outras. Na franquia, as empresas utilizam a tecnologia comercial de gestão, mostrando a mesma forma de apresentar, vender e gerenciar uma loja. Em termos técnicos, uma *franchising* define-se como sendo um sistema de gerenciamento de comercialização (ou marketing) de um produto ou de um serviço, e fundamenta-se na colaboração íntima entre duas empresas, a saber, o franqueador e o franqueado. O franqueador garante e impõe ao franqueado o direito de gerenciar um negócio, segundo os conceitos impostos pelo primeiro.

Em síntese, a franquia é uma colaboração entre empresas, na qual o franqueado é beneficiado, divulgando a marca e vendendo os produtos do franqueador, que garante, assim, o êxito do negócio. O franqueado paga uma taxa ao franqueador e se compromete a seguir as estratégias comerciais e de imagem impostas para aqueles produtos e serviços. Na prática, o franqueador abre mão da sua autonomia empresarial para optar por essa fórmula, que assegura êxito rápido e lucros elevados, o que proporciona a ele mais tempo para se concentrar na eficiência do gerenciamento do negócio.

Essa estratégia de internacionalização requer um alto *expertise* por parte do franqueador, principalmente na capacidade de adaptar o seu negócio às características locais, sem, contudo, descaracterizá-lo.

f) Filial de produção

A filial de produção é uma das últimas etapas de internacionalização da empresa, exigindo investimentos altos no sentido de se adequar à estrutura organizacional e aos riscos políticos. Uma filial de produção possui como objetivos: entrada maciçamente em um dado mercado de alta potencialidade (fabricação de carros, por exemplo); superação de proibições de importações; produção com custos menores, tanto devido à mão de obra quanto às matérias-primas ou aos transportes; e maior rentabilidade nas operações internacionais.

Uma filial de produção pode ser criada a partir da unidade de montagem dos componentes que são enviados pelo exportador; de produção, na qual exista um ciclo completo de capital 100% do exportador; e da unidade de produção, cujo capital seja do exportador e, ao mesmo tempo, do parceiro no exterior, ou seja, uma *joint venture*. O investimento direto deve ocorrer quando: a empresa tem produtos com pouco valor agregado; torna-se necessário um excelente serviço de assistência técnica; existe um grande protecionismo no país: os produtos precisam de uma ação de venda controlada; esses produtos precisam manter um alto nível de imagem; ou há um mercado com grande potencial de desenvolvimento, como ocorre nos países em desenvolvimento. O Grupo Gerdau e a Companhia Siderúrgica Nacional, empresas do setor siderúrgico, são exemplos de empresas brasileiras com estrutura de produção no exterior.

8.4.4 Promoção (comunicação com o mercado)

A promoção ou comunicação do produto em relação ao mercado-alvo se utiliza das ferramentas de comunicação integrada: a) venda pessoal; b) propaganda; c) publicidade/relações públicas; d) promoção de vendas; e) marketing direto.

A respeito da promoção, é importante mencionar a teoria de Keegan, que estabelece cinco alternativas estratégicas para adaptação do produto e da promoção: extensão direta (mesmo produto, comunicação sobre o produto não se modifica); adaptação da promoção (mesmo produto, comunicação modifica-se); adaptação do produto (produto adapta-se, comunicação não); adaptação dupla (produto e comunicação modificam-se); invenção de novo produto (produto e comunicação inéditos).

É fundamental para o sucesso de um produto no processo de exportação que se utilize uma abordagem a longo prazo. Evidentemente, é necessário utilizar diversas ferramentas de promoção combinadas para efetivamente se obter o sucesso na promoção do produto, é o que se chama de "comunicação integrada".

Chama-se literatura de vendas todo material que auxilie na promoção internacional de um produto, pois, até mesmo um pequeno *folder* ou uma carta, escrita na língua do mercado comprador, costuma trazer resultados muito eficientes. E-mails marketing são uma forma cada vez mais eficiente de abordar os potenciais clientes.

É preciso, porém, que a literatura de vendas seja eficiente, observando os seguintes pontos: identificação do seu público-alvo, estabelecimento dos objetivos propostos, preparação para alcançar os objetivos que definiu e distribuição correta dessa literatura a quem tenha interesse. Nesse sentido, alguns passos devem ser seguidos. Primeiro, é preciso determinar os objetivos, identificando por que exportar, qual o volume exportável, quais produtos, se devem ser padronizados ou adaptados, qual a forma de distribuição e se os preços são competitivos. Em seguida, deve-se identificar o público-alvo, definindo quem vai comprar o produto; e depois devem ser consideradas as opções, avaliando-se o potencial e o interesse do comprador pelo produto, a eficiência desse produto etc.

Por fim, é necessário projetar e preparar o material promocional que deve conter explicações claras e simples, trazendo mensagens que enfatizam os benefícios do produto, utilizando-se frases curtas e apelos chamativos nos títulos. Ao se criar um material promocional, deve-se notar que o comprador não conhece a empresa ou o produto, por isso, precisa saber qual o diferencial do produto, que deve ser claramente informado. Nesse aspecto, é de grande auxílio quem elabora o material promocional colocar-se na posição do comprador para compreender melhor suas aspirações e poder influenciá-lo. Finalmente, o material promocional deve sempre ser crível, informativo, claro e transparente.

Por essa perspectiva, algumas sugestões podem contribuir para preparar um material promocional mais adequado, como a elaboração de catálogos por série ou por linhas do produto, detalhando-o. Outro item significativo é a produção de material sobre a própria empresa e a criação de uma lista de preços separada, pois isso facilita quando se lida com clientes ou mercados diferentes. É importante ressaltar que, nessa lista de preços, devem ser usados os valores e as moedas locais, ou uma moeda universal, como o dólar americano, bem como deve-se ter extremo cuidado em evitar cores ou expressões que possam ferir os valores nacionais daquele mercado. Ao final, deve haver um espaço para uma nova impressão no mercado visado, no qual possam ser incluídos os contatos e os endereços locais de agentes e/ou representantes. Lembre-se de que o sucesso do material promocional ocorre quando ele consegue destacar e manter a imagem de um produto.

A internet e as redes sociais têm se tornado formas eficientes de conhecer o perfil do cliente local e entrar em contato com eles. Identificar os *sites*, *blogs* e as redes sociais com grande tráfego no segmento de negócios é uma das principais estratégias para otimizar a comunicação com o mercado em cada país.

A promoção de um produto inclui feiras e exposições. Existem diversas modalidades de eventos, entre as quais feiras e exposições horizontais, que concentram os exibidores de produtos de diversas indústrias de diferentes linhas; e aquelas verticais ou setoriais, que são mais limitadas a áreas específicas de atividades ou especializadas em segmentos de negócios.

As feiras servem como ponto de encontro para pessoas e empresas interessadas em comprar e vender, sendo um forte instrumento de promoção comercial, devido ao fato de possibilitar a apresentação do produto *in loco* ao comprador, e também porque o esforço promocional em um evento desse tipo não somente é direcionado a um dado mercado, como evita a dispersão, pois foca-se exatamente nos consumidores que interessam à empresa, diminuindo, assim, os custos.

Ao tomar a decisão de participar de uma feira ou exposição, deve-se responder a algumas questões, como: qual a importância do mercado? Os produtos atendem a esse mercado? Quais os objetivos, quais as perspectivas de resultados esperados?

Essa decisão deve se basear em informações que esclareçam sobre os aspectos da economia do mercado-alvo, a promoção do evento, o perfil e a quantidade dos expositores e os serviços disponíveis na feira ou exposição (se existem salas de negócios, meios de comunicação, intérpretes etc.), bem como o público-alvo do evento.

Para se alcançar a eficiência em um evento desse tipo, deve-se programar a participação na feira, informando a um amplo número de pessoas, clientes, fornecedores, amigos etc. sobre a participação, incluindo-se convites e apresentação do estande e do produto a ser exposto. É fundamental que estejam presentes ao estande pessoas com conhecimento técnico, que possam dar explicações sobre o produto, além de pessoas da área de vendas. Esses representantes ou funcionários devem estar capacitados para esclarecer todas as dúvidas, atendendo ao público e disponibilizando material e literatura promocional e de venda. Em um estande de feira, é fundamental ser um bom anfitrião, oferecendo atrativos visuais que conquistem o cliente. Assim, deve-se investir nos relacionamentos e contatos comerciais e de vendas, permanecendo sempre uma ou duas pessoas no estande.

No *site* <www.investexportbrasil.gov.br>, o exportador ou importador encontra uma ferramenta que permite identificar uma feira especializada em segmentos de negócios em qualquer país. Ao identificar a feira, o exportador ou importador deve analisar no *site* dela ou do promotor da feira os dados de sua última edição que mostra as empresas participantes, o número de visitantes, os órgãos governamentais patrocinadores e um infinito número de informações comerciais daquele segmento de negócios naquele país ou região.

A respeito da participação em feiras e eventos, existem alguns indicadores importantes para a avaliação dos resultados, dos quais se destacam:

- Indicador relacionado a um negócio iniciado ou realizado. Os resultados podem ser avaliados no que diz respeito ao aumento de exportações do produto exposto alguns anos depois da realização da feira; ao aumento de parte do mercado para aquele produto exibido; e em relação ao valor das ordens de negócios a partir da exposição; do número de compradores naquele país em que se realizou o evento, sendo esses compradores novos clientes; pelo número de contratos assinados com representantes de vendas e pelo número de solicitações de cotação de preços; ou mesmo com pedidos de informações sobre o produto ou a empresa.
- Indicador relacionado aos visitantes. Esse indicador pode ser verificado no volume de clientes que visitam o estande da feira e pelo número de contatos com possíveis representantes de vendas no evento.

- Indicador relacionado aos exibidores da feira. As respostas podem advir do número de exibidores que realizam uma primeira venda no mercado, no setor de exportação ou para novos clientes.

O grande desafio dos gestores de marketing internacional é perceber as diferenças culturais existentes nos diversos mercados em que atuam. Os clientes vivem em culturas diferentes, com gostos e valores diferentes. Conseguir atingir de forma eficiente esse cliente, respeitando seus valores e tradições, faz parte de um processo de aprendizado, sensibilidade e, principalmente, respeito às diferenças.

8.5 Estrutura e modelos avançados de internacionalização

Quando as empresas passam a ter ativos no exterior, já alcançaram um estágio complexo no processo de internacionalização. Os questionamentos dos executivos dessas organizações dirigem-se ao tipo de estrutura que se aplica ao seu empreendimento. Para isso, a empresa deve responder a perguntas como: qual a história corporativa da empresa? Quais objetivos pretende atingir? Afinal, as empresas precisam administrar recursos estratégicos que dependem de diversos fatores, entre eles, como a empresa configura seus recursos e seus bens, como distribui as responsabilidades administrativas e como promove, internamente, os relacionamentos que deverão ser mantidos após as mudanças estruturais. A tudo isso denomina-se **estratégias de atuação organizacional**.

Outra questão a responder diz respeito à necessidade de revisão das estruturas organizacionais, quando não atendem mais às demandas do mercado. É importante sublinhar que as experiências empresariais devem ser constantemente revistas, destacando-se sempre os princípios de sucesso que cada modelo apresenta. Afinal, os modelos podem ser copiados e imitados, desde que sejam compatíveis com as realidades e com a cultura organizacional.

Cada modelo de estrutura organizacional visa atender e responder aos desafios das empresas diante da competitividade do mercado. No entanto, mesmo que as empresas decidam utilizar um dado modelo, é preciso que conheçam seu ritmo interno, seus valores e cultura, pois somente conhecendo essas instâncias é que poderão dar início à implementação de mudanças. Nesse sentido, não basta identificar um modelo e querer segui-lo; importa, acima de tudo, que esse modelo seja um norte, uma orientação com espaços abertos à criatividade e às possíveis adaptações necessárias.

Em geral, a literatura específica aponta para quatro modelos: a) multinacional; b) internacional; c) global e d) transnacional. Alguns autores acrescentam, ainda, um quinto modelo: empresas exportadoras de classe mundial – o que não é, exatamente, um modelo, já que essas empresas não apresentam a formalidade e o nível de sofisticação comparáveis aos quatro modelos descritos. Contudo, uma empresa exportadora de classe mundial tem uma cultura organizacional baseada em valores e práticas voltadas para a excelência, o que as tornam diferenciadas das empresas que operam somente no mercado doméstico.

8.5.1 Modelo multinacional

O modelo multinacional caracterizou-se por ser um padrão organizacional adotado pelo mercado anteriormente à Segunda Guerra Mundial, e pautou-se pelo fato de as empresas descentralizarem seus bens e recursos, visando atender aos mercados nacionais de forma isolada. Nesse modelo, embora a empresa tivesse um grande crescimento dos negócios no mercado internacional, eles eram administrados de forma independente, praticamente sem conexão entre as subsidiárias. Deve-se entender que as subsidiárias têm um importante papel a desempenhar na grande empresa da qual fazem parte: o de sentir e explorar as oportunidades nacionais.

Ao mesmo tempo que percebem as demandas locais, no entanto, as subsidiárias perdem em termos de eficiência, na medida em que, muitas vezes, as informações não circulam pelas unidades da empresa no mundo. Como consequência, pode ocorrer que um processo inovador seja criado, desenvolvido e colocado em prática em cada subsidiária, sem que uma tome conhecimento do que já foi criado em outra. Essa prática revelou-se mais adequada às empresas norte-americanas e às europeias, entre as quais a inglesa, a holandesa e a suíça. São essas empresas que apresentam níveis de multinacionalização mais fortes, enquanto esses níveis são muito baixos no Japão.

A literatura sobre o tema aponta para o fato de que, na criação e no desenvolvimento de um modelo multinacional, as empresas tinham características estratégicas muito diferentes, mas, por exemplo, em certos ramos de negócios, como no setor de telecomunicações, uma das exigências vitais é a capacidade de desenvolver inovações e transferi-las para todo o mundo. As empresas possuíam unidades que tinham posições estratégicas, estruturas e processos administrativos diferenciados, mas que não refletiam as características dominantes da indústria.

Nesse sentido, as companhias precisavam desenvolver estratégias e capacidades organizacionais que permitissem a elas serem receptivas às diferenças entre os ambientes nacionais e o resto do mundo. Assim, essas empresas administravam um portfólio de várias entidades nacionais, sendo, por isso, chamadas de companhias multinacionais. É marcante, nesse modelo, as empresas darem às suas organizações nacionais autossuficiência e liberdade estratégica e, ainda, autonomia organizacional relativa.

8.5.2 Modelo global

De forma diversa, o modelo global foi adotado por outras empresas, frequentemente as japonesas e as coreanas, que desenvolveram operações impulsionadas pela necessidade de eficiência global, tornando-se mais centralizadas em suas decisões operacionais, bem como nas opções estratégicas.

As empresas que adotaram esse modelo passaram a tratar o mercado mundial como um todo, sendo chamadas de companhias globais clássicas, cujo ambiente operacional global e a demanda do consumidor eram as unidades predominantes em sua análise. Nesse modelo, as estratégias eram desenvolvidas para explorar um mercado mundial integrado e utilitário.

De acordo com esse padrão, a pesquisa tecnológica deve estar centralizada na matriz, enquanto as fábricas se estendem às regiões em que a mão de obra é mais barata e os salários mais baixos. Trata-se de uma centralização flexível que, somada às economias de escala, agrega diversas vantagens, como os baixos custos.

Como exemplo, as empresas de eletrônicos (sendo algumas delas pelo sistema *Assembly*), sobretudo as japonesas e as coreanas, passaram a expandir suas operações para o exterior, baseando sua estratégia em exportações, centralizando e desenvolvendo os produtos, as operações industriais e suas estratégias de marketing. As empresas de telecomunicações também procuraram desenvolver o mercado doméstico, com tendência à centralização de recursos e à tomada de decisão partindo dos escritórios centrais.

8.5.3 Modelo internacional

O modelo internacional foi mais evidente nas décadas de 1970 e 1980, sendo mais utilizado pelas empresas norte-americanas. Por esse modelo, as matrizes transferem conhecimentos e técnicas para os países menos desenvolvidos em termos tecnológicos e, com isso, detêm uma importante influência sobre esses mercados. No modelo internacional, as subsidiárias tinham liberdade para adaptar produtos e estratégias, cujo processo de inovação acontecia na matriz.

A estratégia era que os mercados estrangeiros deveriam alavancar os recursos criados no mercado doméstico. Nesse modelo, novas estratégias foram adotadas, baseando-se, sobretudo, na transferência e na adaptação do conhecimento e nas habilidades da matriz aos mercados externos. A matriz mantém controle sobre as demais, porém em níveis menos intensos que no modelo global.

No modelo internacional, as companhias permitem que suas unidades nacionais tenham capacidade de adaptar produtos vindos do centro, embora sem autonomia total, ou seja, com menos independência que as subsidiárias multinacionais, as quais criavam seus próprios produtos e marcas locais.

8.5.4 Modelo transnacional

Nos modelos anteriores, predominava uma única demanda estratégica, cujo resultado era que a empresa somente poderia competir efetivamente se adequasse seus recursos à demanda estratégica daquela área específica. Entretanto, nos anos 1990, a globalização, a integração e as inovações mundiais, juntamente com a crescente diferenciação local, geraram um novo cenário que não podia mais ser ignorado pelas empresas.

Os anos 1990 exigiram maior eficiência internacional, ao mesmo tempo que as empresas deveriam desenvolver e explorar mundialmente os conhecimentos e as tecnologias. Assim, surgiram as empresas transnacionais, que visavam maior eficiência e competitividade global. A receptividade local deveria abrir espaço para maior flexibilidade diante das inovações tecnológicas, fruto de um sistema de aprendizado organizacional. As decisões, em vez de serem centralizadas ou descentralizadas, são seletivas, ou seja, algumas decisões atendem às necessidades de certas subsidiárias.

As indústrias em escala global procuraram seguir modelos diferenciados, em que a Ericsson seguiu o modelo de estratégia internacional, enquanto a ITT seguiu o modelo de estratégia multinacional, que se baseava na força e na sensibilidade das suas subsidiárias autônomas. No entanto, as forças ambientais produziram um efeito muito mais significativo no cenário mundial, exigindo novas demandas por tarefas estratégicas das empresas. Assim, essas indústrias sofreram um processo de transformação, que exigia delas respostas simultâneas para necessidades estratégicas tão diferentes.

As empresas precisavam desenvolver simultaneamente sua competitividade global, sua flexibilidade multinacional e sua capacidade de aprender em termos mundiais, a fim de se tornarem competitivas no mercado.

Para atingir esse patamar de competitividade, as empresas precisavam enfrentar um desafio organizacional, devendo, ainda, adotar um novo modelo, rompendo, concomitantemente, com os métodos antigos de administração. Surgiu, assim, o modelo transnacional de empresas.

A transição entre a postura multinacional, global ou mesmo internacional para esse novo modelo de administração não ocorreu de um momento para o outro, e somente pôde ser atingida por meio de muitos esforços da alta administração das empresas envolvidas nesse desafio. Afinal, criar uma empresa que seja, ao mesmo tempo, flexível e competitiva, adaptável e com disposição para a aprendizagem não é tarefa fácil.

É desse ponto de vista que a literatura aponta que a solução transnacional baseia-se no aprendizado tanto dos perdedores quanto dos vencedores. Pode-se, até mesmo, afirmar que atingir o patamar de um modelo transnacional é uma aspiração que aumenta constantemente, pois nenhuma empresa pode considerar que atingiu exatamente esse modelo organizacional com perfeição.

Uma questão que se impõe, inicialmente, diz respeito à decisão de optar pelo modelo transnacional. Como resposta, pode-se afirmar que os recursos organizacionais que existiam afetavam a potencialidade das empresas de desenvolverem estratégias adequadas ao ambiente em transformação ou, melhor dizendo, em transição. Por isso, é importante analisar por que a empresa transnacional é uma resposta possível para as mudanças no ambiente global de negócios, haja vista esse ambiente estar impregnado de uma grande complexidade ambiental, de novas demandas estratégicas e de novas capacidades organizacionais.

O modelo transnacional apresenta potencialidades que são, concomitantemente, fonte dos seus problemas. Dessa forma, são questões a administrar: a configuração de bens distribuída, a diversidade das responsabilidades organizacionais, os papéis dos atores nesse cenário, a multiplicidade do processo de inovação tecnológica e do cotidiano. Portanto, para que o modelo transnacional seja eficiente, é necessário direcionar as forças de integração e de unificação, a fim de que a empresa não se disperse e possa ser competitiva e flexível para se desenvolver e firmar no mercado.

Nesse modelo, a administração enfrenta vários desafios, devendo ser capaz de equilibrar os pontos adversos, as perspectivas e as aptidões, de modo que nenhum setor da empresa fique isolado e venha a dominar os outros. A direção precisa, ainda, criar um conjunto de processos de coordenação que sejam flexíveis, visando que cada setor ou tarefa seja administrado da melhor e da mais adequada maneira. Assim, a principal tarefa de um administrador, no modelo transnacional, é encorajar toda a empresa a ter uma visão compartilhada dos problemas e das soluções, estimulando um comprometimento pessoal de todos os que objetivem o sucesso da empresa.

Exemplificando, pode-se ainda mencionar que, para as empresas transnacionais, os produtos de consumo foram os que mais sofreram transformações, sobretudo motivadas pelas mudanças ambientais. Na década de 1970, a alta dos preços do petróleo havia feito subir os preços dos insumos das empresas químicas, levando a uma recessão e ao repasse dos custos para os consumidores. Isso fez que as indústrias tivessem necessidade de promover a padronização, mantendo a característica dos produtos para um grupo variado de clientes. Essas inovações foram criadas pelos escritórios centrais e transformaram-se em um instrumento para desenvolver a flexibilidade multinacional, permitindo a criação de produtos padronizados que atendessem às demandas locais a custos aceitáveis. Tais mudanças também foram necessárias nas indústrias de eletrônicos de consumo (obrigadas a diferenciar os produtos para atender aos consumidores locais que rejeitavam a padronização excessiva) e nas indústrias de comutação eletrônica. Todas essas indústrias foram impulsionadas por demandas simultâneas de eficiência global, de receptividade nacional e de incentivo mundial às inovações tecnológicas e ao aprendizado.

8.6 A mudança do paradigma no marketing internacional

Todas as estratégias, técnicas, implementações e táticas utilizadas pelo marketing internacional para o mercado-alvo devem ser avaliadas mensal e anualmente pela diretoria ou gerência internacional da empresa, em conformidade com os padrões e alternativas estratégicas de envolvimento comercial no mercado-alvo selecionadas.

Assim, o controle de marketing internacional pode visar:

- quantidades e valores de vendas por produto ou segmento;
- gastos com propaganda e publicidade também por produto ou segmento;
- composto mercadológico dos concorrentes diretos no mercado-alvo;
- percentual de participação também em função dos concorrentes;
- lucro por produto ou segmento;
- monitoramento de taxas e tarifas do mercado; além do monitoramento de público ou microambiente, de macroambiente, de ambientes internos da empresa (nos quais são analisados os pontos fortes, os pontos fracos e os demais setores que compõem a empresa);
- monitoramento do micro e do macroambiente do mercado nacional da empresa; e
- controle e monitoramento do ambiente setorial global do produto e ambiente global total.

Da forma como vem se acirrando a competitividade entre as empresas, no futuro, será necessário que elas revejam suas estruturas organizacionais, sua inserção no mercado (em que se incluem fornecedores, clientes, concorrentes) e as estratégias a serem implementadas tanto para seus produtos quanto para sua consolidação em um dado mercado-alvo.

Para fazer face aos desafios da globalização, deve-se supor não somente um fortalecimento das grandes corporações com uma maior concentração empresarial, mas também de incorporações de empresas menores e de associações entre as maiores do mercado.

Aquelas que ficarem apegadas a padrões tradicionais e ao passado, sem promover a renovação e a atualização, valorizando a verticalização e o alto grau de autossuficiência, ignorando os benefícios da especialização e não percebendo os problemas que surgem em uma cadeia de valor, possivelmente, em um futuro próximo, serão abaladas na sua competitividade em nível global, independentemente do tamanho da organização.

As empresas devem estar ligadas em rede com outras, a fim de trocar experiências, desenvolvimentos e adquirir novas competências, que podem envolver: o aumento da flexibilidade, a adoção de inovações, o ganho de eficiência, a especialização, a redução de custos do investimento, o aumento da capacidade de negociação e a possibilidade de acesso a novos mercados. Assim, o processo de aprendizagem entre as empresas envolve a implementação de processos organizacionais e culturais adequados, nos quais é estimulado o trabalho em comum.

Quando a empresa explora esse conjunto de fatores, aumenta sua competência, sobretudo ao considerar que não é incompatível atuar sozinha e/ou em conjunto com outras empresas. Acumulando conhecimentos e competências, a empresa pode reunir condições mais adequadas para definir a direção final do seu negócio, podendo, assim, analisar mais meticulosamente quais mercados são mais interessantes e de que forma pode atuar eficientemente em cada um deles.

Para que possam permanecer no mercado, as empresas devem atender a alguns princípios essenciais. Um deles é concentrar-se em um negócio específico, terceirizando as demais atividades. Isso favorece o aumento de eficiência e a inovação, promovendo maior agilidade na realização do negócio. Esse tipo de especialização, por gerar uma estrutura menor e maior aproximação com clientes e fornecedores, leva a empresa a atender melhor às exigências do mercado internacional.

Outro fator refere-se à velocidade de transformação do mercado internacional, exigindo que constantemente sejam lançados novos produtos. Para atender a essa exigência, a empresa deve estar atenta para, sobretudo, antecipar as necessidades futuras de seus clientes, o que envolve não somente investimentos, como também riscos, que, no entanto, podem ser minimizados se utilizar o sistema de redes, por exemplo.

Em relação às mudanças necessárias, o mais acertado é aceitá-las, promovendo novas formas de realizar as tarefas, em ritmo diferente, sendo sua capacidade criativa e de aprendizado é fundamental no processo de inovação.

Ainda deve-se considerar a questão da flexibilidade, que, juntamente com a qualidade, é o ponto-chave para o sucesso de uma empresa nas próximas décadas. Entre as vantagens que se pode obter com a flexibilidade, tem-se a possibilidade de adaptação às variações dos mercados.

Por fim, é necessário atentar para o fato de que, a cada dia, o consumidor fica mais consciente do que necessita e deseja. Nesse sentido, um dos caminhos que a empresa pode seguir é o de padronizar itens em mercados menos exigentes, diferenciando os produtos nos mercados que têm maior grau de exigência. Não se deve ignorar, porém, que essa decisão vai depender dos valores e princípios da matriz, que deve decidir se aceita as necessidades de cada filial ou mercado local ou se prefere promover uma orientação mundial.

As empresas brasileiras estão mais atentas à importância de conhecer os mercados no exterior e de atuar profundamente nesses mercados para adquirir as competências globais que lhes permitam sobreviver e crescer também no mercado interno.

Além disso, as empresas não devem se esquecer de que todas essas orientações têm um fator de custo, que deve ser mensurado, sobretudo porque os consumidores vêm atribuindo muito valor a esse fator na escolha do produto.

Escolher bem o mercado-alvo no exterior e avaliar o grau de competitividade da empresa com um produto ou serviço nesse mercado exigem que, além das especificidades que possa oferecer para seu produto, a empresa considere também outros fatores. Entre eles, o conhecimento do mercado em que se insere, pois assim estará mais capaz de antecipar as necessidades e os desejos dos seus clientes e, sobretudo, conseguirá atingir, por meio de estratégias inteligentes, criativas, inovadoras, eficientes, ágeis e flexíveis, o sucesso no mercado internacional.

Referências

ANSOFF, I. *Estratégia empresarial*. São Paulo: McGraw-Hill, 1977.

______. *A nova estratégia empresarial*. São Paulo: Atlas, 1990.

______. *Administração estratégica*. São Paulo: Atlas, 1983.

______. *Implantando a administração estratégica*. São Paulo: Atlas, 1993.

BARTLETT, C. A.; GHOSHAL, S. *Gerenciando empresas no exterior.* A solução transnacional. São Paulo: Makron Books, 1992.

KEEGAN, W. J. *Global marketing management*. 5th ed. Englewood Cliffs: Prentice Hall, 1995.

______. Multinational product planning: strategic alternatives. *Journal of Marketing*, v. 1, n. 33, 1969.

KOTLER, P. *Administração de marketing*: análise, planejamento, implementação e controle. 5. ed. São Paulo: Atlas, 1998.

LEVITT, Theodore. *A imaginação de marketing*. 2. ed. São Paulo: Atlas, 1991.

MCCARTHY, E. J.; BROGOWICZ A. A. *Marketing*. Rio de Janeiro: Campus, 1982.

MINERVINI, N. *Exportar. Competitividade e internacionalização*. Guia prático do exportador. São Paulo: Makron Books, 1997.

PIPKIN, A. *Marketing internacional*. São Paulo: Aduaneiras, 2000.

PORTER, M. E. *Vantagem competitiva*: criando e sustentando um desempenho superior. 27. ed. Rio de Janeiro: Campus, 1989.

RIES, A.; TROUT, J. *Marketing de guerra*. 3. ed. São Paulo: Madia e Associados/McGraw-Hill, 1986.

RUGMAN, A. M. *International diversification and the multinational enterprise*. Lexington: Lexington Books, 1979.

VERNON, R. International investment and international trade in the product cycle. *Quartelry Journal of Economics*, v. 80, p. 190-207, 1966.

9

Uma Introdução aos Contratos Comerciais Internacionais[1]

Carlos Cesar Borromeu de Andrade

9.1 Conceitos básicos

9.1.1 O conceito de contrato

Um contrato pode ser definido como um acordo de vontades que tem por finalidade dispor acerca de aquisição, resguardo, modificação ou extinção de direitos. No âmbito comercial, o contrato mercantil será aquele que tem por objetivo regular um desses aspectos, mas sempre vinculado à prática de algum ato de comércio, tendo um comerciante (ou empresário, como quer agora o novo Código Civil) como um dos polos da relação jurídica estabelecida.

Pode o contrato ser celebrado de modo solene (por escrito e, em certos casos, até mesmo por exigência legal ou conveniência das partes, formalizado por escritura pública) ou, então, de modo mais informal (o simples ajuste verbal entre os contratantes).[2]

---

1 Este texto é apresentado como contribuição de leitura a advogados e não advogados que se interessam pelos aspectos jurídicos do comércio internacional. As presentes notas, baseadas em nossas leituras e experiência profissional, visam oferecer uma visão propedêutica do assunto, razão pela qual o aconselhamento específico de advogado da área deve ser sempre procurado para o exame de questões determinadas. Críticas e comentários serão muito bem recebidos.

2 Notar que a Convenção de Viena sobre a Venda Internacional de Mercadorias (referida a seguir) não reconhece os acordos verbais.

No âmbito do comércio e, em especial, no comércio internacional, em razão do dinamismo das relações estabelecidas, as operações são acordadas previamente de modo informal e, em seguida, formalizadas por escrito, recorrendo-se aos contratos-tipo e às modalidades padronizadas de contratação, como veremos a seguir.

Esse informalismo, necessário em face da celeridade dos negócios, não deve fazer que as partes se descuidem de reduzir a escrito o acordado, em uma correta reprodução do que se combinou, de modo a evitar dificuldades futuras em definir com clareza que obrigações e responsabilidades foram efetivamente assumidas pelas partes contratantes.

Mais recentemente, o uso mais difundido da informática veio propiciar o incremento exponencial do chamado comércio eletrônico, além de facilitar um sem-número de atividades na área financeira internacional e na de transportes. O direito ainda busca definir mais claramente as obrigações e os direitos das partes nessas novas formas de manifestação de vontade, em uma atitude típica, pois o dinamismo do comércio leva ao surgimento de novas operações, em seguida definidas e normatizadas pelo direito, sempre de modo a permitir maior segurança jurídica aos negócios.

A Lei Modelo da Uncitral[3] sobre Comércio Eletrônico, aprovada em 17 de dezembro de 1996, vem sendo adotada por alguns países e reproduzida na legislação interna desses países, como forma de padronização das regras aplicáveis a esse comércio eletrônico. Em seu texto, há a caracterização de aspectos como *data message* e o reconhecimento de sua validade como prova e elemento de formação da vontade das partes, como *electronic data interchange*, *originator of a data message*, *addressee of a data message*, *intermediary*, *information system* etc.

Alguns dos principais problemas envolvidos no comércio pela internet estão situados na questão da compulsoriedade dos contratos, que não são firmados pelos meios tradicionais: o fato de a mensagem eletrônica poder ser ou não usada como prova em uma causa entre partes contratantes; quando se caracteriza

[3] *United Nations Commission on International Trade Law* – Comissão das Nações Unidas para o Direito Comercial Internacional. Veja-se o comentário do secretário-geral da entidade, Gerold Hermann, na introdução do texto da Lei Modelo: "O uso de modernos meios de comunicação, tais como o correio eletrônico e o intercâmbio eletrônico de dados (EDI), nas transações internacionais tem crescido rapidamente e há de desenvolver-se ainda mais, à medida que técnicas como a internet tornem-se mais acessíveis. Todavia, a comunicação de informações juridicamente relevantes através de mensagens eletrônicas pode ser dificultada por obstáculos legais ao uso de tais mensagens, ou pela incerteza quanto a sua validade ou eficácia jurídica. O propósito da Lei Modelo consiste em oferecer aos legisladores nacionais um conjunto de regras internacionalmente aceitáveis para remoção de vários daqueles obstáculos legais e para a criação de um ambiente seguro para o fenômeno conhecido pelo nome 'comércio eletrônico". UNCITRAL. *Uncitral Model Law on Eletronic Commerce*. Diponível em: <http://www.uncitral.org>.

a aceitação da oferta para firmar um contrato e quais as consequências do descumprimento; a questão formal da assinatura eletrônica exigida para certos documentos. No âmbito dos contratos internacionais por meio eletrônico, existe ainda a definição da jurisdição competente para apreciar as demandas decorrentes desses instrumentos e da lei aplicável.

Uma questão importante diz respeito aos meios de prova em Direito admitidos para que uma parte demonstre, em um contrato comercial, aspectos como a efetiva intenção das partes ao contratarem; a mudança, de fato, quando da execução do contrato, nas condições contratuais originalmente acordadas; um inadimplemento de obrigação contida no instrumento firmado ou mesmo a própria existência de contrato. Atualmente, às provas tradicionais (testemunhal, documental e pericial) vêm também se agregar outras formas menos convencionais, como as gravações (inclusive telefônicas) e as mensagens eletrônicas, com variado grau de aceitabilidade em cada país, sendo um aspecto a ser igualmente levado em conta em cada situação concreta.

9.1.2 Contrato interno e contrato internacional

A conceituação básica de contrato interno (ou doméstico) é aquela que vê esse tipo de relação jurídica submetida a uma única ordem jurídica – as partes, o objeto e seu cumprimento, enfim, todos os elementos necessários ao contrato, por se encontrarem vinculados a um mesmo território, estão também sujeitos a um só ordenamento jurídico.

Já no contrato internacional, um ou mais desses elementos (uma das partes, o cumprimento do objeto etc.) encontra-se submetido a outra ordem jurídica, que pode dispor de normas de diferente natureza para o mesmo tema, surgindo a necessidade de identificar qual o direito aplicável, ou seja, aquilo que o direito da *common law* disciplina na matéria denominada *conflicts of law* e que, no ordenamento jurídico brasileiro, encontra-se regulado no âmbito do direito internacional privado.[4]

Vale lembrar que, no Brasil, segundo prescreve a nossa Lei de Introdução às Normas do Direito Brasileiro, anteriormente denominada Lei de Introdução ao Código Civil (Decreto-Lei nº 4.657/1942, com a redação dada pela Lei nº 12.376/2010):

---

[4] Segundo BATIFFOL, citado por STRENGER, um contrato reveste-se de caráter internacional quando, pelos atos concernentes à sua conclusão ou execução, ou a situação das partes quanto a sua nacionalidade ou seu domicílio, ou a localização de seu objeto, têm ligação com mais de um sistema jurídico. Ver STRENGER, I. *Contratos internacionais do comércio*. 3. ed. São Paulo: LTr, 1998. p. 73.

- cabe consultar a lei do país da celebração do contrato no que respeita aos aspectos relacionados com a formação e a interpretação do instrumento (art. 9º: "Para qualificar e reger as obrigações aplicar-se-á a lei do país em que se constituírem");[5]
- é competente a autoridade judiciária brasileira para examinar uma controvérsia quando o réu for domiciliado no Brasil ou aqui tiver de ser cumprida a obrigação (art. 12), ainda que em concorrência com uma corte estrangeira;
- Só à autoridade judiciária brasileira compete conhecer das ações relativas a imóveis situados no Brasil (art. 12, par. 1º);
- A autoridade judiciária brasileira cumprirá, concedido o *exequatur* e segundo a forma estabelecida pela lei brasileira, as diligências solicitadas por autoridade estrangeira competente, observando a lei desta, quanto ao objeto das diligências (art. 12, par. 2º);
- a prova dos fatos ocorridos em país estrangeiro rege-se pela lei que nele vigorar, quanto ao ônus de produzir essa prova e aos meios de produzir-se, somente não se admitindo perante os tribunais brasileiros provas que a lei brasileira desconheça (art. 13).[6]

9.2 A harmonização das normas reguladoras do comércio internacional

Para a solução do problema que causaria a potencial aplicabilidade de normas de mais de um país passíveis de incidência sobre um mesmo contrato (normas oriundas de ordens jurídicas diferentes e, às vezes, até contrastantes), as partes, como vimos anteriormente, podem decidir, em princípio, no próprio contrato, pela designação da aplicabilidade das regras internas de um dos países dos contratantes. Por meio do princípio da "autonomia da vontade das partes", é escolhida uma legislação nacional aplicável (e também um foro ou jurisdição em que controvérsias derivadas do contrato deverão ser julgadas).

---

5 Tal regra terá aplicação se as partes não tiverem, com base no princípio da autonomia da vontade, já expressamente escolhido a lei de um determinado país para a regência do contrato, respeitadas as chamadas questões de ordem pública, que poderão ser alegadas na hipótese da execução de uma sentença judicial estrangeira ou laudo arbitral estrangeiro em um outro país. Veja-se também o que dispõem os parágrafos 1º e 2º desse mesmo artigo: Par. 1º. Destinando-se a obrigação a ser executada no Brasil, e dependendo de forma essencial, será esta observada, admitidas as peculiaridades da lei estrangeira quanto aos requisitos extrínsecos do ato. Par. 2º. A obrigação resultante do contrato reputa-se constituída no lugar em que residir o proponente.

6 ARAÚJO, N. *Contratos internacionais*: autonomia da vontade, Mercosul e convenções internacionais. 2. ed. Rio de Janeiro: Renovar, 2000.

Entretanto, nem sempre a norma de direito interno é plenamente satisfatória, em razão da especificidade das operações comerciais internacionais. Daí o surgimento de tratados, convenções e, principalmente, práticas e usos costumeiros internacionais que visam, de alguma forma, conferir agilidade e harmonizar as regras disciplinadoras do comércio internacional.

A Convenção de Viena sobre a Venda Internacional de Mercadorias, a Convenção de Nova York sobre o Reconhecimento e a Execução de Sentenças Arbitrais Estrangeiras, e tantas outras, são exemplos dos acordos internacionais celebrados com esse propósito.

As práticas comerciais internacionais, condensadas pela Câmara de Comércio Internacional (de Paris), nas regras que edita sobre os Incoterms (*International Commercial Terms*), sobre Crédito Documentário, Garantias Bancárias e outras, são exemplos da vertente de normas costumeiras adotadas com frequência no meio internacional.

9.2.1 Aspectos ligados à formação dos contratos comerciais internacionais

9.2.1.1 *Cautelas*

Em face da distância existente entre as partes, as tratativas envolvidas em uma operação comercial internacional são, muitas vezes, realizadas entre partes que não se conhecem e que, portanto, não têm elementos imediatos para identificar a idoneidade de seus interlocutores. Confirmar que a empresa que nos contata existe legalmente e tem na pessoa que nos dirige a palavra ou a mensagem um representante devidamente autorizado (em especial se se tratar de agente, e não o próprio proponente) é cautela básica a ser tomada.

A troca de correspondências deve ser bastante cuidadosa, de modo a não caracterizar oferta firme ou aceitação formal de proposta, o que redundará no aperfeiçoamento da obrigação contratual (o chamado "consenso" ou acordo de vontade entre as partes), que faz surgir um vínculo contratual – em geral uma obrigação de fazer ou de pagar.

A linguagem empregada deve ser técnica, objetiva, correta (principalmente por se tratar, em geral, de mensagens em idioma estrangeiro), de modo a evitar ambiguidades e mal-entendidos que, na execução do contrato em questão, poderão levar a controvérsias e disputas no futuro.

9.2.1.2 *Acordos de confidencialidade*

É comum na negociação de certos tipos de contratos (transferência de tecnologia, formação de *joint ventures* e outras formas de parcerias etc.) a troca de dados entre os interessados, permitindo a análise que levará à definição da efetiva intenção de contratar.

Dessa forma, preliminarmente, celebram-se acordos de confidencialidade, visando um primeiro exame da oportunidade de negócio em tela. São instrumentos contratuais que, em geral, têm regras que preveem:

- a descrição detalhada dos dados e informações que são transferidos, a indicação do que não é considerado confidencial (por exemplo, dados e informações que são de conhecimento público);
- um prazo para seu exame (e, eventualmente, para a assinatura de outro acordo preliminar ou definitivo subsequente em função do resultado dessa análise);
- a obrigação da parte que recebe esses dados e informações de manter sigilo sobre eles (e exigir de seus diretores, empregados, consultores externos e instituições financiadoras envolvidas igual compromisso de confidencialidade);
- a permanência em vigor da obrigação de manter a confidencialidade até que tenha expirado o prazo de vigência do acordo de confidencialidade (fixado conforme o grau de obsolescência ou natureza da informação sujeita ao dever de sigilo);
- a possibilidade da divulgação da informação confidencial a autoridades, uma vez exigido pela lei aplicável (nesse caso, prevendo a necessidade de se informar previamente a divulgação a outra parte, para que, caso entenda necessário, possa tomar alguma medida judicial ou administrativa visando sustar a divulgação inoportuna dessa informação confidencial);
- opcionalmente, a depender do tipo de operação, uma regra prevendo a não competição das partes em negócio de natureza semelhante ao discutido, caso não seja firmado um acordo definitivo ao final do exame dos dados e informações divulgados.

9.2.1.3 *Gradação dos vínculos contratuais*

Porque a discussão das tratativas relacionadas com um determinado negócio pode durar um certo tempo, é comum, em certos tipos de operações, que se estabeleçam vínculos contratuais gradativos, enquanto as partes estudam sua eventual participação no negócio em pauta, antes de chegarem a um acordo definitivo.[7]

---

[7] Para mais detalhes, ver ROSADO, M. Batalha das formas e negociação prolongada nos contratos internacionais. In: ROSAS, J. G. *et al.* *Contratos internacionais do comércio*. 2. ed. São Paulo: RT, 1995.

Partindo de um acordo de confidencialidade para a troca de dados, passa-se a algum tipo de *acordo preliminar de intenções* (*Heads of Agreement, Letter of Intent, Memorandum of Understanding – MOU* são designações comumente adotadas se esses contratos são firmados em inglês), no qual se registra um primeiro interesse das partes em fazer negócio, acorda-se a realização de estudos de viabilidade ou define-se que autorizações corporativas e/ou governamentais serão buscadas, chegando-se depois, então, ao contrato em definitivo, se preenchidas todas as condições acordadas no acordo preliminar.

É importante que o instrumento contratual preliminar (ou que faça o contrato definitivo depender do preenchimento de alguma condição) seja redigido com precisão, de modo que, na hipótese de não ser assinado o acordo definitivo, a parte que deixe de firmá-lo não venha a ser responsabilizada por perdas e danos infligidos à parte que presumivelmente estava pronta para assinar. Ou então, de modo a evitar que a "parte inocente" não se sinta com o direito de pleitear o reembolso de custos e despesas e outras cominações.

Tal preocupação tem razão de ser em função da regra, universalmente adotada, com algumas gradações diferentes (que cumpre analisar caso a caso) de que uma vez estejam as partes acordes quanto ao objeto do contrato que planejam celebrar, o preço a ser pago, e demais características da operação, nasce um direito para elas de verem formalizado e cumprido o contrato respectivo, surgindo um dever de indenizar no caso do arrependimento de uma das partes, quando não o dever de executar especificamente o acordado.

9.3 Planejamento jurídico-negocial-tributário da atividade comercial nas operações internacionais

Um tópico de importância crescente diz respeito à análise integrada das implicações negociais, legais, tributárias e logístico-administrativas que cercam cada operação comercial internacional.

Nesse ponto, examinam-se aspectos como:

- as incidências fiscais sobre as atividades a serem realizadas nos países envolvidos – identificação dos gravames tributários e não tributários sobre a importação/exportação;
- normas de controle governamental sobre câmbio e comércio exterior, incluindo quotas e contingenciamentos nas operações;
- possíveis normas de integração regional que afetem o negócio;

- existência de sanções/embargos ou outras restrições internacionais aos países;
- normas de defesa da livre concorrência, regras de proteção ao consumidor etc.

No âmbito da compra e venda internacional, é comum que se verifique, além da modalidade operacional mais adequada à espécie (dentro das diversas possibilidades de contratação do transporte, entrega da carga etc.), qual a melhor estratégia de atuação, sempre que se inicia a operação em um novo país-alvo. Escolhe-se, em geral, entre nomear um agente local, criar uma unidade no país (filial ou subsidiária, conforme seja mais favorável, em face da lei tributária e societária local) ou formalizar um acordo de distribuição ou uma parceria com empresa domiciliada no país-alvo.

Em qualquer dessas situações, será importante o resguardo, no país-alvo, como propriedade industrial, das marcas, patentes e demais insígnias que a empresa que passa a atuar nesse novo mercado seja detentora, bem como a definição de um esquema de acompanhamento do mercado e de proteção nesse novo país-alvo da sua propriedade sobre tais marcas, patentes e insígnias, um elemento fundamental do fundo de comércio da empresa.[8] Isso sem citar o próprio nome comercial adotado pelo estabelecimento comercial que a empresa criar no país-alvo, que deverá ser objeto de proteção específica nos órgãos de registro do comércio local.

9.4 A compra e venda internacional

9.4.1 Caracterização e importância

A compra e venda é o protótipo contratual no Direito das Obrigações brasileiro, o mesmo acontecendo no meio internacional. Um enorme percentual dos negócios realizados envolve operações do gênero.

Sua importância também deriva do fato de que a ela estão ligados diversos outros contratos que a viabilizam, e que devem ser negociados e estar integrados à compra e venda de maneira harmônica para que se evitem controvérsias desnecessárias.

Por compra e venda entende-se o contrato pelo qual uma parte (denominada vendedor) obriga-se a transferir a outra (designada comprador) um determinado bem, mediante o recebimento de um pagamento (o preço). Na compra e venda internacional, as partes encontram-se localizadas em países distintos.

[8] Nos novos tempos de informatização crescente, agregue-se também a esses itens carentes de proteção o registro de domínio na internet, de modo a assegurar à empresa que ingressa em um novo país-alvo o direito de uso exclusivo do *site* com seu nome na rede.

9.4.2 Contratos ligados à compra e venda internacional: crédito documentário, câmbio, transporte, seguro

9.4.2.1 *O crédito documentário*

Essa é uma das formas de pagamento admitidas no comércio internacional, ao lado de simples remessas bancárias, saques de títulos (cambiais) e outras.

De modo a resolver o importante dilema de comprador e vendedor em uma operação internacional, evitando que o pagamento seja realizado quando a mercadoria ainda não foi entregue ou, então, impedindo que se entregue a mercadoria sem que exista pagamento, surgiu a prática comercial internacional do *crédito documentário* (ou documentado), no qual um terceiro (o banqueiro) recebe instruções do comprador (seu cliente) para pagar o preço ao vendedor quando receber dele ou de seu representante certos documentos especificamente relacionados, relativos à mercadoria vendida. Em geral, exige-se a apresentação do documento comprobatório do embarque da carga; no caso do transporte marítimo, o conhecimento de embarque ou *bill of lading* (B/L), além de outros como a fatura comercial, o certificado de origem, o certificado de inspeção da carga, o comprovante de seguro etc.

Esse tipo de contrato, para o qual encontramos normas reguladoras na brochura nº 600 da Câmara de Comércio Internacional de Paris,[9] celebrado entre o banco e seu cliente (comprador), e que leva à emissão pelo banco de uma carta de crédito em favor do vendedor da mercadoria, está submetido a dois princípios fundamentais:

- o *princípio da autonomia do crédito*, segundo o qual, para facilitar o imediatismo do pagamento, a carta de crédito emitida pelo banco para pagamento do vendedor é um documento autônomo da operação comercial subjacente, pois, uma vez apresentados os documentos exigidos, somente em situações bastante sérias, como a fraude, é que o pagamento não poderá ser honrado; e
- o *princípio da execução estrita (strict performance)*, pelo qual o banco, como mandatário do comprador e, portanto, responsável pelos atos que praticar sem a devida diligência, deve seguir rigidamente as instruções recebidas, exigindo a conformidade dos documentos apresentados com as instruções contidas na carta de crédito.

Uma vez que 100% de conformidade entre as condições previstas nos documentos exigidos pelo contrato de compra e venda (e reproduzidas nas instruções ao banco) e a efetiva situação dos documentos representativos da mercadoria são,

---

9 Vale notar que essas Regras Uniformes da Câmara de Comércio Internacional estão em constante processo de atualização por comissão de estudiosos, por isso é importante verificar a versão vigente à época de cada contratação de crédito documentário, que normalmente incorpora aperfeiçoamentos oriundos do tratamento dado pela prática e pela jurisprudência às questões operacionais envolvidas no uso desse mecanismo tão eficaz e seguro de pagamento.

muitas vezes, difíceis de se conseguir, uma forma de evitar controvérsias e superar o problema decorrente de pequenas desconformidades é a imediata consulta do banco ao cliente ordenador da abertura do crédito (o comprador), buscando uma dispensa (*waiver*) de eventual exigência constante das instruções e não inteiramente atendida por algum dos documentos apresentados pelo vendedor.

O banco, cumpre lembrar, é mero tratador de papéis, atuando como mandatário do comprador e, portanto, não pode (nem lhe é exigido) atuar como um inspetor da carga. Cabe-lhe, apenas, verificar os documentos que lhe são exibidos pelo vendedor ou seu representante à luz das instruções que lhe foram transmitidas pelo seu cliente (o comprador).

9.4.2.2 *O contrato de câmbio*

Como o pagamento do preço da mercadoria adquirida para exportação ou importação é, em geral, efetuado em moeda estrangeira, é necessária a aquisição, pelo comprador, de uma certa quantidade de moeda estrangeira (usualmente, o dólar americano) para cumprir a sua obrigação de pagar o preço. O *contrato de câmbio* firmado entre o comprador e a instituição financeira que tem disponível a moeda para pagamento é o instrumento que vai viabilizar a obtenção desse dinheiro.

O regime cambial adotado nos países em causa deve ser objeto de detida avaliação, de modo que se possa prever com tranquilidade que controles existem, quando a moeda de pagamento estará disponível, bem como todos os demais detalhes práticos que permitam o planejamento do fluxo esperado de recursos.

No caso brasileiro, o Banco Central do Brasil atua como órgão de fiscalização do sistema cambial, controlando a entrada e a saída de divisas e administrando as reservas cambiais do País. Suas normas específicas deverão ser, portanto, consideradas.

9.4.2.3 *O contrato de transporte*

O transporte de mercadorias é, em geral, regulado por meio de contratos especiais, de transporte marítimo, ferroviário, lacustre, aéreo ou rodoviário, com cláusulas típicas em função do meio de transporte utilizado. O transporte marítimo ainda é dos mais expressivos e seus contratos preveem a contratação, perante o armador, de parte do espaço a bordo ou de toda uma embarcação.

O transporte combinado de mercadorias, envolvendo mais de um tipo de transporte (transporte multimodal), é também uma modalidade, que só vem enfatizar o caráter vasto e complexo dessa área de atuação, em que os acordos internacionais e a lei interna dos países, os formulários contratuais e as praxes, usualmente adotadas, figuram como fontes delimitadoras dos direitos e das obrigações das diversas partes envolvidas (comprador, vendedor, transportador, agente, transitário etc.).

No que diz respeito ao transporte principal da carga propriamente dito, a responsabilidade do transportador é fundamental, daí porque, ao receber a carga, ele emite um conhecimento de embarque (*bill of lading*), no qual, nas condições dessa carga, são descritas e apontadas eventuais avarias aparentes. Apenas a inspeção (no pré-embarque e/ou no destino), por entidade certificadora independente, poderá dar às partes a necessária confiança.

Questões como a devida atenção à embalagem e à acomodação da carga em função da sua especificidade, cuidados com as mercadorias durante a viagem (ventilação, nível de refrigeração padronizado, deslocamento – com avaria – ou inundação a bordo em razão de mau tempo etc.), entre outras, são tema das controvérsias mais comuns nessa área. A consulta aos documentos de embarque, aos registros de bordo e demais documentos relativos à carga é providência utilizada no que diz respeito à prova dos fatos alegados.

9.4.2.4 *O contrato de seguro*

A contratação de cobertura securitária é fundamental para as partes envolvidas no contrato de compra e venda internacional. A seguradora, mediante o pagamento de um prêmio acordado, compromete-se a pagar uma indenização no caso de sinistro que afete a carga transportada.

Dessa forma, comprador e vendedor deixam de sofrer os efeitos danosos que possam advir em decorrência de avaria (parcial ou total) que afete a carga ou resulte no seu extravio.

A seguradora, uma vez paga a indenização pelo sinistro ocorrido, tradicionalmente se sub-roga nos direitos do proprietário da carga, podendo exigir indenização de quem tenha infligido dano, que é, habitualmente, o transportador.

9.4.3 A harmonização entre os diferentes contratos ligados à compra e venda internacional

Uma recomendação fundamental com relação aos contratos ligados à compra e venda é que deverão ser harmonicamente inter-relacionados, para que se evitem quaisquer controvérsias decorrentes de discrepâncias nas instruções e condições contidas nos diferentes instrumentos contratuais. A prática usualmente adotada nas empresas que se dedicam ao comércio exterior, de especializar a atuação por meio de um setor comercial, um setor financeiro, um setor de transportes etc., não deve levar a uma independência total de tratativas e ajustes que desconsidere essa preocupação básica de harmonização dos termos inseridos nos diferentes contratos.

No entanto, a existência de cláusula de solução de conflitos, usualmente, a arbitragem, pode contribuir para tornar mais ágil a composição de eventuais conflitos.

9.5 A regulação da compra e venda internacional. Tratados e convenções. Os contratos-tipo e as modalidades padronizadas de contratação. Cláusulas exoneratórias de responsabilidade (força maior e *hardship*). *Incoterms*

9.5.1 Tratados, convenções e princípios geralmente aceitos na jurisprudência internacional

Já se falou da existência de tratados e convenções disciplinadores da atividade comercial internacional. Um exemplo é a Convenção de Viena de 1980, sobre a Venda Internacional de Mercadorias, aplicável a certas operações entre compradores e vendedores domiciliados em países que a tenham ratificado ou que, por força do princípio da autonomia da vontade, tenham-na adotado para reger seus contratos quando se tratar de partes oriundas de países não signatários. No entanto, estão excluídas da submissão aos termos da Convenção a venda de navios e aeronaves, ou de ações e outros valores mobiliários, ou, ainda, a venda de bens para uso pessoal ou doméstico. A Convenção contém normas disciplinadoras da formação e conteúdo dos contratos de compra e venda internacional, descumprimento das obrigações assumidas, tratamento do risco etc.

Resumimos, a seguir, a partir dos comentários de R. M. Goode,[10] algumas regras derivadas das convenções internacionais ou dos princípios internacionais geralmente aceitos com relação à compra e venda internacional, que são, frequentemente, adotados nas arbitragens comerciais internacionais:

- Na ocorrência de um inadimplemento significativo pela parte (*fundamental breach*), algumas das alternativas cabíveis à parte inocente são: o direito do comprador de solicitar a substituição das mercadorias que não estejam de acordo com as condições contratadas; o direito de uma parte de rescindir o contrato pelo inadimplemento da outra (*non-performance*); e o direito do comprador de rescindir o contrato em razão da entrega parcial das mercadorias.
- O comprador perde o direito de rejeitar a mercadoria por desconformidade com o contrato se não notificar o vendedor especificando o item de desconformidade em prazo razoável dentro do qual descobriu (ou devesse descobrir) que tal desconformidade existia (um prazo de dois anos é fixado pelo artigo 39(2) da Convenção de Viena, mas o tema deve ser analisado em função das regras aplicáveis ao contrato específico). Tal norma deve ser

[10] GOODE, R. M. *Commercial law*. London: Pelican Books, 2000. p. 577 e seguintes.

igualmente lida em conjugação com o disposto no artigo 38(1) da Convenção, que exige do comprador que examine a mercadoria (ou cuide para que esta seja examinada) em curto prazo, conforme seja possível.

- Se o comprador não mais dispõe ou perdeu o direito de rejeitar a mercadoria, pode reclamar uma redução de preço ou perdas e danos (*damages*). Essa medida pode ser exercida seja pela retenção de valor a ser deduzido, seja por sua recuperação se o preço já tiver sido pago, em ambas as situações, mediante cálculo que ajuste o preço originalmente avençado com o efetivo valor da mercadoria no momento da entrega.[11]

- Existe um direito do vendedor de corrigir a sua falha (é o chamado *seller's right to cure*). Ele pode corrigir uma entrega incorreta ou incompleta da mercadoria, ou de documentos, até a data da entrega contratualmente fixada, e mesmo depois dela, se puder fazê-lo dentro de um prazo razoável e sem causar inconveniência ou incerteza de reembolso pelo vendedor de despesas adiantadas pelo comprador. No entanto, o *right to cure* é considerado perdido uma vez que tenha o comprador exercitado o seu direito de rescindir o contrato (ver artigos 48(1) e 49 da Convenção de Viena).

- Uma parte pode suspender a execução de suas obrigações contratuais se, depois de firmado o instrumento contratual, fica aparente que a outra parte não executará uma parcela substancial de suas obrigações como resultado de: séria deficiência em sua capacidade de execução ou em seu crédito; ou por sua conduta ao se preparar para executar ou ao executar o contrato propriamente dito. Trata-se do que a *common law* caracteriza como *anticipatory breach*.

- Embora a Convenção de Viena preveja o preço vigente como regra para definir o valor da indenização (*current-price rule for assessing damages*), não perfilha a rigidez da regra da *common law* britânica, que exige o preço de mercado (*market price rule*). Em princípio, a parte inocente que tenha que se socorrer de outra operação de compra e venda (*substitute transaction*) para substituir a que não se concretizou (*defaulted transaction*) deverá registrar como seu prejuízo a diferença entre o preço do contrato anterior e o preço do novo contrato celebrado para substituí-lo.[12]

---

[11] Em todas essas hipóteses de contestação da carga, cumpre atentar para o dever do comprador de imediata notificação ao vendedor da desconformidade detectada. Os prazos, em função das regras legais ou costumeiras aplicáveis, podem ser bastante exíguos.

[12] Esse princípio acaba sendo adotado em muitas das regras incluídas nos contratos-tipo da área de *commodities* e nas decisões proferidas pelas diversas cortes arbitrais das instituições do setor.

9.5.2 Os contratos-tipo e as modalidades padronizadas de contratação

Uma fonte importante de normas para a regulação das operações internacionais de compra e venda é constituída pelos chamados contratos-tipo ou contratos padronizados, de uso intenso em áreas como a de *commodities*.

Esses *contratos de massa* são regidos por formulários emitidos pelas grandes instituições internacionais, associações civis geralmente especializadas em função dos produtos, ligadas à London Trade Association, à Chicago Board of Trade e congêneres, por todo o mundo. Seus modelos contratuais são periodicamente atualizados, levando-se em conta aperfeiçoamentos de linguagem e alterações recomendadas em função das controvérsias surgidas na aplicação de suas cláusulas, daí porque é importante, ao negociar uma operação envolvendo tais produtos, a menção clara e expressa do modelo e da data de emissão do formulário adotado.

As diversas condições de um contrato desse gênero são detalhadamente reguladas no formulário:

- condições de pagamento;
- descrição da mercadoria e suas especificações e qualidade, incluindo detalhes quanto à margem de tolerância para eventuais desconformidades;
- condições de inspeção (pré-embarque, por ocasião do embarque e na chegada ao destino);
- condições de entrega da carga e de transferência do risco;
- disposições quanto à embalagem e conservação da mercadoria;
- nomeação do transporte e indicação da data/período de embarque, descrevendo as regras atinentes ao embarque da carga ou mesmo sua acomodação no meio de transporte escolhido;
- caracterização do inadimplemento de obrigações das partes, do dever de indenizar e indicação das medidas que poderão ser adotadas pela parte inocente contra a parte faltosa em suas providências para mitigar seu prejuízo após o inadimplemento contratual (*default*).

9.5.3 Os *Incoterms*

Em uma tentativa de harmonizar as regras aplicáveis às diversas situações possíveis de venda internacional de mercadorias, a Câmara de Comércio Internacional de Paris vem, desde 1936, editando sucessivas normas denominadas

International Commercial Terms (Incoterms), em que, enfeixadas sob abreviaturas específicas, estão descritas as condições de cada uma dessas modalidades de vendas usualmente adotadas.

Cada *Incoterm* tem suas condições próprias, e a regra respectiva detalha minuciosamente as obrigações e os direitos do vendedor e do comprador. Uma referência no contrato ao *Incoterm* escolhido incorpora ao instrumento as regras pertinentes ao tipo indicado. Assim, em uma venda FOB/Porto de Paranaguá/*Incoterms* 2010, já se sabe que todas as condições daquela modalidade descritas nas regras da Câmara de Comércio Internacional (CCI) estão admitidas como cláusulas contratuais, salvo alguma exceção expressamente manifesta no contrato. As partes aderem a essa forma de modular a contratação quando expressamente a incorporam ao contrato.

A versão corrente dos *Incoterms*, de 2010, contempla 11 *Incoterms*, vale dizer, 11 modalidades de venda: EXW – *Ex Works*, FCA – *Free Carrier*, CPT – *Carriage Paid To*, CIP – *Carriage and Insurance Paid To*, DAT – *Delivered At Terminal*, DAP – *Delivered At Place*, DDP – *Delivered Duty Paid*, FAS – *Free Alongside Ship*, FOB – *Free On Board*, CFR – *Cost And Freight* e CIF – *Cost Insurance and Freight*.

Em geral, a modalidade FOB é a tradicionamente mais usada, seguida pela CIF.

Segundo a definição resumida da CCI, a cláusula "**FOB – Free On Board**", em tradução livre, "significa que o vendedor entrega as mercadorias a bordo da embarcação nomeada pelo comprador, no porto de embarque nomeado ou recolhe as mercadorias assim entregues. O risco de perda ou dano às mercadorias se transfere quando as mercadorias estiverem a bordo da embarcação, e o comprador suporta todos os custos a partir desse momento *(means that the seller delivers the goods on board the vessel nominated by the buyer at the named port of shipment or procures the goods already so delivered. The risk of loss of or damage to the goods passes when the goods are on board the vessel, and the buyer bears all costs from that moment onwards).*"

Segundo a definição resumida da CCI, "**CIF – Cost, Insurance and Freight**", em tradução livre, "significa que o vendedor entrega as mercadorias a bordo da embarcação ou recolhe as mercadorias assim entregues. O risco de perda ou dano às mercadorias se transfere quando as mercadorias estiverem a bordo da embarcação. O vendedor deve contratar e pagar pelos custos e frete necessários para trazer as mercadorias até o porto de destino nomeado *(means that the seller delivers the goods on board the vessel or procures the goods already so delivered. The risk of loss of or damage to the goods passes when the goods are on board the vessel. The seller must contract for and pay the costs and freight necessary to bring the goods to the named port of destination).*"

"O vendedor também contrata a cobertura securitária relativamente ao risco do comprador quanto a perda ou dano às mercadorias durante o transporte. O comprador deve notar que, de acordo com [a modalidade] CIF, o vendedor deve obter seguro apenas quanto à cobertura mínima. Caso o comprador deseje ter maior proteção securitária, ele deverá acordar [tal condição] expressamente com o vendedor ou contratar sua cobertura securitária adicional. *(The seller also contracts for insurance cover against the buyer's risk of loss of or damage to the goods during the carriage. The buyer should note that under CIF the seller is required to obtain insurance only on minimum cover. Should the buyer wish to have more insurance protection, it will need either to agree as much expressly with the seller or to make its own extra insurance arrangements).*"

A exemplo do que ocorre com outras regras customizadas pela CCI, as regras que disciplinam os *Incoterms* também são periodicamente atualizadas, por isso deve ser consultada a versão em vigor à época de cada contratação.

9.5.4 Cláusulas exoneratórias de responsabilidade (força maior e *hardship*)

Embora exista uma tendência para o uso mais restrito das referidas cláusulas no comércio internacional, não podemos deixar de registrar esses tipos de cláusulas em que as partes, reconhecendo a existência de fatores externos ao contrato e à sua vontade, admitem, expressamente, serem menos rígidas ao exigirem o cumprimento das condições contratuais acordadas.

Em primeiro lugar, é preciso distinguir entre os dois tipos de institutos:

- a *força maior* é caracterizada como sendo um evento imprevisível e irresistível que impede o cumprimento do contrato – por exemplo: um evento da natureza, como um terremoto ou furacão (*act of God*, na terminologia da *common law*), ou provocado por terceiros, como uma guerra civil;

- já o *hardship* é um evento externo às partes, que torna mais oneroso para uma delas o cumprimento de suas obrigações no contrato – por exemplo: um embargo decretado pela ONU ao país fornecedor de matéria-prima a ser utilizada na fabricação do produto e que demandará a aquisição desse insumo em outro local e por preço mais elevado. O preço cotado pelo vendedor, indicando a origem da matéria-prima, levava em conta sua aquisição por um valor mais razoável, e agora o fabricante/vendedor terá de buscar a alternativa mais cara. Outro exemplo: um fato externo que implique a modificação na conjuntura econômica ou nos custos de uma das partes, tornando mais oneroso para ela o cumprimento de suas obrigações contratuais. Em outras palavras: a equação econômico-financeira do contrato, que teve por base certos pressupostos quando da sua negociação e assinatura, encontra-se agora subvertida, com ônus excessivo para um dos lados.

O evento de força maior impede ou suspende a execução do contrato. O evento de *hardship* não impede a execução, apenas a torna mais onerosa para uma das partes, afetando o equilíbrio econômico-financeiro do contrato.

A solução prática encontrada na redação dos contratos para enfrentar a *força maior* é a inserção de cláusula prevendo a suspensão do contrato enquanto vigorar tal situação, e estabelecendo a retomada imediata do cumprimento do acordado tão logo essa situação deixe de existir. Também é recomendável que se fixe, como obrigação da parte atingida, a imediata notificação da ocorrência do evento de força maior e a tomada das medidas necessárias para a superação dessas circunstâncias impeditivas da execução do contrato. As diversas decisões na jurisprudência arbitral e judicial sobre o tema têm, paulatinamente, criado uma série mais rígida de exigências para que a força maior seja aceita como forma de exonerar as partes atingidas. A inserção dessas disposições na cláusula respectiva tem por finalidade fornecer, justamente, um maior balizamento para a atuação das partes diante de tal circunstância, limitando a discricionariedade dos julgadores.

Já para a *hardship* existe a tendência de não se inserir tal cláusula para não se enfraquecer a obrigatoriedade, o caráter definitivo das obrigações contratuais avençadas, cabendo à parte atingida invocar, no caso concreto, a existência desse agravamento nas condições de execução das obrigações que lhe competem por força do contrato.

Nada impede, contudo, a depender do poder de barganha da parte que preveja a existência de problemas, que ela negocie a inclusão, desde logo, de cláusula que defina uma revisão do contrato em circunstâncias específicas – é comum, por exemplo, em certos contratos prevendo investimento a longo prazo, incluir-se uma cláusula de estabilidade tributária (*tax stability clause*). Também pode ser adotada uma cláusula de atualização, contendo fórmula de reajuste dos preços contratuais em função de certos insumos ali especificados ou da simples passagem do tempo de modo mais significativo.[13]

Uma brochura da Câmara de Comércio Internacional de Paris, de nº 458, apresenta sugestões de redação para ambas as causas exoneratórias de responsabilidade – força maior e *hardship* –, mas, obviamente, o exame da situação concreta da contratação é que será a maior fonte de inspiração para a mais correta disciplina do tema. Para casos de *hardship*, uma das alternativas é prever, de antemão, a possibilidade de adaptação do contrato, uma vez que ocorra o fato superveniente gerador da onerosidade.

---

13 Providência encontrada nos contratos de fornecimento a longo prazo. Registre-se, à guisa de exemplo, que o novo Código Civil Brasileiro, na esteira do que a nossa doutrina e jurisprudência já têm preconizado, veio, por meio do artigo 478 e seguintes, trazer a possibilidade de a parte atingida pela onerosidade excessiva em um contrato de execução continuada pleitear a adaptação do contrato ou mesmo a sua resolução.

Por influência da *common law*, as cláusulas de força maior são bastante abrangentes e detalhadas, conforme referido anteriormente, justamente para que, na ausência de norma legal interna aplicável que defina satisfatoriamente o assunto, ou de precisa orientação da jurisprudência, não fiquem as partes submetidas inteiramente à decisão das cortes.

9.6 O contrato de agência

9.6.1 Conceituação

O contrato de agência representa uma das formas de colocação de produtos ou serviços de que o comerciante pode se valer no comércio internacional.

O fabricante ou prestador de serviços pode:

- simplesmente exportar diretamente para o país-alvo, estabelecendo uma relação direta com os clientes, os importadores locais;
- nomear um agente (pessoa física ou jurídica) para identificar clientes em potencial e angariar propostas;
- montar uma estrutura de distribuição no citado território, abrindo uma filial ou subsidiária; ou, então,
- contratar com uma empresa local para que esta atue como sua distribuidora.

Na hipótese da agência, o representado (o exportador) estará, portanto, contratando um representante local (o agente) para que angarie propostas no país-alvo com o objetivo de adquirir os produtos ou serviços produzidos pelo representado.

É comum o contrato prever que o agente deverá submeter as propostas angariadas ao representado, com o perfil dos clientes, para aprovação. Apenas depois de manifestação expressa do representado, o agente poderá dar por concluída a negociação, podendo ou não (conforme acordado) firmar o contrato respectivo de compra e venda com o cliente cuja proposta angariou.

9.6.2 A representação comercial autônoma no direito brasileiro

O instituto da agência tinha similar no direito brasileiro sob o nome de "representação comercial autônoma", figura jurídica legalmente criada em 1965, como alternativa ao uso indiscriminado, pelos comerciantes, de vendedores avulsos (pessoas físicas) sem que eles gozassem das garantias do vínculo trabalhista.

Com o contrato de representação comercial e o registro dos representantes em órgãos regionais, foi conferida uma estrutura de maior segurança a esses profissionais, que passaram a desfrutar de uma série de garantias legalmente asseguradas, inclusive o direito à indenização, quando da rescisão do contrato.

O novo Código Civil Brasileiro (Lei nº 10.406/2002), que entrou em vigor a partir de janeiro de 2003, veio incluir no seu texto normas expressas, de caráter genérico, sobre os contratos de "agência e distribuição". Assim, segundo o artigo 710,

> *pelo contrato de agência, uma pessoa assume, em caráter não eventual e sem vínculos de dependência, a obrigação de promover, à conta de outra, mediante retribuição, a realização de certos negócios, em zona determinada, caracterizando-se a distribuição quando o agente tiver à sua disposição a coisa a ser negociada.*

Entendemos que os dois regimes passaram, a partir de então, a conviver, sendo o instituto da agência mais genérico e o da representação comercial autônoma uma figura específica, garantindo aos representantes devidamente registrados em seu órgão de classe a proteção da sua legislação especial.

9.6.3 A agência no comércio internacional

No comércio internacional, cumpre ressaltar que agência é contrato corriqueiro, porém deve ser tratado com cautela, por vários fatores:

- a legislação do país-alvo, no qual a agência se desenvolverá, deve ser analisada por meio de consultoria local, de modo a definir claramente os direitos e obrigações das partes, uma vez que, em geral, existe uma tendência dos países de considerarem o agente nacional como a parte mais fraca da relação jurídica e, por causa disso, estabelecerem normas de proteção dessa parte;
- o representado deve ser cauteloso ao definir sua estratégia de distribuição de produtos ou serviços, pois o agente escolhido deverá contribuir positivamente (e não negativamente) para firmar a imagem do produto ou serviço divulgado no país-alvo;
- a pessoa física ou jurídica contratada como agente deverá ser idônea;
- deverá ser claramente definido o esquema de aprovação de propostas e formalização dos contratos de venda de produtos ou serviços, de modo que o agente atue em estrita consonância com as instruções do representado (com ou sem autorização para firmar, em nome dele, os contratos respectivos).

9.6.4 Cláusulas contratuais típicas

A Câmara de Comércio Internacional de Paris também dispõe de uma minuta básica para os contratos de agência, um texto que obviamente deve ser lido em cotejo com a legislação aplicável, servindo, portanto, como mera sugestão de redação contratual.

De uma leitura dessa minuta e de outros contratos do gênero, podemos extrair algumas das cláusulas típicas dos contratos de agência:

- identificação precisa e detalhada dos produtos e do território de atuação do agente;
- definição da existência (ou não) de obrigação do agente de atuar com exclusividade em relação àquele tipo de produto ou ao tipo de negócio da empresa representada (de modo a evitar que o agente, também atuando para possíveis concorrentes do representado, acabe por limitar as chances de colocação dos produtos ou serviços desse último no país-alvo);
- definição da existência (ou não) de obrigação do representado de só utilizar o agente no território designado;
- como decorrência natural da cláusula de exclusividade referida no item anterior, caracterização do direito do agente a receber remuneração por quaisquer produtos/serviços vendidos no território, seja por seu intermédio ou não;
- caracterização da possibilidade de virem a ser agregados outros produtos ou territórios ao contrato;
- forma de propaganda dos produtos, de divulgação do material de propaganda do representado para o agente e de angariamento de propostas;
- submissão das propostas para aprovação do representado e condições para a aprovação ou para a razoável negativa de aprovação;
- formalidades para a assinatura dos contratos angariados (diretamente pelo representado, pelo agente ou por procurador);
- definição das obrigações das partes, inclusive do dever de diligência do agente (podendo ser estabelecida uma quota de produtividade, de modo a evitar que, obtendo outros contratos, ele se torne negligente com relação à colocação dos produtos do representado – em contrapartida, sendo o dever do representado de atuar com razoabilidade na apreciação das propostas angariadas, aceitando as que se enquadrem nos limites traçados contratualmente);
- definição da remuneração e da sua forma de cálculo sobre o preço efetivamente recebido pelos produtos/serviços vendidos;
- dever do agente de manter confidencialidade quanto aos segredos comerciais e às informações relativas ao representado e seus produtos/

serviços, atuando igualmente no país-alvo, de forma a alertar o representado sobre quaisquer infrações aos direitos de propriedade intelectual desse último;

- condições para a rescisão antecipada do contrato e respectiva indenização etc.

9.7 Controvérsias mais comuns

Embora não sejam contratos de grande expressão financeira, pois, na verdade, o valor em questão é a comissão do agente (um percentual das vendas angariadas), os litígios envolvendo agentes e representados são em número bastante significativo. Algumas das principais fontes de controvérsias:

- conflitos decorrentes da inidoneidade do agente ou de sua atuação indevida, sabotando a colocação dos produtos do representado em favor de concorrentes;
- questões relacionadas à cobrança pelos agentes de comissões relativas a contratos não angariados pelos agentes, mas firmados no território previsto no contrato como de sua exclusividade, área que ele "desbravou" inicialmente;
- cobrança de reembolsos de despesas incorridas pelo agente em prol do contrato de agência que o representado não reconhece dever, porque ele previa cláusula de pagamento apenas de comissões relativas a recebimentos efetivos do preço de contratos firmados (notar, nesse caso, que a legislação aplicável pode proteger o agente, considerando leonina e ilegal a cláusula contratual que lhe negue o direito a ser reembolsado por despesas autorizadas e razoáveis, efetivamente realizadas, em favor do angariamento de propostas, mesmo que não seja bem-sucedido);
- rescisão antecipada (e indevida) de contrato pelo representado, sem considerar o pagamento da indenização prevista, porque o representado já estabeleceu relação direta com os clientes e não precisa mais da atuação do intermediário.

9.8 A solução de conflitos nas operações comerciais internacionais

9.8.1 Aspectos do contencioso comercial internacional

Os enormes custos envolvidos em uma causa internacional, em geral, recomendam que se evitem as controvérsias. Esse objetivo deve sempre ser considerado: a) na fase pré-contratual, em que todos os cuidados e esclarecimentos deverão ser buscados, de modo a refletir no contrato uma regulação abrangente, e não ambígua, da operação; b) durante a execução do contrato, em que uma disposição proativa e colaboradora deve ser sempre adotada, no sentido de aparar arestas e contribuir para uma relação comercial saudável; e também c) depois, quando instaurada a discussão, no sentido de se procurar uma composição amigável que evite o contencioso, muitas vezes elevando hierarquicamente o nível dos interlocutores das partes em discussão (para fugir dos conflitos de personalidade e se ater aos objetivos maiores das empresas) ou buscando usar uma das formas alternativas de solução de conflitos.

9.8.2 Formas de composição amigável: conciliação, mediação, determinação por *expert* e *dispute board*

Entre as medidas visando à solução amigável do conflito, desponta, inicialmente, a conciliação, em que as próprias partes, sozinhas ou contando com a ajuda de um terceiro de sua confiança, procuram negociar uma maneira de pôr fim à demanda já instaurada ou a simples controvérsia de maiores proporções.

Na mediação, a figura do terceiro ganha contornos mais claros, e esse colaborador tem por tarefa expor a ambos os lados as vantagens de uma solução negociada, sem, contudo, emitir juízo quanto à correção do que propugna cada uma das partes. Na determinação por *expert*, as partes de comum acordo indicam um perito que vai examinar alguma questão técnica suscitada durante o contrato e emitirá um laudo com sua recomendação para a solução do ponto controvertido.

Os *dispute boards* são criação mais recente (inspirados nos contratos de engenharia internacional), e são constituídos no início de contratos de maior complexidade, sendo formados por representantes indicados pelas partes. Sua função é dirimir questões técnicas controvertidas que surjam no decorrer da execução desses contratos. A Câmara de Comércio Internacional também já incorporou ao seu acervo de regras costumeiras um conjunto de normas sobre esse mecanismo de solução de controvérsias.

Não havendo acordo por meio de nenhuma dessas formas menos "adversariais", ainda resta o recurso à arbitragem, em que um terceiro (ou terceiros) de confiança dos litigantes é/são chamado(s) a dizer com quem está a razão na disputa.

Desenvolvendo um pouco mais três desses tipos de *formas alternativas de solução de controvérsias*:

- A mediação, como esclarece Colaiácovo[14] é a técnica mediante a qual as partes envolvidas em um conflito buscam chegar a um acordo contando com a ajuda de um terceiro imparcial (o mediador), que não tem poder de decisão. O mediador não julga, somente encoraja as partes a alcançarem uma composição amigável.

É um processo de negociação assistido por um terceiro, o mediador, escolhido pelas partes de comum acordo, e a quem são atribuídas funções específicas, com o objetivo de possibilitar a solução de um conflito.

As partes, o mediador e quem mais intervenha nesse processo de negociação (peritos, por exemplo) firmam um acordo de confidencialidade, assegurando manter sigilo sobre a controvérsia e os fatos tratados durante a mediação.

A mediação traz como solucionador do conflito a figura de um terceiro de confiança das partes, o qual, diferentemente do que faria um julgador propriamente dito da controvérsia, funciona como alguém interessado em aproximar as partes, para que cheguem a uma composição, permanecendo sigilosas todas as tratativas, se as negociações não resultarem positivas. As partes em controvérsia reúnem-se na presença desse terceiro neutro que orienta o processo de negociação, aconselhando e ouvindo os dois lados, auxiliando-os a alcançar um acordo aceitável.

Como esclarece Luis Alberto Warat,[15] encarando o aspecto psicológico e filosófico da mediação, o mediador tem por função ajudar cada pessoa envolvida em um conflito, a fim de aproveitá-lo como oportunidade vital, como um ponto de apoio, para renascer, falar consigo mesma, refletir e impulsionar mecanismos interiores que a situem em uma posição ativa diante de seus problemas. O mediador estimula os membros do conflito a encontrarem, juntos, a direção a seguir para sair da encruzilhada e recomeçarem a andar pela vida com outra disposição. A atitude de busca comum não deve perder de vista que as partes devem tomar o conflito como uma oportunidade para administrar melhor suas vidas, ir mais adiante do problema comum e apostar em melhorar o próprio transcurso de sua vida.

Como bem resumiu Joel Dias Figueira Júnior,[16] a mediação, como forma de solução alternativa de conflitos, enquadra-se muito bem no pensamento de Mauro Cappelletti de "justiça coexistencial", tendo em vista que busca satisfação dos

---

14 COLAIÁCOVO, J. L.; COLAIÁCOVO, C. A. *Negociação, mediação e arbitragem*. Rio de Janeiro: Forense, 1999. p. 66.

15 WARAT, L. A. Mediación, el derecho fuera de las normas: para una teoría no normativa del conflicto. *Advogado*: desafios e perspectivas no contexto das relações internacionais. Brasília: Ordem dos Advogados do Brasil, Conselho Federal, v. 2, 15, p. 102-103, 2000.

16 FIGUEIRA JÚNIOR, J. D. *Arbitragem, jurisdição e execução*. 2. ed. São Paulo: RT, 1999. p. 130.

litigantes, sem causar reflexos negativos comumente identificáveis nas imposições dos julgados (ato de império marcado por violência simbólica), porquanto a autocomposição nasce e encerra-se a partir das próprias partes, com a intervenção de um terceiro imparcial, o mediador.

Um acordo assim obtido não é imediatamente compulsório – se uma das partes não estiver satisfeita com o resultado, poderá se recusar a assinar o instrumento de acordo e ambas poderão prosseguir para a arbitragem ou o contencioso judicial.

Durante a mediação, o mediador pode ser chamado a oferecer sua opinião baseado nas provas existentes, mas, em geral, ele mantém-se neutro. O caráter mais informal da mediação permite que cada participante esteja mais aberto a novas ideias, mais criativas, e mais disposto a uma composição. Na verdade, em alguns países, a própria legislação já procura institucionalizar a figura da mediação, colocando-a como momento vestibular do processo judicial.

Havendo, portanto, consenso entre os litigantes, é firmado um acordo e encerra-se a disputa. Não havendo consenso ou descumprido o acordo, novamente retoma-se o contencioso.

- A conciliação guarda semelhança com a mediação, pois aí também um terceiro procura aproximar as partes em litígio, buscando a composição. Para alguns autores, a conciliação representaria um passo além, em que o conciliador agiria mais enfaticamente buscando estimular as partes em direção à obtenção do acordo.[17] Para Guyon,[18] a conciliação não seria mais do que uma "negociação organizada", facilitadora das discussões que poderão levar, eventualmente, a uma transação. Em alguns processos arbitrais, a conciliação é um momento preliminar no qual se procura, em uma última tentativa, a solução do conflito.

- Já a arbitragem é uma técnica privada de solução de conflitos, em que as partes em litígio escolhem uma ou mais pessoas a quem atribuem a tarefa de decidir a quem cabe a razão na controvérsia. Já não existe a figura do mediador ou do conciliador, que encoraja as partes ao consenso, mas existe, sim, a figura do julgador privado, que dirá com quem está a razão no conflito. Ainda uma forma de composição amigável, mas instaurada, porque as partes esgotaram as possibilidades de negociação.

---

17 GARCEZ, J. M. R. (Org.). *A arbitragem na era da globalização*. 2. ed. Rio de Janeiro: Forense, 1999a. p. 183.

18 GUYON, Yves. *L'arbitrage*. Paris: Econômica, 1995, p. 6.

9.8.2.1 *A arbitragem como técnica de solução de conflitos*

A arbitragem é uma técnica privada de solução de conflitos, em que, abdicando do recurso ao Judiciário, as partes submetem a um terceiro (ou terceiros) a solução da demanda. Em razão disso, os árbitros não são vinculados ao Poder Judiciário, não recebem seu poder de julgar do Estado, mas do próprio acordo de vontade das partes. São pessoas do mercado (*traders*, homens de negócio com experiência naquela área objeto do litígio) ou técnicos com vivência nesse tipo de problemas (inclusive advogados com experiência na área de contrato), os quais podem apreciar a causa com competência e que sejam de confiança das partes.

Diz-se que a arbitragem é *ad hoc* quando as partes não se vinculam, pelo contrato, a regras de nenhuma instituição arbitral.[19] Se a cláusula arbitral do contrato refere-se expressamente à submissão do conflito à arbitragem de acordo com as regras de alguma entidade arbitral, diz-se que se trata de uma "arbitragem institucional".

Pela arbitragem privada, com efeito, as partes resolvem submeter suas lides, resultantes de determinadas relações jurídicas de direito privado, a um tribunal arbitral, composto por um árbitro único ou por um grupo deles, designados pelas partes ou por uma entidade por elas indicada. Mediante a escolha da arbitragem como método de solução de conflitos, exclui-se a interferência estatal.

Embora não deva ser considerada nenhuma panaceia, a arbitragem apresenta, a nosso ver e segundo vários autores que se debruçaram sobre o tema, algumas vantagens importantes, se comparada, por exemplo, com uma causa iniciada no Judiciário, especialmente no comércio internacional.[20] São estas as vantagens da arbitragem:

- Confidencialidade. Por ser realizada em um âmbito mais restrito, a arbitragem pode tramitar em segredo, evitando que o mercado torne-se ciente de uma discussão entre dois parceiros comerciais, impedindo, com isso, que a imagem de um deles (ou de ambos) sofra com a divulgação da existência de algum inadimplemento contratual ou outras mazelas. Dependendo de como transcorrer o processo, ao final, as partes poderão até mesmo manter em bons termos o seu relacionamento comercial. Não nos esqueçamos de que a eleição da via arbitral para solução de

[19] A Uncitral dispõe de regras de conciliação e também de arbitragem, sendo, no segundo caso, recomendada a sua adoção quando se tratar de arbitragem *ad hoc*.

[20] Ver nosso capítulo, em conjunto com Marcelo Oliveira Mello, na obra coletiva coordenada por José Maria Rossani Garcez, 1999a. Ver também nosso artigo A experiência da arbitragem nos contratos petrolíferos internacionais. *Revista da Arbitragem*, Síntese, número de lançamento, 2003, e o capítulo que escrevemos para a obra coletiva "International Commercial Arbitration: 21st Century Perspectives". USA: LexisNexis, 2015.

uma controvérsia continua sendo, por definição, uma forma de composição amigável de interesses em conflito, e o árbitro, não jungido a decidir estritamente com base em uma interpretação literal da lei, pode ser mais criativo ao decidir a contenda.

- Neutralidade. No comércio entre países sem tradição de relacionamento comercial ou tendo culturas, legislações e judiciários bastante distintos, pode ser uma boa solução o recurso a uma forma de apreciação de litígios em que os julgadores sejam pessoas de confiança dos litigantes e em que o fórum de debates e as regras disciplinadoras do processo não estejam necessariamente vinculadas a um dos países de domicílio das partes, sendo escolhido um país neutro para esse objetivo.
- Conhecimento técnico específico dos julgadores. A *expertise* dos árbitros com relação ao tipo de negócio ou tema em litígio poderá permitir um julgamento da causa mais consentâneo com a realidade do mercado, e não apenas preso a uma visão literal do contrato ou da lei.

Na sua condição de técnica privada de solução de conflitos, instituída como fruto da vontade das partes em litígio, para que a arbitragem ocorra, é preciso o acordo entre as partes em submeterem sua controvérsia a esse tipo de composição amigável. Se não existe cláusula arbitral no contrato, se mesmo não existindo essa cláusula, as partes, ao surgir o conflito, não conseguem acertar entre si a submissão da controvérsia à arbitragem, ou, então, se o nível de desentendimento entre as partes é muito grande, torna-se necessário o recurso ao Judiciário.

A arbitragem institucional, em geral mais custosa, não é, por seu turno, recomendada em casos de menor magnitude ou complexidade, pois, nesses casos, o recurso a um mediador ou mesmo à arbitragem não submetida a regras de uma instituição (arbitragem *ad hoc*, em oposição à "arbitragem institucional"), ou, ainda, o recurso direto ao Judiciário, poderá trazer uma solução a um custo menor.[21]

Questões meramente técnicas poderão ser satisfatoriamente resolvidas pela consulta a um *expert* técnico ou entidade certificadora de confiança das partes. O Centro de Peritagem Técnica Internacional, vinculado à Câmara de Comércio Internacional de Paris, seria, por exemplo, uma entidade a ser consultada nesse sentido, com relação a causas internacionais, dispondo de um plantel de inúmeros técnicos nas mais variadas áreas de negócio. Centros de pesquisa universitários e outros, empresas e entidades renomadas dedicadas (no âmbito da

[21] Conforme ensina Strenger (1998), recorre-se habitualmente à arbitragem *ad hoc* quando o contrato originário das partes prevê uma arbitragem sem designar instituição de arbitragem e sem referir conjunto particular de regras institucionais. Uma das vantagens deste tipo de arbitragem é que ela pode ser adaptada à vontade das partes. A cooperação das partes é imposta se quisermos que esse procedimento seja utilizado de modo eficaz.

engenharia) às chamadas *failures analysis* são também comumente citadas como entidades a quem recorrer nesses casos.

Bancos de investimento de renome ou outras entidades e fundações, como a Fundação Getulio Vargas, de destacada e reconhecida competência, poderiam ser também invocadas para solucionar questões de natureza eminentemente técnica em contratos financeiros. Instituições semelhantes (nas áreas técnica, operacional e financeira) poderiam ser criadas ou estimuladas aqui no País com esse mesmo propósito, para as questões domésticas, ou, ainda, as entidades certificadoras aqui sediadas ou que tenham correspondentes locais poderiam, também, desenvolver sua *expertise* nesse tipo de atendimento (devidamente analisados, em cada caso, como é natural, eventuais conflitos de interesses).

9.8.2.2 *Aspectos práticos ligados à arbitragem*

Sugerem-se algumas recomendações para serem adotadas pelas empresas que atuam no comércio exterior:

- o registro formal e cauteloso das comunicações com os clientes e parceiros comerciais, de modo a deixar bem esclarecidos os diversos pontos ligados à execução dos contratos, evitando-se as manifestações pouco claras que possam depois vir a ser utilizadas como prova contra quem as empregou;
- a guarda da documentação relacionada com as operações comerciais (uma vez que é impossível prever qual será o litígio, a guarda criteriosa de correspondências, atas de reunião, documentos técnicos e negociais deve ser a mais abrangente possível);
- a inserção de cláusula de solução de controvérsias bem redigida e adaptada às circunstâncias concretas do contrato em questão (prevendo, quando for o caso, a apreciação da controvérsia por níveis hierárquicos mais elevados dentro das estruturas das sociedades comerciais e, em seguida, as formas alternativas de resolução de disputas, como a conciliação, a mediação e a arbitragem);
- a manutenção em aberto de um canal de comunicação com a outra parte, mesmo depois de instaurada a controvérsia, de modo a manter sempre presente a possibilidade de uma composição amigável.

9.8.2.3 *Aspectos processuais ligados à arbitragem*

Embora a arbitragem seja uma técnica privada de solução de conflitos, existem situações em que, embora com a cláusula de arbitragem (ou até mesmo já instaurado o processo arbitral), o recurso à autoridade judiciária torna-se imprescindível. São exemplos dessas situações:

- quando uma das partes, mesmo existindo a cláusula arbitral, recusa-se a integrar o processo arbitral, obrigando a outra parte a recorrer ao Judiciário para que seja firmado o compromisso;
- quando o árbitro age de maneira imprópria ou desonesta e a parte atingida se vê obrigada a solicitar ao juiz que o destitua;
- quando a atuação do árbitro, em algum incidente processual, no âmbito do processo arbitral, viola direito da parte, cerceando seu direito de defesa ou ferindo o princípio do devido processo legal, tornando necessário também aí que o Judiciário interfira, por provocação da parte afetada, para anular o ato praticado;
- quando o laudo arbitral é proferido irregularmente, violando a lei aplicável, e a parte interessada solicita à corte judicial competente a anulação daquela decisão. A tendência internacional é prestigiar a decisão arbitral, na qual a matéria de fato julgada pelo árbitro não é, geralmente, passível de questionamento, restando como justificativas para um pedido de anulação apenas questões processuais, como a violação ao princípio da ampla defesa ou então aspectos fundamentais, como a ofensa a princípio de ordem pública, ambas as hipóteses com as naturais consequências anulatórias sobre o que já tiver sido decidido no processo arbitral até então;
- quando a parte perdedora no processo arbitral recusa-se a cumprir o que foi determinado no laudo arbitral, e a parte vencedora tem de executar judicialmente essa decisão.

9.8.2.4 *A arbitragem no Brasil*

Embora a arbitragem como instituto jurídico exista no Brasil desde o século XIX, já prevista no Código Comercial de 1850, o fato é que, na prática, ela não se incluía entre as práticas tradicionalmente utilizadas no País para solução de controvérsias. Procurando modificar essa tradição, um novo diploma legal, a Lei nº 9.307/96, buscou inscrever o País dentro de um contexto internacional que vem prestigiando cada vez mais esse instituto. Assim, a lei trata primordialmente da arbitragem doméstica, trazendo também dispositivos necessários para a homologação e a execução no Brasil de laudos arbitrais proferidos no estrangeiro.

Mais recentemente, essa Lei de Arbitragem veio a ser parcialmente modificada, a partir da promulgação da Lei nº 13.129/2015, que veio introduzir algumas alterações importantes como: a) enfatizar a possibilidade de uso da arbitragem em temas envolvendo a Administração Pública (em relação às questões envolvendo direitos patrimoniais disponíveis); b) prever a possibilidade de apresentação de embargos de declaração perante o árbitro ou painel arbitral, visando obter esclarecimentos quanto a pontos ambíguos da decisão arbitral proferida; c) disciplinar aspectos ligados à revisão judicial da decisão arbitral; d) reiterar modificação anterior que atribuiu ao Superior Tribunal de Justiça – STJ (e não mais ao Supremo Tribunal Federal – STF) a competência para homologar, no Brasil, decisões arbitrais estrangeiras; e) dispor sobre a possibilidade de recurso ao Judiciário para a obtenção de medidas cautelares urgentes e, através da chamada "carta arbitral", solicitar auxílio do juiz togado na tomada de medidas de apoio à arbitragem.

Além de instituições mais antigas já existentes, como a Câmara de Arbitragem Brasil-Canadá, diversas outras instituições foram criadas visando à divulgação da mediação e da arbitragem, e vêm recebendo causas para apreciação e desenvolvendo toda uma atividade de auxílio na composição de conflitos entre as partes que as procuram. Podemos destacar, exemplificando, no Rio de Janeiro, o Centro de Resolução Ética de Conflitos (Mediare), a Câmara de Arbitragem da Associação Comercial do Rio de Janeiro, a Câmara de Mediação e Arbitragem da Firjan, o Comitê de Mediação e Arbitragem da Fundação Getulio Vargas; e, em São Paulo, a Câmara de Mediação e Arbitragem da Fiesp e a Comissão Mista de Arbitragem Brasil/Argentina. Em diversos outros estados, instituições criteriosas têm sido criadas.

Entre as instituições internacionais mais tradicionais e importantes por sua idoneidade e jurisprudência de relevo para as questões comerciais discutidas, podem ser citadas, também, exemplificativamente, a London Court of International Arbitration, a Corte de Arbitragem da Câmara de Comércio Internacional de Paris (criada em 1923 e cujas regras arbitrais em vigor foram aprovadas em 1998) e a American Arbitration Association (com sede em Nova York e representações em quase todos os estados americanos, também contando com um número bastante expressivo de causas internacionais).

Algumas das instituições têm um corpo de árbitros credenciados que podem ser indicados para atuar nas controvérsias surgidas. Suas secretarias funcionam como verdadeiros "cartórios", arquivando as petições e os documentos arrolados nos processos arbitrais e auxiliando na parte procedimental dos feitos processados.

9.9 A Lei nº 9.307/96 e suas principais normas

A nova lei vigente apresenta como dispositivos mais importantes a serem destacados:

- O princípio de que apenas os direitos patrimoniais disponíveis são passíveis de submissão à arbitragem, como ocorre com os conflitos decorrentes de contratos comerciais. Logo, questões que envolvam direitos não patrimoniais, direitos personalíssimos, por exemplo, estão excluídas da apreciação por esse tipo de técnica de solução de conflitos.

- A caracterização da existência de dois tipos de "convenção de arbitragem", conforme inspiração da Lei Modelo de Arbitragem da Uncitral:

  a) o primeiro, a própria cláusula arbitral, prevendo no contrato que qualquer controvérsia será submetida à arbitragem;

  b) o segundo, o compromisso, que é o acordo firmado pelas partes em litígio, depois de iniciada a execução do contrato, e pelo qual elas submetem a controvérsia à solução arbitral.

- A possibilidade de ser convocada perante o juiz a parte recalcitrante, que tinha firmado contrato com cláusula arbitral e que se recusa a participar da arbitragem. Comparecendo, a parte será instada a conciliar-se com a outra, e persistindo a disputa, a firmar o compromisso arbitral. Recusando-se, o juiz poderá firmar por ela o compromisso, sendo também escolhido o árbitro.[22]

- A caracterização do laudo arbitral como sentença, passível de execução como título executivo.

9.10 A homologação e execução de decisões arbitrais estrangeiras

Se no campo da arbitragem doméstica ainda podemos considerar que o País se encontra em uma fase de sedimentação e crescimento, no âmbito da arbitragem internacional não há como negar a conscientização da necessidade de uma efetiva inserção do País em uma tendência internacionalmente adotada.

O mesmo aspecto foi também notado em relação ao seu país, em um certo sentido, pela autora francesa Christel Diloy,[23] ao dizer que, se no comércio interno a arbitragem é um fenômeno secundário, no comércio internacional ela é um

[22] Foi proferida decisão histórica pelo STF (dezembro de 2001) favorável à constitucionalidade de diversos dispositivos da lei, inclusive o artigo que trata da executoriedade específica da cláusula compromissória. Não obstante, julgado do final de 1999 do mesmo Supremo, tendo por relator o ministro Maurício Correa, já havia sido proferido no sentido de homologar laudo arbitral estrangeiro em que esses temas polêmicos não estavam em causa, decisão também proferida, portanto, já na vigência da nova lei. Outras homologações de laudos estrangeiros têm ocorrido.

[23] DILOY, C. *Le contrat d'agence comérciale en droit international*. Paris: Librairie Generale de Droit et Jurisprudence, 2000. p. 380.

instituto fundamental. O direito do comércio internacional é manifestamente, segundo ela, "terra de eleição da arbitragem".

A Lei nº 9.307/96, reproduzindo norma que já constava da legislação anterior, exigia que as decisões arbitrais proferidas no estrangeiro, para serem executadas no Brasil, fossem submetidas previamente à homologação pelo nosso STF. O Supremo, dizia a lei, a exemplo do que prescreve a legislação de outros países, deverá se ater ao escrutínio das questões de obediência às normas processuais e de atendimento à ordem pública nacional, não efetivando nenhuma revisão abrangente da apreciação da matéria de fato e de direito efetuada no curso do processo arbitral, devendo, contudo, apreciar alguns aspectos de natureza legal/processual, como a correta designação e a imparcialidade dos árbitros, a correta instauração do processo arbitral, o atendimento aos princípios do devido processo legal e do contraditório no curso da arbitragem, a inexistência de ofensa a princípio de ordem pública etc. Sem esquecermos questões de relevo, como a fraude, que, como diz a máxima, "a tudo corrompe", e pode ser motivo para um pedido de anulação de laudo arbitral, na esteira da jurisprudência arbitral internacional. A modificação introduzida pela Emenda Constitucional nº 45 transferiu para o STJ a competência para a homologação dos laudos arbitrais estrangeiros.

Como referido anteriormente, a Lei nº 13.129/2015, que alterou parcialmente a Lei de Arbitragem, veio repetir, em norma de natureza infraconstitucional, essa competência do STJ para esse tipo de homologação.

Algumas inovações da lei, introduzidas em função da jurisprudência anterior ao STF, vieram facilitar a homologação: não poderá ser invocado como motivo para negar a homologação o fato de que a parte foi citada por correio para o feito arbitral, já que essa forma de notificação é legalmente admitida; além disso, poderão ser retificados aspectos formais que tornaram não homologável originalmente a decisão, permitindo que ela seja novamente submetida à homologação. Como referido anteriormente, decisões recentes, proferidas já no âmbito de vigência da lei de 1996, se pronunciaram sobre a homologação de laudos arbitrais estrangeiros, e segue o STJ homologando laudos arbitrais estrangeiros. O sistema adotado pela lei brasileira resguarda a parte aqui domiciliada contra possíveis ilegalidades contidas no laudo ou em seu processo de formação.

Toda uma mudança de mentalidade tornou-se necessária para que o instituto arbitral fosse mais divulgado e aceito no Brasil, contribuindo, com isso, para uma melhor inserção do País no contexto de que já participavam as ordens jurídicas de seus próprios vizinhos (para não falarmos dos países da Europa, da Ásia, da África e da América do Norte), os quais também vêm admitindo e utilizando o instituto da arbitragem, mormente nos negócios internacionais, conscientes da sua importância, como forma de atração dos investidores estrangeiros.

Com efeito, exemplificando, o Brasil é hoje, segundo dados estatísticos mais recentes, um dos países dessa área do mundo que mais se utilizam das regras de arbitragem da CCI para a solução de controvérsias nos contratos internacionais, recorrendo à corte daquela instituição para a solução de litígios.

Dentro desse quadro, ressalta como fundamental um constante aperfeiçoamento das regras e da forma de atuar de nossas próprias entidades arbitrais, com vistas ao seu credenciamento cada vez maior como fórum de debates neutro e eficiente das diversas controvérsias. No âmbito da integração regional, é também mais do que oportuno o fortalecimento do Rio de Janeiro e São Paulo, bem como de outras capitais, como centros de debate e foro de arbitragens.

Embora não seja nenhuma panaceia, e ainda dependa da boa fé dos seus usuários, e também precisem ser constantemente enfrentadas questões como redução de custos e outras possíveis matérias de natureza prática dignas de melhorias, é a arbitragem um instituto a ser considerado seriamente, quando questões comerciais internacionais colocam-se diante das partes.

Referências

ANDRADE, C. C. B. A experiência da arbitragem nos contratos petrolíferos internacionais. *Revista de Arbitragem*, Síntese, número de lançamento, 2003.

______. Arbitragem e os Meios Menos Adversariais de Controvérsia nos Contratos de Energia. In: Vários autores. *Arbitragem Doméstica e Internacional*: Estudos em Homenagem ao Prof. Teophilo Azeredo Santos. RJ: Forense, ,2008.

______. Capítulo na obra coletiva International Commercial Arbitration: 21st Century Perspective. LexisNexis, 2015.

ARAÚJO, N. *Contratos internacionais*: autonomia da vontade, Mercosul e convenções internacionais. 4. ed. Rio de Janeiro: Renovar, 2009.

BAPTISTA, L. O. *Contratos comerciais internacionais*: teoria e prática. São Paulo: Saraiva, 1997.

BASSO, M. *Joint-venture*: manual prático das associações. 3. Ed. Porto Alegre: Livraria do Advogado, 2002.

______. *Contratos internacionais do comércio*: negociação, conclusão, prática. 3. ed. Porto Alegre: Livraria do Advogado, 2002.

COLAIÁCOVO, J. L.; COLAIÁCOVO, C. A. *Negociação, mediação e arbitragem*. Rio de Janeiro: Forense, 1999.

COSTA, L. M. *O crédito documentário e as novas regras e usos uniformes da câmara de comércio internacional*. São Paulo: Saraiva, 1994.

CRAIG, W. L. *et al. International chamber of commerce arbitration*. 2. ed. Paris: Oceana Publishing Inc./ ICC Publishing, 1990.

DERAINS, Y.; SCHWARTZ, E. *A guide to the new ICC rules of arbitration*. Haia: Kluwer Law International, 1998.

DIAS, R. B. *Consórcio de empresas*. Rio de Janeiro: Sercom/Petrobras, 1998.

DILOY, C. *Le contrat d'agence comérciale en droit international*. Paris: Librairie Generale de Droit et Jurisprudence, 2000.

FIGUEIRA JÚNIOR, J. D. *Arbitragem, jurisdição e execução*. 2. ed. São Paulo: RT, 1999.

GARCEZ, J. M. R. *Contratos internacionais comerciais*. São Paulo: Saraiva, 1994.

______ (Org.). *A arbitragem na era da globalização*. 2. ed. Rio de Janeiro: Forense, 1999a.

______. *Direito internacional privado*. Rio de Janeiro: Forense, 1999b.

GOODE, R. M. *Commercial law*. London: Pelican Books, 2000.

GUYON, Y. *L'arbitrage*. Paris: Econômica, 1995.

HERRMMAN, G. *Introdução ao volume contendo a Lei-Modelo da Uncitral sobre comércio eletrônico (1996) com guia para sua incorporação ao direito interno*. Organização das Nações Unidas. Brasil, 2000.

MARTINS, P. B.; LEMES, S.; CARMONA, C. A. *Aspectos fundamentais da Lei de Arbitragem*. Rio de Janeiro: Forense, 1999.

MELLO, M. O.; ANDRADE, C. C. B. A arbitragem nos contratos comerciais e petrolíferos internacionais. In: GARCEZ, J. M. R. (Org.). *A arbitragem na era da globalização*. 2. ed. Rio de Janeiro: Forense, 1999.

RIBEIRO, M. R. S. *As joint-ventures na indústria do petróleo*. 2. ed. Rio de Janeiro: Renovar, 2000.

ROSADO, M. Batalha das formas e negociação prolongada nos contratos internacionais. In: ROSAS, J. G. *et al*. *Contratos internacionais do comércio*. 2. ed. São Paulo: RT, 1995.

______. ROSAS, J. G. et al. *Contratos internacionais do comércio*. 2. ed. São Paulo: RT, 1995.

SCMITTHOFF, C. M. *Export trade*. London: Stevens Editores, 1999.

STRENGER, I. *Contratos internacionais do comércio*. 3. ed. São Paulo: LTr, 1998.

WARAT, L. A. Mediación, el derecho fuera de las normas: para una teoría no normativa del conflicto. In: *Advogado*: desafios e perspectivas no contexto das relações internacionais. Brasília: Ordem dos Advogados do Brasil, Conselho Federal, 2000, v. 2.

10
LOGÍSTICA INTERNACIONAL

Julio Eduardo da Silva Menezes

10.1 Introdução

Este capítulo descreve aspectos da logística internacional, tendo como foco sua importância para melhorar a competitividade das empresas. Neste estudo, pretende-se fazer uma introdução à logística, enfatizar as estratégias empresariais, conceituar a logística internacional e estabelecer uma discussão específica, considerando as abordagens técnicas ligadas às operações produtivas e às distributivas.

Assim, espera-se:

- a partir da visão das estratégias *global sourcing*, que seja possível optar pela face mais tática[1] e tornar factíveis as estratégias;
- apresentar opções para que empresas experientes gerenciem com sucesso a aquisição e o fornecimento de componentes e produtos no exterior.

Após delinear a visão estratégica, serão discutidas práticas operacionais como: negociação dos termos comerciais internacionais (*Incoterms*), preparação da carga, escolha do modal de transporte, previsão de custos da cadeia de distribuição física internacional, estabelecimento das tendências de terceirização em

[1] Não se traduz *sourcing* por falta de equivalente preciso em português; aproximam-se procura/aquisição. *Global sourcing* é a procura e a aquisição mundiais de matéria-prima e componentes.

logística, da conceituação de transporte multimodal, dos caminhos da logística internacional e do papel da Tecnologia de Informação e Comunicação (TIC).

10.2 Logística

Os benefícios da gerência logística têm sido difundidos pelos exemplos da Wal-Mart e da Benetton. Em busca de sistemas de operação, distribuição e logística flexíveis, a indústria enfrenta desafios operacionais e financeiros.[2] A logística constitui uma vantagem competitiva porque posiciona estrategicamente a organização no mercado. A necessidade da logística integrada aliada às constantes mudanças nas demandas da clientela redesenha processos, elimina barreiras de mercado e cria uma estratégia global de cadeia de suprimento.

Logística é a área da administração que absorve mais de 30% da receita das empresas. Atividades gerenciadas incluem processamento de ordens de compra ou de serviço, transporte, estoques, aquisição, armazenagem, manuseio de material, embalagem, padrões de serviço pós-venda e produção.[3] A gerência logística tem sido secundária ao se elaborar estratégias empresariais de alto nível, porque o planejamento tradicional não lhe dá destaque.[4] Combinam-se planos operacionais logísticos tradicionais com orientação em aprendizagem organizacional.[5] A aprendizagem organizacional desenvolve o compartilhamento de informações, o pensamento sistêmico, o trabalho em grupo e a alavancagem da base de conhecimento.[6]

É necessário defender mais a orientação proativa e estratégica ante as mudanças que a atividade logística empresarial causa e ressaltar que os gerentes de logística são responsáveis por implementá-las. Deve-se dar ênfase ao planejamento estratégico e ao processo decisório como vitais ao processo gerencial. É missão gerencial estabelecer atividades logísticas, tornar produtos e serviços disponíveis a clientes na hora, no lugar, nas condições e na forma desejadas de modo lucrativo e efetivo em custos.

---

2 Há exemplos na indústria de transporte de carga expressa. Para aumentar a flexibilidade, usa-se a rapidez de implementação de soluções de gerenciamento de informação e de automação de processos. PEEL, R. Information technology in the express transport industry. *Logistics Information Management*, v. 8, n. 3, p. 18-21, 1995.

3 BALLOU, R. H. *Business logistics management*: planning and control. New York: Prentice-Hall, 1985.

4 HAMEL, G.; PRAHALAD, C. K. *Competindo pelo futuro*. 19. ed. Rio de Janeiro: Campus, 2005.

5 Aprendizagem organizacional é um sistema social cujos membros aprendem, conscientemente, processos comuns. De forma contínua geram, retêm e ativam o aprendizado individual e o coletivo para melhorar o desempenho organizacional. DREW, Stephen; SMITH, Peter. The new logistics management: transformation through organizational learning. *Logistics Information Management*, v. 8, n. 1, p. 24-33, 1995.

6 SENGE, P. *A quinta disciplina*. 31. ed. São Paulo: Best Seller, 2016.

10.3 O conceito de logística internacional

As atividades logísticas são básicas para organizações e instituições, embora a logística empresarial seja ampla e representada pela síntese de conceitos, princípios e métodos oriundos de áreas tradicionais da administração: compras, produção, marketing, transporte e disciplinas de apoio (matemática aplicada, estatística, pesquisa operacional, economia, comportamento organizacional). Habitualmente, unifica-se tudo em um pensamento útil e prático de gerenciamento de logística internacional. As nomenclaturas utilizadas no meio acadêmico diferem das de profissionais e de fomento de comércio na gestão de logística internacional.

A discussão sobre logística pode ser iniciada pelo entendimento de sua etimologia: *logistikós* (grego) refere-se à faculdade de raciocinar, à razão. Surgida na Grécia Antiga, a palavra definia atividades teórico-militares de transportar, abastecer e alojar tropas. A partir de 1873, introduziu-se nas línguas neolatinas via *logistique* (francês), incorporando os sentidos industrial e comercial de administrar fluxos de materiais e produtos "da fonte ao usuário" até estender-se, hoje, a toda a economia.[7]

A polêmica conceitual tem início com a diferença logística internacional *versus* Distribuição Física Internacional (DFI). Especialistas atribuem à DFI dimensão mais extensa de atividades de transporte do polo produtor no país exportador até atividades de marketing e distribuição interna no país importador. Quanto à logística internacional, considera-se que consiste em atividades para transportar carga e mercadoria da fonte produtora do país exportador ao país importador. A logística internacional dá ênfase ao processo de transporte de carga e às atividades acessórias de exportadores *versus* importadores.

Controvérsia abrangente e atual estabelece os campos de atuação das logísticas empresarial e internacional. Subsidia esse novo ponto de vista a necessidade de introduzir termos da língua inglesa, referenciados por abreviaturas usuais em documentos técnicos e manuais logísticos.

a) *ILS – Integrated Logistics Support* (logística integrada)

Para o Departamento de Defesa americano, a logística integrada é uma atividade disciplinada, interativa e unificada. Gerencia atividades técnicas para (a custo mínimo) *definir, desenhar, adquirir* e *oferecer suporte* na fase operacional. São arranjos prontos para uso, a fim de se obter o item certo, para a pessoa certa, no tempo certo. Os principais elementos do **ILS** são:

- planejamento da manutenção;
- força de trabalho e pessoal;
- suporte de suprimento;

[7] HOUAISS, A. *Dicionário Houaiss da língua portuguesa*. São Paulo: Objetiva, 1998. p. 1.778.

- suporte de equipamento;
- dados técnicos;
- treinamento e suporte de treinamento;
- suporte em recursos computacionais;
- facilidades;[8]
- embalagem, manuseio, armazenagem e transporte;
- desenho da interface.[9]

O conceito de ILS aplica-se na atividade empresarial em construção de usinas hidrelétricas, estradas, navios e serviços de lançamento de satélites.

b) *ECR – Efficient Consumer Response* (resposta eficiente ao consumidor)

É a estratégia industrial na qual distribuidores e fornecedores dão mais valor ao consumidor. Trabalham a eficiência de toda a cadeia de suprimento, em vez da eficiência individual dos elos. Simultaneamente, reduzem custos totais do sistema e estoques de bens físicos. O consumidor pode escolher produtos de melhor qualidade. O **ECR** cria um sistema eficaz especialmente direcionado ao consumidor. Distribuidores e fornecedores trabalham como aliados comerciais para maximizar a satisfação do consumidor com menos custos. Informações precisas e produtos de qualidade fluem por um sistema sem papéis, da linha de produção ao consumidor final, com mínimas perdas e interrupções nas partes que o compõem.

Os princípios que guiam a estratégia de resposta eficiente são:[10]

- foco permanente no provimento do valor ao consumidor: produto, qualidade, variedade, serviço de suprimento e conveniência melhores, com menos custos;
- conduzir o ECR ao lucro; substituir os antigos paradigmas ganha/perde por alianças lucrativas ganha/ganha;
- informações precisas e no tempo exato apoiam decisões efetivas de marketing, produção e logística;

8 Facilidades (*facilities*) são instalações físicas, normalmente de governos, à disposição para se realizar uma operação logística; *e.g.*, fechar um aeroporto para pousos e decolagens regulares ou para se testar um avião protótipo. O aeroporto e suas instalações são as *facilities*.

9 Desenha-se a interface para coordenar os agentes da operação logística. Define-se a responsabilidade de cada parte e a necessidade de integrar os produtos; *e.g.*, na operação de descarga do vagão de trem (modal ferroviário), espera-se que o caminhão (modal rodoviário) esteja pronto na hora e no local certos da recepção.

10 ECR Brasil. *21 questões sobre ECR*. São Paulo: Associação ECR do Brasil, 1998.

- maximizando-se os processos de adição – da produção ao consumidor – os produtos devem fluir;
- medidas de desempenho comum consistentes com o sistema de recompensa visam à eficiência do sistema; *e.g.*, estoques mais baixos devem ser recompensados com aumento de lucros.

c) *SCM — Supply Chain Management* (gerenciamento de cadeia de suprimento)

Propicia melhor assistência ao cliente, melhor gerenciamento de estoque e de canais de suprimento, reduz custos, faz circular o produto no mercado. É o conceito no qual toda a rede – de fornecedores a consumidores finais – é analisada e gerenciada para o "melhor resultado" no sistema. Inclui a análise do nível e da localização dos estoques da cadeia de suprimento, o gerenciamento do fluxo de informação pelo canal de suprimento e os esforços de coordenação para melhor atender à clientela.[11]

Atualmente, as empresas otimizam resultados por meio da análise e do gerenciamento de trocas entre funções internas. O gerenciamento da cadeia acopla-se a essa necessidade, vai além da integração funcional, compõe a rede toda, bem como toda a cadeia de suprimento. Oposta em métodos tradicionais, que dão ênfase a funções individuais e à otimização de seus resultados, a gestão da cadeia de suprimentos destaca características coletivas que favorecem os resultados globais da cadeia:

- orientar por longo prazo;
- ajudar elos fracos da cadeia em vez de substituí-los;
- compartilhar informação e planejamento na cadeia de suprimento;
- coordenar e analisar múltiplos níveis e localização de estoques de empresas na cadeia de suprimento;
- filosofias compatíveis de gerenciamento de estoques e produção;
- base reduzida de fornecedores;
- repartir riscos e recompensas.

10.3.1 Aspectos conceituais

Autores elucidam conceitos e os integram à gestão da cadeia de suprimentos: gestão de compras e suprimentos, distribuição física, logística, gestão de materiais e da cadeia de suprimentos, conforme a Figura 10.1.[12]

---

11 ELRAM, L. M.; COOPER, M. C. The relationship between supply chain management and keiretsu. *The International Journal of Logistics Management*, v. 4, n. 1, p. 1-11, 1993.

12 SLACK, N. *et al.* Planejamento e controle da cadeia de suprimentos. *Administração da produção*. 4. ed. São Paulo: Atlas, 2015.

Figura 10.1 Conceitos integrados

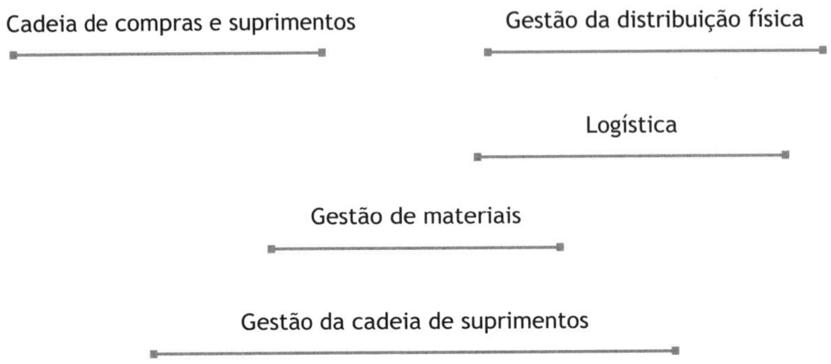

Fonte: SLACK, Nigel *et al*. Planejamento e controle da cadeia de suprimentos. *Administração da produção*. 4. ed. São Paulo: Atlas, 2015.

Com o intuito de localizar o conceito de logística empresarial, indica-se, sucintamente, cada gestão das partes da cadeia de suprimento.

10.3.1.1 *Gestão de compras e suprimento*

É a função que lida com a interface unidade produtiva *versus* seus mercados fornecedores. Essa gestão estabelece contratos com fornecedores para adquirir materiais e serviços. Para exercê-la, deve-se compreender as necessidades dos processos da empresa e conhecer a capacitação dos fornecedores. No específico item "suprimentos", desenvolveu-se uma teoria aplicada à aquisição em "fonte correta", que influencia preço, qualidade e prazos de entrega. A teoria oferece opções de fornecedor único (*single sourcing*) ou múltiplo (*multi sourcing*). Vantagens e desvantagens das opções encontram-se na Tabela 10.1.

Interligadas aos suprimentos, desenvolveram-se técnicas de análise como "fazer ou comprar" (*make or buy analysis*), decisão de adquirir produtos ou serviços do fornecedor, decisão de não fabricar internamente esses produtos ou serviços. Utilizam-se critérios de custo e qualidade pela lógica *outsourcing*, que subcontrata serviços não fundamentais às principais atividades da empresa.[13]

a) Gestão da distribuição física

Movimento de produtos e serviços transferidos ao cliente. Inclui uma rede de distribuição de armazéns intermediários (sistema de estoque de múltiplos estágios). Armazéns intermediários ou regionais simplificam rotas e canais de comunicação. Gerentes de distribuição física escolhem o melhor modo de transporte para entregar produtos à clientela. Os modais de transporte para distribuição

[13] Haverá descrição detalhada de *global sourcing* e será discutida a terceirização da atividade logística.

física internacional são o marítimo e o aéreo, embora funcionem os rodoviários, ferroviários, hidroviários e dutoviários com países fronteiriços.[14]

Tabela 10.1 Vantagens e desvantagens de tipos de fornecimento

	Single sourcing	*Multi sourcing*
Vantagens	qualidade potencialmente melhor por meio de sistemas de garantia	comprador abaixa preços dada a competição de fornecedores
	relações mais fortes e mais duráveis	é possível mudar de fornecedor, caso ele falhe
	mais dependência gera mais esforço e mais comprometimento	disponibiliza fontes de conhecimento e especialização
	melhor comunicação	
	cooperação facilitada ao se desenvolver produtos e serviços	
	maior economia de escala	
	mais confidencialidade	

	Single sourcing	*Multi sourcing*
Desvantagens	vulnerabilidade maior se houver falhas de fornecimento	problemas para levar o fornecedor a comprometer-se
	fornecedor individual mais afetado por flutuações no volume de demanda	dificuldades para desenvolver sistemas eficazes de garantia de qualidade
	fornecedor força preços para cima se não há alternativas de fornecimento	a comunicação requer muito mais esforços
		fornecedores costumam investir menos em processos novos
		há mais empecilhos para se obter economia de escala

Fonte: SLACK, Nigel *et al.* Planejamento e controle da cadeia de suprimentos. *Administração da produção.* 4. ed. São Paulo: Atlas, 2015.

b) Gestão de materiais

Este conceito insere compras, estoques, armazenagem, planejamento, controle de produção e distribuição física. A gerência integrada de materiais deve

[14] DFI por duto, *e.g.*, é o gasoduto Brasil-Bolívia, ligando Campinas a Santa Cruz de la Sierra. BORGES, L. O acordo Brasil-Bolívia: enfim uma realidade. *Revista do Mercosul*, n. 4, p. 23-30, ago. 1992.

diminuir o *lead time*, aumentar a flexibilidade na produção e reduzir estoques intermediários para mais estabilidade de planejamento e custos.

c) Logística

Adotada como conceito no mundo de negócios, a logística refere-se à movimentação e à coordenação do produto final. Equivale à gestão da distribuição física para muitos, mas o seu conceito inclui parcela maior do fluxo total de materiais e informações.[15] Logística internacional lida com atividades básicas e de suporte à importação de matérias-primas e componentes, bem como com a exportação de produtos acabados. Além disso, para quem executa operações externas, é extensão da logística empresarial.

10.4 Estratégia *global sourcing* e logística internacional – interfaces "P&D", produção e marketing

Comércio internacional não é mais a expansão de multinacionais, tampouco a avalanche de exportação americana, europeia e asiática. A cada dia, no mundo, muito mais empresas competem acirradamente. Para a logística, a competição exige drástica redução no ciclo de vida dos produtos e não cabe adotar a autossuficiência nos negócios internacionais.[16] A empresa autossuficiente se deparará com competidores mais orientados, que superarão suas vantagens iniciais e inundarão o mercado com similares, preços menores e qualidade superior.

Aumento da velocidade de introdução de um produto inovador e da redução no seu tempo de entrega exige gerência logística mais proativa dos recursos da corporação. Discute-se gerência logística nas interfaces das atividades de Pesquisa e Desenvolvimento (P&D), produção e marketing de empresas de base global. Enfoca-se a alternativa *in-house* de adquirir os componentes principais, viabilizando padronizar componentes e produtos.

As empresas passam por conflitos quando tentam convergir objetivos diferenciados de P&D, produção e marketing. Proliferar produtos (ou, quando muito, modificá-los) para satisfazer constantes mudanças exigidas pelo cliente pode levá-las a renunciar à eficiência produtiva e sofrer consequências negativas em custos. Ao mesmo tempo, excessiva padronização de produtos reduz custos de produção, mas pode não satisfazer a clientela. Similarmente, dispositivos de produtos inovadores desenvolvidos como os clientes desejam talvez gerem uma situação tecnológica

15 Acadêmicos adotam a visão estratégica da logística que inclui "compras, movimentação de materiais, armazenagem, gestão de estoques e sua distribuição através de canais de marketing". CHRISTOPHER, M. G. *Logistics and supply chain management*. New York: Pitman, 1992.

16 Por mais completa e moderna que seja uma indústria, não se justifica fabricar todo o produto obrigatoriamente no país. O Boeing 777 foi construído simultaneamente em 72 países.

improdutiva. *Design* de produtos e padronização de componentes importam na definição da estratégia empresarial. Tornou-se imperativo desenvolver uma estratégia para explorar com eficiência as atividades de P&D, produção e marketing.

10.4.1 Estratégia *global sourcing*

A essência empresarial compõe-se de atividades inter-relacionadas para conceber, produzir, comercializar, entregar e dar assistência ao produto, compondo um conjunto denominado "cadeia de valor". Para se ter vantagem competitiva sobre rivais no mercado, deve-se oferecer preço mais baixo, produtos e serviços diferenciados.

A cadeia de valor divide-se em dois conjuntos de atividades:

- **primárias** – aquisição de matérias-primas e componentes, operações de manufatura, distribuição, venda e serviços pós-venda;
- **de suporte** – gerência de recursos humanos, desenvolvimento tecnológico e auxílio a atividades primárias; a empresa competitiva cria valor nas atividades de sua cadeia; o valor criado é medido pelo preço que o comprador se dispõe a pagar por produto ou serviço; conclui-se que cadeia de valor é um conceito útil, que proporciona abordagem de todas as atividades da empresa.

Há atividades de maior importância inter-relacionadas na cadeia de valor. A gerência da interface das atividades determina a competitividade da empresa:

- P&D (desenvolvimento de tecnologia, *design* de produto e engenharia);
- produção;
- marketing.

A Figura 10.2 ilustra a arquitetura gerencial das interfaces de P&D, produção e marketing. Essas atividades e suas interfaces devem ser examinadas de forma holística, considerando-se dificuldades práticas em estabelecer fronteiras exatas entre elas. Tais limites, denominados estratégias *global sourcing*, administram:

- interfaces de P&D, produção e marketing, em base global;
- logística, identificando mercados e unidades produtivas que servirão e como os componentes serão supridos pela produção.
- Interface de P&D – produção:
  - a) inovação em produto;
  - b) *design* para a fabricação;

c) inovação no processo de fabricação;

d) fornecimento de componentes.

- Interface de produção – marketing:

a) padronização de produto e componentes;

b) modificação no produto.

- Interface de marketing – P&D:

a) desenvolvimento de produtos;

b) posicionamento do produto.

Figura 10.2 **Interfaces de P&D, produção e marketing**

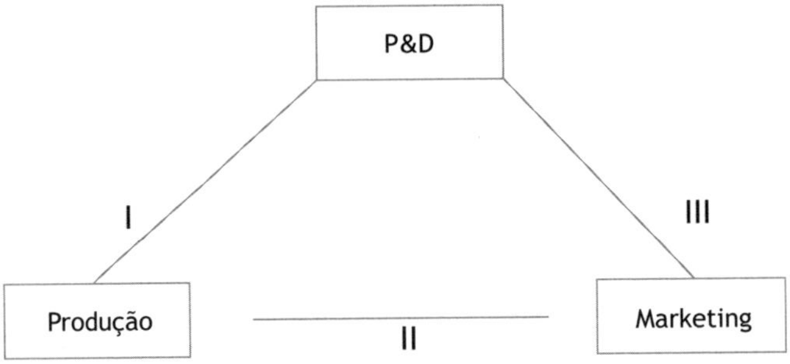

Fonte: Elaborada pelo autor.

Para se desenvolver a estratégia *global sourcing* em uma empresa, deve-se considerar os seguintes passos contínuos e interativos na cadeia de valor:

- localizar as interfaces de P&D, produção e marketing;
- no contexto das interfaces, determinar as vantagens competitivas, considerando as economias de escala e de escopo;
- verificar os custos da transação (negociação, monitoramento de atividades) e a incerteza resultante dos contratos em interfaces na cadeia de valor interna e na externa, selecionando o modelo de menor custo;
- determinar as vantagens comparativas dos países – inclusive o de origem da empresa – relativas a cada interface na cadeia e o custo de transação relevante;
- desenvolver adequada flexibilidade no processo de tomada de decisão e no *design* organizacional, a fim de que a empresa responda a mudanças em vantagens competitivas e em vantagens comparativas nos países.

10.4.1.1 *Interface de P&D – produção*

Genericamente, define-se tecnologia como o *know how* composto de tecnologia do produto – conjunto de ideias que incorporam o produto – e tecnologia do processo, sendo um conjunto de ideias que envolve a fabricação do produto ou os passos para combinar novos materiais e manufaturar o produto final. A maioria dos executivos foca a tecnologia do produto como única impulsionadora da competitividade da empresa, embora, por si só, ela não propicie competitividade a longo prazo, exceto se aliada a capacidades suficientes de produção.

Um caso exemplifica classicamente a orientação para a tecnologia de produto e a de processo. A Inglaterra descobriu e desenvolveu a penicilina, mas foi a empresa norte-americana Pfizer que melhorou a fermentação – processo de manufatura –, impondo-se como a mais famosa fabricante de penicilina no mundo. Isso sugere que processos de produção devem produzir inovações. Visando transferir, com facilidade, a inovação de produtos para a produção, cabe a *designers* e engenheiros elaborar componentes propícios à manufatura, para não ser necessária a constante reposição de ferramentas, que devem, também, ser intercambiáveis nos vários modelos do produto. Pouca reposição de ferramentas e alta troca de componentes promovem estratégia *global sourcing* eficiente. Se fábricas usarem diferentes equipamentos e componentes, será difícil terem plano *sourcing* coordenado.

10.4.1.2 *Interface de produção – marketing*

Existe um conflito perene entre as divisões de produção e marketing. Se todos os produtos e os componentes forem padronizados, haverá vantagens para a produção por se reduzir custos. Já o marketing quer satisfazer as necessidades da clientela e solicita ampla linha de produtos e frequentes modificações, o que aumenta os custos. Como as empresas de sucesso lidam com esse dilema?

Por longo tempo, ignorou-se esse conflito no desenvolvimento da estratégia global, mas, hoje, há mais interesse nas ligações estratégicas da política de produto com a de produção. A agressiva competitividade de multinacionais europeias e asiáticas, que enfatizam a política de produto e de produção, levou empresas norte-americanas a descobrir que a inovação do produto, por si só, não sustenta posições competitivas a longo prazo, sem a efetiva política de produto, ligando produto e inovações a processos de produção. Existem diferentes formas de se desenvolver uma política de produto global como meio de ajuste da produção, em que se reduz custos sem prejudicar o marketing. São elas:

a) Padronização dos componentes centrais

A política de produto global de sucesso requer produtos universais ou que não exijam mudança mais que superficiais para se adaptarem a necessidades e condições de uso locais. A Seiko serve de exemplo. Fabricante japonesa de relógios, oferece multivariados *designs* e modelos que se baseiam em operações manufatureiras padronizadas dos componentes centrais.

b) Famílias de *design* de produto

Empresas que comercializam linhas amplas por causa das diferenças culturais de utilização de produtos no mundo podem alcançar benefícios por meio de economia de escala. A sueca Electrolux, fabricante de eletrodomésticos, adotou as "famílias de *design*", oferecendo produtos com quatro nomes de marca diferentes, usando *designs* básicos. Padronizar produtos é padronizar componentes, sejam motores, bombas, compressores. A White Consolidated (Estados Unidos) e a Zanussi (Itália), subsidiárias da Electrolux, são as maiores responsáveis pela produção de componentes para o grupo aplicar mundialmente.

c) Produto universal com todos os dispositivos

Da padronização dos componentes centrais, das famílias de *design* ou de ambas resultam vantagens competitivas. Uma variante da padronização de componentes e produtos é desenvolver um produto universal, com seus dispositivos demandados em todo o mundo. A japonesa Canon tem sucesso com as câmeras AE-1 e modelos mais recentes. Após extensiva análise mundial de mercado, identificou o conjunto de dispositivos comuns que os clientes gostariam de ter em uma máquina, preservando boa qualidade da foto, facilidade de operar dispositivos automáticos e preço razoável, apesar da aparência profissional. Para desenvolver "a câmera ideal", a Canon introduziu ideias no *design* e na produção: cérebro de circuito eletrônico integrado para controlar as operações da câmera, produção modularizada, padronização e redução de partes.

d) Produto universal com posicionamento diferenciado

Desenvolve-se o produto universal, que é inserido em diversificados segmentos de mercado. Cabe ao marketing realizar a principal façanha. A Honda comercializa carros Accord quase idênticos, contudo, diferentemente posicionados de país para país. O Accord é o *sedan* da família no Japão, carro barato na Alemanha e de permuta confiável nos Estados Unidos. Em anos recentes, a empresa desenvolveu variantes regionais do carro para o mercado americano, europeu e japonês. Padroniza, no mínimo, 50% dos componentes.

10.4.1.3 *Interface de marketing – P&D*

Os japoneses gerenciam com competência a interface de marketing – P&D. A vantagem competitiva reside na disposição dessas duas divisões coordenarem atividades convergentemente. O desenvolvimento tradicional de um produto surge na divisão de P&D, sendo manufaturado e posto à disposição do marketing. Inovador é retirar do marketing a ideia, levá-la ao P&D e desenvolver o produto. Esses modos de desenvolver produtos de cima para baixo, ou vice-versa, absorvem muito tempo na competição global, cujo curto ciclo é essencial para responder às pressões competitivas.

As divisões de marketing e P&D das empresas japonesas estão atentas às tecnologias emergentes para uso em produtos. Pretendem satisfazer seus clientes melhor do que o fazem com seus atuais produtos e contra seus competidores. Ganham experiência, resolvem imbróglios tecnológicos, reduzem custos, incentivam o desempenho e adaptam *designs* para uso da clientela global. Como resultado, japoneses introduzem produtos velozmente, alcançam demandas competitivas entre rápidas mudanças e capturam novas fatias de mercado.

O mercado tornou-se um laboratório virtual para as empresas japonesas ganharem experiência de produção e marketing, aperfeiçoarem tecnologias e estreitarem contatos com clientes. Os constantes *inputs* ajudam essas empresas a crescerem de forma contínua. Introduzem seguidamente produtos. Ano a ano, revelam resultados não inteiramente novos, mas melhores *designs*, mais confiabilidade e menor preço. A holandesa Philips comercializou o primeiro VCR (*video-cassete recorder*) em 1972, três anos antes de o Japão entrar no mercado, mas demorou sete anos para substituir aquela primeira geração pelo V2.000. Durante esse período, os fabricantes japoneses lançaram três gerações de VCR mais aperfeiçoadas e conquistaram o mercado.

A frequente introdução de produtos mais bem desenhados leva ao sucesso. "Produtos ideais" exigem grandes saltos tecnológicos e desenvolvimentos prolongados, e estão sujeitos a mais riscos de rejeição pelo consumidor. O enfoque incremental japonês permite melhoria contínua, provoca avalanche de produtos e fácil adoção pelo consumidor, que prefere pequenas melhorias a muitas diferenças, respeitados os seus padrões e estilos de vida.

10.4.1.4 *Estratégias global sourcing*

Estratégias *global sourcing* são escolhas empresariais para atuar em mercados externos. Uma relaciona-se a importar, montar e produzir no país. Outra refere-se a usar suprimentos internos/externos de componentes ou produtos acabados.

A tomada de decisão sobre o *sourcing* é multifacetada, com implicações contratuais e de localização. O *sourcing* de componentes e produtos é contratualmente realizado:

- por meio das próprias empresas ou subsidiárias e por base "intrafirma";
- por fornecedores independentes, com uma base "contratual" *outsourcing*.

No fator localização, empresas globais procuram componentes e produtos:

- domesticamente (*domestic sourcing*);
- externamente (*offshore sourcing*).

A Figura 10.3 identifica tipos de *global sourcing*.

Figura 10.3 Estratégias de *sourcing*

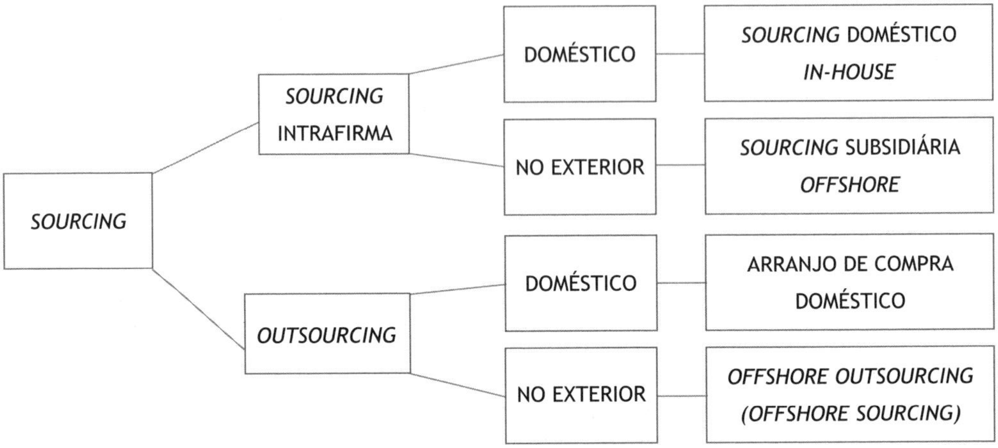

Fonte: Elaborada pelo autor.

Ao desenvolver estratégias de *sourcing* globalmente viáveis, as empresas consideram os custos de fabricação e de recursos, a flutuação do câmbio e a disponibilidade de infraestrutura (transporte, comunicação e energia) de ambientes industriais e culturais, os relacionamentos com governos etc. A complexa natureza da estratégia global *sourcing* cria barreiras para o êxito da execução. Logística, distância, nacionalismo e falta de conhecimento das práticas externas de negócios são problemas operacionais.

Estudos mostram que, apesar disso, **onde** procurar componentes principais é menos vital do que **como** procurá-los. Ao se examinar a relação *sourcing versus* competitividade, é importante distinguir *sourcing* contratual e *sourcing* intrafirma. A longo prazo, para os dois tipos, haverá diferentes impactos na competitividade.

a) *Sourcing* intrafirma

Empresas passam a procurar componentes *in-house* (intrassistema corporativo) e a produzir componentes principais em afiliadas no exterior ou em ambas para incorporá-los aos produtos que comercializa. O comércio ocorre entre a empresa e suas subsidiárias estrangeiras, bem como entre as empresas subsidiárias além-fronteiras. Se a procura de componentes se dá em uma subsidiária do país, é um *sourcing* doméstico *in-house*. Se em empresa subsidiária estrangeira, é um *outsourcing offshore*. *Sourcing* intrafirma dificulta a interpretação da estatística de comércio, porque, no mesmo sistema corporativo multinacional, parte do fluxo internacional de produtos e componentes realiza-se interafiliadas.

b) *Outsourcing*

Nos anos 1970, competidores externos em oposição a empresas americanas engajaram-se na corrida da produtividade. As estratégias norte-americanas deixaram de ser manufatureiras para privilegiar finanças e marketing. Isso resultou na perda gradual da influência organizacional da gerência de produção. A autoridade dos gerentes de produção foi tão reduzida que o pessoal de P&D preparava as especificações com que a produção tinha de concordar, e o marketing impunha condições de entrega, estoque e qualidade. Considerações sobre produtividade eram ignoradas. Em certo sentido, os gerentes de produção assumiram a função de fornecedores externos dentro das próprias empresas.

A reduzida influência dos gerentes de produção conduziu à errônea crença de que funções produtivas poderiam e deveriam ser transferidas a operadores independentes e subcontratados, dependendo apenas do diferencial de custos entre a produção local (*in-house*) e a externamente contratada (*contracted-out*). Objetivando reduzir custos de produção, dada a pressão competitiva, empresas americanas voltaram-se para o *outsourcing* de componentes e produtos finais no exterior, como na Coreia, em Taiwan, Cingapura, Hong Kong, México e Brasil. De início, as subsidiárias foram estabelecidas para produção (*offshore subsidiary sourcing*), mas fornecedores independentes estrangeiros arrebataram das empresas norte-americanas a produção de componentes (*offshore outsourcing*).

A procura por componentes oriundos do exterior (*offshore subsidiary sourcing* e *offshore outsourcing*) recebe sempre mais atenção, uma vez que afeta o emprego doméstico e a estrutura econômica. Diz-se, ocasionalmente, que empresas americanas adotam, cada vez mais, o papel de *designers*. Inovam em *design* de produto sem investir em tecnologia de produção. Essa prática de *sourcing* tem impacto deletério na habilidade de "empresas nacionais" inovarem produtos. Manter-se ao lado da tecnologia emergente por melhorias contínuas em P&D e produção é condição *sine qua non* para a empresa se manter competitiva.

A busca por componentes e produtos de fora não conduz, porém, à redução da competitividade. Fábricas intercontinentais exploram as vantagens competitivas que lhes oferecem:

- P&D, habilidades de produção e marketing;
- custo reduzido de mão de obra, habilidades, recursos minerais, subsídios públicos, redução de impostos.

Em favor desse procedimento, argumenta-se que essas multinacionais estão em vantagem em relação às firmas restritas a fronteiras nacionais. Contrariamente a isso, questiona-se:

- É oportuno que o fenômeno *global sourcing* indique um gerenciamento superior aos recursos corporativos e de localização em uma base global?

- O que está errado na estratégia da Caterpillar, ao procurar mais de 15% dos componentes de tratores em fornecedores estrangeiros?
- Ou com a Honeywell, que comercializa nos Estados Unidos e no Canadá produtos manufaturados em suas fábricas europeias?

As respostas parecem girar em torno da habilidade e da disposição de integrar e coordenar as atividades da cadeia de valor.

10.5 Operacionalizando a atividade logística internacional

O processo decisório de escolha da cadeia logística é complexo. Há opções logísticas para se usar e distribuir internacionalmente produtos e serviços, além de oportunizar as práticas comerciais adotadas. Entre o que se utiliza no processo de escolha da "cadeia logística ótima", enfatiza-se a relação custo-benefício, na qual se analisam os custos operacionais diretos/indiretos e facilitadores/restringentes do processo: redução do tempo de entrega, confiabilidade e segurança.

10.5.1 Planejamento da operação logística

O processo decisório inicia-se pelo planejamento da operação logística. Despontam, nessa fase, as atividades de planejamento: negociação dos termos comerciais internacionais, identificação de características da carga, preparação para transporte e escolha do modal de transporte.

a) Termos comerciais internacionais (*Incoterms*)

Esta seção alerta para a necessidade do profissional de Logística conhecer previamente as condições gerais de compra e venda para transações internacionais. A par do importante ordenamento jurídico dos *Incoterms*, objetiva-se descrever aspectos operacionais relativos ao compartilhamento de custos e riscos entre as partes contratantes – exportador e importador.

Diante da evolução e da crescente complexidade do comércio internacional, diversas entidades envidaram esforços no sentido de discutir regras comuns para conferir precisão e clareza à divisão de despesas dos contratos comerciais, bem como as responsabilidades sobre os riscos de perdas e danos inerentes as atividades logísticas.

Desde 1936, a Câmara de Comércio Internacional vem publicando atualizações e revisões nesses termos, chegando-se aos *Incoterms*-2010, em vigor desde

1º de janeiro de 2011. A Brochura nº 715E (ICC, 2010) estabeleceu 11 termos de entrega padronizados, com os seguintes significados:

- ***Ex-Works*** (EXW): mercadoria colocada à disposição do importador, na data ou em prazo combinado, em estabelecimento designado (*ex-factory, ex-mill, ex-plantation, ex-warehouse* etc), ficando todas as despesas com a sua remoção até o destino final, no exterior, por conta do comprador. Segue-se a cada termo a indicação do local de entrega por parte do exportador, que coincide com o local de retirada para o importador. O vendedor tem a responsabilidade de deixar a mercadoria em condições de ser transportada e desembaraçada para a exportação. Por exemplo, exportação *EXW Fabrica* (Joinville – SC).
- ***Free Carrier*** **(FCA) / Ponto Designado**: o termo indica onde e para quem o exportador deverá entregar a mercadoria desembaraçada ao transportador designado pelo comprador, ficando por sua conta as despesas. Se não for possível mencionar um ponto preciso no momento do fechamento do contrato de venda, as partes deverão referir-se ao local ou ao ponto em que o transportador deverá receber, sob a sua responsabilidade, a mercadoria entregue pelo exportador. A entrega ocorrerá mediante o carregamento nos veículos. Este *Incoterm* é utilizado normalmente no transporte aéreo. Nesse caso, deverá estar vinculado ao nome do aeroporto. Por exemplo, exportação FCA – Guarulhos (SP).
- ***Free Alongside Ship*** **(FAS) / Porto de Embarque**: o exportador tem a responsabilidade de entregar a mercadoria desembaraçada no cais, no costado do navio estipulado pelo importador. Deste ponto em diante, o importador assume todos os custos e riscos de perdas e danos às mercadorias. Exemplo: exportação FAS-Porto de Santos (SP).
- ***Free On Board*** **(FOB) / Porto de Embarque**: o exportador tem a responsabilidade de arcar com todos os custos até que a mercadoria desembaraçada e devidamente estivada (*stowed and trimmed*) esteja a bordo do navio designado pelo importador. O importador assume os custos e riscos a partir deste ponto. Esta cláusula é indicada exclusivamente para transporte aquaviário (marítimo, fluvial e lacustre). Exemplo: exportação FOB-Porto de Belém (PA).
- ***Cost and Freight*** **(CFR) / Porto de Destino**: o exportador assume todos os custos com a entrega da mercadoria desembaraçada a bordo do navio no porto de embarque, pagamento do frete até o porto de destino denominado pelo importador, conforme combinado no contrato de compra e venda. Contudo, o prêmio do seguro é de responsabilidade do

importador, e a cobertura se inicia com a mercadoria a bordo do navio no porto de embarque. Exemplo, exportação CFR-Roterdã (Holanda).

- ***Cost, Insurance and Freight*** **(CIF) / Porto de Destino:** o exportador se obriga a entregar a mercadoria no porto de destino, com frete e seguro previamente pagos. O seguro pago pelo exportador tem cobertura mínima, de modo que compete ao importador avaliar a necessidade de efetuar seguro complementar. Cabe ainda ao importador arcar com os custos de recebimento da mercadoria no país de destino. Por exemplo, exportação CIF – Amsterdã (Holanda).

- ***Carriage Paid To*** **(CPT) / Local de Destino:** termo utilizado para qualquer meio de transporte. O exportador se obriga a pagar frete até a mercadoria chegar ao local de destino estipulado no país importador. Quaisquer outros custos correm por conta do importador. Por exemplo, exportação CPT – aeroporto de Berlim (Alemanha).

- ***Carriage and Insurance Paid To*** **(CIP) / Local de Destino:** nesta cláusula, inclui-se o seguro mencionado na cláusula anterior. Por exemplo, exportação CIP – terminal alfandegado em Frankfurt (Alemanha).

- ***Delivered at Terminal*** **(DAT) / Entregue no Terminal:** este termo substituiu o DEQ (*delivery ex-quay*). A mercadoria é entregue ao importador no destino acordado, incluindo o descarregamento no terminal estipulado. Todos os procedimentos e todas as formalidades de importação são por conta do importador. Por exemplo, importação DAT – Porto Seco de São José dos Campos (SP).

- ***Delivered at Place*** **(DAP) / Local de Destino:** este termo substitui os antigos DAF, DES e DDU e passou a ser aplicado em qualquer tipo de transporte. A mercadoria é entregue ao importador no veículo no destino acordado, sem incluir o descarregamento. As formalidades de importação ficam por conta do importador. Por exemplo, importação DAP – Porto Seco de Goiânia (GO).

- ***Delivered Duty Paid*** **(DDP) / Local de Destino:** o termo se aplica quando o exportador assume todos os custos até que a mercadoria seja entregue ao importador no local previamente combinado. Inclui frete, seguro, impostos, taxas e serviços. Por exemplo, exportação DDP, com entrega na casa do importador, em Miami (EUA).

As intrincadas interfaces, que exigem troca de responsabilidades por custos e riscos, impõem uma aplicação correta do termo comercial estabelecido entre as partes e implicam negociação e contratação adequadas de empresas logísticas e de seguros nas operações internacionais.

b) Identificação das características da carga

Ao identificar as características da carga, compete observar se é carga geral ou a granel. A *geral* tem grande variedade de produtos transportáveis por distintos modais: máquinas, automóveis, componentes e peças. *Cargas a granel* são líquidos, gasosos, sólidos, transportados em esteiras e dutos e armazenadas em tanques ou silos, como combustíveis, gases, grãos e minérios.

No estudo da logística de transporte internacional, principalmente de transportes marítimo e aéreo, é fundamental avaliar a natureza da carga, fragilidade, perecibilidade, periculosidade, dimensões e pesos especiais. Cargas perecíveis necessitam de infraestrutura de refrigeração. Já a carga frágil requer embalagem forte, cuidadoso manuseio no transporte e em transbordos. Transporte e manuseio de cargas perigosas têm regulamentação internacional e há graves restrições para o transporte aéreo. Cargas com dimensões e pesos especiais precisam de tratamento singular e de bom conhecimento das restrições modais e infraestruturais. Por exemplo, há cuidados especiais para deslocar e operar turbinas de usinas hidrelétricas por rodovias, que devem ser sempre acompanhadas de batedores e guindastes especiais.

c) Preparação para o transporte

Na preparação para transportar, o processo decisório inclui a dita *embalagem* (tipo), a marcação da carga, a conveniência e a necessidade da **unitização**. Sobre a viabilidade da embalagem, considera-se a economia em potencial pelo transporte que se deverá usar. A análise é mais técnica. Verifica-se a adequação dos materiais utilizados na embalagem e avaliam-se os riscos de danos à carga. Devido ao rigor técnico, frequentemente as empresas terceirizam embalagens.

Marcação de carga é item significante na preparação para o transporte e tem finalidades específicas: identificar os detentores da carga, como manuseá-la, se a carga é radioativa ou perigosa – casos em que é obrigatório usar etiquetas simbolizando as normas ISO. A marcação deve ter legibilidade total e perene, indelebilidade e atendimento a requisitos de localização e conformidade. Precisa resistir a todo o trânsito na cadeia logística.

Nessa fase preliminar, que antecede o transporte, considera-se a unitização (*pallets* e contêineres). Seu conceito é o agrupamento de itens de carga a se transportar como unidade indivisível. Uma análise de viabilidade que incorpore a unitização considera custos de aluguel ou de aquisição de equipamentos e benefícios que embarcadores, transportadores e seguradoras oferecem com descontos.

d) Escolha do modal de transporte

Recorrendo ao planejamento da operação logística, escolhe-se o modal de transporte, focando-se em tipos de carga, embalagem e transporte. No processo decisório, as variáveis são a relação peso-volume, o valor da carga, a distância da movimentação, as competições inter/intramodal, os danos à carga e o custo do serviço (frete mais despesas correlatas).

Cada modal tem caracteres de adequação ao transporte de carga específica. Transporte aéreo é caro, limitado em peso e espaço, apropriado a pequenos volumes de alto valor agregado ou a perecíveis. Matérias-primas a granel – carvão ou minério de ferro – são transportadas de forma lenta e barata, por vias marítima, hidroviária e ferroviária. As cargas nem sempre adaptam-se aos tipos de transporte. Suas especificidades limitam as alternativas. Gases e combustíveis não seguem por via aérea nem rodoviária, mas pelo seguro dutoviário. Escolhem-se os modais por:

- velocidade de entrega;
- confiabilidade de entrega;
- possibilidade de deterioração da qualidade;
- custos de transporte;
- flexibilidade de rota.

No caso de transporte internacional, dado o longo trânsito da carga, há preocupações adicionais com o custo logístico:

- de transporte – preço (frete + seguro de transporte);
- de estoque – custo do imobilizado em componentes e produtos finais;
- de manuseio – *handling*, movimentação, preservação, segurança e armazenagem intermediária;
- do capital – oportunidade do capital empatado no trânsito da carga;
- de obsolescência – produtos com tecnologia de ponta podem sofrer depreciação no período de trânsito da carga.

Na escolha do modal de transporte, é interessante aplicar a multimodalidade, ou seja, utilizar mais de um modal na mesma operação logística.

10.5.2 Custo da operação logística

Após planejar a operação logística, implementam-se os cálculos de custos de cada cadeia alternativa, a fim de escolher uma ótima cadeia. Os custos logísticos são diretos ou indiretos. Os *diretos* coadunam-se com a operação.

Além dos referentes a transportes, existem custos de preparação (embalagem, marcação, unitização), custos de armazenagem intermediária e manuseio, custos inerentes ao seguro da carga e os burocráticos (documentação, alfandegários e agentes) e financeiros. *Custos indiretos* são, na operação logística, tecnicamente entendidos como *overhead* e classificados em administrativos (supervisão e gestão de operações) e de capital (imobilização de capital investido em estoques).

Os *custos de preparação para o transporte* são secundarizados no comércio interno, mas, no mercado internacional, podem significar maior competitividade. Seus componentes incluem material, mão de obra e equipamento. Reduções desses custos dependem de aumento de produtividade e de economia de escala.

Discute-se intensamente a aquisição ou o *leasing* de *pallets* ou contêineres, equipamentos que representam grandes investimentos, só justificáveis se existir demanda de carga de retorno. As operações *one-way* são normalmente realizadas com equipamentos de propriedade do transportador.

Custos de manuseio e armazenagem decorrem de operações com transportes sucessivos e aumentam em função de transbordos e não sincronia entre as operações de embarque e desembarque. O comércio internacional utiliza práticas nessa atividade, gera situações comuns a serem bem conhecidas e exploradas pela gerência logística. Uma é a estadia, tempo acordado com o armador, no qual ele colocará e manterá o veículo de transporte à disposição para carregamento, sem adicionais de frete.[17] Já a armazenagem alfandegada amortece demandas oscilantes e sazonais, minorando o custo relativo da armazenagem.[18]

Os custos inerentes a *seguro de carga* provêm dos prêmios para cobrir riscos. Variam de acordo com o nível de risco da operação. Para que o gerente de logística não considere esse contrato "uma caixa-preta", precisa manter diálogo com a seguradora por meio do seu corretor. Observa-se que desconhecer os tipos de apólice, fazer avaliações equivocadas dos riscos e engendrar maus negócios induzem custos desnecessários. É necessário economizar com seguros, por meio de descontos ao usar transportadoras confederadas e equipamentos de unitização de carga.[19]

---

17 AZÚA, D. E. Real de. *Transporte e seguros marítimos para o exportador*. São Paulo: Edições Aduaneiras, 1987.

18 Portos secos: estações aduaneiras do interior reduzem 30% do custo de desembaraço, incluindo transporte. CNT. Valiosos e desprezados: congresso esquece projeto que simplifica a instalação e a operação de portos secos. *Revista CNT*, n. 22, fev. 1997.

19 MOURA JÚNIOR, P. L. Exportação: risco e seguro. *Revista Seguros & Riscos*, n. 2, p. 7-13, 1986.

Custos burocráticos e financeiros podem ser alocados às operações logísticas de exportação e de importação. Exigem a emissão dos documentos imprescindíveis para exportar (guia de exportação, certificados de origem etc.) e importar (guia de importação, despesas alfandegárias, recolhimento de impostos, taxas etc.). São custos que incluem subcontratação de agentes, despachantes alfandegários, *trading companies* etc., calculados em percentuais do valor FOB da mercadoria.

Os *custos financeiros* de uma operação logística internacional advêm da viabilização de meios de pagamento, financiamento e garantias que objetivam reduzir os riscos comerciais da transação. O crédito documentário e as garantias bancárias são os mais utilizados.[20]

A operação de crédito documentário funciona com três agentes, amparada pelo contrato comercial: o importador (tomador), o exportador (beneficiário) e o banco (emitente). O importador pede ao banco que lhe abra crédito documentário em favor do exportador. O banco compromete-se a pagar ao exportador mediante a comprovação documentada da exportação (*invoices*, documentos de embarque – *bill of lading*, certificados de seguro, entre outros). Na logística, documentos de transporte fundamentalmente comprovam a expedição da mercadoria.

Garantias bancárias têm metas inversas às dos créditos documentários. Garantem pagamentos adiantados do importador (beneficiário), sob cumprimento de condições especiais pelo exportador (ordenador) e garantidos pelo banco ou seguradora (garantidores). Garantias principais são de licitação (*bid bond*) e de boa execução (*performance bond*). Na logística internacional, as garantias asseguram a execução completa dos contratos no prazo, o cumprimento dos requisitos de desempenho especificados ou a inadimplência de uma das partes.

Os custos indiretos da operação logística não podem ou não devem ser alocados a uma única operação. Dividem-se em administrativos e de capital. Os administrativos caracterizam-se por atividades de gerência ou supervisão da operação logística. Custos de capital são economicamente contabilizados como de oportunidade, ou seja, os custos alternativos sacrificados na operação.

10.5.3 Outros critérios de escolha da cadeia logística

Handabaka[21] acrescenta critérios que propiciam análise qualitativa para a escolha da cadeia logística, a fim de se contrapor à avaliação de custos:

---

20 COSTA, L. M. Meios de pagamentos e garantias bancárias em contratos internacionais. In: MARCOVITCH, J. *Cooperação internacional*: estratégia e gestão. São Paulo: Edusp, 1994.

21 HANDABAKA, A. R. *Gestão logística da distribuição física internacional*. São Paulo: Maltese, 1994.

avaliação qualitativa dos serviços no local de operação e do parâmetro tempo relativo em comparação ao tempo total de trânsito da operação e às características do embarque.

A decisão de escolher a cadeia logística avalia serviços que precisam ser contratados para se implantar a operação. É importante conhecer os padrões de qualidade dos serviços ISO 9000. Os elementos vitais são localização geográfica (restringe as opções de serviços), confiabilidade (minimiza riscos), frequência (regularidade), velocidade (mais satisfação), competição inter/intramodal (mais competição e serviços melhores) e complementaridade (coordenação e otimização de recursos).

Analisar o parâmetro tempo inclui trânsito total no país exportador, no trajeto e no país importador (porções geográficas). Sequência e duração de operações atendem a exigências de políticas empresariais (fornecimentos *just-in-time*), limitações físicas (cargas perecíveis) e pagamentos (prazos de garantias bancárias).

10.5.4 Terceirizando a atividade logística[22]

Executivos costumam tomar decisões estratégicas com terceirização de funções logísticas, às vezes pouco conhecendo as funções ou não querendo detalhes. Direção assim ocorre, sobretudo, mais por movimentos semelhantes de concorrentes do que por estudos pormenorizados de custo-efetividade. No comércio internacional, a terceirização das funções logísticas assume conotação especial. A empresa global enfrenta o ter (ou não) suporte logístico próprio. Empresas de transporte apontam estas tendências:

- transporte marítimo – muito controlado pelas conferências de frete, oferecendo serviços regulares a custos competitivos;
- frotas privadas – sem eficiência produtiva; lidam com cargas próprias e espaços ociosos em embarcações, aeronaves e veículos;
- unitização de cargas – o investimento em contêineres e *pallets* fica prejudicado, dado o excesso de operações *one-way*, encarecendo e tornando ineficiente a devolução dos equipamentos.

Com esses problemas e frotas obsoletas, gerentes de logística questionam: Renovar a frota ou terceirizar funções logísticas e economizar dinheiro?

---

22 Seção fundamentada em ARMSTRONG, R. D. Third party logistics: from contract to contract. *Inbound Logistics*, p. 28-44, July 1997.

10.5.4.1 *Transporte Multimodal – TM*

Empresas contemporâneas desenvolvem estratégias operacionais direcionadas à multimodalidade e oferecem serviços completos porta a porta, por meio de Operador de Transporte Multimodal (OTM). Aqui, define-se o conceito de multimodalidade pela lei brasileira; estabelece-se tipologia entre empresas que prestam tais serviços; apontam-se ameaças e oportunidades para empresas logísticas. A Unctad explica o transporte multimodal:[23]

> *o transporte de mercadorias por pelo menos duas modalidades diferentes de transporte, com base em um contrato de transporte multimodal, a partir da origem num país onde as mercadorias são levadas por conta de um OTM para outro local de entrega designado, em país diferente.*

Além disso, a Unctad explicita o OTM:

> *qualquer pessoa que, por conta própria ou por outra pessoa, em seu nome, conclua um contrato de transporte multimodal, atuando como principal e não como agente, ou em nome do consignador ou dos transportadores que participam das operações de transporte multimodal, que assume a responsabilidade do cumprimento do contrato.*

O transporte multimodal pode ser compreendido como:

- **serviço de transporte completo** – a empresa oferece o "pacote", podendo realizá-lo da embalagem à entrega final; inclui desembaraço alfandegário, seguro e outras burocracias de trâmite da carga;
- **contrato global da operação** – operação multimodal tem contrato único para todo o ciclo; o contratado responsabiliza-se perante o contratante.

A multimodalidade vem crescendo. Na visão dos governos, são benefícios:

- a melhor infraestrutura de transportes, mais racional, eficiente, que pode aumentar a competitividade dos produtos nacionais;
- a simplificação aduaneira, tornando os processos mais ágeis e seguros;
- a participação crescente de empresas nacionais de transportes e seguros, que acarreta economia de moeda forte;
- a redução de impactos ambientais, a minimização de consumo de energia e a racionalização dos meios de transporte.

---

[23] *United Nations for Commerce, Trade and Development* (Unctad) é o órgão da ONU responsável por normalizar assuntos de comércio internacional.

Empresarialmente, é benéfico inserir transporte multimodal porque:

- reduz-se tempo de trânsito de mercadorias;
- controlam-se com mais rigor custos totais de transporte e de evasões;
- limita-se a documentação relativa à operação;
- enxugam-se os estoques e a armazenagem intermediária;
- aumenta-se a confiança na entrega.

Há quatro tipos de OTM que se destacam:

- **operadores de navio (OTM-on)** – mais comuns, são proprietários de navios e subcontratam demais modais; grandes empresas navegadoras já pensam na integração vertical para dominarem a distribuição física;
- **não operadores de navio (OTM-non)** – por possuírem um único meio de transporte, subcontratam o transporte marítimo;
- **os que não têm meio de transporte** – exploram um elo da cadeia de distribuição (transitários, despachantes, operadores) e subcontratam a operação;
- **especializados em TM** – não pertencem a elos da cadeia de distribuição, mas coordenam e informam para o total controle da operação logística.

No Brasil, a multimodalidade começa a nascer como opção estratégica para empresas de navegação (OTM-on) e para empresas aéreas (OTM-non).[24] A Lei nº 9.611, de 19 de fevereiro de 1998, dispõe sobre transporte multimodal de cargas e atividades do OTM. O Decreto nº 1.563, de 19 de julho de 1995, trata do acordo parcial de TM para o Mercosul.

Os benefícios desejados para se implantar a multimodalidade no Brasil serão alcançados com um impactante investimento em infraestrutura de transporte, interligando modais (transbordo) e armazenagem especializada. Nota-se, também, a premente necessidade de modernizar os órgãos da Receita Federal e as aduanas, em relação às especificidades que a multimodalidade no País requer.

---

[24] Exemplo de visão multimodal é o Terminal Industrial Multimodal da Serra (Tims) – ES. Liga instalações industriais a portuárias (Tubarão, Vitória etc.) do Complexo Portuário – ES, rodovias (BR-101 e 262) e ferrovias Vitória-Minas (TECNOLOGÍSTICA Espírito Santo inaugura no Brasil a era dos multimodais. *Revista Tecnologística*, p. 14-18, maio 1996). Outros são os serviços Vaspex e Sedex, multimodais de encomendas urgentes (CARGA & DESCARGA. Vaspex, sistema multimodal de encomendas urgentes. *Revista da Editora Técnica Especializada*, n. 124, p. 23-28, 1997).

10.6 Novas tecnologias aplicadas à logística internacional

A tecnologia avança e as transformações organizacionais a acompanham. Os impactos nos funcionários mudam a forma como as empresas negociam. Em logística, crescer é sobreviver. A clientela não aceita mais que o transporte da encomenda urgente não possa ser rastreado da origem ao destino pela internet, ou que a carga de remédios venha por empresa rodoviária que não disponha de rastreamento por satélite. As tecnologias mais modernas que têm na logística uma atividade que adiciona valor serão comentadas a seguir.[25]

10.6.1 Tecnologia de informação e comunicação

Não há como implementar a filosofia de gerenciamento da cadeia de suprimento (*supply chain management*) sem intimamente ligá-la a maciços e sofisticados investimentos em tecnologia de informação e comunicação (TIC). Sem um sistema de informações eficiente, não se interligam operações logísticas de aquisição, produção e distribuição de uma empresa aos clientes finais. Hammant (1995) discute quatro temas, em um cenário de tendências de crescimento da TIC. Os temas incluem integração, flexibilidade, *electronic data interchange* (EDI), *hardware* e tecnologia de comunicação.

10.6.1.1 *Integração e flexibilidade*

Integrar sistema de informações à organização reduz custos, aumenta a produtividade e melhora o atendimento. Sistemas integrados visibilizam a informação em tempo real, por meio de: previsão de demanda, níveis de estoque e cronogramas de produção. Quando ligados a outros sofisticados sistemas de suporte de apoio à decisão, o gerente de logística pode melhorar a qualidade dinâmica das decisões por meio de simulações.

Deve-se considerar a flexibilidade no desenvolvimento de sistemas corporativos modernos. Ela relaciona-se à capacidade de os sistemas adaptarem-se, imediatamente, às mudanças ocorridas na demanda. Exemplos são os sistemas modulares de gerenciamento de cadeia de suprimento. Eles facilitam a retirada ou a inclusão de módulos, conforme necessário. São módulos desenvolvidos com orientação a objetos, facilitadores da manutenção, isentos de substituição em larga escala.

---

[25] Baseado em PEEL, R. Information technology in the express transport industry. *Logistics Information Management*, v. 8, n. 3, p. 18-21, 1995; e em FELICIANO NETO, A. Tecnologia da informação na logística. *Revista Tecnologística*, p. 20-21, mar. 1996.

10.6.1.2 *Electronic data interchange*

O EDI é a troca eletrônica de dados na cadeia de distribuição ou entre unidades fisicamente separadas da mesma empresa, como um centro de distribuição supermercadista e suas lojas. Diferencia o EDI de outras tecnologias de comunicação a troca de dados técnicos, financeiros e comerciais de computador para computador, assentada em um padrão concordado. Transações EDI podem ser categorizadas segundo amostras elucidativas:

- interativa (transações do tipo pergunta-resposta);

  e.g. = ordens de emissão e reservas de passagens aéreas;
- intercâmbio de dados comerciais (banco de dados corporativos);

  e.g. = emissão de ordens de compra, faturas, notas fiscais, modificações de entrega, despachos;
- transferência eletrônica de fundos;

  e.g. = pagamentos, contrafaturas e compensações de cheques;
- intercâmbio de dados técnicos;

  e.g. = dados gerados por sistemas CAD (*Computer-Aided Design*).

Entre os retornos trazidos pela introdução de EDI, destacam-se:

- redução drástica ou eliminação de papel;
- comunicação eficiente e confiável para planejar a produção;
- mais eficiência interna, por meio da queda de custos administrativos e das perdas por repetição do trabalho.

Não apenas no Brasil, mas também em outros países, o principal problema para implementar o sistema EDI reside no fato de setores da indústria estarem adotando diferentes padrões de comunicação. Felizmente, as tendências apontam para a padronização em torno do Edifact (EDI para administração, comércio e transporte).[26]

10.6.1.3 *Hardware*

Especialistas enxergam duas tendências no *hardware* dos computadores que causam impacto significante ao se usar TIC em logística. A primeira resume-se

---

[26] O Movimento ECR Brasil criou dois subcomitês: EDI Financeiro e EDI Mercantil. Desenvolvem estudos e projetos para orientar ambos os setores econômicos (ECR BRASIL. *21 questões sobre ECR*. São Paulo: Associação ECR do Brasil, 1998).

em *menor, rápido e barato*. Tamanhos de memórias e de processadores "encolheram" expressivamente nos últimos 25 anos. Multiplique-se por dez a velocidade de processamento por década; a isso soma-se a queda nos custos das melhorias de desempenho. Atualmente, implementam-se redes em lugares antes inacessíveis (cabine de caminhão), por um custo compatível com a integração das informações.

A segunda tendência é o crescimento de sistemas abertos, por tecnologias sofisticadas de capacidade de redes e a um grau alto de padronização de *hardware*, intensificando a compatibilidade entre *softwares*.

10.6.1.4 *Tecnologia de comunicação*

Redes seguras e elásticas de telecomunicações são pré-requisitos para se implantar EDI. A tendência é o crescimento do número de provedores de redes de valores adicionados (VAN – *Value-Added Network*) e dos serviços proporcionados. No Brasil, são tecnologias recentes, mas a logística precisa da troca intensiva de informações, requisito básico para implantar *Just-In-Time* (JIT), *quick response* ou *Efficient Consumer Response* (ECR). Dos provedores com soluções completas em rede e *software*, deseja-se agilidade, eficiência e confiabilidade.[27]

a) Tecnologia *in-cab*

Equipa cabines de veículos de distribuição e entrega. Essa unidade de cabine (ICU – *In-Cab Unit* ou OBC – *On-Board Computer*) comunica-se por rádio, dispositivo manual (teclado), impressora e pode posicionar-se globalmente. Além disso, gerencia o fluxo de dados em duas mãos (motorista ⇔ central).

Implantar essa tecnologia traz economia de combustível, por meio do controle de abastecimento e autonomia; ainda, minimiza a ocorrência de acidentes (controlando horários de trabalho); e aumenta a segurança (identificando rotas alternativas). Pela análise do tacógrafo, diminui o número de multas por excesso de velocidade; contribui para a eficiência de uso do veículo (escolhe rota/gerencia alocação de carga); agrega valor (melhora a relação com o cliente, faz que o motorista atenda a demandas específicas de entregas, como: crédito por mercadoria devolvida, emissão de notas fiscais de correção etc.).[28]

---

27 EDI. Vans traduzem o mundo do EDI. *Revista Tecnologística*, p. 20-28, set. 1996.

28 Luís Ricardo Marques Pedro, em palestra no 4º Seminário de Logística Aplicada no Interior (Loginter – Uberlândia – MG, 1998), expôs a maioria desses benefícios. O tema era a experiência da empresa Marbo, braço logístico do Grupo Martins, que usa essa tecnologia em sua frota e com terceiros em um total de 2.390 veículos.

Referências

ARMSTRONG, R. D. Third party logistics: from contract to contract. *Inbound Logistics*, p. 28-44, July 1997.

AZÚA, D. E. R. *Transporte e seguros marítimos para o exportador*. São Paulo: Edições Aduaneiras, 1987.

BALLOU, R. H. *Business logistics management*: planning and control. New York: Prentice-Hall, 1985.

BORGES, L. O acordo Brasil-Bolívia: enfim uma realidade. *Revista do Mercosul*, n. 4, p. 23-30, ago. 1992.

CARGA & DESCARGA. Vaspex, sistema multimodal de encomendas urgentes. *Revista da Editora Técnica Especializada*, n. 124, p. 23-28, 1997.

COSTA, L. M. Meios de pagamentos e garantias bancárias em contratos internacionais. In: MARCOVITCH, J. *Cooperação internacional*: estratégia e gestão. São Paulo: Edusp, 1994.

CHRISTOPHER, M. G. *Logistics and supply chain management*. New York: Pitman, 1992.

CNT. Valiosos e desprezados: congresso esquece projeto que simplifica a instalação e a operação de portos secos. *Revista CNT*, n. 22, fev. 1997.

DREW, S.; SMITH, P. The new logistics management: transformation through organizational learning. *Logistics Information Management*, v. 8, n. 1, p. 24-33, 1995.

ECR Brasil. *21 questões sobre ECR*. São Paulo: Associação ECR do Brasil, 1998.

EDI. Vans traduzem o mundo do EDI. *Revista Tecnologística*, p. 20-28, set. 1996.

ELRAM, L. M.; COOPER, Martha C. The relationship between supply chain management and keiretsu. *The International Journal of Logistics Management*, v. 4, n. 1, p. 1-11, 1993.

FELICIANO NETO, A. Tecnologia da informação na logística. *Revista Tecnologística*, p. 20-21, mar. 1996.

HAMEL, G.; PRAHALAD, C. K. *Competindo pelo futuro*. 19. ed. Rio de Janeiro: Campus, 2005.

HAMMANT, J. Information technology trends. *Logistics Information Management*, v. 8, n. 6, p. 32-37, 1995.

HANDABAKA, A. R. *Gestão logística da distribuição física internacional*. São Paulo: Maltese, 1994.

HOUAISS, A. *Dicionário Houaiss da língua portuguesa*. São Paulo: Objetiva, 1998.

INTERNATIONAL CHAMBER OF COMMERCE. *ICC rules for the use of domestic and international trade terms*. Paris: ICC Publications, 2010.

MOURA JÚNIOR, P. L. Exportação: risco e seguro. *Revista Seguros & Riscos*, n. 2, p. 7-13, 1986.

PEEL, R. Information technology in the express transport industry. *Logistics Information Management*, v. 8, n. 3, p. 18-21, 1995.

SENGE, P. *A quinta disciplina*. 31. ed. São Paulo: Best Seller, 2016.

SLACK, N. *et al.* Planejamento e controle da cadeia de suprimentos. *Administração da produção*. 4. ed. São Paulo: Atlas, 2015.

TECNOLOGÍSTICA. Espírito Santo inaugura no Brasil a era dos multimodais. *Revista Tecnologística*, p. 14-18, maio 1996.

UNCTAD/TRAINMAR. *Manual do transporte multimodal*. Centro Trainmar Brasil.

11

Câmbio e Créditos Documentários

Rômulo Francisco Vera Del Carpio

11.1 Introdução

O desenvolvimento do Brasil passa, obrigatoriamente, pelo crescimento das vendas externas, e, dentro desse contexto, as empresas exportadoras, incentivadas por uma política de incremento à exportação e pela própria necessidade de se integrarem em um mercado globalizado, olham o mercado externo como uma saída obrigatória.

A questão é como exportar com segurança comercial e financeira quando sabemos que, no mercado internacional, existem importadores que se aproveitam de qualquer pretexto para não saldar seus compromissos ou forçar descontos que prejudicam as operações internacionais dos exportadores brasileiros.

Assim, o sucesso de uma compra ou venda externa vai depender, essencialmente, da forma de pagamento que as partes envolvidas venham a combinar e que, principalmente para o exportador, representa a cobertura cambial da mercadoria que vai embarcar.

Este capítulo apresenta as desvantagens que o exportador enfrenta ao utilizar a modalidade de cobrança bancária para viabilizar suas operações internacionais e, ao mesmo tempo, recomenda o uso do crédito documentário, mais conhecido como carta de crédito, como o sistema de pagamento mais seguro do ponto de vista financeiro e comercial.

Entender as nuances e as exigências de uma carta de crédito e dominar as normas da UCP nº 600 da Câmara de Comércio Internacional (CCI) são requisitos mínimos que o profissional atuante na área deve possuir para que as operações de exportação ou importação possam chegar a sua conclusão final com sucesso financeiro.

A par dessas questões internacionais, um profissional de comércio exterior deve dominar e acompanhar as constantes mudanças cambiais que se originam das normas do Banco Central do Brasil e da Receita Federal, bem como atender a todas as exigências necessárias que façam concluir a operação de venda ou compra, com a liquidação do contrato de câmbio.

Naturalmente, esse dois temas, o câmbio e o crédito documentário, são amplos demais para serem tratados em um capítulo, mas a intenção é, primordialmente, apresentar o assunto ao leitor para que, a partir daí, ele possa pesquisar e ampliar sua base de informação em outras fontes bibliográficas.

Existe um velho ditado entre exportadores que diz "exportar é fácil, difícil é receber", o que mostra a cautela que devemos ter na hora de fechar negócios com nossos clientes ou fornecedores no exterior.

O país precisa exportar e importar, porém devemos crescer no mundo internacional dos negócios com segurança financeira e reverter esse velho ditado para "exportar é fácil e receber também".

11.1.1 Contatos preliminares

Durante as negociações comerciais preliminares entre exportadores e importadores e, consequentemente, na fase da *proforma invoice*, as partes definem a forma de pagamento pela qual a operação se desenvolverá antes e depois do embarque das mercadorias.

No entanto, o fato de enviar uma *proforma invoice* ao importador não significa que o exportador já tenha fechado uma venda, pois esse documento simplesmente formaliza as negociações iniciais entre exportador e importador.

Entre outras informações comerciais, próprias de uma venda internacional, a *proforma invoice* deve definir claramente dois pontos importantes, que vão nortear os passos a serem dados pelo vendedor e pelo comprador até o embarque das mercadorias:

- as condições de venda internacional (*sale terms*);
- as condições de pagamento internacional (*payment terms*).

As partes devem entrar em acordo com relação às condições de venda a serem praticadas, basicamente representadas pelas siglas comerciais denominadas *Incoterms 2010*, definidas pela CCI.

O modelo da *proforma invoice*, representado pela Figura 11.1, é padrão internacional. Ele é usado pelos exportadores como o documento que dá início às negociações comerciais.

Figura 11.1 Modelo de proforma invoice (fatura proforma)

Fatura proforma *(Proforma Invoice)*

Importer
Importador

Terms of Payment
Condições de Pagamento

Port of Shipment
Porto de Embarque

Means of Transportation
Meios de Transporte

Port of Destination
Porto de Destino

Number of Cases
Número de Volumes

Empresa Modelo
Projexportes
Rua do Navegador, 2.230
CEP: 51121-181 – Recife – PE
Nº

Marks/Marcas
Made In Brazil

Net Weight
Peso Líquido

Gross Weight
Peso Bruto

Dimension
Cubagem

Quantity Quantidade	Description of Goods Descrição da Mercadoria	Unit Price Preço Unitário	Value Valor

Fonte: Elaborada pelo autor.

No entanto, a negociação das condições de pagamento internacional representa mais um item importante a ser definido dentro da *proforma invoice*, pois estabelece a maneira como o importador vai efetuar o pagamento da mercadoria que está comprando, o que, naturalmente, representa uma garantia para o exportador, o qual terá certeza financeira de que receberá as divisas antes ou depois do embarque das mercadorias no porto de origem.

A desconfiança comercial existente entre as partes, principalmente quando se trata dos primeiros contatos ou pedidos, é motivo para que muitos contratos internacionais fiquem prejudicados ou não se concretizem, e isso ocorre porque, no comércio internacional, existem práticas de pagamento que desfavorecem os exportadores, como é o caso das cobranças documentárias; ou mesmo representam risco financeiro aos importadores quando a compra gira em torno de um pagamento antecipado.

Entre ambas as modalidades, como um meio de pagamento que não favorece nenhuma das partes envolvidas, encontramos, na prática mundial do comércio, o uso dos créditos documentários, sistema pelo qual os bancos intervenientes exercem o papel de fiscalizadores e, ao mesmo tempo, oferecem boas garantias em favor do exportador, desde que ele apresente documentos comerciais que provem que o crédito documentário foi rigorosamente respeitado em todas as suas cláusulas e exigências.

Os mecanismos desses sistemas de pagamento praticados no comércio internacional são abordados a seguir.

11.2 Pagamento antecipado

Também denominada *advanced payment* ou *down payment*, essa modalidade é pouco praticada em razão dos riscos financeiros a que o importador está sujeito, por ter de fazer a remessa das divisas ao exportador antes do embarque das mercadorias.

Normalmente, o importador paga o valor da transação por meio de uma ordem de pagamento ou cheque. Do ponto de vista cambial, o exportador, no caso brasileiro, deve providenciar o contrato de câmbio em um banco autorizado antes do embarque das mercadorias, recebendo o contravalor em reais, definido pela taxa cambial vigente no dia da assinatura do contrato de câmbio.

Com as mercadorias prontas para embarque, o exportador providencia a emissão do Registro de Exportação (RE) no Siscomex, no qual declara que o pagamento foi antecipado.

Depois do embarque, uma vez que não existe risco financeiro, o exportador pode remeter os documentos comerciais originais diretamente ao importador e as cópias para o banco brasileiro, que, consequentemente, liquidará o contrato de câmbio, dando por encerrada a operação.

Geralmente, o exportador mantém firme sua posição de somente fechar negócios nessa modalidade, dada a necessidade de levantar recursos e a necessidade imediata do importador de receber as mercadorias. Tal procedimento também pode ocorrer em operações de valor reduzido ou quando o importador não tiver tradição nos meios comerciais.

Em alguns casos, e diante da incerteza de não receber as mercadorias, o importador condiciona o envio das divisas a uma garantia bancária internacional denominada *refundment bond*, que deve ser providenciada pelo exportador, por via bancária, tendo como beneficiário o importador. Essa garantia é exigida, habitualmente, na base de 110% do valor a ser adiantado. Com a garantia em mãos, o importador remete as divisas e aguarda o envio das mercadorias (Figura 11.2).

Figura 11.2 Fluxograma de pagamento antecipado

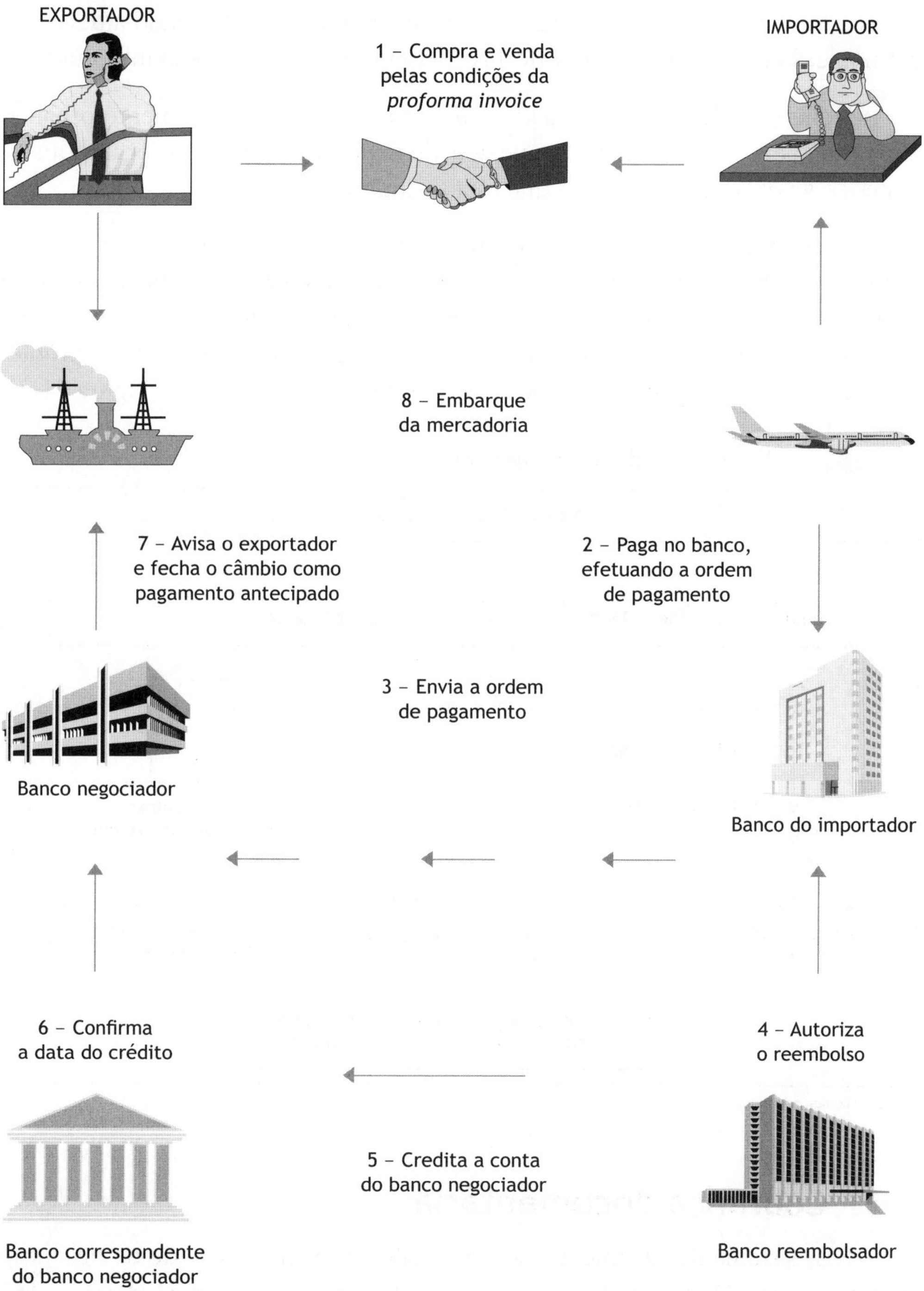

Fonte: Elaborada pelo autor.

Como o *refundment bond* tem data de vencimento, será executada pelo importador no banco que a emitiu, caso as mercadorias não tenham sido embarcadas até a data estipulada. Nesse caso, o banco emitente é obrigado a devolver, em nome do exportador, o valor de 110% do valor adiantado pelo importador.

A abertura de um *refundment bond* compromete financeiramente o banco emitente, o qual, naturalmente, vai exigir do exportador garantias locais equivalentes ao valor do compromisso que está assumindo.

Essas exigências fazem do pagamento antecipado uma modalidade pouco praticada entre empresas que mantêm reduzida tradição comercial, porém, é muito usual entre empresas do mesmo grupo, filial ou matriz, ou empresas que já possuem um grau de confiança comercial suficiente para não existirem problemas quanto à remessa financeira ou ao recebimento da mercadoria (Figura 11.3).

Figura 11.3 Fluxograma do *refundment bond*

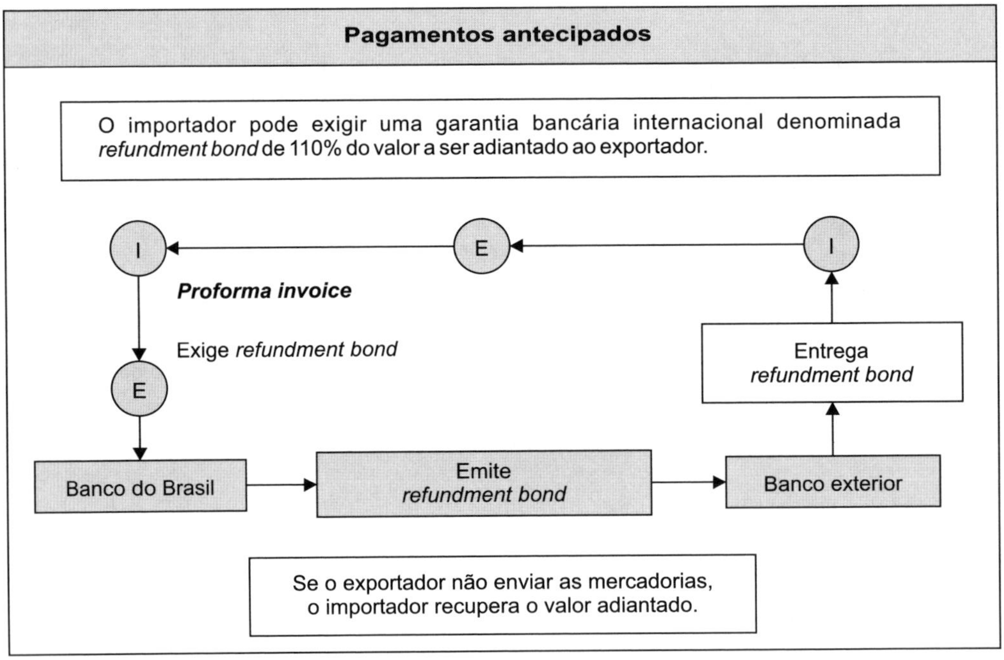

Fonte: Elaborada pelo autor.

11.3 Cobrança documentária

Esse sistema de pagamento, se for à vista, também é chamado de *sight draft* ou *Cash Against Documents* (CAD), e *time draft*, se a operação for a prazo (até 180 dias contados da data do embarque).

Durante as negociações da *proforma invoice*, surge, normalmente por iniciativa do importador, a proposta de que a operação seja feita em cobrança documentária, uma vez que essa modalidade favorece operacionalmente o comprador e ainda tem a vantagem de substituir o uso do crédito documentário, mais conhecido como carta de crédito.

A CCI regulamentou o uso desse sistema por meio da *Uniform Rules for Collection* (URC) nº 522, que, em seus 26 artigos, explica e define as responsabilidades, as funções e os procedimentos que os interessados envolvidos no processo devem seguir e respeitar. São eles:

- exportador (na URC nº 522, denominado *principal*);
- banco remetente (*remitting bank*);
- banco cobrador (*collecting bank*);
- banco apresentador (*presenting bank*);
- importador (*drawee*).

O banco remetente é o banco brasileiro para o qual o exportador entrega os documentos originais internacionais, a fim de que sejam enviados ao banco no exterior (banco cobrador).

A seguir, o banco cobrador notifica o importador sobre a chegada dos documentos originais e o convoca para efetuar o pagamento, no caso de cobrança à vista. Na hipótese de cobrança a prazo, o importador assina o aceite no saque (*draft*), ocasião em que os documentos são liberados para o desembaraço na alfândega no país do importador.

A cobrança documentária à vista é um sistema que desfavorece o exportador, pois os bancos intervenientes não oferecem nenhuma garantia financeira, uma vez que a URC nº 522, da CCI, confere a eles o papel de simples cobradores, sem nenhuma responsabilidade quanto ao resultado financeiro da operação, cuja mercadoria já foi embarcada pelo exportador em acordo direto com o importador.

Se a operação for a prazo, o banco cobrador continua sendo um simples tramitador e cobrador e, nesse caso, entrega ao importador os documentos originais contra o aceite no saque. Com os documentos em mãos, o importador retira a mercadoria na alfândega e, no vencimento, quita o valor cambial.

O risco financeiro do exportador pode ocorrer nas situações mostradas a seguir.

Primeiro, se a cobrança documentária for à vista, o banco cobrador notifica o importador para que ele compareça ao banco para pagamento do valor da fatura, ocasião em que a documentação original lhe será entregue. Ocorre que, como o banco cobrador não tem força legal para obrigar o importador a quitar o valor da fatura, o comprador pode desistir da operação não se apresentando para a quitação do compromisso financeiro, representado pelo saque ou cambial. Acontece que, a essa altura dos fatos, o exportador já embarcou a mercadoria e esta deve estar armazenada na alfândega do país de destino. Diante da desistência do importador, o banco cobrador devolverá os documentos originais ao banco remetente na situação de recusados por falta de pagamento, e, no caso brasileiro, o Banco Central será informado, mas, ao ter embarcado as mercadorias e feito o respectivo desembaraço, o exportador brasileiro assumiu, por meio da RE, a responsabilidade cambial da operação.

Resumidamente, quando as mercadorias são embarcadas, já foram desnacionalizadas e as divisas correspondentes ao valor da fatura comercial devem entrar ao Brasil. Como os documentos originais foram recusados pelo importador e a mercadoria encontra-se no exterior, o Banco Central notificará o exportador para que proceda ao retorno das mercadorias ao Brasil. Em um caso à vista, o importador não retira as mercadorias na alfândega porque não possui os documentos originais, porém, a desistência ocasionou ao exportador brasileiro prejuízos financeiros, uma vez que os custos de retorno da mercadoria serão inteiramente por conta do vendedor.

Segundo, se a cobrança for a prazo, o trâmite documental bancário é o mesmo, porém, como a fatura está com vencimento futuro, o banco cobrador chamará o importador para que proceda à assinatura do saque (*draft*), reconhecendo, dessa forma, a dívida com prazo de vencimento. Na sequência, o importador recebe a documentação original que o habilitará a retirar a mercadoria na alfândega. Chegado o vencimento do saque, o banco cobrador solicitará ao importador sua quitação. Na hipótese de o importador não pagar, o banco cobrador solicitará ao banco remetente novas instruções para dar seguimento à cobrança, cujo saque encontra-se vencido e não quitado.

Diante dessa situação de inadimplência, o exportador pode autorizar, por meio do banco, o protesto do saque na praça do importador. Se o importador não quitou a dívida, o saque será protestado conforme as normas do país dele e, persistindo a inadimplência, o banco cobrador enviará o saque ao banco remetente, na situação de vencido, protestado e não quitado. Com o saque não quitado em mãos, o banco remetente convocará o exportador para informá-lo da situação e, concomitantemente, informará ao Banco Central sobre o caso. O Banco Central notificará ao exportador para que, diante da situação de inadimplência, proceda à cobrança judicial falimentar contra o importador. Todas as despesas bancárias, de protesto, de falência e os honorários bancários no Brasil e no exterior serão por conta do exportador.

Essa situação não impede que a empresa continue exportando, porém, a operação ficou sem a devida liquidação cambial e somente será encerrada quando o exportador apresentar ao Banco Central documentos que provem a falência do importador ou as divisas, caso tenha conseguido receber o valor da dívida. Quando a inadimplência do importador for inferior a US$ 5.000,00, o Banco Central dispensará o pedido de falência, pois considera que a exportação foi de pequeno valor, não justificando as despesas judiciais que o exportador teria de desembolsar para solicitar a falência do importador.

Se os bancos intervenientes não garantem o sucesso da cobrança documentária à vista ou a prazo, pode-se concluir, portanto, que não é recomendável para a empresa, sob qualquer ponto de vista, exportar nessa modalidade de pagamento.

Excepcionalmente, uma empresa pode fechar seus negócios internacionais praticando a cobrança documentária à vista ou a prazo, desde que mantenha um bom relacionamento comercial com o importador, eliminando, assim, o chamado risco cliente e, paralelamente, que esse cliente esteja localizado em um país que não esteja atravessando problemas políticos ou econômicos (risco político-extraordinário).

Antes de aceitar a operação nessa modalidade, o exportador deve analisar diversas situações que podem se apresentar durante a negociação da fatura *proforma*. De um lado, pode não existir o risco cliente, porém, o risco político-extraordinário é grande. O contrário também é possível, ou, ainda, ambos os riscos podem aparecer durante a negociação.

De qualquer maneira, diante desse panorama de risco, muita vezes, o exportador prefere exigir do cliente uma carta de crédito ou, simplesmente, não exportar nessas condições.

Ocorre, frequentemente, que o importador mostra resistência para abrir uma carta de crédito e, nesse caso, o exportador pode exigir uma garantia, paralela à cobrança documentária, denominada *performance bond* (garantia de desempenho), que funciona como um seguro, estabelecendo que, se o importador não quitar o valor da dívida, em um caso de cobrança à vista, o banco emitente dessa garantia deverá pagar ao exportador o equivalente a 20% do valor da venda, como é de praxe, verba suficiente para providenciar o retorno da mercadoria ao país de origem.

Naturalmente, essa garantia somente funciona nos casos de cobrança documentária à vista. O problema é que os importadores forçam a situação manifestando interesse em comprar, mas resistem em abrir uma carta de crédito ou um *performance bond*, deixando o exportador sem saída comercial, uma vez que ou aceita vender em cobrança, mesmo sabendo dos riscos financeiros, ou deixa de exportar, perdendo negócios (Figura 11.4).

Figura 11.4 Fluxograma do *performance bond*

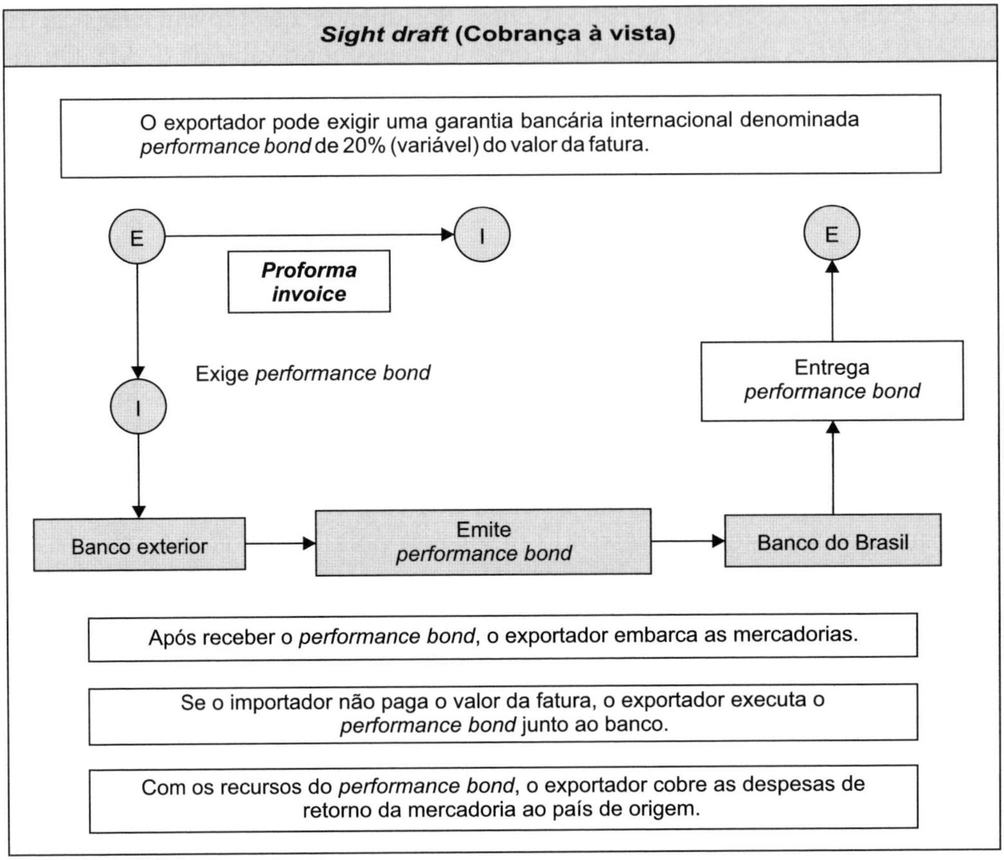

Fonte: Elaborada pelo autor.

Em alguns países da Europa, Estados Unidos e outros grandes exportadores, com a finalidade de aumentar o volume exportado, o governo compra o valor do saque a juros subsidiados e assume o risco comercial ou político-extraordinário, em uma operação semelhante a um *forfaiting*, perdendo o direito de regresso. Outros países, como é o caso do Brasil, implantaram o Seguro de Crédito à Exportação (SCE) como alternativa para reduzir os riscos ao exportador nas vendas em cobrança a prazo. Por esse mecanismo, o exportador poderá assegurar a operação de cobrança documentária a prazo fazendo a apólice de seguro na Sociedade Brasileira de Crédito de Exportação (SBCE) e no Instituto Brasileiro de Resseguros (IRB). Se houver problemas de pagamento com o importador, o seguro cobre até 85% do valor da exportação nas operações de cobrança a prazo.

O SCE é uma alternativa interna com a finalidade de ampliar as exportações, incentivando as empresas exportadoras a praticarem a cobrança documentária a prazo em detrimento da carta de crédito. Todavia, é importante ressaltar que esses mecanismos são internos, próprios de cada país, e em nada influem ou modificam a legislação internacional da URC nº 522 da CCI.

Finalmente, também é necessário apontar que o SCE somente existe nas operações com pagamento em cobrança documentária a prazo, não sendo aplicável quando se trata de um crédito documentário (Figuras 11.5 e 11.6).

Figura 11.5 Fluxograma de cobrança documentária – fase I

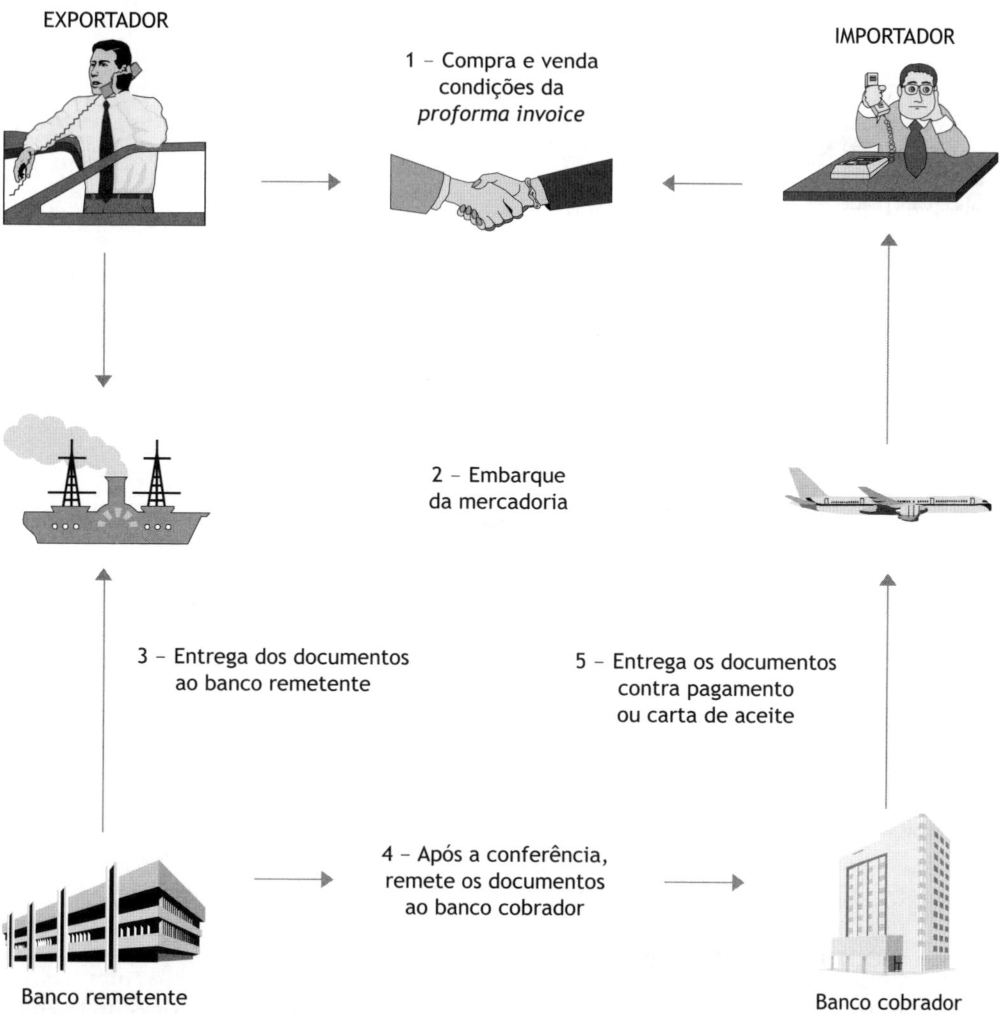

Fonte: Elaborada pelo autor.

Figura 11.6 Modalidade de cobrança — fase II

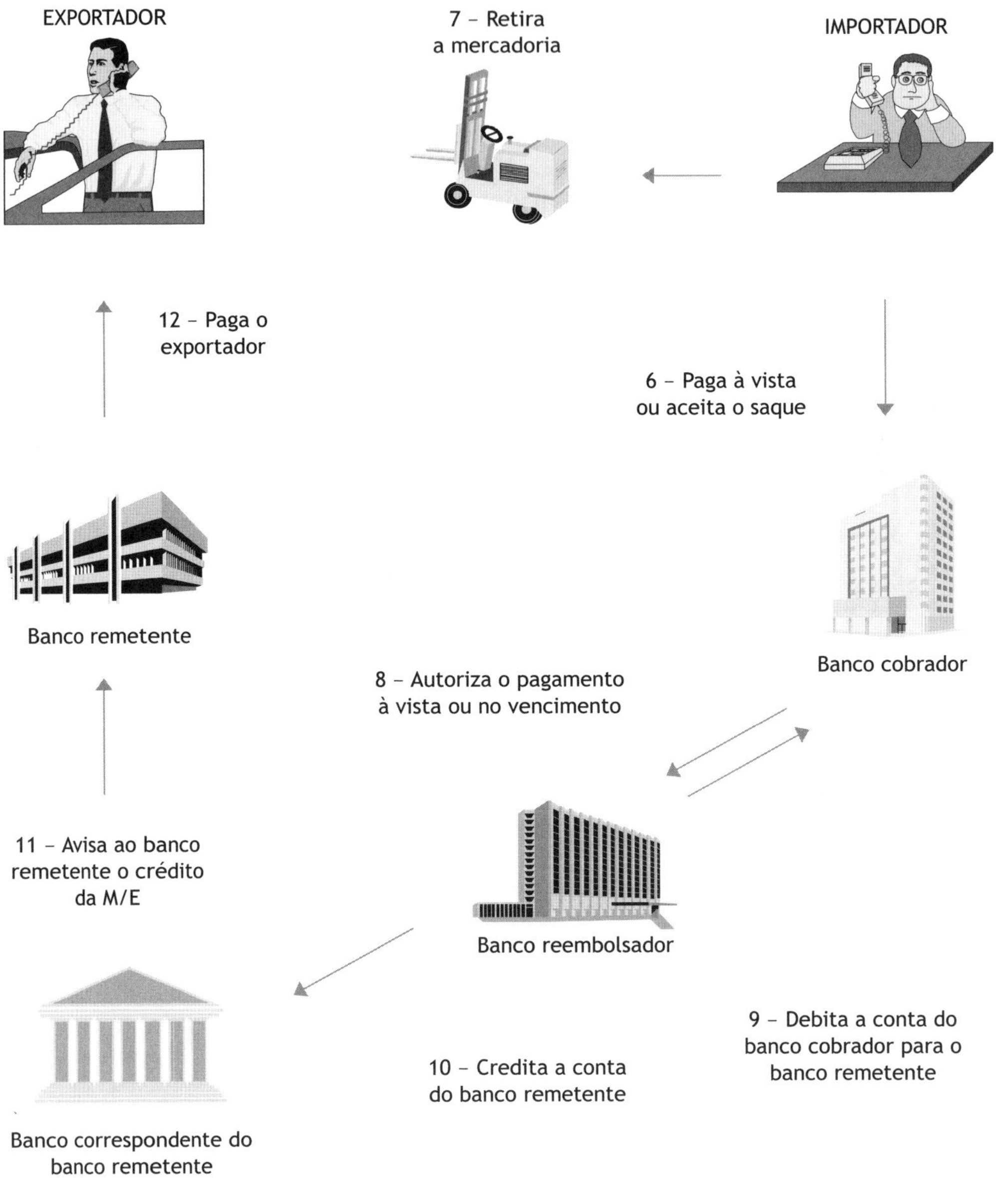

Fonte: Elaborada pelo autor.

11.3.1 Cobrança documentária limpa

Cobrança limpa ou *clean collection* é aquela em que o exportador remete diretamente ao importador os documentos originais e coloca em cobrança bancária as cópias desses documentos. Com os documentos originais em mãos, o importador retira a mercadoria na alfândega e, posteriormente, paga o valor do saque no banco cobrador. O risco financeiro está nesse procedimento, pois o importador retira a mercadoria e paga depois no banco, havendo grandes possibilidades de inadimplência. Essa modalidade de cobrança é considerada à vista, mas de grande risco financeiro para o exportador, e requer um alto grau de confiança comercial entre as partes.

Não é uma modalidade de pagamento recomendável quando as partes não se conhecem comercialmente, sendo um sistema muito praticado entre empresas que possuem vínculo forte, como matriz e filial, empresas do mesmo grupo ou clientes antigos que são de inteira confiança do exportador.

Na remessa de mercadoria por via aérea, essa prática pode ser recomendada porque chega mais rápido a mercadoria, uma vez que a viagem tem duração de algumas horas e há urgência de desembaraçar a carga no aeroporto. Assim, é necessário que o importador disponha dos documentos originais com a carga ou remetidos diretamente a ele para que possa tomar as providências exigidas nessas situações.

Para evitar a inadimplência do importador nessa modalidade, o exportador pode, normalmente, preencher o conhecimento de embarque consignado ao banco cobrador.

Quem aparece como consignatário nos conhecimentos de embarque são os donos da carga. Nesse caso, o importador é obrigado a passar pelo banco cobrador para solicitar o endosso no conhecimento de embarque e o banco endossará contra o pagamento do valor da fatura, o que significa uma segurança financeira para o exportador (Figura 11.7).

Figura 11.7 Cobrança documentária limpa

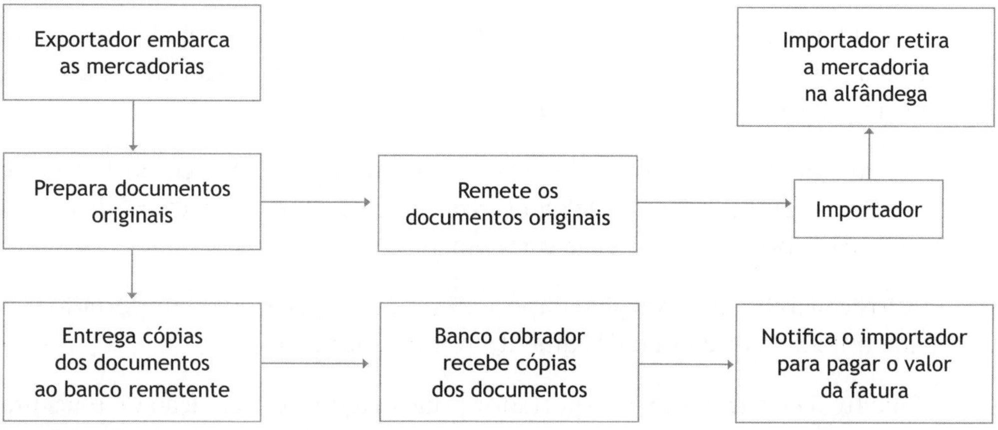

Fonte: Elaborada pelo autor.

11.3.2 Crédito documentário

Também conhecida como *documentary credit* ou *letter of credit* (carta de crédito), ou simplesmente pela sigla L/C, essa modalidade de pagamento é a mais praticada no mundo dos negócios internacionais, pois, com ela, os bancos intervenientes oferecem garantias financeiras firmes ao exportador.

Os responsáveis por ela são:

- importador (*applicant*);
- banco emitente (*issuing bank*);
- banco avisador (*advising bank*);
- banco negociador (*negotiating bank*);
- banco confirmador (*confirming bank*);
- banco reembolsador (*reimbursing bank*);
- exportador (*beneficiary*).

Fechado o negócio na fase da fatura *proforma*, cabe ao importador (*applicant*) abrir a carta de crédito em um banco de sua preferência (*issuing bank*), remetendo o documento usando os serviços de um banco do país do exportador (*advising bank*), o qual verificará a autenticidade da mensagem e, em seguida, entregará a carta de crédito ao exportador (*beneficiary*).

Nesse documento, valendo uma carta de crédito, o banco emitente fornece ao exportador garantias boas e irrevogáveis de que o pagamento do valor do crédito documentário será efetuado, desde que o exportador cumpra e respeite rigorosamente todas as exigências inseridas no texto do documento.

Dessa forma, a carta de crédito contém a garantia internacional bancária do *issuing bank*, embora condicionada ao desempenho do exportador de cumprir as exigências colocadas pelo importador.

Normalmente, um exportador insere na fatura *proforma*, como forma de pagamento, a seguinte cláusula: *letter of credit, irrevocable and confirmed, first class bank*, acrescentando se ela é à vista ou a prazo.

A irrevogabilidade protege o exportador, pois impede que o importador ou o banco emitente cancelem o documento por iniciativa própria.

Quanto à confirmação, o exportador pode exigir a participação de mais um banco, o chamado *confirming bank*, que age como avalista do banco emitente, caso ele não possa honrar as garantias da carta de crédito por motivos político-extraordinários que ocorrem no seu país.

O banco confirmador, além de ser considerado de primeira linha, terá de estar localizado em um país de economia forte e estável e, obviamente, fora do país do banco emitente.

O papel do banco avisador é limitado, pois ele só tem obrigação de verificar a chave da mensagem (*test key*) mantida com o banco emitente, bem como entregar o documento original ao exportador, valendo-se, oficialmente, de uma carta de crédito. O banco avisador não tem nenhuma responsabilidade quanto ao texto ou conteúdo do crédito documentário.

Com a carta de crédito em mãos, o exportador deverá analisar as exigências com extremo cuidado e se convencer de que tem condições de cumprir e respeitar detalhadamente todas elas, seja do ponto de vista documental, seja de instruções especiais.

Essa análise do crédito documentário deverá ser feita na empresa por profissional experiente que conheça os meandros e as particularidades desse tipo de negociação, pois o seu rigoroso e total cumprimento obrigará o banco emitente a honrar o pagamento do valor da carta de crédito. Muitas vezes, há a necessidade de se pedir alterações com a finalidade de colocar o documento em condições de ser respeitado; nesses casos, o exportador deverá contatar o importador para que faça as emendas solicitadas no banco emitente.

As alterações devem ser feitas sempre por meio do banco. Qualquer entendimento paralelo ou direto entre o exportador e o importador será ignorado pelos bancos, principalmente pelo banco emitente que, ao dar as garantias financeiras, também quer ser notificado das eventuais alterações.

Caso haja necessidade de recusar uma emenda, o exportador deverá fazê-lo por escrito ao banco avisador, que, por sua vez, notificará o banco emitente sobre a recusa da alteração. Se não o fizer formalmente por escrito, o silêncio do exportador será considerado pelos bancos como se tivesse aceito a emenda.

O embarque das mercadorias somente poderá ser feito se a empresa considerar que tem condições de cumprir as exigências do documento, e, assim procedendo, após o embarque, a exportadora deverá providenciar rapidamente todos os documentos internacionais normalmente exigidos em um crédito documentário.

Esses documentos são os seguintes:

- *commercial invoice* (fatura comercial);
- *bill of lading* (conhecimento de embarque marítimo ou terrestre);
- *airway bill* (conhecimento de embarque aéreo);
- *packing list* (romaneio);
- *weight list* (certificado de peso);
- *certificate of origin* (pode ser Mercosul, Aladi ou comum);
- *certificate of origin Form-A* (sistema geral de preferências);
- *inspection certificate* (inspeção da mercadoria antes do embarque);
- *insurance certificate* (no caso de exportação, CIF).

Pode haver exigência de documentos adicionais, dependendo do país do importador, como declarações das companhias transportadoras, vistos consulares ou qualquer outro documento que o importador faça questão de que seja apresentado.

O fato é que, depois do embarque, esses documentos originais representam o valor da carta de crédito de uma mercadoria já embarcada, assim, o exportador deverá encaminhá-los a um banco para que sejam conferidos com as exigências do crédito documentário. O banco escolhido pelo exportador para essa conferência documental é denominado *negotiating bank*.

Se a carta de crédito for *restricted*, o banco negociador deverá ser, obrigatoriamente, o mesmo banco avisador que, na época, entregou a carta de crédito ao exportador. Se for *unrestricted*, o banco negociador poderá ser qualquer banco brasileiro da escolha do exportador.

Da conferência documental, o banco negociador deverá emitir um parecer definitivo, à luz dos documentos examinados, e, nesse caso, cabem duas alternativas:

- Os documentos do exportador apresentam-se rigorosamente corretos em relação às exigências da carta de crédito. Nesse caso, o banco negociador envia-os ao banco emitente e este deverá honrar com o compromisso financeiro, pagando o valor da fatura comercial, sendo amparado pela carta de crédito. Com as divisas no Brasil, o banco negociador liquida o contrato de câmbio e entrega o contravalor em reais ao exportador, dando por encerrada a operação.

- Se os documentos do exportador apresentam-se discrepantes em relação às exigências da carta de crédito, o banco negociador deverá informar essa situação ao banco emitente e, nesse caso, o pagamento será imediatamente suspenso e o importador será chamado para dar sua opinião.

A posição do importador depende da gravidade dos erros cometidos pelo exportador, havendo as seguintes alternativas:

- O importador aceita os documentos errados e ordena ao banco emitente acolhê-los e, consequentemente, pagar o valor da fatura.
- O importador recusa os documentos errados e ordena ao banco emitente que suspenda definitivamente o pagamento. Nessa situação radical, o exportador deverá trazer a mercadoria de volta para o Brasil.
- O importador aceita os documentos errados desde que, como compensação, o exportador conceda um desconto na fatura.

Considerando esse procedimento, conclui-se que o sucesso dessa operação, amparada em carta de crédito, depende, unicamente, da capacidade do exportador para cumprir todas as instruções contidas no documento.

Para honrar o compromisso financeiro, o banco emitente pode fazer a remessa financeira diretamente ao banco negociador ou, como se procede habitualmente, usar os serviços do chamado banco reembolsador no qual mantém conta-corrente, ordenando a ele que debite o valor autorizado e credite a mesma importância na conta do banco negociador, ressaltando, ainda, que a participação do banco reembolsador é de um simples pagador sem nenhuma responsabilidade quanto à carta de crédito.

Todos os envolvidos nessa modalidade de pagamento estão com suas funções e responsabilidades definidas na legislação internacional denominada UCP nº 600 (*Uniform Customs Practice for Documentary Credits*), da CCI, e a participação do banco reembolsador está regulamentada pela URR nº 725 (*Uniform Rules Reimbursements for Documentary Credits*).

Se o sucesso dessa operação depende da empresa, é recomendável que a carta de crédito seja analisada por um profissional que tenha conhecimento especializado na área. Existe uma técnica de leitura que permite conhecer todos os detalhes do documento, de tal maneira que o exportador fique convencido de que tem plenas condições de cumprir as instruções colocadas pelo importador e o banco emitente.

Essa técnica obedece ao seguinte roteiro:

- *Issue date*: verificar a data de emissão da L/C, isto é, o dia em que o importador foi ao banco emitente para proceder à abertura da carta de crédito.
- *Issuing bank*: localizar na L/C o nome do banco emitente.
- *Applicant*: verificar o nome e endereço completos do importador.
- *Beneficiary*: verificar se o nome e endereço do exportador estão corretos.
- Número da L/C: toda carta de crédito tem um número fornecido pelo banco emitente.
- *Confirming bank*: se for o caso, verificar o nome do banqueiro avalista.
- Valor: verificar se o valor da L/C corresponde ao valor da venda negociada na fatura *proforma*.
- *About*: este termo permite uma tolerância no valor e na quantidade de até 10% do valor mencionado da L/C. Contudo, cabe ressaltar que a condição *about* não é obrigatória.
- Condição de venda: verificar se a carta de crédito menciona o *Incoterms* praticado na fatura *proforma*.
- Condição de pagamento: naturalmente, trata-se de uma carta de crédito, porém, é necessário verificar, conforme negociado, se é à vista ou a prazo.
- Porto de embarque: geralmente, a carta de crédito tem de indicar *any Brazilian port*.
- Porto de destino: o nome do porto de destino deve ser citado.
- Embarques parciais: existem duas alternativas, permitido ou proibido.
- Transbordos: há também duas opções, permitido ou proibido.
- Descrição das mercadorias: verificar se a descrição corresponde exatamente ao produto vendido da fatura *proforma*.
- Quantidade: idem.
- Documentos: verificar se os documentos que estão sendo exigidos podem ser apresentados.
- Embarque até: verificar se o prazo de embarque colocado na L/C tem condições de ser respeitado.

- Negociação até: a UCP nº 600 define que a entrega dos documentos, após o embarque, deve ser feita no prazo mencionado pelo importador, que não deverá ultrapassar os 21 dias corridos.
- Reembolso: verificar se o pagamento será feito direto ao banco negociador ou por meio do banco reembolsador.
- Instruções especiais: conferir as exigências particulares ou especiais que o importador ou o banco emitente colocaram na L/C e se podem ser cumpridas.
- UCP nº 600: verificar se a legislação da CCI foi mencionada no texto, pois, do contrário, a carta de crédito não estará amparada por essas normas.

11.3.2.1 *Modelo de carta de crédito de exportação*

Os créditos documentários de exportação ou importação possuem a mesma estrutura, emitidas em qualquer país. O que pode ser diferente são as exigências particulares colocadas pelo importador ou pelo banco emitente, obedecendo aos costumes comerciais ou à legislação interna do país.

A seguir, apresenta-se um modelo de carta de crédito de exportação, transmitida via postal, do banco emitente ao banco avisador:

ISSUE DATE 26th April 2016

From Issuing Bank Habib Bank AG/Dubai – UAE

To Banco Brasileiro de Descontos S.A.

Pça Pio Dez, 98-A – Rio de Janeiro – Brazil

Please add your confirmation at beneficiaries cost

Irrevocable Documentary Credit nº CT 4.669 Unrestricted

Date and place: expiry 15th August 2016 in Brazil

Applicant: M/S Asiatic Engineering Est.

P.O. Box nº 110.921, Dubai – UAE

Beneficiary: M/S Dopus S.A.

Rua Santo Antonio, 82 – Rio de Janeiro – Brazil

Amount: ABT US$ 75,600.00 CFR Dubai

Credit available with any bank by negotiation against presentation of the documents detailed herein and marked with X.

Your draft at sight drawn on openers and marked "Drawn under Habib Bank AG/Dubai – UAE" L/C nº CT 4.669

Partial shipment: allowed (x) not allowed ( )

Transhipment: allowed ( ) not allowed (x)

Parcel shipment: allowed ( ) not allowed ( )

Shipment from Any Brazilian Port to Dubai port by Conference Line/Regular Vessel only until 30th July 2016

(x) Signed invoice quintuplicate in the name of openers certifying merchandise to be Brazilian origin.

(x) Full set of clean "shipped on board" ocean Bills of Lading drawn or endorsed to the order of Habib Bank AG marked notify openers and showing freight prepaid mentioning vessel's shipping agent in Dubai.

(x) Insurance covered by openers. All shipments under this documentary credit must be advised by you before shipment directly to United Insurance Co. Ltd, P.O. Box 1.888 – Dubai – UAE and to the openers reffering to Open Policy/Cover Note nº UD/OP10-88 giving full details of shipments. A copy of this advice and the postal registration receipts to accompany the original set documents to negotiation.

(x) Packing List/Weight List in five copies.

(x) Inspection certificate of weight and analysis issued by independent internationally recognized surveyor and original and two copies.

(x) Certificate of Origin from Chamber of Commerce dully attested by any UAE embassy or consulate or any Arab embassy or consulate in the absence of UAE embassy or consulate in beneficiary's jurisdiction. Except Egyptian embassy/consulate.

(x) A certificate from the stearnship owner/agent stating that the carrying vessel is not an Israeli owned vessel and is not scheduled to call at any Israeli port on route to its destination (this is not required if shipment is effected by United Arab shipping company's vessels).

Negotiation under reserve strictly not allowed.

All bank charges recording fee and commission abroad are for beneficiaries account.

Documents to be presented within 15 days after the date of issuance of the shipping documents but within the validity of the credit.

Covering: ABT 500 mt Steel Plates to SAE-1008 – 36 size.

Shipping marks: Asiatic/inch/Dubai.

Additional clause: as per attached sheet, which forms an integral part of this LC.

We hereby issue this documentary credit in your favor. It is subject to the Uniform Customs and Practice for Documentary Credits (2007 revision) International Chamber of Commerce – Paris, France, Publication nº 600.

We hereby agree with beneficiary that if compliance with the terms of this credit that the same will be honoured on duly presentation.

Reimbursement instructions: the negotiating bank is required to forward all negotiated drafts and documents drawn under this credit direct to us by courier service in one lot, certifying that all terms and conditions of the letter of credit have been complied with by beneficiary, claiming reimbursement from us. On receipt of such fully complied documents at our counters, reimbursement payment will be remitted as per your instructions to your designate a/c in New York – USA.

Special instructions:

1. Shipment to be effected by first class regular liner vessel only and evidence to the effected should accompany the original shipping documents.

2. Shipment on deck or tramp/time charted vessels not allowed.

3. Chartered party bill of lading not acceptable.

4. The bill of lading must be signed by the master of the vessels or his authorised agent.

5. The bill of lading to show the name, address and telephone/fax number of shipping agent in Dubai.

6. Bill of lading showing "Shipper's load and count" not acceptable.

7. One full set of non negotiable documents to be sent to the credit opener immediately after shipment by registered air mail and original documents to the included original postal receipt.

8. Inspection/test certificate from the supplier showing the technical specification of the material and the test carried out to confirm the quality material, to be enclosed.

9. Approval of the vessel should be obtained by Telex from the credit opener prior to shipment and the original Telex approval should accompany the documents presented for the Negotiating Bank (Telex number 45698 Asatc EMI).

10. Documents drawn under this LC show a deduction of US$ 650/= towards special discount.

Yours faithfully,

For Habib Bank AG

Mohammed Taurib Butt

P.H. nº 432.

Comentários

Analisando a carta de crédito anterior, pode-se concluir que a empresa que queira participar do mercado internacional deve ter extremo cuidado para lidar com esse tipo de documento que representa divisas, desde que seja respeitado em todas as suas exigências.

Alguns pontos devem ser destacados:

- Essa carta de crédito não está confirmada; ela traz, sim, instruções para que o banco avisador faça a confirmação, desde que solicitado pelo exportador, e as despesas bancárias sejam assumidas pelo vendedor.
- Ela sinaliza *unrestricted*, o que significa que o banco negociador pode ser qualquer banco brasileiro escolhido pelo exportador.
- Na relação de documentos exigidos, estão solicitadas duas mensagens para efeitos de seguro. A prova de que ambas foram enviadas será feita por meio dos canhotos do correio registrado.
- O certificado de origem precisa de visto consular, que pode ser de qualquer país árabe, menos do Egito.

- Há necessidade de uma inspeção das mercadorias, antes do embarque, por empresa independente de reconhecido prestígio internacional.
- Uma declaração sobre a rota do navio também é solicitada dentro das exigências.
- Foram dados 15 dias de prazo para negociação documental, contados a partir da data do embarque, assim, se este acontecer antes do dia 30 de julho, a negociação antecipa-se em 15 dias, contados a partir da data do conhecimento de embarque.
- Essa carta de crédito permite a tolerância de até 10% a mais ou a menos, tanto na quantidade como no valor (*about*).
- O embarque deverá ser feito em navio conferenciado.
- Nas exigências especiais, o item 9 é inaceitável. Pede uma mensagem solicitando aprovação do navio, que será autorizado pelo importador com outra mensagem, e ambas fazem parte da documentação que deve ser apresentada pelo exportador ao banco negociador. Essa exigência não deve ser aceita porque o exportador passa a depender do importador, o que prejudica a irrevogabilidade do crédito documentário, pois, se o importador não responder autorizando o navio, o exportador estará impedido de embarcar. Assim, faz-se necessária a solicitação de uma emenda para retirar essa exigência do texto da carta de crédito.

11.3.2.2 *Modelo de carta de crédito de importação*

Bbraspa 457665

Bktrust 33

40.A Irrevocable

20.LC 34657/16

31.C: 160611

31.D: 160825 USA

50: Aduana Importadora S.A.

Rua do Couto, 56 – Rio de Janeiro – Brazil

59: Buster & Brown Export and Co. Inc.

5.433 West Buttermann Avenue

New York – NY 45673 – USA

32.B: US$ 820,000.00

39: CFR

41: Your negotiation

42: 90 days from B/L date

43.P: not allowed

43.T: not allowed

44: From any USA port to Rio de Janeiro Port, Brazil, not later than August 30th, 2016

71.B: All banking charges are for applicant account.

48: Documents must be presented 15 days after shipment but within validity of credit.

49: Confirm.

78.1: Please advise us by swift all utilizations of this credit stating that documents have been complied with credit terms and informing us following details: all your charges, commercial invoice (number, date, FOB and freight amount), bill of lading (number, date and shipping company).

78.2: On draft maturity, please debit our São Paulo h.o account with yourselves quoting our ref. LC 34657/16.

78.3: From your payment please deduct US$ 1.00 by ton. Shipped as agents commission will be paid here in Brazil.

78.4: Documents must be remitted to us by DHL courier or similar, to address: Banco Brasileiro S.A. – Praça Pio Dez, 89 – Rio de Janeiro – RJ – Brazil.

72: This is operative instrument. This documentary credit is subject to the Uniform Customs and Practice for Documentary Credit (2007 Revision) Publication 600 ICC.

45.B: 2.000 tons. Sebo bovino, fundido, a granel, não comestível, para fins industriais, título máximo 34, acidez máxima 4pc desnaturado, as per Import Zlicence n. 34-00/987-4.

46.B: 1. Signed commercial invoice (original plus five copies) containing full description of goods in Portuguese and bearing beneficiary's statement that the goods invoiced are in accordance with the import licence and addendum, if any, and also specifying FOB amount up to US$ 740,000.00 and freight amount up to US$ 80,000.00.

2. Full set clean on board ocean bill of lading marked freight prepaid mentioning freight charge only and bunker surcharge if any, specifying amount in figures and in words (otherwise uncceptable) issued to order of Banco Brasileiro S.A. and notify the applicant.

3. Charter party bill of lading are acceptable.

4. Weight and analysis certificate issued by independent internationally recognized surveyor.

5. Existing a unused balance of statement from beneficiaries with their agreement to cancel.

47.B: 1. Insurance will be paid in Brazil by buyers.

47.B: 2. Shipment must be effected in Brazilian or American flag vessel.

47.B: 3. Documents date prior to date this LC are not acceptable.

MSDRT

Ack/7.869/Bbra.

Comentários

É uma carta de crédito contendo as exigências normais que um importador coloca no texto. Os números que aparecem à esquerda do texto relacionam-se ao campo da informação a que o texto se refere. Exemplo: 40.A corresponde a *Irrevocable*; 43.P corresponde ao embarque parcial. Essa convenção numérica é estabelecida internacionalmente pelos bancos.

Cabe ressaltar que a carta de crédito exige a descrição da mercadoria em português, sendo esse um costume brasileiro para evitar que, durante o desembaraço aduaneiro, sejam exigidas traduções que, inevitavelmente, atrasariam o processo do despacho, gerando despesa adicional na armazenagem alfandegária.

A comissão do agente, quando inserida no texto da carta de crédito, obriga o banco emitente a reter esse valor e a repassá-lo diretamente ao representante ou agente comercial. No Brasil, essa modalidade de pagamento de comissões é conhecida como "em conta gráfica".

No item das despesas bancárias no exterior, existe uma falha do importador brasileiro, pois ele assume essas despesas quando o normal seria que fossem pagas pelo beneficiário.

Na fatura comercial, o importador foi competente, pois exige que o valor FOB seja separado do valor do frete, impedindo que o exportador mencione um único valor CFR, o que pode gerar dúvidas quanto aos valores faturados.

Finalmente, o importador exige que o navio transportador seja de bandeira brasileira ou americana. Isso se deve ao fato de o importador estar aproveitando algum benefício tributário do tipo ex-tarifário ou *drawback*.

11.3.3 Convênio de créditos recíprocos

O Convênio de Créditos Recíprocos (CCR) é gerenciado pelos bancos centrais dos países latino-americanos e amparam financeiramente as cartas de crédito de exportação e importação emitidas dentro da América Latina.

Para tanto, é necessário que conste no texto do crédito documentário uma cláusula especial que mencione expressamente que a carta de crédito está amparada pelo CCR, condição que permite aos bancos intervenientes solicitar ao Banco Central do país do banco emitente a formalização do reembolso no Banco Central do país do exportador. Esse reembolso entre bancos centrais concretiza-se por meio de moeda escritural. A cada três meses, os representantes dos bancos centrais latino-americanos reúnem-se em Lima (Peru) para zerar as posições de débito e crédito.

Como o Banco Central do país do banco emitente compromete-se a efetuar o reembolso, não é necessário que as cartas de crédito amparadas no CCR sejam avalizadas por um *confirming bank*, o que reduz o custo bancário de abertura.

11.3.4 Cartas de crédito especiais

11.3.4.1 *Carta de crédito rotativa*

Também conhecida como *revolving letter of credit*, é praticada quando o importador possui uma programação de compra para um ano. Assim, no lugar de abrir uma carta de crédito mensal, o importador solicita a emissão de uma única carta cujos valores e quantidades de mercadorias renovam-se a cada período. Esse tipo de crédito documentário pode ser:

- Cumulativo: as quantidades e os valores acumulam-se para o período seguinte, caso o exportador tenha deixado de embarcar uma das parcelas.
- Não cumulativo: o valor e a quantidade não utilizados no período correspondente serão cancelados.
- Com restabelecimento automático: indica que os valores pagos ficam renovados automaticamente para o período seguinte, até completar o valor total do crédito documentário.
- Sem restabelecimento automático: estabelece que o valor pago somente poderá ser utilizado pelo exportador, no período seguinte, desde que haja uma autorização expressa do importador por meio de uma emenda pelo banco.

11.3.4.2 *Carta de crédito back-to-back*

Não se trata de um tipo de carta de crédito, mas de uma operação de financiamento em favor do exportador que deseja levantar capital de giro antes do embarque das mercadorias. É pouco utilizada no Brasil porque o exportador dispõe do ACC ou ACE.

Em outros países, o exportador, de posse de uma carta de crédito irrevogável, procura um banco para abrir uma carta de crédito local de valor inferior, dando como lastro e garantia a carta de crédito internacional. Com essa carta de crédito local, o exportador compra matéria-prima para produzir a mercadoria a ser exportada. Após o embarque das mercadorias, o crédito documentário internacional será negociado normalmente, e a diferença de valor entre uma e outra representa o lucro da operação.

11.3.4.3 *Standby letter of credit*

Funciona como um aval bancário. A legislação bancária de alguns países, como Canadá e Estados Unidos, impede que os bancos emitam cartas de garantia, pois, nesses países, são as seguradoras ou companhias de avais que oferecem esse serviço financeiro.

Assim, os bancos, sentindo-se em desvantagem em relação às instituições europeias, criaram um mecanismo que pudesse proteger suas operações, porque, muitas vezes, as garantias não bancárias eram vistas com restrições e, nesse ambiente, nasce a *standby letter of credit* nos Estados Unidos.

A *standby*, apesar de ser denominada como carta de crédito, funciona, na prática, como instrumento de garantia ou carta de garantia. Enquanto na carta de crédito convencional o banco emitente assegura o pagamento ao exportador, desde que tenha respeitado as exigências, em uma *standby*, o banco emitente garante o pagamento ao beneficiário, caso haja falha por parte do devedor principal. A *standby letter of credit* está amparada pelas publicações nº 458, nº 600 e nº 590 da CCI. A *standby* apresenta algumas vantagens em relação à carta de crédito convencional:

- Enquanto a base da carta de crédito convencional é representada pela apresentação de inúmeros documentos, muitos deles extremamente complexos, a *standby* apoia-se em saques, declarações e, eventualmente, em cópias de documentos.
- Da apreciação dos documentos sobre um crédito convencional surge, com frequência, a identificação de discrepâncias, inviabilizando ou retardando o pagamento. Além disso, na *standby* raramente esse problema poderá ocorrer.
- Se, normalmente, emite-se um crédito documentário para cada operação, com embarques parciais permitidos, ou, às vezes, emite-se uma carta de crédito rotativa, a *standby* é utilizada para cobrir inúmeras operações de um período, podendo ser rotativa ou não, o que significa uma sensível redução de custos de emissão, avisos, emendas etc.
- Dependendo dos termos e das condições da *standby*, os documentos originais de embarque poderão ser enviados diretamente ao importador sem prejuízo da garantia e, embora a remessa direta de documentos originais possa ser praticada na carta de crédito convencional, sabemos que, nesses casos, a existência de discrepâncias em negociação com cópia de documentos pode trazer sérios dissabores ao exportador, principalmente quando já ocorreu a liberação da mercadoria no destino.

11.3.4.4 *Red clause*

É uma cláusula especial inserida no texto do crédito documentário. Por meio dessa cláusula, o importador ordena inserir no crédito uma autorização para que o exportador possa sacar determinado percentual do valor da carta de crédito antes do embarque. Funciona como um sinal de pagamento. O risco é inteiramente do importador, os bancos apenas cumprem as suas ordens.

11.3.4.5 *Green clause*

Também é uma cláusula especial inserida dentro de um crédito documentário. Com ela, o importador permite que o exportador entregue as mercadorias no armazém da companhia transportadora e, a partir desse instante, cessam as responsabilidades do vendedor. O exportador receberá um *Forwarder Certificate Received* (FCR) no lugar de um conhecimento de embarque. Com o FCR em mãos e os outros documentos internacionais, o exportador poderá concretizar a operação no banco negociador da carta de crédito.

Cabe destacar que o FCR atesta que a mercadoria foi *recebida para embarque*, diferentemente, portanto, de um conhecimento de embarque que declara *embarcada a bordo*.

11.4 Considerações finais sobre os créditos documentários

O grau de dificuldade varia de acordo com o país do importador. Créditos documentários vindos de países do Oriente Médio são considerados de alto risco, pois as exigências incluem a apresentação de documentos que envolvem questões político-religiosas nem sempre possíveis de serem cumpridas ou que oneram o exportador, como é o caso da vistoria prévia das mercadorias ou dos vistos consulares.

Esse grau de dificuldade também pode ser medido tanto pela complexidade das exigências como pelo texto confuso e dúbio utilizado pelo banco emitente, com a finalidade, muitas vezes, de induzir o exportador a cometer discrepâncias, fato que poderá dar ao importador a chance de pleitear descontos, quando for consultado pelo banco emitente a respeito das discrepâncias.

Cartas de crédito vindas de países da América do Sul possuem um grau médio de dificuldade, de maneira semelhante às da América Central. Aquelas emitidas nos Estados Unidos, no Canadá ou em países da União Europeia são consideradas de pouca dificuldade, porém, basicamente, esse grau vai depender da vontade do importador e do banqueiro dele.

O entendimento pode ficar mais complicado quando a carta de crédito também está amparada na URR nº 725, pois essa legislação está dirigida diretamente aos bancos intervenientes, mas também existem alguns itens que interessam aos exportadores e aos importadores.

O ideal seria que a análise dos documentos fosse realizada por um profissional da área internacional que dominasse os 49 artigos da UCP nº 600, os 26 artigos da URC nº 522 e os 17 artigos da URR nº 725 da CCI. Esse conjunto de normas está redigido em uma linguagem genérica, com a finalidade de abranger o maior entendimento entre as partes envolvidas (Figuras 11.8, 11.9 e 11.10).

Embora diferentes por sua própria natureza, essas legislações possuem pontos em comum, os quais exportadores, importadores, bancos, companhias transportadoras e todos aqueles que lidam com o comércio internacional devem tomar conhecimento para aperfeiçoar o relacionamento comercial e financeiro. Finalmente, para encerrar este tema, podemos evocar uma máxima: carta de crédito não se interpreta. Cumpre-se!

Figura 11.8 Modalidade carta de crédito – fase I

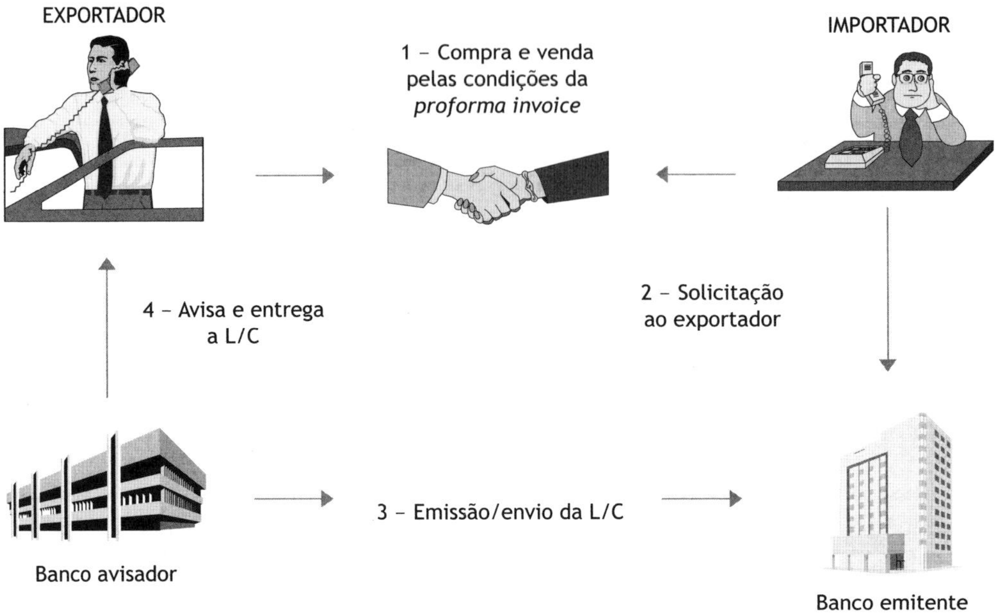

Fonte: Elaborada pelo autor.

Figura 11.9 Modalidade carta de crédito – fase II

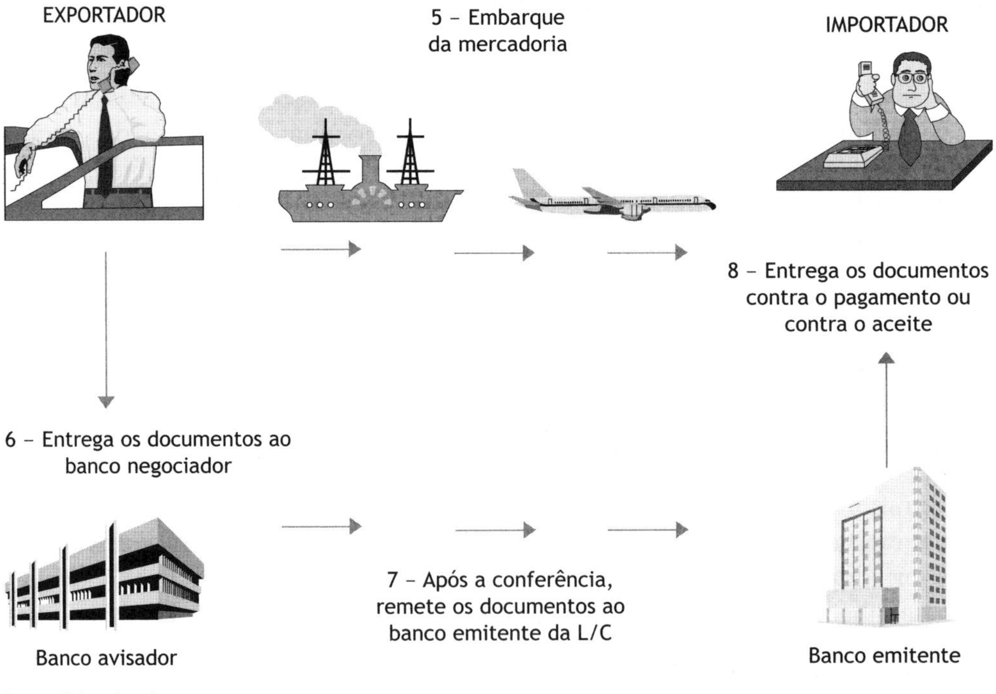

Fonte: Elaborada pelo autor.

Figura 11.10 Modalidade carta de crédito – fase III

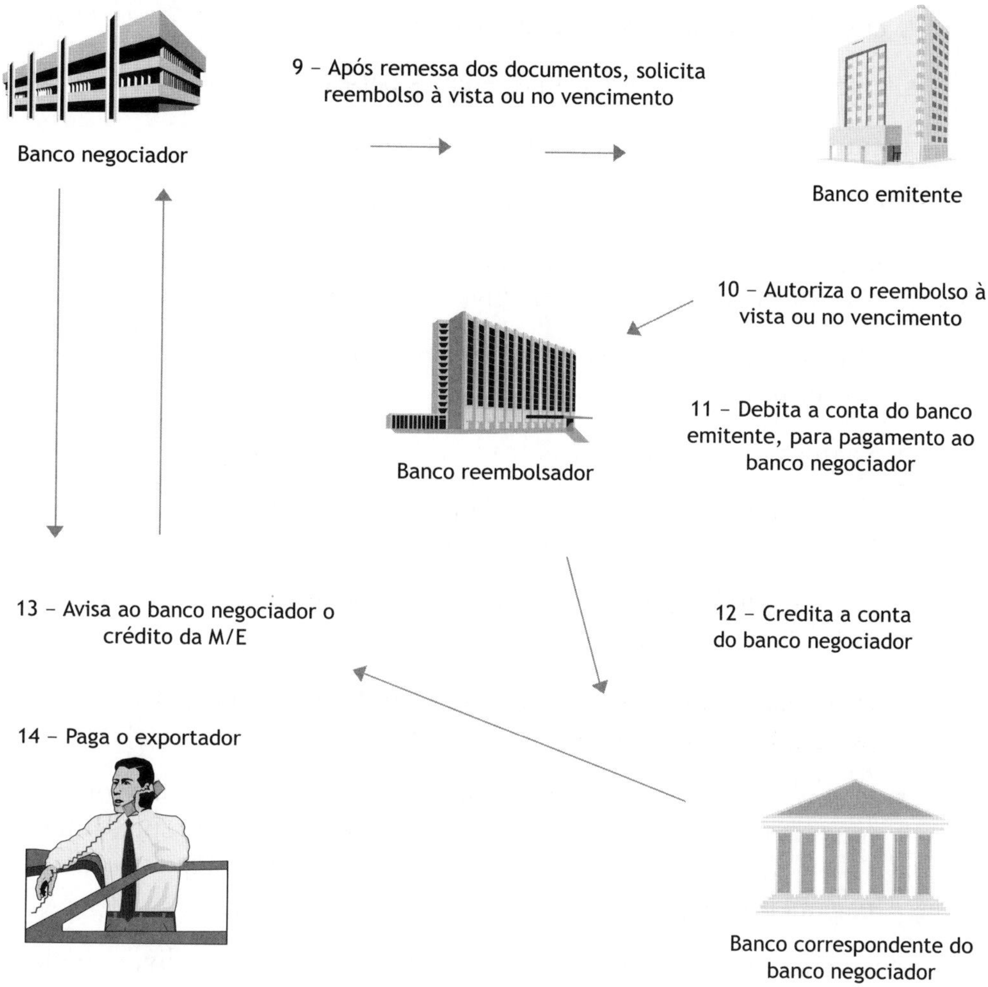

Fonte: Elaborada pelo autor.

11.5 Mercado cambial brasileiro

11.5.1 Funcionamento do mercado cambial brasileiro

A implantação do Plano Real manteve a moeda nacional como a única autorizada a circular no país em todas as transações internas que as pessoas físicas ou jurídicas vierem a praticar. Diferente do que fizeram os países vizinhos latino-americanos, o Brasil não "dolarizou" a economia. Assim, qualquer entrada ou saída de moedas estrangeiras deverá passar, obrigatoriamente, por um contrato de câmbio, e a conversão se dará pela taxa cambial vigente naquele dia. Em um mercado cambial, normalmente consideram-se as seguintes transações:

- entre bancos e importadores/exportadores/clientes dentro do país;
- entre instituições bancárias localizadas no mesmo país;
- entre bancos localizados em diferentes países;
- entre bancos e bancos centrais no mesmo país;
- entre bancos centrais em diferentes países.

Existem diversas definições de câmbio que, de uma ou de outra forma, conceituam a troca de moedas. Eis algumas:

- câmbio é a coexistência entre o internacionalismo do comércio e o nacionalismo da moeda;
- é a troca de um valor por outro;
- é o meio pelo qual os débitos de pessoas residentes à distância de seus credores são liquidados sem a transmissão ou interferência da moeda;
- é o procedimento pelo qual a dívida de um país com outro é liquidada sem o desembolso de moeda;
- taxa pela qual opera-se uma conversão de moeda nacional em moeda estrangeira ou vice-versa;
- denomina-se câmbio todo negócio feito sobre fórmulas ou documentos internacionais e instrumentos de circulação representativos de moeda estrangeira, como letras de câmbio, cheques, ordens de pagamento etc.

Quanto ao mercado cambial brasileiro, este é considerado livre no que se refere à fixação das taxas, porém, é controlado por meio de mecanismos que permitem às autoridades monetárias influir sobre a taxa quando acharem que as circunstâncias o exigem. Assim, para entender o mercado cambial brasileiro, é necessário refletir sobre alguns aspectos particulares:

- não existe livre circulação de moeda estrangeira no Brasil;
- as operações devem ser feitas por meio de um contrato de câmbio;
- o exportador pode receber diretamente a moeda estrangeira correspondente ao valor das mercadorias exportadas no caso do pagamento antecipado;
- quanto aos bancos, o Banco Central define o tratamento a ser dado à posição de câmbio;

- as remessas de moeda estrangeira ao exterior devem obedecer às normas regulamentares do Banco Central;
- as entradas de moeda estrangeira para investimentos, empréstimos e financiamentos devem ser registradas no Banco Central;
- os residentes no Brasil não podem abrir contas bancárias em moedas estrangeiras;
- o monopólio das operações de câmbio pode ser outorgado pelo Conselho Monetário Nacional (CMN) ao Banco Central, conforme estipulam as normas vigentes.

Até 1996, o mercado cambial brasileiro estava organizado da seguinte forma:

- Mercado de taxas flutuantes (MTF);
- Mercado de taxas livres (MTL).

11.5.1.1 *Mercado de taxas flutuantes – MTF*

a) Características

- limites quantitativos para cada tipo de operação;
- autorização aos bancos credenciados no país para comprar e vender moedas estrangeiras de instituições financeiras no exterior contra a moeda nacional;
- flutuação da taxa de câmbio que passou a ser livremente pactuada entre as partes de acordo com a oferta e a procura, dispensando a participação do Banco Central;
- anuência às instituições credenciadas para comprar qualquer valor em moeda estrangeira, sem identificador de quem vendeu.

b) Agentes

- bancos comerciais e múltiplos;
- sociedades corretoras;
- sociedades distribuidoras de títulos e valores mobiliários;
- sociedades de crédito, financiamento e investimento;
- agências de turismo.

c) Funcionamento

- Agentes *versus* operações:
    - bancos credenciados: todas as operações previstas no regulamento do MTF;

  - operadores credenciados: compras e/ou vendas a clientes, em espécie, cheques e *traveller's cheques*, mercado interbancário, arbitragens no país e com instituições financeiras no exterior;
  - agências de turismo: compras e/ou vendas a clientes, em espécie, cheques e *traveller's cheques*, arbitragens no país e com instituições financeiras no exterior.

- Operações regulamentadas para o MTF:
  - viagens internacionais: câmbio para viajantes para fins educacionais, negócios, tratamento de saúde, cartões de crédito;
  - serviços diversos: aquisição de medicamentos, compra de *software*, pagamento de cursos e congressos, serviços turísticos, transmissão de eventos, participação em feiras e exposições;
  - transferências unilaterais: contribuições a entidades de classe, doações, indenizações não amparadas por seguro, aposentadorias, vales postais etc.;
  - outras: aplicações de renda fixa, investimentos no exterior, aquisição de imóveis, operações com ouro, bem como operações entre as instituições, arbitragens e as exportações de joias, gemas, pedras preciosas etc.

Diante da maxidesvalorização do real, ocorrida em janeiro de 1996, o mercado de taxas fixas deixou de ser praticado pelo Banco Central, passando as transações cambiais a serem praticadas pelo MTL, também chamado de câmbio flutuante.

Em 2016, o mercado cambial brasileiro seguiu o modelo flutuante.

11.5.1.2 *Mercado de câmbio flutuante*

a) Características

- livre fixação das taxas de câmbio;
- limitação da obrigatoriedade de repasses ao Banco Central;
- eliminação da garantia de cobertura do Banco Central às operações de vendas realizadas pelos bancos autorizados a operar em câmbio;
- participação do Banco Central no mercado quando julgada oportuna e conveniente;
- fixação de limite de posição de câmbio.

b) Agentes

- bancos autorizados a operar em câmbio;

- sociedades corretoras;
- clientes: exportadores, importadores, investidores, pessoas físicas e jurídicas;
- intervenientes: o corretor de câmbio é opcional.

c) Funcionamento

- operações de câmbio formalizadas em contrato de câmbio e, obrigatoriamente, efetuadas em bancos autorizados, sendo o corretor opcional;
- tipos:
    - operações comerciais (exportação e importação);
    - operações ligadas a operações comerciais (transporte, seguro etc.);
    - operações amparadas em Certificado de Registro emitido pelo Banco Central;
    - receitas e despesas dos cofres públicos;
    - operações governamentais;
    - marcas e patentes;
    - serviços de informação;
    - outras operações não previstas expressamente no MTF.

Em 4 de março de 2005, o Banco Central emitiu a Resolução nº 3.265, que unifica o MTL e o MTF e estabelece um mercado único para as operações de câmbio, transferências internacionais em reais e ouro-instrumento cambial.

A mesma resolução revoga a Consolidação das Normas Cambiais (CNC) e estabelece o Regulamento de Mercado de Câmbio e Capitais Internacionais (RMCCI) que, atualmente, regulamenta as atividades cambiais, tendo sofrido diversas alterações até a presente data.

Na mesma data, o Banco Central emitiu a Resolução nº 3.266, que trata das regras e dos procedimentos cambiais na exportação.

Com essas medidas, o Banco Central liberou os procedimentos documentais e, como medida importante, eliminou o prazo de contratação do câmbio, que até então era de 15 dias, passando a ser de 210 dias, contados da data do embarque das mercadorias.

Com essa significativa mudança, o exportador passou a ter mais liberdade para decidir o momento mais oportuno para trocar as divisas em reais.

11.5.2 Contrato de câmbio

Uma definição padrão amplamente aceita no mercado assinala que o contrato de câmbio é um instrumento firmado entre o vendedor e o comprador de moedas estrangeiras, no qual se mencionam as características das operações de câmbio e as condições sob as quais elas se realizam. São elementos essenciais do contrato de câmbio:

- o comprador da moeda estrangeira;
- o vendedor da moeda estrangeira;
- a taxa cambial a ser praticada;
- o objeto, isto é, a moeda estrangeira ou o título que a represente.

No contrato de câmbio não existe promessa de venda; a venda é firme. Quanto à forma de entrega da moeda estrangeira para liquidação da operação, depende do que foi pactuado entre o banco e o cliente, podendo ser cheque, carta de crédito etc.

A natureza jurídica de um contrato de câmbio apresenta as seguintes características:

- consensual: determinada pela vontade das partes quanto a objeto e taxa;
- bilateral: envolve obrigações recíprocas de ambas as partes;
- onerosa: implica sacrifício patrimonial para ambos os contratantes (o comprador se priva do preço e o vendedor se priva da moeda estrangeira);
- comutativa: estimativa da prestação de qualquer das partes pode ser feita no ato em que o contrato se aperfeiçoa, isto é, quando o comprador oferece o preço pela mercadoria, sabe de quanto será a prestação que receberá em troca do seu dinheiro;
- solene: o contrato de câmbio é formalizado em formulário próprio.

11.5.2.1 *Modernidade operacional*

Em 03/10/11, dando continuidade ao processo de modernização e simplificação, foi implantado um novo sistema informatizado de registro de operações de câmbio para operações do mercado primário (entre clientes e instituições financeiras). As alterações foram introduzidas pela Circular BCB nº 3.545/11.

O novo sistema moderniza a tecnologia dos sistemas informatizados que registram essas operações. A mudança provocou uma redução de até 71%

nos custos de ressarcimento ao Sistema de Informações do Banco Central (SISBACEN).

Tais custos são pagos pelos agentes autorizados a operar no mercado de câmbio e compõem as tarifas cobradas dos clientes finais nas operações de compra e venda de moeda estrangeira. A significativa redução de custos operacionais para o BCB e para as instituições cria condições para beneficiar, em última instância, todas as pessoas e empresas que negociam moeda estrangeira no mercado cambial brasileiro.

Além das mudanças tecnológicas, houve a **simplificação nos contratos de câmbio**, com a eliminação de informações que eram consideradas desnecessárias.

No lugar dos modelos de formulários utilizados no mercado primário, foi estabelecido um **modelo único**, no qual há uma simples indicação da operação – compra ou venda –, conforme o caso.

Assim, no lugar dos tradicionais tipos "01", "02", "03" e "04" utilizados, respectivamente, para exportação, importação e transferências financeiras do e para o exterior, passou a ser utilizado um único formulário que será **identificado como operação de "compra" ou de "venda"**.

Isso significa que em seus aspectos legais e regulamentares nada mudou no que tange à contratação e liquidação das operações de câmbio. Os princípios básicos são os mesmos de antes, ou seja, as pessoas físicas e jurídicas podem comprar e vender moeda estrangeira ou realizar transferências internacionais em reais, de qualquer natureza, sem limitação de valor, desde que a contraparte na operação seja um agente autorizado a operar no mercado de câmbio, sendo observada a legalidade da transação, tendo como base a fundamentação econômica do negócio subjacente.

E ainda que as responsabilidades estejam definidas na respectiva documentação, ou seja, estejam claramente identificados o legítimo credor (recebedor) e o legítimo devedor (pagador), não é possível e efetuar remessas para o exterior a quem não seja o seu **legítimo credor** e nem acolher, do exterior, recebimentos de quem não seja o seu **legítimo devedor**.

Como anteriormente, a realização de operações também está sujeita à **comprovação documental**, cabendo aos agentes autorizados ao operar nesse mercado certificar-se da qualificação de seus clientes, mediante a realização, entre outras providências julgadas pertinentes, da sua identificação, das avaliações de desempenho, de procedimentos comerciais e de capacidade financeira.

Por outro lado, o mercado de câmbio brasileiro apresenta subdivisões, dependendo do tipo de operação a ser praticada:

a) **Mercado primário**

É o mercado formado pelas operações de compra e venda de moeda estrangeira, realizadas entre as instituições autorizadas/credenciadas e seus clientes.

b) **Mercado interbancário ou secundário**

É o mercado formado pelas operações de compra e venda de moeda estrangeira realizadas entre:

- os bancos autorizados entre si;
- os bancos autorizados e o Banco Central;
- os bancos credenciados e os operadores credenciados;
- os bancos credenciados entre si;
- os operadores credenciados entre si;
- os bancos credenciados e o Banco Central.

Nas operações no mercado interbancário, a liquidação do contrato de câmbio pode ser pronta ou futura, mas não podem ser canceladas, baixadas, ter sua liquidação antecipada ou postergada, salvo em situações excepcionais autorizadas pelo Bacen.

11.5.2.2 *Contrato de câmbio: procedimentos*

Um contrato de câmbio de exportação, por exemplo, pode ser prorrogado, baixado e cancelado de acordo com a situação que se apresenta em relação à vinda das divisas ao Brasil.

O **fechamento** do contrato de câmbio é a formalidade documental realizada entre o exportador e o banqueiro, pela qual ficam definidas as condições do contrato referentes ao valor em moeda estrangeira, além de correspondente importância em reais, determinada pela taxa de câmbio praticada no dia da assinatura do documento.

A **liquidação** do contrato de câmbio ocorrerá posteriormente por ocasião da entrada das divisas, quando o banco negociador dará por encerrado o processo, uma vez que as divisas liquidam a obrigação cambial das mercadorias embarcadas.

A **prorrogação** acontece quando o importador no exterior não pagou ou está com o saque vencido em um caso de exportação a prazo.

O Banco Central determina que o tempo de espera para a chegada das divisas é de 30 dias após o embarque das mercadorias nos casos à vista. Exemplo:

- **Embarque feito em 26 de setembro:**

  a) 15 dias para entregar a documentação ao banco negociador do câmbio: 11 de outubro;

  b) (+) 15 dias para a chegada das divisas do banqueiro no exterior: 26 de outubro.

Nos casos a prazo, acrescenta-se o prazo da cambial. Exemplo (em um caso de exportação a 60 dias da data do B/L com carta de crédito):

- **Embarque feito em 26 de setembro:**

  a) 15 dias para entregar a documentação ao banco negociador do câmbio: 11 de outubro;

  b) (+) 60 dias do prazo da cambial: 10 de dezembro;

  c) (+) 15 dias para a chegada das divisas do banqueiro no exterior: 25 de dezembro.

Assim, se por qualquer motivo a chegada das divisas ultrapassar a data final para liquidação do contrato, ele deverá ser prorrogado por um prazo razoável, normalmente de 30 dias.

Não esquecendo que, com a Resolução nº 3.266, de 4 de março de 2005, o Banco Central ampliou o prazo para a contratação do câmbio para 210 dias, contados da data do embarque, assim, não podemos confundir o prazo para a chegada das divisas com o prazo de 210 dias para a formalização do contrato de câmbio.

A **baixa** do contrato ocorre quando, após ter sido prorrogado e as divisas não chegarem, o banqueiro brasileiro prefere dar baixa contábil, aguardando que o exportador consiga resolver a questão com o importador. Se as divisas vierem, o contrato será liquidado. Se as dificuldades de receber do importador permanecerem, o Banco Central em conjunto com a Receita Federal obrigarão o exportador a seguir a via judicial contra o importador até resolver a pendência.

O cancelamento pode ocorrer em duas situações:

- antes do embarque das mercadorias, o contrato de câmbio pode ser cancelado a qualquer momento, por consenso entre o exportador e o banco negociador;
- depois do embarque, o contrato somente pode ser cancelado com autorização do Banco Central e da Receita Federal, uma vez que o exportador é responsável pela entrada das divisas correspondentes à mercadoria embarcada.

Todos os procedimentos cambiais em casos de exportação e importação estão previstos no regulamento cambial e nas circulares do Banco Central.

11.5.2.3 *Adiantamento de contrato de câmbio – ACC*

O exportador brasileiro pode levantar capital de giro em um banco, que reúna condições financeiras favoráveis antes do embarque das mercadorias.

O ACC é um financiamento pré-embarque, o que envolve risco maior para o banco, pois as mercadorias ainda não foram embarcadas.

Para operacionalizar o ACC, o banqueiro brasileiro examina, cuidadosamente, o cadastro do exportador e, normalmente, exige garantias locais que serão executadas, caso o exportador não embarque as mercadorias e deixe de devolver os reais adiantados.

A segurança financeira do banqueiro brasileiro depende também da modalidade de pagamento que está sendo praticada pelo exportador. Pela ordem, o banco prefere, em escala decrescente:

- uma carta de crédito à vista, irrevogável e confirmada;
- uma carta de crédito a prazo, irrevogável e confirmada;
- uma cobrança documentária à vista;
- uma cobrança documentária a prazo;
- uma *clean collection*.

É natural que as garantias locais exigidas pelo banco sejam maiores para um ACC amparado em *clean collection* do que para uma carta de crédito à vista, confirmada e irrevogável. O exportador prefere valer-se do ACC para obter financiamento, porque assume uma obrigação na moeda que vai receber pela exportação, propiciando-lhe um *hedge* cambial.

Muitas vezes, devido à escassez de recursos em moeda conversível, quer próprios, quer de linhas de crédito externas, os bancos procuram fazer operações de ACC de curto prazo, de modo geral, em 30 dias. No entanto, a legislação cambial permite que o ACC possa ser contratado com antecipação de até 180 dias antes do embarque, o que vai depender da modalidade de pagamento e das garantias locais que o exportador está apresentando ao banco. O prazo de antecipação vai depender também da posição cambial do banco, pois ele primeiro efetua uma venda pronta de câmbio para gerar os reais necessários ao adiantamento e nivela sua posição com a compra futura da moeda forte, geralmente dólar, do exportador.

O banco mantém o direito de regresso para o contrato do exportador, caso ele não embarque as mercadorias ou se, por qualquer motivo, as divisas não venham ao Brasil.

Custo: variação cambial + deságio sobre dólar aplicando a taxa de juros internacional de Libor, até a liquidação do contrato de câmbio.

11.5.2.4 *Adiantamento de cambiais entregues – ACE*

Trata-se de um financiamento pós-embarque, que pode ser contratado em até 180 dias após o embarque das mercadorias em exportações a prazo. Funciona como se fosse um desconto de duplicata a prazo no mercado interno. Nesse caso, o risco é menor para o banco, pois a mercadoria já foi embarcada.

Assim, tendo necessidade de levantar capital de giro, o exportador dirige-se a um banco, normalmente aquele com o qual negociou os documentos da exportação, para solicitar a antecipação em reais, total ou parcial, por conta da moeda estrangeira que virá no vencimento. O deságio é pactuado entre o exportador e o banco, e depende do prazo da cambial e da condição de pagamento, seguindo os mesmos critérios financeiros de um ACC. Para essa operação ser aceita, além de um bom cadastro, o banco pode exigir, dependendo da empresa exportadora, a assinatura de uma promissória com aval particular dos sócios, a caução de um imóvel ou qualquer outra garantia a critério do banco. O banco mantém o direito de regresso contra o exportador.

Custo: variação cambial + deságio mensal sobre dólar, aplicando a taxa de juros internacional de Libor, até a liquidação do contrato de câmbio.

11.5.2.5 *Câmbio travado*

Operação prevista para exportadores com liquidez financeira, isto é, sem necessidade de levantar capital de giro. Nesse caso, o exportador negocia normalmente a documentação da exportação e fecha o contrato de câmbio sem solicitar adiantamento em reais.

A moeda local será entregue ao exportador na liquidação do contrato e, a fim de compensar a perda da variação cambial, o banco dá um prêmio ao exportador.

Essa operação tem sido pouco utilizada depois da estabilização da moeda, primeiro porque a taxa cambial permanece dentro da banda fixada pelo Banco Central e, segundo, porque o exportador prefere fazer um ACC ou ACE e aplicar esses recursos no mercado financeiro que, pela situação do mercado, pode render mais que a variação cambial.

Se o exportador trava porque não precisa, no momento, de capital de giro, o banco também pode travar porque não conhece o cliente ou porque as garantias oferecidas, no critério do banqueiro, não são suficientes.

11.5.2.6 *Caso prático de ACC/ACE*

Durante o mês de outubro, uma empresa exportadora recebeu uma *Letter of Credit at 60 days irrevocable and confirmed* no valor de US$ 50.000,00 FOB, que corresponde à exportação de 10.000 peças de reposição de equipamentos gráficos. O importador, entre as exigências normais de uma carta de crédito, ficou com o prazo máximo para embarque até 30 de dezembro.

No dia 6 de novembro, tendo necessidade de levantar capital de giro para produzir as mercadorias, o exportador procurou um banco brasileiro para obter um ACC, de 40% do valor da carta de crédito, o qual foi concedido pelo banqueiro, uma vez que o cadastro da empresa e as garantias oferecidas ao banco eram satisfatórias. Assim, foi assinado um contrato de câmbio no valor de US$ 20.000,00, equivalente a R$ 62.000,00 pela taxa cambial vigente naquele dia, fixando o deságio sobre o dólar a partir da assinatura do contrato.

O embarque das mercadorias foi feito em 20 de dezembro e os documentos requeridos pela carta de crédito foram negociados com o banco em rigorosa ordem. Como se trata de uma carta de crédito a prazo, as divisas serão honradas pelo banco emitente em 20 de fevereiro.

Em 5 de janeiro, o exportador, com a necessidade financeira de ampliar suas atividades internacionais e não tendo condições de aguardar o reembolso do banco emitente, procurou novamente o banco brasileiro para solicitar um ACE, relativo ao saldo dos 60% do valor da carta de crédito, o qual foi concedido no ato, uma vez que a negociação documental da carta de crédito já estava encaminhada em boa ordem, aguardando somente a vinda das divisas no vencimento.

Para formalizar o ACE, em 6 de janeiro, foi assinado um novo contrato de câmbio no valor de US$ 30.000,00, equivalente a R$ 96.000,00, conforme taxa cambial daquele dia e pactuado o correspondente deságio.

Finalmente, em 20 de fevereiro, o banco emitente remeteu as divisas ao banco negociador, honrando o compromisso financeiro da carta de crédito. Em seguida, os contratos de câmbio de ACC e ACE foram liquidados com o acerto do deságio, dando por encerradas ambas as operações.

11.5.3 Análise comparativa da URC nº 522 com a UCP nº 600/URR nº 725

Observando os 39 artigos da UCP nº 600, os 26 da URC nº 522 e os 17 da URR nº 725 e utilizando a técnica da praticidade e operacionalidade, os temas selecionados para a análise comparativa são os seguintes:

- personagens;
- aplicação das normas da CCI;
- procedimentos bancários;

- garantias bancárias;
- contratos comerciais;
- irrevogabilidade;
- mercadorias;
- validade dos documentos;
- tolerâncias de quantidade/valor;
- prazo de embarque das mercadorias;
- prazo de negociação documental;
- embarques parciais;
- embarques parcelados;
- reembolso financeiro bancário.

A escolha desses temas obedece a um critério operacional, pois eles são diferentes e até excludentes, embora de natureza semelhante, já que possuem uma origem comum: a Câmara de Comércio Internacional (CCI).

Durante o desenvolvimento da análise comparativa desses, foram aplicadas as técnicas da metateoria (explicação da própria teoria) para descrever a própria teoria inserida nos textos das legislações da CCI, mencionando, ainda, o fundamento legal por meio dos artigos que tratam sobre o tema em questão.

11.5.3.1 *Personagens*

Os personagens intervenientes em operações com créditos documentários ou cobranças documentárias são os mesmos, mas eles mudam de nome de acordo com o sistema em que atuam e a função que desempenham.

- Nas cobranças documentárias, a URC nº 522, no artigo 3º, classifica os participantes como:
  - **a)** *principal* (exportador);
  - **b)** *remitting bank* (banco no país do exportador);
  - **c)** *collecting bank* (banco no país do importador);
  - **d)** *presenting bank* (banco terceirizado do país do importador);
  - **e)** *drawee* (importador).

- Nos créditos documentários, a UCP nº 600, no artigo 2º, define os personagens com a seguinte denominação:
  a) *applicant* (importador);
  b) *issuing bank* (banco emitente no país do importador);
  c) *advising bank* (banco avisador no país do exportador);
  d) *negotiating bank* (banco negociador no país do exportador);
  e) *confirming bank* (banco avalista, localizado em um terceiro país);
  f) *beneficiary* (exportador).

- Na legislação complementar dos créditos documentários, a URR nº 725, no artigo 2º, define os intervenientes como:
  a) *issuing bank* (banco emitente);
  b) *reimbursing bank* (banco reembolsador das divisas);
  c) *claiming bank* (trata-se do *advising bank*);
  d) *buyer* (importador);
  e) *seller* (exportador).

Como se pode observar, o nome dos intervenientes muda de acordo com o sistema de pagamento praticado na negociação internacional. Nos créditos documentários, por exemplo, um banco pode desempenhar, simultaneamente, três funções: *advising bank*, *negotiating bank* e *confirming bank*, desenvolvendo cada papel no momento oportuno e dentro do processo.

Quanto às garantias bancárias internacionais, todos os bancos participam no processo com suas próprias responsabilidades financeiras, devendo honrar o compromisso de acordo com a função que exercem dentro do processo da carta de crédito.

Nas cobranças documentárias, os intervenientes não podem acumular as funções, porque os bancos são considerados simples agentes de cobrança de documentos produzidos sob a responsabilidade do exportador, sem nenhum tipo de garantia bancária.

As funções dos personagens de ambos os sistemas são totalmente excludentes, assim, por exemplo, em um sistema de cobrança documentária, a figura do *issuing bank* não existe, assim como o *collecting bank* nos créditos documentários.

O exportador e o importador, obviamente, participam em ambos os sistemas de pagamento, mas denominados apropriadamente, pois não há cabimento para o exportador ser chamado de *beneficiary* em um processo de cobrança, assim como chamar o importador de *drawee* em uma operação de crédito documentário.

O mesmo acontece com os personagens da URR nº 725. O banco que faz papel de *advising bank* na UCP nº 600 desempenha a mesma função na URR nº 725, sob a denominação de *claiming bank*.

Na análise comparativa desses personagens, conclui-se que são excludentes entre si em decorrência da função que exercem no sistema de pagamento em que atuam.

11.5.3.2 *Aplicação das normas da CCI*

Para que as cobranças documentárias ou os créditos documentários estejam amparados pelas respectivas legislações, URC nº 522 e UCP nº 600/URR nº 725, é necessário que elas estejam explicitamente inseridas nas instruções bancárias ou no texto da carta de crédito, vinculando, dessa maneira, a legislação da CCI ao processo.

Não existe vinculação parcial das normas da CCI, o que significa que, uma vez inseridos no texto da cobrança ou da carta de crédito, automaticamente todos os artigos da legislação estão aplicados ao processo.

O fundamento legal é:

- Nas cobranças documentárias, a URC nº 522, artigo 1º, letra "a", estabelece que os 26 artigos aplicam-se, na sua totalidade, desde que a legislação seja inserida no processo.
- Nos créditos documentários, a UCP nº 600, artigo 1º, e a URR nº 725, artigo 1º, também definem que todos os artigos, no seu conjunto, devem ser aplicados nas operações envolvendo carta de crédito.

  a) Normalmente, nas cobranças documentárias, essa vinculação se faz no texto da chamada *carta remessa*, emitida pelo *remitting bank*, por ocasião do envio dos documentos originais da exportação ao *collecting bank*, e, assim, todas as partes intervenientes estão obrigadas a acatar os 26 artigos dentro do processo.

  b) Nos créditos documentários, os 39 artigos da UCP nº 600 e os 17 artigos da URR nº 725 são aplicados pelo *issuing bank* quando da emissão da carta de crédito, declarando-se textualmente: *we declare that terms and conditions of this credit documentary are subject to the Uniform Customs and Practice for Documentary Credits 2007, revision of the International Chamber of Commerce – Paris – France, Publication 600 and Uniform Customs for Reimbursements, publication 725.*

As três legislações também estabelecem que, na ausência de qualquer vinculação, o sistema de pagamento utilizado estará automaticamente excluído do amparo legal, cabendo às partes intervenientes, em caso de conflito de interesses, escolher qualquer foro, podendo ser o país do exportador, do importador ou um tribunal arbitral em um terceiro país.

11.5.3.3 *Procedimentos bancários*

Os trâmites documentais bancários estabelecidos na URC nº 522 das cobranças documentárias são totalmente diferentes daqueles definidos na UCP nº 600 das cartas de crédito. Comparativamente, essa diferença nasce nas garantias financeiras bancárias que os intervenientes assumem de acordo com o sistema de pagamento.

a) Nas cobranças documentárias, o artigo 4º da URC nº 522 refere-se às instruções de cobrança como um procedimento bancário que formaliza o envio dos documentos do *remitting bank* para o *collecting bank*, com a finalidade de esse último convocar o importador para pagamento ou aceite da promissória.

   Essa formalidade está representada pela emissão da *carta remessa* por parte do *remitting bank*, na qual são inscritas as instruções de cobrança que o *collecting bank* deve seguir dentro do processo.

   Nesse procedimento, não existe nenhum tipo de garantia financeira bancária, pois os bancos intervenientes são simples cobradores (artigo 2º da URC nº 522), e o sucesso do processo de cobrança vai depender da idoneidade financeira do importador.

   Quanto à remessa das divisas, após a efetivação da cobrança, o *collecting bank* deverá fazê-lo "sem demora", porém, não havendo fixação de prazo (artigo 26, letra "c", da URC nº 522).

b) Nos créditos documentários, o procedimento bancário inicia-se com a emissão da carta de crédito por parte do *issuing bank*, que, automaticamente, oferece as garantias financeiras em favor do exportador (artigo 7º, letra "a", da UCP nº 600).

   Esse documento, denominado carta de crédito, segue seu trâmite via *advising bank*, cuja única responsabilidade é conferir a autenticidade da mensagem (artigo 9º, letra "a", da UCP nº 600).

   Dentro do processo, os bancos não assumem nenhuma obrigação ou responsabilidade pelas consequências decorrentes de perda/atraso em trânsito de quaisquer mensagens, cartas, documentos ou problemas na transmissão de qualquer meio de telecomunicação (artigo 16 da UCP nº 600 e artigo 14 da URR nº 725).

   Referente à remessa das divisas, o *issuing bank* deverá honrar o compromisso com o *negotiating bank*, desde que os documentos apresentados pelo exportador estejam em perfeita conformidade com as exigências da carta de crédito (artigo 7º, letra "a", da UCP nº 600), e dentro do prazo de três dias úteis bancários estabelecido com o *reimbursing bank* (artigo 11, letra "a", da URR nº 525). Se esse prazo bancário não for respeitado, o exportador pode apresentar, no *issuing bank*, uma reclamação de ressarcimento dos juros e da atualização monetária referente ao período de atraso.

O exportador e o importador devem conhecer esses trâmites com a finalidade de profissionalizar o seu relacionamento na rede bancária.

Esses procedimentos são padronizados internacionalmente e estão normatizados pelas legislações URC nº 522 e UCP nº 600, sendo os bancos obrigados a seguir essas normas, pois, do contrário, serão responsabilizados pelos prejuízos financeiros que venham a ocasionar a qualquer uma das partes envolvidas.

11.5.3.4 *Garantias bancárias*

Esse é o ponto crucial no qual ambos os sistemas de pagamento se separam, em razão dos compromissos financeiros que assumem em cada caso.

a) Nas cobranças documentárias, o exportador corre sérios riscos de inadimplência por parte do importador, uma vez que a URC nº 522, no seu artigo 2º, combinado com o artigo 5º, define que os bancos intervenientes são meros cobradores dentro do processo, com a única obrigação de entregar os documentos ao importador contra pagamento ou aceite do saque (artigo 6º).

A ausência de garantias bancárias representa uma desvantagem para o exportador e, em contrapartida, uma vantagem para o importador, que, ao fechar seus negócios em cobrança documentária, evita os custos financeiros de abertura de uma carta de crédito.

Nesse processo, embarcadas as mercadorias, o exportador deve agir rapidamente no sentido de entregar ao *remitting bank* os documentos originais financeiros e comerciais (artigo 2º, letra "b") com a finalidade de que sejam enviados ao *collecting bank* para que seja efetuada a cobrança ao importador.

A URC nº 522 classifica como documentos comerciais aqueles que representam a mercadoria embarcada, isto é, a fatura comercial, o conhecimento de embarque, o certificado de origem, o romaneio (packing list), o certificado de inspeção e outros documentos diretamente relacionados à carga (artigo 2º, letra "b", subitem II).

Documento financeiro é o saque ou nota promissória que representa o valor dos documentos comerciais (artigo 2º, letra "b", subitem I).

É importante ressaltar que os documentos devem ser originais, e não cópias (artigo 2º, letras "a" e "b", da URC nº 522). Recomenda-se, ao exportador, autenticar as cópias antes de entregar os originais ao *remitting bank*.

Se, por acaso, o exportador remeteu os originais diretamente ao importador e encaminhou cópias ao *remitting bank*, os riscos de o importador retirar a mercadoria na alfândega e não quitar a dívida são muito maiores do que uma simples cobrança documentária. Quando isso acontece, a legislação define a operação como *clean collection* (artigo 2º, letra "c", da URC nº 522).

O exportador deve ser rigorosamente criterioso para fechar uma operação *clean collection*, pois a confiança comercial depositada no importador deve ser completa, uma vez que a mercadoria será retirada na alfândega e a cobrança bancária será feita posteriormente, situação que deixa o importador em condições favoráveis de alegar problemas com a mercadoria, tendo a intenção de não quitar o valor do saque no *collecting bank*.

Isso ocorre com frequência nas exportações por via aérea, pois os documentos originais viajam junto com a mercadoria e as cópias seguem pela rede bancária para efeito de cobrança.

Nesses casos, a única maneira de o exportador evitar um golpe financeiro por parte do importador é consignando o conhecimento de embarque em nome do *collecting bank*, fato que obriga o importador a procurar o banco cobrador para obter o endosso, o que será feito desde que o importador quite o valor do saque.

b) Nos créditos documentários, o processo é exatamente o inverso.

Quando o *issuing bank* emite a carta de crédito, automaticamente se compromete a pagar ao exportador, desde que os termos e as condições do crédito documentário sejam respeitados (artigo 7º, letra "a", da UCP nº 600), o que significa que, nesse sistema de pagamento, o exportador recebe as garantias financeiras bancárias, embora condicionadas ao seu desempenho quanto ao cumprimento das exigências da carta de crédito.

Essa garantia financeira fica ampliada em favor do exportador, quando se exige a participação do *confirming bank*, banco localizado fora do país do *issuing bank* e que participa como avalista do banco emitente (artigo 7º, letra "b", da UCP nº 600). Para evitar onerar ainda mais o custo de abertura da carta de crédito, o exportador deve ser criterioso para exigir a participação do *confirming bank*.

A desconfiança do exportador não deve se dirigir ao *issuing bank*, pois ele está obrigado a reembolsar as divisas, caso a carta de crédito tenha sido respeitada integralmente pelo exportador (artigo 7º da UCP nº 600).

Para exigir confirmação, o exportador deve analisar o país do *issuing bank* do ponto de vista do risco político ou extraordinário. Assim, países localizados no Oriente Médio, na América do Sul, na África, no Leste Europeu devem chamar a atenção do exportador quanto ao risco político e, certamente, exigirão do importador que a carta de crédito seja confirmada por um banco de primeira linha, localizado em um país de economia forte e estável (normalmente Estados Unidos ou Comunidade Europeia).

Esse compromisso financeiro será honrado pelo *issuing bank* por meio do procedimento interbancário de reembolso estabelecido na URR nº 725, pelo qual o *issuing bank* emite uma *autorização de reembolso* com instruções precisas para que o *reimbursing bank* faça o crédito das divisas na conta do *negotiating bank* (artigos 6º e 9º da URR nº 725).

Analisando a UCP nº 600 e a URR nº 725, pode-se afirmar que o crédito documentário é um meio de pagamento internacional vantajoso para o exportador e para o importador. Pois, com ele, de um lado, o *issuing bank* honrará as garantias, desde que o exportador tenha embarcado as mercadorias e apresentado documentos em rigorosa ordem com relação às exigências da carta de crédito (artigo 7º, letra "a", da UCP nº 600). Quanto ao importador, ele tem a certeza de que o banqueiro somente pagará ao exportador se as mercadorias tiverem sido embarcadas e as condições da carta de crédito respeitadas (artigo 7, letra "b", da UCP nº 600), do contrário, se o exportador apresentar documentos discrepantes em relação aos termos da carta de crédito, o *issuing bank* suspenderá o pagamento, anulando as garantias financeiras e a irrevogabilidade (artigos 7, 8 e 9, da UCP nº 600, combinados com os artigos 3º e 4º da URR nº 725).

Do ponto de vista do embarque das mercadorias, ambos os sistemas de pagamento também são diferentes. Nas cobranças documentárias, o exportador primeiro embarca as mercadorias e depois entrega os documentos à rede bancária para efeito de cobrança (artigos 10, 11 e 12 da URC nº 522). Nos créditos documentários, o exportador aguarda a chegada da carta de crédito, via banco, para depois embarcar as mercadorias e cumprir as exigências da mesma carta (artigo 7 da UCP nº 600).

11.5.4 Contratos comerciais

Durante as negociações preliminares ou, ainda, no fechamento da *proforma invoice* (fatura *proforma*), o exportador e o importador podem formalizar os entendimentos comerciais por meio de contratos, independentemente da forma de pagamento que estiverem pactuando, seja uma cobrança documentária, seja uma carta de crédito.

Acontece que, nas duas modalidades, os bancos intervenientes estão totalmente isentos de qualquer responsabilidade legal ou das consequências que tais contratos comerciais possam ocasionar a qualquer uma das partes contratantes. Assim, qualquer disputa será dirimida no foro escolhido no contrato ou por meio de uma arbitragem comercial internacional.

A arbitragem comercial é um mecanismo extrajudicial de solução de controvérsias, no qual a disputa é submetida a um ou vários árbitros escolhidos, em comum acordo, entre as partes signatárias de um contrato para decidir a questão.

Tanto a URC nº 522 como a UCP nº 600 estabelecem que os bancos trabalham com documentos e ignoram contratos comerciais pactuados entre o exportador e o importador (artigo 2º, letra "b", da URC nº 522, e artigo 4º da UCP nº 600, combinados com o artigo 3º da URR nº 725).

a) Nas cobranças documentárias, a rede bancária organiza os trâmites dos documentos financeiros e comerciais referentes ao embarque das mercadorias, sem nenhuma responsabilidade quanto ao conteúdo deles (artigo 4º, letra "a", da URC nº 522).

b) Nos créditos documentários, os bancos seguem as instruções contidas no texto da carta de crédito e ignoram qualquer vinculação referente a contratos mercantis firmados entre o exportador e o importador, cujas cláusulas não fazem parte das exigências do documento bancário (artigo 4º da UCP nº 600).

Esse é um assunto importante a ser considerado nos litígios contratuais entre exportadores e importadores e recomendável aos profissionais de direito internacional privado.

11.5.4.1 *Irrevogabilidade*

A irrevogabilidade é uma condição bancária que favorece o exportador, principalmente nas operações com créditos documentários.

a) Nas cobranças documentárias, não existe irrevogabilidade porque, nesse caso, a função dos bancos é tramitar documentos que serão apresentados ao importador para pagamento à vista ou a prazo.

Como a rede bancária interveniente também ignora os contratos mercantis existentes entre as partes, a falta de irrevogabilidade quanto ao processo de cobrança limita o procedimento bancário a uma simples apresentação documental ao importador, sem prazo de dias definidos, determinando que a convocação do importador para que se apresente ao *collecting bank* deverá ser "sem demora" (artigo 6º da URC nº 522).

Essa falta de irrevogabilidade também fica tipificada tendo em vista o fato de que a legislação permite que o *collecting bank* pode se recusar a fazer a cobrança (artigo 1º, letras "b" e "c", da URC nº 522), colocando os documentos à disposição do *remitting bank*, que, a essa altura, deverá procurar outro banco no país do importador.

Não é a falta de irrevogabilidade que põe em risco a operação, e sim a ausência das garantias financeiras bancárias que coloca o exportador em desvantagem, em uma operação sob a modalidade de cobrança documentária.

b) Nos créditos documentários, a irrevogabilidade é ponto fundamental dentro do processo.

Quando o *issuing bank* emite uma carta de crédito, ela torna-se automaticamente irrevogável (artigo 3º, da UCP nº 600).

Essa irrevogabilidade funciona como mais uma garantia em favor do exportador, pois significa que a carta de crédito não pode ser cancelada sem a devida anuência e concordância do beneficiário, dando condições ao exportador de preparar as mercadorias, sabendo que tem em mãos um documento irrevogável e com as garantias financeiras do banco emitente (artigo 7º da UCP nº 600).

O importador fica em desvantagem porque a irrevogabilidade não o protege, uma vez que o exportador, mesmo com a carta de crédito em mãos, pode desistir de embarcar as mercadorias (artigo 3º da UCP nº 600).

11.5.4.2 *Mercadorias*

Em ambos os sistemas de pagamento, os bancos intervenientes trabalham com documentos, ignorando as mercadorias embarcadas, sob qualquer ponto de vista (qualidade, quantidade e características).

a) Nas cobranças documentárias, tanto o *remitting bank* quanto o *collecting bank* realizam os trâmites de documentos que lhes foram apresentados pelo exportador e, unicamente com base nesses papéis, efetuam a cobrança ao importador (artigo 10, letra "b", da URC nº 522).

b) Nos créditos documentários, a posição bancária é a mesma (artigo 5º da UCP nº 600 combinado com o artigo 3º da URR nº 725).

Essa isenção de responsabilidade, quanto à mercadoria embarcada pelo exportador, está justificada porque os bancos não têm nenhuma obrigação de acompanhar a operação de embarque, nem de fiscalizar as mercadorias do exportador, trabalhando apenas com os documentos na forma que lhes foram apresentados (artigo 4, letra "a", da UCP nº 600). O risco é do importador, pois existe a possibilidade de receber mercadorias diferentes daquelas descritas nos documentos. Para evitar esses problemas, muitos importadores exigem, nas cartas de crédito, um certificado de inspeção na fábrica do exportador, serviço a ser realizado por empresas independentes e de reconhecido prestígio internacional.

11.5.4.3 *Validade dos documentos*

Tanto na URC nº 522 como na UCP nº 600, os bancos intervenientes estão isentos de qualquer responsabilidade quanto à validade dos documentos apresentados pelo exportador. Os bancos também não têm responsabilidade quanto à suficiência, exatidão, autenticidade, conteúdo ou efeito legal dos documentos apresentados pelo exportador (artigo 13 da URC nº 522).

Nas cobranças documentárias, como simples cobradores dentro do processo, os bancos ainda estão isentos de responsabilidades quanto a atrasos, perda em trânsito, mutilação ou outros erros decorrentes de transmissão de qualquer telecomunicação e/ou interpretação de termos técnicos referentes à descrição da mercadoria (artigo 14, letras "a" e "b", da URC nº 522).

Nos créditos documentários, a isenção de responsabilidade, quanto aos documentos exigidos pelas cartas de crédito, está explicitamente definida no artigo 34 da UCP nº 600. Documentos apresentados pelo exportador e não exigidos pela carta de crédito não serão examinados pelos bancos, conforme estabelece o artigo 14, letra "a", da UCP nº 600.

Essa isenção de responsabilidade alcança, ainda, o atraso e/ou perda em trânsito de qualquer mensagem, cartas ou documentos, mutilação ou outros erros decorrentes da transmissão de qualquer telecomunicação, conforme o artigo 35 da UCP nº 600.

A única forma de o importador se precaver sobre a falsidade documental é exigir, seja na carta de crédito ou na cobrança, a intervenção de uma empresa independente no país do exportador para que faça o exame dos documentos (e, às vezes, até da mercadoria), adicionando, ainda, o visto consular a fim de dar autenticidade a esses papéis.

Existem empresas especializadas que fazem esse tipo de serviço, mas oneram os custos do exportador, uma vez que essa verificação estará acontecendo antes do embarque das mercadorias em porto de origem.

Alguns países, como Peru, Colômbia, Bolívia, Angola, entre outros, exigem, obrigatoriamente, a verificação documental e da mercadoria por empresas internacionalmente reconhecidas, como SGS, Bureau Veritas, Intertek e outras empresas especializadas.

11.5.4.4 *Tolerâncias, quantidade e valor*

No momento do embarque das mercadorias, o exportador pode ter necessidade de colocar a bordo um pouco a mais ou a menos de mercadorias e, consequentemente, faturar o valor que corresponde ao que foi embarcado.

Essa tolerância normalmente é permitida quando a quantidade de mercadoria é medida em m^3, m^2, toneladas ou a granel, não sendo aceita quando se trata de unidades ou peças de quantidade extra.

a) Nas cobranças documentárias, o exportador embarca as mercadorias nas quantidades e nos valores equivalentes, de acordo com o negociado na fatura *proforma*.

   Portanto, se o exportador colocar a bordo mercadoria em quantidade superior ou inferior, fatura-se o valor correspondente, de acordo com o preço unitário FOB.

   Os documentos a serem produzidos pelo exportador e, posteriormente, encaminhados à rede bancária para efeito de cobrança deverão ser acompanhados por um requerimento, no qual constem as instruções que os bancos cobradores deverão seguir com o importador (artigo 5º, letra "b", e 12, letras "a" e "b", da URC nº 522).

   Esses documentos refletem a quantidade da mercadoria embarcada, segundo declarado pelo exportador, não tendo a rede bancária nenhuma responsabilidade quanto ao manifestado nem obrigação de examinar a carga (artigos 4º, letras "a-2", 5º, letra "c", e 12, letra "c", da URC nº 522).

b) Nos créditos documentários, o tratamento é bem diferente.

Os bancos são obrigados a examinar o conteúdo dos documentos com a finalidade de dar um parecer, atestando se eles estão de acordo com as exigências da carta de crédito (artigo 14, letra "b", da UCP nº 600).

Não se deve confundir essa responsabilidade de examinar conteúdo (artigo 14, letra "b", da UCP nº 600) com a validade dos documentos (artigo 34 da UCP nº 600).

Caso o exportador tenha embarcado quantidade maior ou menor daquela estipulada na carta de crédito, essa tolerância (*about*) está limitada a 10% a mais ou a menos da quantidade mencionada no crédito documentário, faturando-se o valor correspondente de acordo com o preço unitário FOB (artigo 30 da UCP nº 600).

Se, por acaso, a carta de crédito proíbe o embarque parcial, a tolerância cai para 5% da menor quantidade, faturando o valor correspondente (artigo 30, letra "c", da UCP nº 600).

Se não tiver a *tolerância "about"* e os embarques parciais estiverem proibidos, não pode haver embarque maior do limite dos 5% e, caso isso aconteça, não será possível faturar a quantidade maior (artigo 30, letra "c", da UCP nº 600).

Fazendo a análise comparativa, fica evidente que, nas cobranças documentárias, a URC nº 522 não estipula nenhum tipo de tolerância na quantidade de mercadorias embarcadas, uma vez que os bancos, sendo simples tramitadores e cobradores documentais, não examinam o conteúdo dos documentos e os apresentam ao importador da forma como foram apresentados pelo exportador.

Nos créditos documentários, existe a tolerância na quantidade/valor como uma forma de facilitar o embarque das mercadorias, principalmente quando elas estão medidas por m^2, m^3, tonelada ou a granel. Essa tolerância permite, também, que o exportador cumpra as exigências da carta de crédito sem riscos de cair em discrepância por quantidade maior ou menor, porém dentro do limite dos 10%.

11.5.4.5 *Prazo de embarque das mercadorias*

a) Nas cobranças documentárias, a URC nº 522 não estipula, em nenhum dos seus 26 artigos, um prazo determinado de dias para que o exportador embarque as mercadorias. Essa decisão é do próprio exportador ou em comum acordo com o importador, mas o prazo deve ser acertado na fase da fatura *proforma*, portanto, fora do alcance dos bancos intervenientes.

b) Nos créditos documentários, existe um prazo de dias mencionado explicitamente dentro do texto da carta de crédito, como parte das exigências a serem cumpridas pelo exportador. A prova de que as mercadorias foram embarcadas dentro do prazo estipulado pela carta de crédito se dará pela data de conhecimento de embarque (artigo 20 da UCP nº 600).

Durante a conferência documental, os bancos intervenientes têm a obrigação de verificar, entre outras exigências, se a data do conhecimento de embarque está dentro do prazo estipulado pelo crédito documentário, conforme o artigo 14, letra "a", da UCP nº 600.

Na análise comparativa, conclui-se que a URC nº 522 permite ao exportador decidir sobre a data do embarque, uma vez que não está obrigado a respeitar nenhum prazo-limite, e isso abre a possibilidade, também, de o exportador desistir de embarcar, cabendo ao importador, nesses casos, procurar a Justiça para reclamar os seus prejuízos. A UCP nº 600, por sua vez, autoriza o importador a estabelecer, na carta de crédito, uma data-limite para o embarque, mas, caso o exportador não respeite esse prazo, as garantias bancárias do *issuing bank* estarão anuladas em razão da discrepância apontada (artigo 16 da UCP nº 600).

11.5.4.6 *Prazo de negociação documental*

Tanto a URC nº 522 como a UCP nº 600 seguem os mesmos critérios adotados quanto ao embarque das mercadorias, no qual o comportamento bancário depende da forma de pagamento pactuada entre as partes.

a) Nas cobranças documentárias, a URC nº 522 não estabelece nenhum prazo para que o exportador, após o embarque, encaminhe a documentação ao *remitting bank*.

Como simples cobradores dentro do processo, os bancos estão isentos de fiscalizar a data em que os documentos foram entregues para efeito de cobrança ao importador (artigo 4º, letra "a", da URC nº 522).

b) Nos créditos documentários, existe prazo a ser respeitado pelo exportador, conforme mencionado explicitamente no texto da carta de crédito. Esse prazo será fixado pelo importador, e, normalmente, consiste em 15 dias corridos, contados a partir da data do conhecimento de embarque. Se a carta de crédito não estipula nenhum prazo, automaticamente ficará valendo o prazo de 21 dias corridos (artigo 14 da UCP nº 600).

A entrega dos documentos para negociação bancária fora do prazo será considerada uma discrepância em relação aos termos e às condições do crédito documentário (artigo 16 da UCP nº 600).

Esse prazo de negociação foi criado dentro da UCP nº 600 para obrigar o exportador a entregar os documentos ao banco enquanto a mercadoria está em trânsito, evitando, assim, prejuízos para o importador.

A conclusão a ser apontada é que nada impede as partes de chegar a um acordo quanto ao prazo de negociação documental, e, geralmente, o critério para estabelecer o número de dias após o embarque será norteado pelo tempo de viagem das mercadorias.

Nos casos de transporte marítimo, por exemplo, esse prazo pode ser de até 21 dias corridos, desde que o porto de destino demande um longo tempo de viagem, porém, para trechos curtos, por exemplo, do porto de Rio de Janeiro a Buenos Aires, com tempo de viagem por volta de quatro dias, esse prazo de negociação documental varia entre dois e três dias.

Nos casos de exportação aérea, rodoviária ou ferroviária, normalmente a prática exige que os documentos originais sejam enviados junto com a carga ou diretamente, via correio, ao importador, mas isso representa grande risco financeiro para o exportador, pois essa operação, conhecida como *clean collection,* permite ao importador retirar a mercadoria e depois efetuar o pagamento.

11.5.4.7 *Embarques parciais*

Essa cláusula define sobre a quantidade de mercadoria a ser embarcada e, consequentemente, o valor a ser faturado, dependendo se os embarques parciais estão ou não permitidos e, em decorrência disso, existem divergências entre a URC nº 522 e a UCP nº 600.

a) Nas cobranças documentárias, a URC nº 522 não se pronuncia sobre os embarques parciais, forçada pelo papel de bancos cobradores dentro do processo. Como tramitadores de documentos, os bancos intervenientes não examinam o seu conteúdo (artigos 4º, letra "a-3", 5º, letra "a", e 12, letra "c", da URC nº 522), portanto, não tomam conhecimento se o embarque refere-se à parte ou ao total do pedido.

b) Nos créditos documentários, os embarques parciais são previstos na legislação e devem ser expressamente definidos no texto da carta de crédito como sendo permitidos ou proibidos (artigo 31 da UCP nº 600).

Sendo permitidos, o exportador pode enviar as mercadorias aos poucos, mas dentro do prazo de validade de embarques, estabelecido no texto do crédito documentário, e cada embarque parcial corresponde a um processo independente. Sendo proibidos, o exportador é obrigado a embarcar a totalidade da mercadoria de acordo com as quantidades mencionadas no texto da carta de crédito.

A conclusão dessa análise comparativa é que a decisão depende do importador, porém, somente nas cartas de crédito essa exigência tem valor oficial, uma vez que os bancos são obrigados a conferir o conteúdo dos documentos e, certamente, verificarão se o embarque foi parcial ou total, o que não ocorre nas cobranças documentárias.

Em qualquer caso, a decisão do importador vai depender da necessidade que ele tem da mercadoria, pois fica evidente que, se o embarque parcial é proibido e, ao mesmo tempo, o prazo de embarque é curto, é porque o importador precisa das mercadorias com urgência.

A situação inversa mostra que o importador aceita receber as mercadorias aos poucos, porém dentro do prazo final estipulado de forma oficial dentro das cartas de crédito e de modo informal nas cobranças documentárias.

11.5.4.8 *Embarques parcelados*

O *modus operandi* dos embarques parciais é bem diferente dos embarques parcelados. No primeiro, sendo permitido, o exportador decide sobre a quantidade de mercadorias, a data e o valor correspondente de cada embarque parcial, e vai embarcando dessa maneira até completar o total do pedido, independentemente de a modalidade de pagamento ser feita por meio de uma cobrança documentária ou um crédito documentário. No segundo, a decisão sobre a data de embarque, quantidade de mercadorias e valor de cada parcela é do importador, que deve colocar essa exigência, formalmente, dentro do texto da carta de crédito ou, informalmente, no contrato mercantil da cobrança documentária.

a) Nas cobranças documentárias, o exportador vai embarcando e faturando conforme seu próprio critério, e os bancos, normalmente, encaminham os documentos ao importador para efeito de cobrança (artigo 2º da URC nº 522). A legislação URC nº 522 não estipula nenhuma regra.

b) Nos créditos documentários, os embarques parcelados são regulamentados por meio do artigo 32 da UCP nº 600.

Entende-se como embarque parcelado quando o importador coloca no texto da carta de crédito uma programação de embarques, estabelecendo data, quantidade e valor de cada parcela (artigo 32 da UCP nº 600), o que deverá ser respeitado pelo exportador para não cair em discrepância.

Se o embarque foi parcelado dentro do crédito documentário, o exportador está impedido de fazer o embarque total. No entanto, se alguma das parcelas não foi cumprida, automaticamente as parcelas vindouras estarão canceladas (artigo 32 da UCP nº 600), anulando as garantias bancárias do crédito documentário (artigo 2º combinado com o artigo 7º, letra "a", da UCP nº 600).

Essa questão favorece o importador, pois ele fez a programação atendendo à necessidade de dispor da mercadoria em determinados prazos, porém pode significar uma desvantagem para o exportador, pois teria de planejar a produção das mercadorias atendendo às datas de embarque estabelecidas no crédito documentário.

A conclusão segue os mesmos critérios dos embarques parciais, pois vai depender da necessidade total ou parcelada da mercadoria para que o importador tome uma decisão a respeito e, nesse sentido, a URC nº 522 se omite, enquanto a UCP nº 600, por força do artigo 32, autoriza aos bancos a fiscalizar se essa exigência foi respeitada de acordo com as instruções da carta de crédito.

11.5.4.9 *Reembolsos financeiros bancários*

Essa operação está diretamente ligada às garantias financeiras internacionais bancárias.

a) Nas cobranças documentárias, essas garantias não existem, portanto, o reembolso financeiro da cobrança documentária somente se dará quando o importador quitar o valor do saque, ocasião em que o *collecting bank* vai remeter as divisas ao *remitting bank* (artigo 26, letra "c", da URC nº 522).

   Não existe um prazo para que o *collecting bank* faça a remessa das divisas, pois a legislação expressa que deve ser feito "sem demora" (artigo 16, letra "a", combinado com o artigo 26, letra "c", da URC nº 522).

   Esse reembolso deverá ser feito unicamente para o banco que enviou a instrução de cobrança (*remitting bank*), vedando a intervenção de um terceiro banco (artigo 16, letra "b", da URC nº 522), mesmo que esteja localizado no mesmo país.

b) Nos créditos documentários, o reembolso bancário exige a participação de três bancos: o *issuing bank*, o *reimbursing bank* e o *claiming bank*. Além disso, a responsabilidade do reembolso das divisas cabe ao *issuing bank*, que terá de honrar o compromisso financeiro inserido no texto da carta de crédito (artigo 13 da UCP nº 600).

Para cumprir seus compromissos, o *issuing bank* nomeia um *reimbursing bank*, ao qual emite uma autorização de reembolso para que, no momento oportuno, sob suas ordens, proceda ao débito do valor do reembolso na sua conta-corrente e faça o respectivo crédito desse valor na conta do *claiming bank* (artigo 6º da URR nº 725 combinado com o artigo 13 da UCP nº 600).

Assim, o *reimbursing bank* age sob as ordens do *issuing bank* (artigo 1º da URR nº 725) e mantém independência financeira, mesmo que seja uma filial (artigo 2º, letra "i", da URR nº 725), e sua atuação está desvinculada dos termos da carta de crédito (artigo 3º da URR nº 725), não tendo que dar satisfações ao *claiming bank* sobre o reembolso (artigo 11, letra "e", da URR nº 725).

A URR nº 725 foi criada pela CCI para ampliar as normas do artigo 13 da UCP nº 600, que trata dos reembolsos bancários, razão pela qual se afirma que a URR nº 725 é uma legislação auxiliar e complementar da UCP nº 600.

11.6 Conclusão relacionada à análise comparativa

Do estudo comparativo entre a URC nº 522 e a UCP nº 600/URR nº 725, pode-se concluir que esses sistemas de pagamento internacional seguem caminhos diferentes, embora, em determinados assuntos, como contratos, mercadorias, a validade dos documentos tenha posições convergentes.

A análise comparativa também aponta uma trilha de novos conhecimentos, pois dela pode-se extrair novas informações a respeito das cobranças documentárias e dos créditos documentários, no sentido de que contribuem para o entendimento dessas normas internacionais e também podem servir como fonte de consulta para a solução de controvérsias entre as partes envolvidas.

11.7 Conclusão

O crédito documentário é um sistema de pagamento seguro, do ponto de vista financeiro, porém o seu sucesso depende unicamente da capacidade que o profissional ou a empresa exportadora possa ter para poder cumprir todas as exigências inseridas no texto da carta de crédito.

Essa capacidade e prática deve ser obtida pelos exportadores e importadores com o estudo constante das normas das cartas de crédito e a plena observância das regras da UCP nº 600 e da URR nº 725 da CCI.

As cartas de crédito possuem uma estrutura padrão, mas o que pode mudar são as exigências particulares de cada importador ou do país de destino. Nesse aspecto, os profissionais devem ter um extremo cuidado; na dúvida, solicitar um esclarecimento ao cliente e, se for o caso, uma modificação oficial do texto por meio de emenda.

É necessário também que o profissional acompanhe as normas cambiais do Banco Central do Brasil e da Receita Federal, pois elas são dinâmicas e estão sempre sendo modificadas, ampliadas ou substituídas de acordo com a política cambial brasileira e os controles que o Banco Central estabelece para vincular o câmbio à atividade exportadora e importadora.

Para garantir a cobertura cambial, seja na exportação ou importação brasileira, vimos a importância das formas de pagamento internacional, ambos assuntos tratados com detalhes neste capítulo.

Referências

DEL CARPIO, R. F. *Carta de crédito e URR 725 comentada*. São Paulo: Aduaneiras, 2010.

______. *Carta de crédito e UCP 600 comentada*. 4. ed. São Paulo: Aduaneiras, 2004.

______. *Cobranças documentárias e URC 522 comentada*. 3. ed. São Paulo: Aduaneiras, 2005.

MAIA, J. M. *Economia internacional e comércio exterior*. 15. ed. São Paulo: Atlas, 2013.

RATTI, B. *Comércio internacional e câmbio*. 10. ed. São Paulo: Aduaneiras, 2004b.

Índice Remissivo

D

E

K

L

M